普通高校营销省级特色专业教材
企业营销岗位实战对接培训教程

促销活动策划与执行

第2版

主　编　朱华锋

副主编　洪俊国　李　婷　朱芳菲

编写人员（以姓氏笔画为序）

马妮娜　朱　颖　朱华锋　朱芳菲

李　婷　杨　娜　洪俊国　夏雪峰

程　妤　戴　春

中国科学技术大学出版社

内容简介

本书主要讲述促销活动的基础理论、创意策划与实施执行方法,具体包括:促销活动的营销理论分析、促销活动策划的基础分析、促销活动策划的基本原理、终端促销活动策划、通路促销活动策划、内部促销活动策划、开拓型市场促销活动策划、成长型市场促销活动策划、成熟型市场促销活动策划、退出型市场促销活动策划、季节性促销活动策划、促销活动执行与效果评估等。

本书适合作为高校市场营销专业教材,也可供相关从业人员参考。

图书在版编目(CIP)数据

促销活动策划与执行/朱华锋主编. —2版. —合肥:中国科学技术大学出版社,2023.8

ISBN 978-7-312-05714-4

Ⅰ. 促… Ⅱ. 朱… Ⅲ. 促销 Ⅳ. F713.3

中国国家版本馆CIP数据核字(2023)第127728号

促销活动策划与执行
CHUXIAO HUODONG CEHUA YU ZHIXING

出版	中国科学技术大学出版社
	安徽省合肥市金寨路96号,230026
	http://press.ustc.edu.cn
	https://zgkxjsdxcbs.tmall.com
印刷	安徽省瑞隆印务有限公司
发行	中国科学技术大学出版社
开本	710 mm×1000 mm 1/16
印张	21
字数	409千
版次	2013年8月第1版 2023年8月第2版
印次	2023年8月第6次印刷
定价	50.00元

前言
Preface

促销活动是企业最常用的基础性营销手段,也是企业调整最多最快的营销手段。促销活动比产品、价格和渠道等主要营销策略以及广告和公关等营销沟通的调整速度和频次更快、更高,是一种更直接、更快速的有效促销手段。

对应于企业市场营销常用的广告、公关、人员推销和促销活动四大促销沟通手段,高校(包括本科院校和高职院校)市场营销类专业主要设置了"广告""公共关系""人员推销"三门课程,而开设"促销活动"课程或者按照营销理论称为"销售促进"课程的比较少。因此,"广告""公共关系""人员推销"等课程建设和教材建设的成果也大大多于"促销活动"课程的成果。这种现状与企业营销实践中促销活动的普遍性、基础性与多变性是极不相称的。

为此,我们将促销活动课程建设和建材建设作为一个重要项目来实施,于2013年8月出版了本书的第1版。本书从2013年首版至今,整整经历了十年时间,其间受营销教育与营销实践同行厚爱多次重印,这说明在市场营销专业课程调整过程中这门课程和这本教材存在重要的价值。但这十年来,市场营销理论、市场营销实践、市场营销教育也发生了深刻而广泛的变化,这本教材现在到了应大幅度修订以适应营销宏观环境与营销行业发展变化的时候了。

这十年来,政治上,中国共产党从十八大召开到二十大召开,中国进入了新时代的十年,完成了"对党和人民事业具有重大现实意义和深远历史意义的三件大事:一是迎来中国共产党成立一百周年,二是中国特色社会主义进入新时代,三是完成脱贫攻坚、全面建成小康社会的历史任务,实现第一个百年奋斗目标"。从党的二十大起,"中国共产党的中心任务就是团结带领全国各族人民全面建成社会主义现代化强国、实现第二个百年奋斗目标,以中国式现代化全面推进中华民族伟大复兴"。

这十年来,经济上,中国稳居世界第二大经济体,经济总量从2012年的

53.9万亿元跃升到2021年的114.4万亿元,2013年到2021年中国经济的年均增长率为6.6%,大大高于2.6%的同期世界平均增速。中国的综合国力持续增强,根据世界银行最新报告,2013年到2021年,中国对世界经济增长的平均贡献率达38.6%,超过G7国家贡献率的总和。

  这十年来,技术上,中国互联网完成了从电脑端向智能手机端的迁移,开始了从消费互联网向工业互联网的进发,对营销传播的影响已经呈现出传播手段的移动化、传播对象的精准化、传播场景的社交化和内容传播的视频化等特点,对促销活动的影响经历了从"流量"就是"销量"到"留量"才能稳定"销量",从单一追求"流量即刻转化销量"的即期精准促销效果到回归"品牌才是持久流量"的长期效果主义,进入了追求"品效合一"促销目标的阶段。在可见的未来,随着工业互联网的发展营销价值链还将从营销传播和产品销售等下游环节更多向产品研发和生产制作等上游环节扩展,实现智能制造的更快发展与更多应用。而在2023年,快速发展的生成式人工智能(AIGC),已经开始影响到人类工作和生活的诸多方面,也会介入到包括促销活动在内的营销策划创意、内容生成与沟通传播。

  基于上述营销宏观环境的趋势性变化和更多微观环境的具体性变化,我们对《促销活动策划与执行》内容进行了大幅度的修订,调整了很多促销理念观点和促销方法手段,系统更新了实战案例(少数经典案例保留),部分内容甚至完全推倒重写,以期为市场营销专业教材建设做出一点贡献,为营销专业教师提供一本更接近营销实践的教材。本次修订工作由朱华锋教授主持,洪俊国副教授和李婷博士参与,王似保教授也提供了大力支持,修订工作借鉴了营销实践与营销教育同行的文献资料等研究成果,在此表示衷心感谢。由于时间和水平所限,本书还存在我们自身尚未认识到的问题与不足,敬请同行专家批评指正。

目录
Contents

前言 ……………………………………………………………… (i)

第一章　促销活动的营销理论分析 ……………………………（001）

　　第一节　促销活动与市场营销 ………………………………（003）
　　　　促销与市场营销 > 促销活动与市场营销

　　第二节　促销活动与品牌建设 ………………………………（010）
　　　　促销活动对品牌形象的双重影响 > 基于品牌
　　　　建设导向的促销活动

　　第三节　促销活动与促销策略组合 …………………………（016）
　　　　促销活动与广告传播 > 促销活动与公共关系 >
　　　　促销活动与人员销售 > 实战案例

第二章　促销活动策划的基础分析 ……………………………（028）

　　第一节　促销活动策划的主体因素分析 ……………………（031）
　　　　竞争战略与营销策略 > 品牌定位与价值主张 >
　　　　产品特性与生命周期

　　第二节　促销活动策划的客体因素分析 ……………………（042）
　　　　促销对象的价值追求 > 促销对象的促销偏好

　　第三节　促销活动策划的环境因素分析 ……………………（047）
　　　　宏观环境因素分析 > 微观环境因素分析

第三章　促销活动策划的基本原理 ……………………………（058）

　　第一节　促销活动策划的策略分析 …………………………（061）
　　　　坚持促销策划的两项原则 > 区分促销活动的
　　　　三类对象 > 区分促销活动的四种类型 > 防范
　　　　促销策划的五类误区

第二节　促销活动策划与执行流程……………………(071)
　　　　促销活动策划与执行流程解析 > 促销活动策划与执行实战案例 > 促销活动策划方案模板

第四章　终端促销活动策划……………………(084)

　　第一节　终端促销策略分析……………………(087)
　　　　终端促销特性分析 > 消费者的促销心理认知 > 消费者促销偏好的影响因素 > 终端促销的策略要求 > 终端促销的沟通传播

　　第二节　终端促销方式策划……………………(099)
　　　　制造商终端促销方式策划 > 厂商联合终端促销方式策划 > 实体零售商终端促销方式策划 > B2C电商终端促销方式策划

第五章　通路促销活动策划……………………(113)

　　第一节　通路促销策略分析……………………(115)
　　　　经销商的促销心理认知 > 经销商的促销活动偏好 > 经销商促销偏好影响因素 > 经销商促销特性分析 > 通路促销的策略要求 > 通路促销策划要点

　　第二节　通路促销方式策划……………………(125)
　　　　销售返利策划 > 经销商销售竞赛策划 > 经销商会议策划 > 经销商补贴策划 > 经销商培训策划

第六章　内部促销活动策划……………………(142)

　　第一节　内部促销策略分析……………………(144)
　　　　销售人员的促销心理认知 > 销售人员的促销活动偏好 > 内部促销的特性分析 > 内部促销的策略要求 > 内部促销的沟通传播

　　第二节　内部促销方式策划……………………(152)
　　　　销售提成设计 > 销售竞赛策划 > 年终激励策划

第七章　开拓型市场促销活动策划……………………(173)

　　第一节　开拓型市场促销策略分析……………………(175)
　　　　开拓型市场的特性 > 开拓型市场促销活动的

目标与任务 > 开拓型市场促销策略分析

　　第二节　开拓型市场典型促销活动策划⋯⋯⋯⋯⋯⋯⋯⋯⋯⋯(179)
　　　　通路推广津贴促销策划 > 客户拓展竞赛活动策划 >
　　　　新品推广竞赛活动策划 > 路演展示活动策划 >
　　　　免费试用活动策划 > 买赠促销活动策划

第八章　成长型市场促销活动策划⋯⋯⋯⋯⋯⋯⋯⋯⋯⋯(195)

　　第一节　成长型市场促销策略分析⋯⋯⋯⋯⋯⋯⋯⋯⋯⋯⋯(197)
　　　　成长型市场的特性 > 成长型市场促销活动的
　　　　目标与任务 > 成长型市场促销策略分析

　　第二节　成长型市场典型促销活动策划⋯⋯⋯⋯⋯⋯⋯⋯⋯(202)
　　　　厂商联合推广活动策划 > 销售增长竞赛活动策划 >
　　　　消费者竞赛促销活动策划 > 有奖销售活动策划 >
　　　　游戏促销活动策划

第九章　成熟型市场促销活动策划⋯⋯⋯⋯⋯⋯⋯⋯⋯⋯(217)

　　第一节　成熟型市场促销策略分析⋯⋯⋯⋯⋯⋯⋯⋯⋯⋯⋯(220)
　　　　成熟型市场的特性 > 成熟型市场促销活动的
　　　　目标与任务 > 成熟型市场促销策略分析

　　第二节　成熟型市场典型促销活动策划⋯⋯⋯⋯⋯⋯⋯⋯⋯(224)
　　　　销售排名竞赛活动策划 > 以旧换新活动策划 >
　　　　集点换物活动策划 > 会员促销活动策划 > 积分
　　　　促销活动策划 > 赠券促销活动策划

第十章　退出型市场促销活动策划⋯⋯⋯⋯⋯⋯⋯⋯⋯⋯(241)

　　第一节　退出型市场促销策略分析⋯⋯⋯⋯⋯⋯⋯⋯⋯⋯⋯(243)
　　　　退出型市场的特征 > 退出型市场促销活动的
　　　　目标与任务 > 退出型市场促销策略分析 >

　　第二节　退出型市场典型促销活动策划⋯⋯⋯⋯⋯⋯⋯⋯⋯(247)
　　　　买断销售策划 > 老品销售竞赛活动策划 > 怀旧
　　　　促销活动策划 > 降价活动策划 > 特价活动策划

第十一章　季节性促销活动策划⋯⋯⋯⋯⋯⋯⋯⋯⋯⋯⋯(263)

　　第一节　淡季促销活动策划⋯⋯⋯⋯⋯⋯⋯⋯⋯⋯⋯⋯⋯⋯(265)

　　　　　淡季市场特性 > 淡季促销任务 > 淡季典型
　　　　　促销活动策划
　　第二节　旺季促销活动策划 ……………………………………(270)
　　　　　旺季市场特性 > 旺季促销任务 > 旺季促销应
　　　　　注意的问题 > 旺季典型促销活动策划
　　第三节　节假日促销活动策划 …………………………………(280)
　　　　　节假日市场特性 > 节假日促销策略分析 >
　　　　　节假日促销的策划要点 > 节假日促销实战案例

第十二章　促销活动执行与效果评估 ……………………………(289)
　　第一节　执行力 …………………………………………………(292)
　　　　　执行力的概念与意义 > 执行力的检核与分析 >
　　　　　执行力的培养与提升 > 营销执行力
　　第二节　促销活动的执行 ………………………………………(302)
　　　　　执行前准备 > 执行中督导 > 执行后总结
　　第三节　促销活动效果评估 ……………………………………(318)
　　　　　产品促销效果评估 > 产品传播效果评估 > 品牌
　　　　　影响效果评估

参考文献 …………………………………………………………(326)

第一章

促销活动的营销理论分析

促销活动与市场营销

促销活动与品牌建设

促销活动与促销策略组合

开篇案例 ▶▶▶

东方甄选火爆出圈的营销逻辑

2022年6月10日,东方甄选董宇辉迅速火爆网络,开创了上课式直播带货的新潮流。

2016年被公认为直播元年,4G网络智能手机普及开来,国内接连涌现出了300多家网络直播平台,直播用户数也快速增长,淘宝开通直播功能,随后抖音、快手、京东等短视频、电商平台都各自在直播上加码布局,而"打造顶流"成为了行业共同的竞争焦点,淘宝催生了李佳琦等行业头部电商主播,快手出现了辛巴这样的"带货一哥",抖音有了罗永浩这张王牌。2020年疫情暴发,电商直播几乎成为了各行业的救命稻草,从明星、网红到企业老板,再到县长、市长,直播带货炙手可热。

就在行业飞速发展的同时,各式各样的翻车乱象也频现。不仅出现了"糖水燕窝""假酒""假玉"等产品质量丑闻,主播偷税漏税等不端甚至违法行为更是为整个直播电商行业蒙上了一层厚厚的灰尘。因此,在过速发展过后,整个行业进入冷静沉淀和监管规范期。一方面,2021年国家各部委出台系列监管政策,如《网络直播营销管理办法(试行)》《网络直播营销选品规范》等,为电商直播行业设门槛、画底线、树标准;另一方面,直播电商从业者们自身也意识到噱头式的直播和"全网最低价"歇斯底里式叫卖并不具备长期价值,单纯依靠名人个体流量的直播也不稳定,需要找到更稳定、长期的价值根源。

"东方甄选"的破土而出则是对过去直播电商的升级和新发展趋势的引领,开启直播电商的"内容"时代:即凭借差异化的内容和叙述形式,将产品售卖完美地包裹在诗词歌赋、人生哲学、双语学习和对知识的介绍和讲解中。以农产品为主的直播带货不卖最低价,因为"谷贱伤农",打破了过去直播电商单一低价的"交易格局",创造出了新的"内容格局",这是新东方老师队伍和直播业态的一次跨界融合,或许也代表着直播电商"硬核内容"时代的到来。

2022年6月16日下午14时许,东方甄选直播间粉丝总量已经突破千万。粉丝从百万到千万,"东方甄选"只用了一周时间。就在粉丝总量即将突破千万的关口,新东方创始人俞敏洪表示"从情怀来说,我们坚持做为社会带来好处的事情,做一件对的事情"。此前,东方甄选的带货成绩并不理想。俞敏洪曾向团队表示,急事要慢做,只要方向正确、理念正确、价值观正确,就可以不急不慢地把这个平台做大。

(资料来源:https://baijiahao.baidu.com　　肖明超)

> **学习目标** ▶▶▶
>
> 1. 掌握促销活动的概念、特性和主要分类。
> 2. 掌握促销活动与市场营销的关系。
> 3. 掌握促销活动与品牌建设的关系。
> 4. 了解促销活动与广告传播的关系。
> 5. 了解促销活动与公共关系的关系。
> 6. 了解促销活动与人员销售的关系。

第一节 促销活动与市场营销

一、促销与市场营销

市场营销(marketing)的本质是创造、传播和交换价值,即为消费者创造价值,向消费者传播价值,与消费者交换价值。市场营销的基本策略包括:产品(product)策略、价格(price)策略、分销(place)策略和促销(promotion)策略,简称"4P营销策略组合"。在4P营销策略组合中,产品为消费者创造价值,价格向消费者表现产品的价值,分销向消费者传递产品的价值,促销则向消费者传播产品的价值。4P营销策略组合是价值创造、表现、传递和传播的组合关系,是一个紧密的策略整体。

在营销实践中,产品是营销策略组合中最根本的策略,价格是营销策略组合中最敏感的策略,分销是营销策略组合中最复杂的策略,促销是营销策略组合中最灵活的策略。相对于产品策略的根本性不宜经常动、价格策略的敏感性不能随便动、分销策略的独立性难以动而言,促销策略是最灵活、最易动的。事实上,促销也是最短期的营销策略,促销策略总是在产品、分销渠道等营销策略还没有变化调整之前最先被调整。

在营销理论中,作为4P营销策略组合之一的促销策略,最为经典的常规手段包括广告、公关、人员推销和营业推广(或称销售促进)四种,随着市场营销和媒体传播技术的发展,社群营销、数字营销、视觉营销、内容营销、网络直播等手段也被运用到促销中来。这些手段的主要目的和作用,是向消费者传播产品价值,实现与消费者的价值沟通,因此促销策略的本质是沟通,促销策略又被称为"沟通策略"或者"促销沟通策略"。

在营销理论与营销实践中,营销概念和名称还存在一些差异。营销理论中的营业推广或销售促进,英文为"Sales Promotion",简称SP,在营销实战中更多地被称为促销活动,简称为促销。但营销实践中所说的"促销"并不是营销理论中所指的包括广告、公关、人员推销和营业推广的"促销",而只是其中之一的"Sales Promotion",这经常会在营销理论交流与营销课堂教学中引起混淆。为避免这种混淆,我们还是称之为"促销活动"。事实上,在中国市场上,企业、消费者和社会公众已经普遍采用"促销活动"这一概念。因此,在营销实践中,营销人员使用的和消费者理解的"促销活动"就是营销理论中的"营业推广"(销售促进)。作为一本营销实践能力培养教材,我们尊重营销实战中的概念,采用营销实战中的通用语言,使用促销活动概念,将本书名称确定为"促销活动策划与执行"。而随着市场营销观念的推行和市场营销发展阶段的演进,推销已经被认为是过时的营销观念和营销手段,因此,"人员推销"更多地被改称为"人员销售"或者"人员助销",本书也倾向于用"人员销售"或"人员助销"替代落后的"人员推销"概念。

二、促销活动与市场营销

(一)促销活动的概念与特征

1. 促销活动的概念

促销活动是为直接促进产品销售的启动或销量的提升而采取的短期性与刺激性活动措施。促销活动是人员销售、广告和公关之外的可以直接刺激产品销售的方法,可根据顾客心理和市场营销环境等因素选用。

促销活动是企业最常用的基础性营销手段,也是企业调整最多、最快的营销手段,促销活动的调整速度和频次比广告和公关等营销沟通调整要快得多,是一种更能直接见效、更快见效的实效手段。在营销实战中,促销活动早已变成了频繁上演的短兵相接的"地面战争"和刀光剑影的"网络战争",促销活动费用通常会占到企业营销费用的一半以上,有时甚至会超过70%,而且越是销售困难,促销活动费用开支就越大。大型企业需要通过促销活动解决产能过剩、库存积压问题,并通过促销活动创新解决促销活动对于品牌的负面影响问题,努力发挥促销活动促进品牌建设的作用。中小型企业由于营销资源不足,可以不做广告和公关,但仍需要做好促销活动,并通过促销活动促进产品销售量和品牌影响力的提升。正是因为促销活动如此频繁,以至于很多非营销科班专业人士甚至财经记者、财经作家和企业运营人员都错将促销等同于营销。实际上,这是一种误解。促销只是营销最外显、最频繁使用、最易变化的手段之一。

2. 促销活动的特征

在企业的整体市场营销中,促销活动具有四个方面的特性:

(1) 时间的短期性与阶段性。促销活动可以促进产品销售,但是促销活动本身并不是一种持续性的销售活动。促销活动应该是解决短期销售问题的短期性刺激措施,因此不应该常年开展,每次促销活动的持续时间也不应过长。从理论上来说,促销活动开展的时间应该是非规则性的、非周期性的,但是在营销实战当中,促销活动已经演变成了一种非常重要的营销手段和竞争手段,无论是在中国还是在外国,都呈现出规则性和周期性的时间特点,比如每年的圣诞和元旦,全球的企业和品牌都会开展促销;每年的国庆和春节,几乎所有的中国品牌都会开展促销活动。每年"双十一"和"618",几乎所有的企业都会卷入电商平台创造的并蔓延到线下实体商业的促销大战之中。

(2) 方式的多样性与灵活性。促销活动的手段和方式花样繁多,可以根据企业和品牌发展的阶段、产品的类型和市场特性、销售渠道线上与线下的差异、促销活动对象、时间和地点的不同灵活选择。实际上,名目繁多的促销活动方式也各有其最佳适用对象和适用条件,必须有选择地使用。

(3) 效果的刺激性与迅速性。相对于广告宣传和公关活动对销售促进作用的间接性和滞后性来说,促销活动对销售促进的作用表现得更为直接、更加快速。一场促销活动对于销售有没有作用、有多大的作用,很容易被感受和监测到,正因为如此促销活动也被称为实效促销。一般来说,促销活动的直接作用包括:① 刺激经销商和消费者的尝试性购买,从而促进新产品销售的启动;② 刺激经销商和消费者的大量持续购买,从而促进产品销售的提升;③ 可以促进关联产品的销售;④ 可以抵御竞争品牌在价格、广告、公关和促销活动本身等多方面的竞争,阻止企业产品销售量下滑;⑤ 可以通过促销活动促成的市场增长来扩大品牌的影响力。

(4) 作用的局限性与负面性。促销活动虽然具有效果的刺激性和迅速性,在实战中备受厂商青睐,但还是存在一定的局限性甚至是负面性,比如:① 不能改变没有市场价值的新产品的市场命运。新产品的促销可以提高新产品的入市速度,但是如果新产品没有市场价值,促销活动也无法改变其市场命运。比如共享经济大潮中通过网络传播、烧钱补贴刺激需求的共享产品项目,很多都没能成功。② 不能拯救无可救药的衰退产品。注定要被市场淘汰的产品,促销活动的刺激可以延缓其被淘汰的速度,但拯救不了其被淘汰的命运。通俗的说法是"促销活动可以'治病'但不能'救命'"。③ 过度促销或不适当促销容易造成顾客的逆反心理,怀疑产品的品质及品牌,从而损害品牌形象。④ 容易造成企业、经销商和销售业务人员的短期行为,被短期的销售局面所蒙蔽,放松甚至放弃品牌建设和市场建设等根本性、长期性营销策略的贯彻和实施,出现市场问题总是试图通过短期促销加以解决,结果治标不治本,反而断送了品牌和产品。⑤ 促销活动虽然可以扩大品牌影响力,但是难以建立和巩固品牌忠诚度。在中国市场上,确实不乏利用促销活动打出品牌影响力的成功案例,但是必须注意进一步扩大品牌影响,塑造品牌忠诚,不能仍然长期持续单一依赖促销活动。

通过对促销活动特性的分析,我们不难得出这样的认识:促销活动既有正面积极作用,也有负面消极作用,必须坚持促销活动的有序化正确性运用;反对促销活动泛滥化,反对将促销活动当成市场营销的唯一手段,反对将促销活动当成旷日持久的日常销售,反对将促销活动当成包治营销百病、通解所有销售问题的灵丹妙药。

(二)促销活动的分类

1. 按照促销主体分类

按照促销活动发起者和组织者的不同,促销活动的类型有:

(1)制造商促销。这是由制造商发起和组织的促销活动,以解决制造商面临的市场销售问题。制造商促销是本书研究的主体内容,本书正是从制造商的角度来探讨和分析促销活动的。

(2)经销商促销。这是由经销商发起和组织的促销活动,以解决经销商面临的市场销售问题。在实体流通渠道时代,经销商是中国生产制造企业最主要的分销力量与商业伙伴。在中国市场上,一些快速成长起来的商贸流通企业或在制造商的指导和支持下,或自主组织一些区域性的促销活动。经销商的促销对象一般是其下一级批发商或者零售商,以构建或巩固其分销网络,促进其经销产品市场的开拓和销量的提高。经销商促销的手段主要是价格折扣、搭赠、返利、奖励等物质利益刺激。在电商流通渠道时代,传统线下实体经销商的市场地位和促销职能有所弱化,但仍然具有价值,还有一部分经销商从线下转移到线上,成为生产制造企业的线上电商型经销商,其职能主要是线上终端零售,线上批发职能较少。

(3)零售商促销。这是由零售商发起和组织的针对终端消费者的促销活动,因此,零售商促销是消费者最为熟悉的促销活动。2000年以来,连锁企业扩张速度加快,造成零售行业的竞争非常激烈,零售商之间的促销竞争也非常激烈,零售促销手段也五花八门不断翻新,新商场开业促销、周年店庆促销、节假日促销、换季促销、会员积分促销、折扣促销、特价促销、买赠促销、游戏促销、有奖促销等不一而足。

(4)电商促销。随着互联网技术及其应用的发展,电商平台、电子商务模式快速崛起,电商促销已经成为关注焦点,电商平台和电商企业为吸引流量、制造影响、扩大市场份额,采用红包、满减、秒杀、包邮、积分、返券、特价等多种方式开展促销。

随着市场营销在其他行业的应用,促销在各行各业的应用也越来越多,餐饮酒店促销、旅行社及旅游景点促销、电信运营商促销、房地产促销、银行开户及存款促销、保险促销等也纷纷登场。

2. 按照促销对象分类

按照促销活动针对的目标对象不同,促销活动的类型有:

(1) 终端促销。 这是针对最终消费者开展的促销活动,可以促进新顾客尝试使用,鼓励老顾客继续使用,引导竞争企业的顾客改变购买习惯,转而选购本企业产品。终端促销一般在零售终端和电商平台上开展。制造商和零售商是开展终端促销最早最多的两大传统主体,B2C类型的电商平台和电子商务企业也是大规模开展终端促销重要的新型主体。

市场上也有将制造商及经销商针对终端零售商的促销归为终端促销的理论,但本书仍按照主流营销理论概念分类,将针对终端零售商的促销归为通路促销之中。

(2) 通路促销。 通路促销一般是制造商发起和主办的针对以经销商为主的分销商开展的促销活动,通过鼓励分销商第一次进货来构建分销网络,通过促销激励分销商持续巩固分销网络,通过促销刺激分销商大量进货扩大经营规模和市场份额,有时也通过通路促销加快老产品去库存,实现营销策略调整。电商平台对入住的电商企业的扶持和激励也可归为通路促销。

(3) 内部促销。 内部促销是针对企业内部销售人员开展的促销活动,目的是鼓励销售人员积极推广新产品或处理某些老产品,或促使他们积极开拓新市场。制造商、经销商和零售商、电商平台和电商企业乃至电商代运营企业均可以采用内部促销手段来促销。

3. 按照促销背景分类

促销活动开展总有一定的背景,总有一定的目的,形形色色的促销手段也各有其不同的作用,各有其不同的适用市场背景和市场条件。因此,促销活动的策划和实施离不开促销活动背景的分析。按照促销背景的不同,生产制造型企业的促销活动有以下四种类型:

(1) 开拓型市场促销。 开拓型市场一般是指新产品上市期市场,也可以是成熟产品新拓展的区域市场,新创业企业刚向市场推出产品也可归为此类市场。其共同特点是销售通路和终端消费者对该产品都缺乏认知,还没有开展尝试性进货和购买行动,更没有建立稳固的购买习惯。因此,促销面临的任务是快速达成分销商的第一次进货和消费者的尝试性购买。促销的目标是品牌进入与销售启动。开拓型市场可以面向分销商、销售人员和消费者三类对象一同或分别展开，但不同促销对象的促销方式不同。

(2) 成长型市场促销。成长型市场是指寿命周期处于成长阶段的产品市场，销售通路和终端消费者对产品都有了一定的了解，销售处于发展过程之中。促销的任务和目标是快速提升品牌和销量。成长型市场同样可以分别或同时面对分销商、销售人员和消费者进行促销。

(3) 成熟型市场促销。成熟型市场是指寿命周期处于成熟阶段的产品市场。这种类型的市场特点是竞争激烈，利润空间出现由高走低趋势，扩大销售规模是取得效益最重要的途径。因此，促销的目标是实现品牌最强与销量最大化。这种类型的市场通常需要从分销商、销售人员和消费者三个方面共同发力，开展整合促销，竞争不太激烈时也可以单独开展促销。

(4) 退出型市场促销。退出型市场是指企业主动有组织、有计划地撤出的产品市场或区域市场。这类市场的促销活动，可以根据退出市场的时间进度和轻重缓急程度，分别或同时针对分销商、销售人员和消费者展开。

商贸流通企业和电商平台（包括电商服务企业）不生产产品，但也可以按照其自身发展的阶段性，将促销活动区分为开拓型市场促销、成长型市场促销、成熟型市场促销和退出型市场促销。淘宝早期的免费开店和低价销售可以看做电商企业开拓型市场促销，淘宝2009年首办"双十一"大促可以看成是成长型市场促销，而天猫不再公布"双十一"大促的商品交易总额（GMV）时，可以看成电商平台进入成熟型市场的标志。而众多垂直类电子商务网站和企业在电商竞争中竞争失利之时，亦较多开展退出型市场促销，以出清产品库存、降低经营损失。

4. 按照促销手段分类

促销手段或称促销活动形式、促销活动方式、促销工具，花样繁多令人眼花缭乱，但基本上可以分为以下四类：

(1) 免费体验促销(free)。主要用于新产品的终端消费者促销，比如快消品的样品派发、免费品尝或免费使用，耐用品的免费试用等手段，这类促销方式可以通过免费体验消除终端消费者接触了解这类新产品的成本和风险，并进而实现尝试性购买，实现新产品销售的启动。

(2) 优惠节省促销(save)。包括打折、特价、满减、返现、买赠、抽奖、加量不加价等各种购买单价或总价优惠省钱的促销方式。这是最为广泛的促销活动形式，可以针对各种产品使用，可以针对经销商（分销商）和终端消费者促销使用，这类促销方式可以降低新产品购买的风险从而促进新产品销售的启动，可以降低成熟产品大量购买和持续购买的成本从而促进其销售量的提升。

(3) 竞赛奖励促销(wins)。生产制造企业经常采用经销商（分销商）竞赛、销售人员销售竞赛等方式激发经销商(分销商)和销售人员的斗志和士气,促进产品销售。生产制造企业和零售企业还可以通过开展消费者主题竞赛等方式传播品牌理念,制造沟通话题,促进产品销售。电商平台发布大促品类销售榜单也属于这种类型。

(4) **组合手段促销(mix)**。包括同时组合或者先后组合上述三类促销手段的促销活动,甚至是组合促销活动与广告传播、公关活动、人员销售等方式的整合促销活动。

5. 按照促销时间分类

促销活动总有开展的时间背景和时间节点要素。销售淡季为提振销售需要开展促销,销售旺季为了提升市场份额需要开展促销,节假日需要抓住时机开展促销,从而形成了淡季促销、旺季促销和节假日促销等促销活动类型。

6. 按照促销区域分类

活动区域是促销活动开展的市场空间要素,每场促销活动都必须明确活动区域。在中国市场上,全国性企业的促销活动,可以是全国性促销活动,也可以是区域性促销活动。全国性促销活动一般由企业总部策划全国各地统一执行,区域性促销活动一般由区域性营销分支机构策划执行。

电商平台或生产制造企业通过电商渠道开展促销,一般来说没有地理区域限制,但也存在语言文字带来的不同国家和地区的限制,还可存在因物流成本造成的包邮区与非包邮区的限制,而本地生活服务类电商(如快餐外卖)则必定有地理区域限制。

以上分类中对课程内容、教材体系和教学组织影响最大的是促销主体、促销对象、促销背景、促销手段和促销时间。我们首先必须明确以什么样的促销主体为依据来开展促销活动策划和执行的研究,一本书最好只以一个主体来展开其促销活动的策划与执行,包含多种主体适应各种企业的促销活动并不多见。

本书确定以消费品生产制造企业为主体,以接轨企业促销活动思路来编写,具体来说,是以消费品生产制造型企业开展促销活动的背景为依据,以所针对的促销对象和所采用的促销手段为基本框架构建教材编写大纲并进行写作,同时注重新媒体传播与电子商务等手段在实际促销策划与执行中的运用,使得按照教材组织教学能够使学生获得企业促销活动策划与执行所具备的基本技能,帮助学生实现就业并支持学生胜任促销策划与执行岗位工作。

全书共4个模块12章。第一个模块为第一章至第三章,建立对促销活动的基本认知、了解促销活动策划的基础分析方法和基本原理;第二个模块为第四章至第六章,以企业促销活动针对的目标对象为依据,介绍终端、通路和内部三种类型促销活动的策划方法;第三个模块为第七章至第十一章,以企业发展阶段和产品市场类型为依据,介绍开拓型、成长型、成熟型和退出型4种市场类型背景下的促销活动策划,以及淡旺季和节假日等促销活动最频繁的季节性促销活动策划;第四个模块为第十二章,介绍促销活动的执行和效果评估。

第二节　促销活动与品牌建设

传统营销理论一般认为,促销活动是应对产品销售问题而采取的短期措施,与品牌建设关系不大,甚至认为促销活动对品牌有较大的负面影响,因此不是品牌建设的有效手段。为了防止促销活动对品牌的负面影响,营销理论专家建议尽量少使用促销活动这样的手段。"促销活动是一把双刃剑"就是这种观点的形象性、概括性说法。

但是,营销实战的严峻现实是,不可能完全按照传统营销理论的理想模式尽可能少地使用促销活动,相反促销活动已经成为一种不可或缺的重要竞争手段。因此,在营销理论研究和营销实战策划中,我们必须迎接难度更大的挑战,将原本对品牌建设不利的但又不得不用的促销活动,改造成既对产品销售有促进作用又对品牌建设有帮助的营销手段。近年来,营销实战策划已经在这方面实现了一些突破,涌现出很多成功的案例,为促销活动和品牌建设奠定了很好的研究基础。

一、促销活动对品牌形象的双重影响

(一) 促销活动对品牌建设的正面作用

改革开放以来,在中国市场上,弱小的中国企业面对强大的国际品牌,没有广告创意和公关创意上的领先意识,也没有利用大媒介开展大传播的强大资金实力,正是通过开展促销活动打开了市场的缺口,建立了市场的基础,形成了初步的品牌影响力。通过对实践经验的总结,我们提炼出精心策划的优秀促销活动对于品牌建设的三点正面作用。

1. 通过投入少、互动性强的促销活动建立品牌知名度

快速建立和扩大品牌知名度的最好方法当然是打媒体广告,但是,对于很多土生土长的中国企业来说,在其创业初期,大都资金少、底子薄,因此大投入地打广告是不能实现的梦想。他们从可以影响到的周边顾客做起,通过开展营销费用可以承受得起的初级促销活动,拉动顾客对产品的尝试性消费,再通过体验消费实现口

碑传播，从而建立和累积品牌知名度。芜湖傻子瓜子之所以被叫作傻子瓜子，最早源于年广九开始卖瓜子时的"傻"办法——免费品尝；俞敏洪创建新东方时最早的招生办法是免费试听加贴"电线杆广告"；互联网时代快速成长起来之前的平台型企业最初的重要促销推广手段也是免费、地推和补贴等手段。

2. 通过投入少、见效快的促销活动建立品牌影响力

没有市场销售规模就没有品牌的市场影响力。中国企业的市场规模增长同样与促销活动的开展具有密切的关系。在品牌没有国际品牌响亮、技术没有国际品牌领先、产品没有国际品牌优质的情况下，中国民族企业产品市场规模的扩展，主要是通过实实在在的促销让利，让中国消费者得到了实惠。芜湖傻子瓜子销售扩张走向全国，主要手段是有奖销售；中国家电行业通过促销活动扩大了国内市场规模，颠覆了国外家电品牌占市场份额大头的局面，实现了市场规模的超越，并以此开始走向海外市场，向国际品牌发展。

3. 通过公益性、实惠性的促销活动建立品牌好感度

在中国市场上，一些具有创新意识和社会责任意识的企业在促销活动策划和执行过程中，能够结合社会公益和消费者利益一起开展，比如为抢险赈灾开展义卖活动、为支持希望工程开展以旧换新、拍卖助学活动等，这些具有公益性的活动能够体现企业和品牌的社会责任，有利于建立品牌的好感度。很多秉承诚信营销理念的企业在促销活动中，或实实在在地给消费者让利，或降价不降品质，不搞虚假促销，不做浮夸承诺，不诱导消费者购买不需要的产品，不诱导消费者过度消费，因而也获得了消费者的信任，使消费者建立起对企业品牌的好感度。

（二）促销活动对品牌建设的负面作用

任何事物都有两面性，促销活动也是这样，在对品牌建设具有正面积极作用的同时，也存在负面消极作用，尤其是只考虑企业单方面经济利益，不考虑甚至损害社会公共利益和消费者利益的促销活动，对品牌建设的负面影响更大。这方面的研究比较早也比较多，甚至于一段时间里，营销界主流观点认为促销活动对品牌的负面影响远大于其正面影响，应该严格限制甚至放弃促销活动这种销售促进手段，但是完全不做促销活动无异于因噎废食，是不可能做到的。可是通过客观的分析，促销活动尤其是仅仅追求企业私利不考虑社会公益的促销活动，对于企业品牌建设确实存在以下负面作用：

1. 降低品牌价值感

一般理解，产品滞销才会开展促销，因此，开展促销活动多少有一些被动无奈的意味。有一些品牌不够强势难以实现正常顺利销售，需要通过促销活动以自降身价的方式去寻找产品销路。如果促销活动的主题策划和手段策划不够合理，这

种感觉会更加明显。例如,在竞争激烈的消费品行业,有些企业曾经打出"价格狂降""价格跳楼"等触目惊心的字眼,明显暴露出其急于出售低档货的意图。诸如此类的促销活动明显会降低品牌价值感,与品牌建设的正确方向背道而驰,给品牌升级、品牌形象再造设下了陷阱。

2. 难建品牌忠诚度

促销活动固然可以改变顾客的购买行为,吸引竞争对手的顾客购买自己的促销产品。但是,因促销活动而来购买商品的这类顾客大多是没有品牌忠诚度的,这类顾客对于任何一种品牌的产品都不会持续购买,他们只跟着促销活动走,有促销他们就来,没促销他们就走,他们是品牌转换者而不是品牌忠诚者。因此,被促销活动吸引来的这种顾客并不具有持久的价值,促销活动取得的这种销售规模是不能持续的,是没有质量的。如果促销活动停止,顾客就会流失,销售量就会下降。要吸引顾客并维持销量,必须不断加大促销力度,必须持续不断地开展促销,其结果必然是陷入恶性循环而不能自拔。因此,基于促销活动建立的顾客流量和产品销量,可能会在短期形成一定的影响,但是难以形成长期持续的顾客"留量"和销售"常量",造就基础扎实牢固的品牌殿堂。

3. 迷惑品牌建设者

因为促销活动确实具有吸引消费者、增加销售量的作用,在短时间内出现销售量的明显上升,形成一定的市场影响,因此很容易给市场营销者和品牌建设者一种错觉,误以为促销活动是建立和塑造品牌的高效手段。而踏踏实实练内功、做品质、做市场、做品牌,效果反而没有促销活动增加产品销量那么快。于是乎已经开始的品牌建设没有坚持下来,半途而废、无功而返,重新走上了单一使用促销活动的老路。更有甚者,由于业绩考核制度设计造成了营销经理人,尤其是销售管理人员的短期行为,这些企业的营销人员急于建功立业,急于用业绩证明自己的能力以求得领导赏识和职位升迁,故意用短期促销活动制造并不持久的市场销量和并不完全真实的品牌影响,而将真正的品牌建设置于脑后,将过度使用促销活动造成的烂摊子与后遗症,全部扔给继任者收拾。继任者如果不能延续"往日的辉煌",不仅证明了继任者的无能,还证明了前任者的有能耐。企业高层管理者如果不能清醒地认识到这种问题、这种现象的危害性,并采取果断的手段加以解决,及时扭转这种局面,那么品牌建设和企业长远发展是根本无望的。

在互联网营销领域,有企业陶醉于购买电商平台的促销公域流量,由于初期流量便宜因此活得比较滋润,根本没有意识打造企业和品牌及运营自有私域流量,结果当互联网流量增长见顶之时,当购买公域流量不堪重负、获客成本高企不能忍受、品牌私域流量未能建立起来之时,企业就失去了生存的能力。其实真正能持续的、有价值的流量存在于品牌自身,强势品牌总是自带光芒和流量,最有能力将顾客"流量"沉淀为顾客"留量",最有能力抵御流量变化和流量损失。

促销活动这把"双刃剑"常常将市场营销者逼入一种"两难境地":不做促销活动,市场不能启动,销量难有起色;做了促销活动,往往又伤害了辛辛苦苦培养出来的刚刚有点亮色的品牌。

我们认为,不能因为促销活动对品牌建设存在一定的负面作用就因噎废食。品牌也不是凭空建成的,在成就品牌的过程中,需要通过产品销售量的提升积累品牌的市场地位和影响力。而对于改革开放以后成长发展起来的中国企业来说,在提升产品销量的手段中,促销活动确实是一种速效、高效的实用手段。我们不应放弃促销活动,只是不能单一地使用促销活动,要综合运用多种营销策略和营销手段开展市场营销和品牌建设;我们不应放弃促销活动,而是要创新促销活动,使得新型的促销活动在保持促进产品销售长处的同时,不仅能够有效抑制促销活动对品牌的负面影响,而且还能够有效增强促销活动对品牌建设的积极作用。既然促销活动不可能对品牌没有影响,那么我们就主动把促销活动当作品牌建设的一种手段来使用,积极主动地将促销活动纳入品牌建设的规划中来,切实按照品牌建设的需要来开展促销活动,而不是仅仅将促销活动作为解决产品滞销库存有积压问题的一种短期销售促进工具使用。从而将促销活动与品牌建设之间原本的"二律背反"关系重新整合为"并行不悖"的关系,达成促销活动"品效合一"的理想境界。

二、基于品牌建设导向的促销活动

建设品牌是市场营销的崇高境界和重要任务。促销活动虽然主要解决的是短期市场销售问题,但也是长期品牌建设的一个组成部分,这一部分做得好,就能为品牌做贡献;做得不好,就会损害品牌形象,降低品牌资产。

在将促销活动作为品牌建设手段的前提下,在品牌规划的架构之下开展促销活动时,我们需要更多地考虑促销活动对于品牌建设的作用,而不是局限于对产品销售方面的作用,要尽可能地发挥促销活动对品牌建设方面的正面积极作用,抑制促销活动对品牌形象的负面影响。

按照品牌规划开展促销活动策划,主要有以下四个方面的思路。

(一)为打造品牌知名度与影响力而促销

小微企业一般处在尚未建立起品牌知名度和影响力的弱势地位,又缺乏资金实力通过大媒介、大传播方式建立品牌知名度,产品的市场销售一般也刚刚起步,市场地位处在补遗拾缺的配角位置。一边建立并扩大品牌知名度,一边拓展产品销售,是小微企业的当务之急,而能够起到这种"一箭双雕"作用且投入少、见效快的手段莫过于促销活动了。利用促销活动打造品牌知名度与影响力，是促销活动对于品牌建设正面作用的发挥。因此，小微企业在打造品牌的初级阶段，应该也需要用好促销活动这一实效手段，甚至处于发展阶段的中型企业也需要借助促销活动这种手段。只不过不能单一地使用这种品牌建设初级阶段的有效方式，应该适时采用更丰富、更高端的品牌建设方式，及时实现品牌建设方式和企业发展方式的转型。

（二）为传播品牌理念和品牌价值而促销

站在品牌建设的高度策划促销活动，需要在策划创意理念方面进行升级和创新，将促销活动与品牌理念和品牌价值紧密结合起来，通过促销活动的执行，通过促销活动与消费者的互动沟通来深入传递品牌理念、彰显品牌价值。而由于利用促销活动传播品牌具有与消费者沟通的深度双向互动性，因而比广告传播等单向的品牌传播活动具有更深刻的意义和可验证的效果。

将传播品牌理念和彰显品牌价值与促销活动紧密结合，可以在促销活动的主题创意方面展开，找到两者的最佳结合点。

作为人民日常健康生活的必需品之一，瓶装水自诞生以来，吸引了众多企业布局深耕。今麦郎集团董事长范现国回顾儿时关于"凉白开"的温暖记忆，洞察到消费者对凉白开的饮水需求。基于《本草纲目》中"太和汤"的记载，今麦郎将中国人自古喝熟水的习惯与现代工艺相结合，于2016年推出瓶装熟水凉白开，成功开创了熟水品类。从"不是生水是熟水"到"更适合中国人肠胃"，再到"口感柔，喝着舒服"，从传承中国人千年的健康饮水习俗到"80后、90后"情感的寄托，这些都赋予了今麦郎凉白开中国品牌本色。同时，今麦郎凉白开也具备"潮"的属性。2020年，今麦郎凉白开举行首届熟水国潮嘉年华，通过多种体验式玩法向消费者强化其品牌历史渊源、普及中国健康饮水文化，现场的国潮演艺、国风市集等活动进一步展现今麦郎凉白开"国潮国水"的健康文化理念；此外，今麦郎凉白开还首次打造出品牌IP人物"凉大白"并推出"想开瓶"，通过活字印刷的创意国潮文化瓶设计，向年轻人传递鲜明豁达的生活态度，倡导健康饮水生活方式。

将传播品牌理念和彰显品牌价值与促销活动紧密结合，还可以在促销活动方式创新方面展开。例如，运动服饰品牌彪马曾经开展过越快结账折扣越多的促销活动，顾客进店后就发给其一个计时卡，到顾客结账时，购物时间越短优惠折扣就越高。此举不仅吸引了许多人前来购物并使其迅速做出购买决定，更让彪马的品牌价值——主张"速度至上"得到生动展现，从而深入人心！

按照品牌理念和品牌价值策划促销活动是对一般促销活动伤害品牌这一缺点的抑制，是对促销活动促进品牌建设正向作用的发挥，是对促销活动的扬长避短、趋利避害式利用,是将促销活动整合为品牌建设手段的重要方式,是促销活动策划非常重要的创意突破点。因此要特别重视,重点发力,以期取得突破性效果。

(三) 为深化客户关系、强化品牌忠诚度而促销

大企业、强势品牌也做促销活动,只不过他们做促销活动通常不仅仅是出于销售下降的压力,还有出于回报客户支持深化客户关系的考虑;不只是出于产品销售的临时动机,更多的是出于品牌建设的长远动机。

企业的可持续发展与品牌的长期发展离不开忠诚客户的长期支持。因此,已经发展成为大企业、强势品牌之后,尽管没有小微企业、弱势品牌那样沉重的销售压力,但是开展感恩回报客户的促销活动,将使得企业和品牌更具有人情味,这样的促销活动方式也因此更加人性化,更受市场上的用户和社会上的公众欢迎。这种促销活动是对出于自身销售压力而开展促销却难以培养忠诚客户这一缺陷的扬弃,是通过感恩回报促销深化客户关系、强化品牌忠诚度的有效方式。

(四) 为应对竞争对手、巩固品牌地位而促销

促销活动竞争是市场激烈竞争高发频发的"重灾区",当竞争对手发动促销活动攻势并且威胁到自身品牌的市场地位时,企业需要考虑运用促销活动进行快速反击。当竞争对手发动价格竞争和产品竞争等更高层级的市场竞争时,如果企业需要采用促销活动进行快速有效反击的话,必须及时推出具有针对性的促销活动。如果促销活动反击有效且不需要采取更多、更深层级的竞争措施,当然是比较理想的情况。但是企业不应该仅仅停留在这一层面,需要储备更多、更有力的竞争手段以随时有效地捍卫自己的品牌地位。

按照品牌规划开展促销活动,在实际贯彻执行中,应该从整体促销活动和区域促销活动两个方面加以落实。

(1) 整体促销活动一般是企业营销总部策划的统一性行动。 通常情况下,企业营销总部的整体促销活动策划能力比区域营销机构要强一些,应该能充分考虑品牌战略规划,并且能体现出整体作战的高位势能。而区域落地的执行者一般不必考虑促销活动的设计,只要将活动方案组织落实执行到位就可以了。整体促销活动的风险来自企业总部,一旦方案偏离了品牌方向,损失将是全面性的。

(2) 区域性促销活动是企业的营销分支机构根据当地市场实际策划实施的促销活动。 对于区域性促销活动,企业总部的营销部门有必要加强指导、培训、审批和监管工作,以保证分支机构开展的促销活动既符合当地市场实际,又符合总体品牌规划。由于分支机构的策划意识和水平有限,区域性的促销活动可能会出现偏离品牌形象的现象,甚至因顾及局部或个人利益而发生短期行为,如不在品牌战略

规划指导下行事,甚至与之背道而驰,就会对品牌造成伤害。基层销售单位的促销及宣传活动,一旦出现夸大、一锤子买卖等现象,就有可能因局部的违规拖累整个品牌,为害不浅,必须防止。

第三节 促销活动与促销策略组合

促销活动与同属于促销策略组合中的广告传播、公共关系和人员销售之间的联系与区别是什么,如何正确处理它们之间的关系,整合运用好促销活动与广告传播、促销活动与公共关系、促销活动与人员销售,在营销实战中是非常重要的。营销理论和研究文献中对这些问题的研究成果并不太多,我们在这里以基于营销实践的长期应用探索和思考为依据,整理出了一些相对系统并与时俱进的观点。

一、促销活动与广告传播

促销活动和广告传播是营销策略中应用最广泛的两大外显性策略手段,在营销实战中,两者既表现为互相补充又表现为互相挤占,当营销费用预算总额一定的时候,用于广告传播的费用多了,可用于促销活动的费用就少了,但在竞争激烈之时,促销活动往往又会挤占广告传播的费用。正确处理好促销活动与广告传播的关系,是市场营销和品牌建设中非常重要的一个问题。

(一)促销活动与广告传播的联系和区别

1. 促销活动与广告传播的联系

从基本属性上来看,促销活动和广告传播同属于营销4P策略之中的促销沟通策略,两者均是企业与客户(消费者)进行营销沟通的工具。尽管两者沟通的对象、目的、方式、内容、途径和效果并不相同,但是两者的沟通属性是一样的,都是为了促进品牌形象的建立和产品销售的提升所做的沟通努力。

2. 促销活动与广告传播的区别

一般而言,促销活动运用的普及性、普遍性比广告传播更高,没有做过广告和较少做广告的企业很多,但没有做过任何促销活动的企业则很少。因为广告传播所需要的专业知识、专业技能、流程环节和资金费用远比促销活动要多得多,更难以简便易行地操作实施。

#微营销#【买菜小故事】大妈每天去菜市场买菜时,都会光顾一位大婶的菜摊。问大妈是否因为菜品好,她说不是,仅仅因为每次到那位大婶那里买菜时,不论买多买少,大婶都会主动地送她几棵葱(PS:几棵葱并不值钱,但它却走进了顾客的心)。

促销活动的手段、方法也比广告传播要多。促销活动调整变化的速度比广告传播快,调整变化的频率也比广告传播高。促销活动在企业里的运用,一般比广告传播多,变化也比广告传播快。此外,促销活动与广告传播在沟通的对象、目的、方式、内容、途径、效果等方面都存在一定的差异。

(1) **沟通对象差异**:促销活动主要针对终端消费者开展,有时也要针对经销商开展,必要时还需要针对内部销售人员开展;广告传播主要针对终端消费者进行沟通,在建设分销渠道时也针对经销商进行沟通,但很少有广告沟通是针对内部销售人员的。

(2) **沟通目的差异**:广告传播的主要目的是建立品牌与产品的知名度,促销活动的主要目的是建立品牌和产品的接受度;广告传播主要是让消费者知道品牌和产品,促销活动主要是让消费者购买品牌和产品。

(3) **沟通方式差异**:广告传播主要是长期性的、重复性的、单向性的沟通;促销活动主要是短期性的、单一主题的、需要引起沟通对象及时反馈的沟通。

(4) **沟通内容差异**:广告传播主要是传达品牌形象和产品价值的认知沟通;促销活动主要是传达产品购买激励的行为沟通。

(5) **沟通途径差异**:广告传播主要通过媒体沟通的途径传达,需要借助大众媒介;促销活动可以通过网络线上和实体线下两种途径传达,但一般而言电视等新闻媒体现在已经不是促销活动传播的主要工具。

(6) **沟通效果差异**:广告传播的效果具有间接性和滞后性,促销活动的效果具有直接性和及时性;广告传播的效果主要在于建立品牌形象等无形资产,促销活动的效果主要在于促进产品销售的实际成果。如果说广告传播是远距离的高空轰炸——火力威猛但未必目标精准,虽然现在的互联网广告从技术上可以做到精准推送,但在实际操作中仍然难以做到非常精准;可以说促销活动是近距离的刺刀拼杀——因短兵相接而击中率高。

3. 创新促销与广告的演进趋势

促销活动与广告传播的区别和差异说明两者在促销沟通方面各有优缺点,在营销整合传播中,需要整合两者沟通方式的优点、克服两者的缺点,形成互相补充、互相促进的整体综合效果。而在品牌建设的大目标之下,现代市场营销中的广告传播和促销活动也有了很多创新和改进,克服了很多沟通短板,创建了新的沟通优势。比如:

（1）借助移动通信技术、智能手机、社交媒体和移动电商，广告传播在传播对象的精准化、传播方式的互动性、传播效果的直接性和及时性等方面有了提升，促销活动的信息传播、购买下单和结算支付快速向手机移动端迁移，到2015年互联网已成为中国第一媒体。

（2）通过强调品牌建设、创新促销活动策划，促销活动在传达品牌理念、塑造品牌形象方面有了很好的改善，过去促销活动只见销售促进不见品牌提升甚至出现伤害品牌的情形，为了得到产品销量而丢了品牌形象等顾此失彼甚至是因小失大的现象，在很多优秀企业有了很大改观。

（二）促销活动与广告传播的整合运用

根据促销活动与广告传播各自的优、劣势，结合营销环境特征、市场营销和品牌建设的需要，在营销实战当中，促销活动与广告传播的整合运用，可以依据使用时间的先后顺序和使用力量的强弱高低，分为以下四种模式：

1. 先广告后促销模式

这是先用广告传播建立品牌和产品知名度，然后用促销活动实现产品销售的组合模式。这种模式是最基本的广告与促销整合模式，适用的范围最为广泛，正常情况下的企业均可采用这种模式；有一定资金实力和营销能力的企业，在创建新品牌的时候最适合采用这种模式；已经有成熟品牌的企业，在同一品牌下推出新产品时，通常也是先做产品广告传播然后辅以促销活动来启动新产品上市的。

2. 先促销后广告模式

这是先用促销活动形成一定的产品销售规模、资金实力和品牌影响，然后再通过开展广告传播拉升品牌、促进企业快速发展的组合模式。这种模式特别适合小微企业在成功生存之后实现突破性发展，因而最具有中国特色。在中国市场上，很多小微企业以这种模式发展壮大成为大型著名企业和强势品牌。TCL为了销售电话机最初摆过地摊，后通过电信运营商渠道销售发展壮大，再通过广告传播成为知名品牌。华为手机最初是移动运营商吸引顾客开户的促销配赠定制机型，后通过产品技术升级、品牌形象升级和广告传播成为智能手机主流高端品牌的。

3. 强广告弱促销模式

在同时使用广告传播和促销活动两种沟通方式的情况下，在使用力量上采取更多广告传播、更少促销活动的模式。这是正常营销环境背景下，企业最应该采取的、有利于品牌建设与企业长期发展的组合模式。在这种模式下，企业将大部分营销传播费用预算分配在广告传播上，这是有利于建立和巩固强势品牌的做法，但需要长期坚持才能见效，此外还需要留有一定的促销活动费用，用来抵御竞争对手的短期市场进攻、巩固产品销售份额不被蚕食，以免长期战略因为不堪短期市场骚扰而半途而废。

4. 强促销弱广告模式

一些依靠促销生存的中小企业在未能通过广告传播扩大品牌知名度、实现企业快速发展的情况下,极有可能出现强促销弱广告的模式依赖。在电商平台成为热度最高的销售渠道时代,中小电商卖家也是主要通过参加平台组织的促销活动、购买平台顾客流量来维持销售的,较少投放品牌广告。这当然是一种不理想的情况,但是现实就是这样,很多中小企业不得不采用这种模式维持企业生存。

在经济环境不景气、市场竞争异常激烈的情况下,很多企业会出于经营压力、出于活下来的目的,消减广告传播费用预算,加大促销活动力度,以加快产品销售出货和资金回笼。中外企业在应对经济恶劣背景下为安全"过冬"求得生存,在采用这种模式上表现出相当大的共性。

在产能过剩、需求不足的大背景下,强促销弱广告模式会成为一个国家或者一个地区的企业难以摆脱的被动选择。而如果政府在这样的背景下采取以投资拉动经济增长的宏观经济政策,以GDP考核政府官员的政绩,将会进一步固化这种模式的应用,尽管这种模式并不好,并不利于企业的长远发展和品牌的长期建设。但这又是企业无法控制的宏观营销环境因素,因此一定时期内只得适应。

在促销活动与广告传播的整合运用中,还有一点需要说明,即正常的促销活动也必须有一定的广告传播,这种广告传播以告知促销活动信息为主题,其传播媒体和传播方式与促销活动的范围和力度有很大关系,因此不同的促销活动需要做出不同的安排,具体介绍详见本书后续章节各类促销活动的策划。

二、促销活动与公共关系

(一)促销活动与公共关系的联系和区别

1. 促销活动与公共关系的联系

从基本属性上来看,促销活动和公共关系同属于营销4P策略之中的促销沟通策略,两者均是企业的营销沟通工具。当然两者沟通的对象、目标、方式、内容和效果并不相同,这将在下面具体介绍,但是两者的沟通属性是一样的,都是为了促进品牌形象的建立和产品销售的提升所做的沟通努力。

2. 促销活动与公共关系的区别

(1)沟通对象差异: 公共关系沟通的对象更广泛,不仅包括分销商、消费者,还包括政府机构和官员、股东、银行金融机构、供应商、新闻媒介、社区等外部公众,以及企业内部员工;促销活动沟通的对象比较集中,主要是消费者、分销商和内部销售人员。

（2）**沟通目标差异**：促销活动的沟通目标更即期、更理性、更实际，原来的促销活动仅限于促进当前产品销售，现在基于品牌建设的创新促销活动在促进产品销售的同时兼顾品牌形象建设；公共关系的沟通目标更长远、更感性、更形象，主要在于传播企业和品牌美誉度，塑造良好的企业形象和品牌形象。

（3）**沟通方式差异**：公共关系沟通主要是基于形象与策略一致性的专题沟通和专项沟通，对于社会公众通常会通过媒体进行沟通，而对于具体的机构和人员则通常采用组织沟通和人际沟通方式；促销活动沟通主要是运用短期性的、单一主题的、需要引起沟通对象及时反馈的沟通。

（4）**沟通内容差异**：公共关系沟通主要是传达企业形象和品牌形象的认知沟通或态度沟通，促销活动沟通主要是传达产品购买激励的行为沟通。

（5）**沟通效果差异**：公共关系沟通的效果具有间接性、滞后性和长效性，公共关系沟通虽然对产品销售的促进作用不太直接，且一般来说也比较滞后，但是有效期限比较长，一旦与公众建立了良好的关系，获得了公众的认可，将会对企业和品牌产生长期的支持作用，除非企业发生了危机事件且处理不当、不及时，引起了公众的愤怒；促销活动沟通的效果具有直接性、速效性和短期性。一次促销活动所起到的作用，能够立即直接反映出来，促销活动结束以后就不再有效果，而且同类促销活动反复使用还会出现效用衰减现象。

3. 创新促销与公关的演进趋势

鉴于公共关系对于产品销售促进的间接性和滞后性，加之由于现代市场竞争速度的加快，手段更加多样、程度更加激烈，现代市场营销必须提高市场反应速度，以应对公共事件、处理公共关系，为此，营销人员在营销实战中创建了营销公关手段（marketing public relation，缩写为MPR），提高了公关在市场营销当中的作用。公共关系在企业营销当中的运用从而也就出现了分化，企业集团层面的公共关系主要以维护政府关系、股东关系等为中心，以解决企业发展的重大问题、远期问题为主要任务。企业产品营销层面的公共关系主要以消费者关系为中心，以品牌建设和产品营销为己任，形成了为品牌形象添彩、为产品营销造势的营销公关。

营销公关集中资源与精力塑造对营销有利的企业、品牌和产品正面形象，消除对营销有不利影响的负面形象，并积极开展营销公关活动制造舆论、制造声势，促进产品销售。现代网络媒体、社会化媒体的发展，对营销公关的反应速度和正确程度提出了挑战，也为营销公关的快速反应创造了技术条件、提供了技术手段。同时，基于品牌建设导向的促销活动策划与实施，也更多地考虑了促销活动对品牌形象的支持和贡献，形成了现代促销活动与营销公关的相互渗透与相互融合，形成了促销与公关的紧密结合与整合运用。其结果是各自的优势得到进一步发挥，各自的缺点得到进一步改善。营销公关对于营销造势和产品销售的作用变得直接而有效,促销活动对于品牌形象建设的意义和作用有所增强。

(二)促销活动与公共关系的整合运用

企业规模、发展阶段、营销人才和营销能力不同,在营销公关及促销活动运用上的表现存在较大的差异。

营销人才众多和营销能力优秀的大型著名企业,大多是将营销公关和促销活动运用自如的高手。他们能够将长袖善舞的营销公关与短兵相接的促销活动有机结合起来,实现长短结合,达到张弛有度;他们能够将企业与品牌形象的软性宣传与促销活动的物质激励有机结合起来,实现软硬结合,达到营销竞争力量的"合金强度",从而呈现出与消费者的良好互动沟通、比竞争对手更优秀的市场运作能力与市场竞争优势。一旦成为这样的明星企业,接下来一段时间会受到政府部门的更多支持、资本市场的更多青睐、媒体的更多正面宣传报道、消费者群体的更多口碑传播、上游供应商和下游分销商的更多合作,从而呈现出企业明星效应,接下来会在营销公关方面增加投入使得强势更强,而在促销活动和广告传播等方面可以削减一定的开支,使得企业的发展、品牌的成长和产品的销售走上更多依靠企业、品牌和产品自身力量的健康道路,而不是依赖于促销活动和广告宣传的路径。当然,保持清醒的头脑,不盲目乐观,对于这类明星企业的健康发展也是非常重要的。

小微企业由于人才和营销资源较为匮乏,营销公关运用较少,即便有所运用,也主要以人际沟通方式为主,难以像大型知名企业一样利用权威新闻媒体和强势网络平台开展企业形象宣传和产品营销造势。小微企业促销活动的运用相对来说比公关要多一些,但促销活动开展的范围一般不大,一般以其自然覆盖的市场区域为限;力度也不强,一般以其能够承受的价格和费用空间为限;创意也不够新锐。这是很多小微企业生存困难、寿命周期不长的主要原因之一。但是如果小微企业的当家人善于学习、善于借鉴,能够实现促销活动方式的创新和实施范围的突破,很有希望从同类企业中脱颖而出。这是很多中国优秀企业从小微企业成功突围的经验之谈。

小微企业能否发展成为高速成长的企业,能否在营销公关和促销活动的整合运用上大胆突破是一个重要的关键点。但凡能够在小微企业的基础上实现高速成长甚至跨越式发展的,营销公关的作用功不可没。由于营销公关的费用比广告传播更少,但效果比广告传播更直接,因此营销公关是资源有限又希望高速成长的企业营销沟通的首选手段,而中外快速成长企业的无数案例都证明了营销公关的威力,因此最近业内"公关第一,广告第二"的观点很受支持。

三、促销活动与人员销售

(一) 促销活动与人员销售的联系与区别

1. 促销活动与人员销售的联系

促销活动和人员销售均是与客户(消费者)沟通的工具。促销活动与人员销售的联系比广告和公关这两种营销沟通手段更密切,促销活动也与销售人员的日常销售工作联系最紧密,因为广告和公关多需要市场人员与媒介机构去执行,较少需要销售人员在销售工作中去执行,促销活动的执行尽管也需要市场人员与广告代理机构去执行,但在促销的实际销售环节都需要通过销售人员去实施。而企业销售人员在销售过程中,促销活动对其销售业绩提升的帮助也比广告和公关更加直接、更加有效,因此,销售人员最欢迎的促销支持方式当属促销活动。

2. 促销活动与人员销售的区别

(1) **沟通对象差异**:促销活动的对象主要有终端消费者、分销商(客户)和内部销售人员三类;人员销售的沟通对象只有终端消费者和分销商(客户)两类。

(2) **沟通方式差异**:促销活动可以通过公共媒体和企业自媒体向终端消费者进行沟通,可以通过组织沟通形式向分销商(客户)和内部销售人员进行沟通;人员销售只能通过人际口头方式和网络社交媒体(主要是即时通信工具)向终端消费者和分销商(客户)进行沟通。

(3) **沟通程度差异**:促销活动的组织沟通和媒体沟通在沟通内容和沟通途径上是很难做到因人而异的,但是人员销售的沟通却是可以做到因人而异的,因此人员销售的沟通比促销活动的沟通更有针对性、更具互动性,也更有说服力。在营销实践中,经常出现这样的情况,因促销活动而产生注意与兴趣的消费者和客户,有时还犹犹豫豫,迟迟不能做出购买决策,这时销售人员的现场沟通就成为非常重要的手段,往往是促成购买决策的最后一股力量。

(二) 促销活动与人员销售的整合运用

促销活动和人员销售是小微企业运用最为广泛的促销沟通策略,甚至是某些小微企业促销沟通策略的全部。在促销资源不足的小微企业,人员销售更为重要。过去,在计划经济的狭小空间里顽强生存的中国乡镇企业,往往需要销售人员发挥"五千精神"(走过千山万水、想过千方百计、越过千难万险、吃过千辛万苦、说过千言万语)去开拓市场,现在这种情况已经大为改观,但是处在创业初期的小微企业仍然需要创业者身兼销售人员去顽强地开拓市场。在取得一定的可以支配的促销活动资源以后,开展一些能够拓展市场的促销活动,将会给销售人员增配一点"武器弹药",减轻一点销售人员的压力,也会促进产品市场的增长和企业的发展。

优势企业和强势品牌对于促销活动和人员销售的依赖已经大大降低。这些企业品牌的力量已经足够强大而且具有市场号召力,不需要依赖促销活动去刺激消费者购买以实现销售的增长,不需要依赖销售人员发挥"五千精神"去艰难地开拓市场,也不需要依赖于某些销售能人、高手去征战市场,而是依赖品牌的力量、产品的力量、营销模式和管理制度的力量。在有些成长中的企业里,某些销售精英几乎是不可替代的人物,但在优势企业和强势品牌里,没有什么样的销售英雄是不可替代的。销售人员销售业绩的取得不依赖于个人的独特能力,而依赖于品牌规划和营销方案的准确到位及严格贯彻执行。

优势企业和强势品牌的大规模自损式促销活动总体已经不轻易使用,少而精的促销活动主要集中于这样的几种类型:① 新产品上市时的尝试性购买、体验性消费以促进新产品销售的启动;② 回报老客户的亲情性促销活动以巩固客户关系;③ 以传达品牌理念和品牌价值为主题的整合广告和公关传播的促销活动;④ 退出某些产品市场时的去库存式促销活动。

四、实战案例

新百年新开局　五芳斋2022端午创新"出圈"

百年老字号五芳斋始于1921年,2022年五芳斋迎来了它的新百年开局之年。2022年的端午季,五芳斋继续深化实施"糯+"战略,回归产品价值,坚守匠心品质,带消费者领略"热爱中国味"的品牌魅力。

(一)深度聚焦用户需求　产品创新更"出圈"

五芳斋根据细分人群、场景、渠道等因素,推出传世臻粽系列、文化风味系列、FANG粽系列、经典系列等产品,为消费者带来创意性更足,品牌力更强,市场品质更高的节令美食。

1. 传世臻粽·五芳竹青　新工艺带来环保新理念

传世臻粽系列均采用珍稀食材精工细作而成,高端食材配合顶级工艺,严选色、形、味、感,重重甄选造就臻品,发挥其最佳的口感和品质。其中的传世臻粽·五芳竹青礼盒,内包75克小粽更显精致珍贵,在包装设计上也采用了创新竹浆+甘蔗渣包装的环保工艺,可在6个月内自然降解,极具环保理念和生活品质。

2. 五芳八肴集中华文化　汇聚八大菜系精髓好味

文化风味系列是五芳斋针对中国各地不同的风土人情、饮食文化、民俗文化，融合五芳斋百年粽子工艺，传承创新而出的各式风味粽子的礼盒粽。该系列中的五芳八肴礼盒是五芳斋与五芳斋首席节令美食体验官、国宴主厨林述巍，再度合作共同带来的新品，礼盒口味创意灵感来源于中国八大菜系，汲取地方特色菜系之精髓并融入粽子之中，让消费者通过品尝粽子也能感受品味到不同地域的各式美味。

3. FANG粽系列重"辣"出击　给够胆够劲的年轻人

针对爱玩、爱新、爱不同的年轻消费者群体，五芳斋则推出FANG粽系列，该系列从高颜值、年轻化等方面着手，满足Z时代消费者消费的需求与张扬的个性。2022年主推的FANG粽·劲辣礼礼盒在口味上挑战了3种辣度的辣椒，该款礼盒的劲辣口感与Z世代的尝鲜冒险，追求刺激，够辣才够劲的口味诉求同频共振，可以说是献给够胆爱玩、无辣不欢的年轻人的端午劲辣礼。

4. 新鲜粽新品齐出　多种口味满足更多需求

作为深受消费者喜爱的五芳斋新鲜粽系列，2022年也推出了新产品高汤粽系列和香辣小龙虾粽。高汤粽将糯米浸泡在鸡原汤之中，使米吸饱自然鲜香的鸡汤，滋味十足；香辣小龙虾粽将小龙虾虾尾用秘制配方腌制入味，搭配使用特定的香辣酱料拌制的馅料，口味香辣鲜香。新品齐出，让这个端午更添多种滋味。

5. 跨界品牌联名礼盒　共享资源相互赋能

五芳斋2022年继续推出多款品牌跨界合作款礼盒，为消费者带来多元多样多口味的新选择。五芳斋携手新中式糕点品牌泸溪河，匠心定制多款端午糕粽礼盒，端午时节重磅出"泸"；五芳斋与燕之屋合作，推出"粽星捧燕"端午联名礼盒，好礼要送给最"粽"要的人；五芳斋与三只松鼠联手带来2022食尚端午礼，出"粽"好礼绝对是端午热门礼品；五芳斋与"飘香猪肉实力派"拾分味道共同带来端午新潮背包礼盒，潮色加持，尽显高端视觉质感。

（二）内外兼修带来新工艺　工艺创新更具"新潮"

2022年除在产品口味、包装上带来新升级，五芳斋在粽子工艺上也有着新突破，推出"二合一工艺"，兼顾粽子传统制作工艺的传承和生产技术的改进与现代化升级，既保留了粽子的传统味道、保证了产品品质，又满足了生产效率和规模化的要求。

新的"二合一工艺"，在原有真空粽生产工艺上进行技术提升，减少了原有的烧煮、冷却、计数等环节，明显提升了生产流程上的效率；降低了粽子在烧煮过程中的散线率，提升了产品合格率；同时也提升了粽子产品品质，使得肉粽口感有着新鲜粽的鲜嫩，粽子风味整体更为浓郁。新的"二合一工艺"在专利申请与专利保护方面成绩突出，相关的已授权专利有11项，其中发明专利有2项，还获得了2021年全国商业科技进步奖三等奖。此外，研发此项包装工艺的骨干型创新团队还获得了政府财政奖励。

（三）突破自我进军元宇宙　品牌创新更"吸睛"

作为最会"玩"的老字号，五芳斋在2022年这个新百年的伊始，引入2021年开始流行的高科技概念"元宇宙"，并在全网重磅发布首位虚拟品牌代言人——五糯糯。作为五芳斋的首位AI虚拟代言人，五糯糯将以五芳食坊主理人的身份与消费者，尤其是Z时代年轻人一起分享好吃、好看、好玩的五芳斋节令美食，打破纬度与次元，带领消费者一同探索中华节令文化的魅力，共建五芳斋"元宇宙"的未来。除此之外，五芳斋还重磅推出AI虚拟代言人联合款产品——五芳灵境礼盒。礼盒别出心裁地将黑科技与中华传统文化进行巧妙结合，缔造了味蕾与视觉的双重新奇感受。

在2022年端午季，大名鼎鼎的"五芳影业"也继续放大招——带来全新端午大片《锥宇宙》。这一年的端午大片带消费者进入了一个与元宇宙概念相互辉映的全新空间——"锥宇宙"，以科幻短片的形式，通过一系列"锥宇宙"的设定，引发观众反思，从而升华主题"是人与人的情感，连接我们成为人类"，这也与2022年五芳斋"中国味　人情味"的主题思想不谋而合，再一次为消费者带来了趣味性和思考度并重的端午大片。

（四）同频发力赋能营销　品效销合一更"贴心"

2022年，五芳斋在继续夯实节令基石基础上，还深拓日销场景和其他节令赛道，联动商贸、电商、连锁三大渠道，全面打造全渠道融合的营销生态圈；同时，通过多维度的政策赋能合作伙伴，打造共创生态合作关系网；再基于社群、直播和大数据来实现多元化的高曝光，促进品效销合一。

这个端午季，五芳斋与盒马鲜生打造端午特色区域，与麦德龙合作创新开启店中店模式。这些售点形象包装与展示均采用拱门、江南之眼、折扇、屋檐结构等传统中国文化元素，大量采用中国红，区别于传统含蓄低调的色彩，以国潮风格向顾客展示更强的视觉冲击，体现了百年品牌的生命力。

在终端售点布局上采用同一卖场多点陈列方式，并新增高价值产品陈列区，让消费群体更容易区分查找自己想要的产品。同时根据不同区域和售点的位置、面积和售卖特色，分别开展互动体验活动或亲子亲情活动，通过现场裹粽、卡牌裹粽，增强顾客沉浸式体验，大力输出中华传统历史文化和饮食文化。

在创新营销传播方面，2022年五芳斋开辟了直播新媒介，以"二十四节气"为主题,开通了户外和室内场景结合的"节令直播间"。谷雨、立夏时节,五芳斋的节令直播间开在田间地头,线上云体验农耕生产与野炊生活场景,拉近观众与大自然的距离;小满时节,五芳斋的节令直播间邀请首席节令美食体验官林述巍开启专场,品味粽子的多种吃法;还有更多四季常在的室内节令直播间,持续为消费者带来不同节令的对应美食。

在平台公域流量运营的基础上,五芳斋也注重创建品牌自有用户池,搭建和拓展自有社群、团购渠道,在私域场景里寻求新的用户裂变和生意增长。2022年端午节五芳斋以微信、社群、抖音、小红书、朋友圈、微博和公众号等多矩阵用户链接方式,引导500万用户进行用户运营,让五芳斋与用户之间的链接更为紧密,通过社群、朋友圈、异业合作等多方式持续触达消费者,与用户共创更贴近消费者的产品,针对不同节令节气,向广大消费者推荐应季的产品和活动,极大满足消费者多元化品类购物需求以及购物体验,共创消费者更喜欢的优质内容,做到更精准地洞察五芳斋用户的喜好和特点,不断积累可持续的为客户创造价值的能力。

粽叶飘香,情暖千里,五芳斋新百年新征程已然起航,五芳斋将在创新转型跑道上奋勇争先。这个端午,五芳斋将力求让更多高价值"糯+"美味走进千家万户,努力践行"守护和创新中华美食"这一使命,助力中华民族饮食文化的传承和复兴。

(资料来源:http://www.cfnews.com.cn/sccs23950.html 中国食品新闻网)

本章小结

促销活动是市场营销4P策略组合中促销沟通策略的一种,在营销理论中的英文名称是"Sales Promotion",中文名称是"销售促进或营业推广",但在营销实战中普遍被称作"促销活动"。促销活动是最外显的营销方式之一,也是最基础的营销方式之一,还是变化调整最快、最多的营销方式之一,因此,很容易被误解为促销就是营销。

促销活动的方式方法灵活多样,其原来主要是用于促进产品销售的短期手段,对品牌形象存在一定的副作用,但是现代创新促销活动作为品牌建设的一项手段,不仅应对产品销售有所促进而且要对品牌建设有所贡献。

促销活动需要按照市场营销策略和品牌建设规划的需要有计划地开展,尽管促销竞争非常激烈,但是要防止促销活动的泛滥,同时还需要结合企业与品牌发展不同阶段的特性,与广告传播、公共关系和人员销售有机地结合起来使用,发挥整合营销传播的合力作用。

课后练习

● 理论知识练习 ▶▶▶

1. 促销活动的含义是什么?促销活动有哪些特性?
2. 促销活动有哪些主要类型?
3. 促销活动与市场营销是什么样的关系?
4. 如何开展基于品牌建设的促销活动?
5. 如何整合运用促销活动和广告传播?
6. 如何整合运用促销活动与公共关系?
7. 如何整合运用促销活动与人员销售?

● 策划实战练习 ▶▶▶

或以自己参与策划与执行的一场促销活动为例,或以自己作为消费者参与的一场促销活动为例,结合商家所发布的促销活动广告,分析其促销活动对品牌形象的影响及对产品销售的作用。

第二章

促销活动策划的基础分析

促销活动策划的主体因素分析
促销活动策划的客体因素分析
促销活动策划的环境因素分析

开篇案例 ▶▶▶

习酒·赏月·露营 传承传统文化 打开营销新路

2022年，习酒以33城同时开启露营赏月的方式开启一年一度的中秋营销。"明月如君子，共沐万家圆"是2022年"中秋夜·喝习酒"的主题，月、酒、团圆意象三者有机糅合，是习酒君品文化的独到表达，更是习酒创立70载站在发展新起点的启航之帆。

一、刷新中秋营销新高度

作为一种新兴潮流的休闲方式，露营近年来深受消费者推崇。2022年中秋，贵州习酒将露营与其倾心倾力打造的"中秋夜·喝习酒"进行了有机的结合，打造出独具特色的深度沉浸式露营体验，将诗酒文化和酒月文化进行了更巧妙、更新潮的结合。于是，在北京、上海、厦门、泰安、周口、太原、包头、南京、长春、萍乡等地，"中秋夜·喝习酒"的"身影"可以说无处不在，无论草原、海滩、山间，"中秋夜·喝习酒"的韵味氤氲弥漫。这，正是习酒给广大消费者带来的独有的浪漫。

习酒中秋夜露营赏月活动现场精心设置了月球狂想、点茶怀乡、习酒酒吧、够野烤场、投壶竞艺、时间放映厅、星光音乐会等多个功能区，通过丰富的露营及中秋元素将氛围感烘托得淋漓尽致。在流程上，在前后一天一夜的时间中，设置了记录美好、探寻秋趣、月圆人聚、月明人欢、月和人醉、花好月圆、皓月当空、月明风清、悦享秋味、漫造时光等十大篇章，贯穿着灯光秀表演、中秋节目表演、飞花令、篝火派对、烟花体验、露天电影等多个环节，让参与者能全身心投入其中，更沉浸地享受中秋。

中秋节是酒类销售下半年的关键节点。这一次习酒的"中秋夜·喝习酒"，以沉浸式的体验让消费者进一步感受到习酒的产品之美、品质之美、文化之美。

二、铸就节日营销引领者

2022年是"中秋夜·喝习酒"品牌活动打造的第七年。连续七年不间断的举办，不断对活动形式进行创新、对活动内容进行丰富，"中秋夜·喝习酒"已然成为一个享誉业内外的知名营销IP。

这一活动成功的关键在于习酒成功地找到了中秋节日与酒文化的内在关联，并通过习酒自身"君品文化"的赋能和对赏月活动的不断创新，让"中秋夜·喝习酒"

具有了不断丰盈的灵魂与内涵,进而成为习酒关联消费者、进行场景化消费培育和品牌发声的重要阵地。

对于节日营销IP的打造,习酒显然有着丰富且成功的经验,无论是"中秋夜·喝习酒",还是"中国年·喝习酒",习酒抓住了国人心中位置最高的两大节日,并通过主题直击消费者内心,深化习酒的品牌传播,为市场营销实现强势赋能,可谓节日营销的成功范本。

更难能可贵的是,习酒一直在坚持培育和打造这些活动IP,这也使得这些活动IP成为深入消费者内心的品牌元素,不仅助力习酒培养了一大批忠实的消费者,助推习酒销售规模和省内外市场的快速发展,更使得习酒的品牌高度不断提升,让习酒在消费者心目中与中秋、春节等节日形成强关联,并进一步转化为强大的消费认知。

三、习酒营销的创新与坚持

33城同天举办大型线下露营赏月活动,是习酒本年度"中秋夜·喝习酒"的创新之举,更是习酒市场和品牌营销的又一次"大手笔"之作。从战略意义来看,本次的活动对于习酒发展、尤其是2022年下半年的发展而言也意义重大。

2022年上半年,习酒实现了"时间过半任务过半"的成绩,为全年发展目标的达成奠定了基础。2022年也是习酒"十四五"阶段的关键之年,对于习酒来说,更是冲刺在白酒行业排位、实现企业规模再上新台阶的关键之年。

就在9月9日当天,习酒集团也实现揭牌。这意味着,历时近2个月的习酒独立和习酒集团成立正式完成,习酒由此开启了发展的新篇章,2022年也将成为习酒发展新时代的元年。在这样的背景下,透过"中秋夜·喝习酒"这样一场经典的活动,可以看出"新习酒"在未来营销方面的创新与坚持。

所谓创新,能够明显看出来的是,习酒接下来将进一步厚植君品文化的内涵,用君品文化赋能习酒的市场营销。正如本次"中秋夜·喝习酒"的活动主题"明月如君子,共沐万家圆",便是习酒君品文化的一次全新表达。

所谓坚持,新习酒仍将以君品习酒、窖藏1988和金钻习酒三大品牌、三款大单品为发展引擎,覆盖高中低三大主流价位,形成竞争优势和引领优势。

此外,不断深化市场精耕和精准的消费者培育,抢抓高端消费者不仅是习酒过去执行的营销方针,更是接下来习酒将坚持下去的营销理念。

"明月如君子,共沐万家圆",又是一年中秋节,又是一次"中秋夜·喝习酒"。贵州习酒,宛如君子,用极致的君品文化表达为全国消费者贡献了一场别样的中秋盛宴。

(资料来源:https://jiuyejia.com/news/153857   酒业家)

> **学习目标** ▶▶▶
>
> 1. 掌握品牌定位、营销策略、产品特性等对促销活动的影响。
> 2. 掌握促销活动对象的心理需求与促销偏好。
> 3. 理解市场竞争和分销因素对于促销活动策划的影响。

第一节 促销活动策划的主体因素分析

促销活动是由促销活动的主体策划和执行的,促销活动的策划需要反映促销活动主体的意图,顺应企业竞争战略和营销策略的规制,反映促销活动主体品牌建设和市场营销的要求,适应产品类型特性和产品生命周期的营销属性。

一、竞争战略与营销策略

促销活动也是企业竞争的一种形式,虽然竞争也非常激烈,但基本上属于战术层面的竞争,从逻辑上来说,战术必须服从和支持战略,因此,促销活动的策划必须服从于企业总体竞争战略,以打造企业整体竞争优势。促销活动策划还必须以营销策略为基础,与产品策略、价格策略、渠道策略和促销沟通策略相协调,从而达到整合营销的效果。

(一) 竞争战略

市场充满着激烈的竞争,要在竞争中取胜,必须首先在战略上找到能够赢得竞争的竞争战略,然后在企业营销和企业管理中贯彻实施竞争战略。促销活动是企业营销和企业管理的一个方面,因此,也需要根据竞争战略来进行策划和执行。

竞争战略一般分为总成本领先战略(overall cost leadership)、差异化战略(differentiation,又称别具一格战略)、集中化战略(focus,又称目标集中战略、目标聚集战略)三大类型。

总成本领先战略就是通过最大努力降低成本、降低商品价格,维持价格竞争优势。要做到成本领先,就必须在生产经营和营销管理等各方面对成本进行严格控制,尽可能将成本费用控制指标落实到每一个部门和项目。在与竞争对手进行残酷的低价竞争时,当竞争对手已没有利润可图时,总成本领先企业由于成本最低,因此还可以获得利润,还能生存和发展,从而赢得残酷的竞争。

差异化战略的核心是提供与众不同的差异化产品或服务,或技术新、或性能好、或功能强、或款式新,等等。差异化战略之下的差异化产品更容易建立消费者认知,更容易进入消费者视野,更满足消费者的差异化需求。

集中化战略的核心是主攻某个特定的客户群或某一个区域市场。实施集中化战略的前提是公司能够以更高的效率、更好的效果为某一特定的战略对象服务,从而超过在更广阔范围内经营的竞争对手,获得比广泛市场综合经营更好的效益。

实施总成本领先战略的企业强调以成本领先确立行业竞争优势,因而在促销活动策划与执行过程中也更强调成本费用的控制。一是在促销工具的运用上更多采用"优惠节省型"促销,将低价和实惠直接传递给消费者,对消费者产生足够的吸引力,对竞争对手形成强大的成本压力,让竞争对手难以跟进。二是在促销活动费用预算和实际开支过程中严格加强精细化管理,减少甚至杜绝促销费用流失浪费。因此,总成本领先战略下的促销活动策划也容易出现单一老套、缺乏新意现象,也难以传播品牌理念、塑造品牌形象。不过,要保持总成本领先的核心竞争优势,确实也不得不做一些取舍,不可能面面俱到。

实施差异化战略的企业强调产品或服务的特色,因而在进行促销活动策划时,应重点考虑两点:一是如何利用促销活动将自身产品或服务的特色与竞争对手区别开来。例如,"英美烟草中国公司"在推出新KENT特低焦油系列香烟时,为了强调其产品时尚、高品质的特色,特开展了一项以"探索、燃点、新KENT生活灵感"为主题的赠品促销活动,活动分三期进行,每期以一款"新世代火机"为赠品。烟草品牌多采用以打火机作为促销赠品,新KENT的独特做法是邀请英国著名设计师Ben Jordan专门设计了一系列"新世代火机"——波浪式的造型、银色金属外壳、点火时的独特金属感一下子就获得了目标消费群体的认同,同时在广告宣传中表明该系列火机绝不对外出售,迅速明确其产品与其他品牌之间的差异。二是利用促销活动本身形成企业促销的差异化,以促销活动创造出企业相对竞争优势。虽然大多数促销活动都是很容易被模仿的,但也可以通过形成促销活动特色来建立起一定的促销竞争优势。例如,"双十一"是阿里打造的出来的、获得社会公众认知的"属于天猫主场"的促销活动,"618"是京东打造出来的、公众认为主角是京东的促销活动,从而形成了"双十一"上天猫、"618"上京东的网购行为效应。

实施集中化战略的企业更强调市场营销策略和市场资源投放的精准性,对于促销活动策划的要求也集中体现在精准促销方面,达到促销对象的锁定精准、促销活动方式与促销对象兴趣偏好的匹配精准、促销活动信息的传播精准等。

（二）营销策略

营销策略是产品、价格、渠道和促销沟通四种策略工具的协调整合运用。作为营销策略的一个部分，促销活动必须与整体营销策略相协调，成为整合营销策略的一个有机构成要件。尽管营销策略的基本内容都是4P，但是不同企业的营销策略重点不同，相同的企业在不同的发展阶段，其营销策略重点也不相同，因此与之配合的促销活动也有所不同。

以产品为核心营销策略的企业，促销活动需要更多地传达其产品的技术优势、品质优势，而不能过多寄希望于动用价格优惠、特价等促销活动方式快速显现市场促销效果。例如，在国产汽车品牌开始独立自主成长发展阶段，消费者对于国产汽车品牌大多持不信任态度，为了扭转这种局面，国内汽车企业开始将营销策略重心转移到产品上，利用促销活动等传播手段树立其品牌形象。其中，一汽奔腾厂家就在2010年与山东、河南、山西三省的一汽奔腾4S店合作，策划了一次大型的品质体验之旅活动。在河南南阳地区，厂家及经销商邀请到近200名车迷一起试车、品车；紧接着，在山东济南开展了产品讲解、专业车手表演、试乘、试驾等活动；类似的品质体验活动又相继在山西太原及其他城市陆续展开。奔腾系列轿车以其良好的配置、时尚的外形、多变的空间、超高的性价比赢得了市场的青睐，而此次的品质体验之旅活动也增强了消费者对于其产品品质的信心，产品销量稳步增加，顺利跨入"万级俱乐部"的行列。

以价格为核心营销策略的企业，促销活动难以凸显产品优势，更多地需要以价格实惠促进产品销售的实现和价格实惠品牌形象的形成。例如，在连锁超市快速发展时代，家乐福就是以低价取胜的企业。敏感商品低价格一直是家乐福赖以成功的一大法宝。家乐福一直努力通过各种渠道来控制、降低成本。它通过大规模、大批量的采购享受数量折扣优惠；在进货上向供应商"借鸡生蛋"，利用供应商投入的资金进行周转；利用本地化的商品节约大量的运输成本和配送费用，等等。有了这一切才能时时保持低价，才会有许多特价跌破批发价的商品，对顾客具有极大的诱惑力。而在促销方式上，家乐福一般以节假日促销为主、日常促销为辅来共同渲染、体现低价形象。例如，能足够激发购物欲望的"清仓处理一件不留"。但是家乐福的促销是不会赔钱的，它的利润核算非常精确，如某个商品舍利多少，另一个非促销商品将补利多少，从而实现整体利润的平衡。在促销实施过程中，家乐福还成立了城市特别核价专员队伍，以搜罗市场低价信息，并每天调整销售价格，确保促销单品维持爆破性低价。一旦发现有零售商的价格比家乐福低，采购经理马上就会去和供应商谈，坚决维护家乐福的低价形象。电商在快速发展时代更是以低价为核心营销策略、通过低价产品和高调促销与线下实体商业抢夺市场份额。

以渠道为核心营销策略的企业,促销活动主要靠渠道力量推动销售,因此需要更多地开展通路促销。例如,娃哈哈集团在快速消费品行业就是以渠道策略取胜的典范。与别的企业往往把促销措施直接针对终端消费者不同,娃哈哈的促销重点是经销商,公司会根据一定阶段内的市场变动、竞争对手的异动以及自身产品的配备,推出各种各样的促销政策,常年循环。娃哈哈认为,生产商推出任何一项促销活动或政策,首先应该考虑的便是设计一套层次分明、分配合理的价差体系,实现"利益的有序分配"。针对经销商的促销政策,既可以激发其积极性,又保证了各层销售商的利润,因而可以做到促进销售且不扰乱整个市场的价格体系。

以促销沟通为核心策略的企业,促销活动策划应突出频次较多、力度较大、方式新颖等特征。从理论上来说,促销沟通策略是营销策略组合中的最后一个策略,营销的最高境界是不需要促销。然而,在营销实践中,随着市场竞争的加剧,促销沟通策略的特性和促销资源投入的上升,很多企业开始运用促销策略来打造自身的竞争优势。例如,著名的零售连锁品牌屈臣氏就是依靠长期的、丰富多样的优惠促销活动打造了中国目前最大规模的保健及美容产品零售连锁店,其"个人护理专家"的形象也深入人心。屈臣氏所销售的保健及美容产品同质化程度很高,但其并非按照零售业通常的以低价为主的营销策略来操作,而是选择了以大量、丰富的促销活动来刺激顾客的购买需求,形成品牌偏好。屈臣氏成功抓住了都市时尚白领、年轻女性的心理特点,每次的促销活动都能令顾客获得惊喜。第一,它的促销活动丰富多样,每年有24期的常规促销活动,每期都有各自的趣味主题;第二,持之以恒,屈臣氏多年来坚持常规促销活动的运作;第三,权威专业,时刻向消费者传递自己在专业领域里的权威信息,获取消费者信任;第四,优惠实效,强调"为消费者提供物超所值"的购物体验。"10元促销""SALE周年庆""加1元多1件""超值换购"等优惠活动已经广为消费者熟悉和接受,也成就了屈臣氏品牌。

二、品牌定位与价值主张

促销活动策划不应该为促销而促销,优秀的促销活动策划需要跳出促销本身,在更广泛的范围里展开谋划思考。无论企业怎样看待促销活动对于销售促进的直接作用和对于品牌形象的间接作用,即便是主观上更看重促销活动的实际销售促进作用,但客观上促销活动都会对品牌形象形成或正面或负面、或重度或轻度的影响。因此,与其让促销活动自动自发地对品牌形象形成没有规划的杂乱影响,不如有意识地主动考虑促销活动对品牌形象的积极影响和正面作用。这就要求促销活动策划的主体从主观上、从策划动机和意识上,主动将促销活动作为品牌形象建设的一个重要手段来使用,让促销活动成为企业传播品牌形象的一种重要手段,这对于品牌形象建设是更有益处的,促销活动实施的意义也因此更深远、更长远。

(一) 品牌定位

品牌定位的主要内容包括:明确品牌的产品品类、目标消费者群体、市场地位和核心价值。品牌定位对内是企业塑造品牌的标准,是塑造品牌个性形象和建立品牌核心价值的重要依据;对外是公众和消费者认知品牌、理解品牌、评价品牌的主要依据。总体来说,品牌定位就是为品牌在市场上确定一个适当的位置,使品牌在消费者的心中占据一个清晰的重要位置。

企业一旦选定了目标市场,就要设计并塑造相应的产品、品牌及企业形象,以争取目标消费者的认同。而品牌是企业传播产品相关信息的基础,也是消费者选购产品的主要依据,因而成为连接产品与消费者的桥梁,品牌定位也成为企业市场定位的核心和集中表现。

品牌定位之后,需要选择有效的传播和沟通手段告知消费者,并且使消费者对于品牌的认知与企业内部确定的品牌塑造标准相一致,这样才能使消费者准确理解品牌对其自身的意义和价值,才能给予消费者选择品牌、购买相关产品的理由。而在这一过程中,促销活动无疑也是品牌定位传播的重要工具之一。

品牌定位是促销活动策划的客观基础与目标方向。没有品牌整体形象的前置定位与预先设计,促销活动策划就难免出现目标与方法的迷失。

促销活动在策划阶段应以品牌定位中的目标消费者群体为对象,确定促销的市场范围,设计促销活动方案。例如,汽车品牌"新天籁"是以中国新一代财智精英为目标消费群体的,这些消费群体具有理性务实、敢于革新的特点,事业有成仍积极进取。而象征着时尚与优雅,充满智慧与挑战的高尔夫运动,赋予球手睿智、进取的特质和沉稳、优雅的内涵,与新天籁的用户特点相一致。于是,新天籁连续两年赞助了中国高尔夫职业巡回赛。通过高尔夫这一高端运动载体,将产品内涵、目标人群特征共同展示给社会公众,进一步强化了新天籁的产品价值。

针对品牌定位的目标市场开展促销活动策划还需要开展进一步的市场细分。例如,工业品制造商的目标市场已经确定,但是在设计促销方案时,还需要进一步确定适合不同目标客户的具体方案。再如,Intel和AMD都是供应链上游的品牌企业,属于工业品营销范畴,它们的目标市场相同,但在竞争过程中,针对不同的客户,两个品牌采用的促销活动却不尽相同。Intel通过电视广告、杂志广告等同时向中间商和终端客户宣传自己的品牌,而AMD则专注销售渠道终端的促销活动,通过降价策略来抵抗Intel的进攻。

促销活动的策划需要根据品牌的市场地位定位,来选择适当的促销方式,品牌的市场地位定位可以按照市场领导者、市场挑战者、市场追随者和市场补缺者等角色来区分。耐克本来是运动鞋市场的高端领导品牌,但为了实现"让中国人的20亿只脚都穿上耐克鞋"的错误目标,也曾经在中国开展过降价促销活动,结果反而影响了耐克在中国消费者心目中的高档品牌定位,使消费者对降价的耐克产品的品质产生了怀疑,妨碍消费者做出购买决策,耐克公司后来不得不恢复原来的高价策略。

(二)价值主张

品牌定位中,除了明确目标消费者定位之外,还需要明确品牌的核心价值主张,即明确品牌将提供什么样的价值给顾客。

品牌的价值主张不仅要通过满足客户的产品偏好来强调其物理价值,更要通过满足客户心理上的需要来强调其心理价值。同时,要比所有的竞争对手提供给客户更大的价值或前所未有的价值,甚至超越客户的价值需求。例如,瑞士的Swatch手表跨越产品的功能和情感价值需求,把手表从一个实用计时工具变成一个时尚标准配置,这就是Swatch手表在价值主张上的创新。再如,帮宝适婴儿尿不湿从产品层面上说,为妈妈们解决了很多棘手的问题,尤其是在夜晚可以让宝妈们安心地睡个好觉,但其产品从名称到宣传却始终强调婴儿穿着的舒适感,以此来彰显宝妈们关心宝宝胜过关心自己的无私母爱情怀。

价值主张是品牌核心价值的体现。而作为营销沟通策略之一的促销活动也必须围绕价值主张来进行,在促销活动的策划过程中,更需要强调其对品牌价值的理解和传达。

从促销的本质上来说,企业开展促销活动的根本目的还是销售产品,而产品销售的基础是满足消费者的需求和偏好。在产品同质化程度非常高的竞争环境下,企业必须通过促销活动传播品牌的价值主张,说明其产品能够满足顾客哪些价值诉求,才能获得更好的促销效果,才能有助于建立目标顾客对产品或品牌的忠诚度。

百事可乐在2012年春节这个中国人的传统节日里,以微电影的形式推出了"把'乐'带回家"的贺岁推广活动,活动表明百事愿意和年轻人一起呼唤和推动爱的正能量,活动获得极好的社会反响。2013年百事把活动赋予了新的含义进行推广,让社会上需要帮助的人感受到"大家庭"的关爱,将一份份"小家"的爱汇集成社会大爱,一起把"乐"带回家,把爱带回家。作为"把'乐'带回家2013"系列活动之一,百事公司还与中国扶贫基金会及天猫商城共同推出了"蓝色心愿2013温暖回家"活动,共送出1000份蓝色心愿,其中300份心愿捐赠给中国扶贫基金会,用以资助贫困学生及部分外来务工子女;其他700份心愿将通过线上、线下的互动活动,公开赠给大家公认的身边需要帮助的人,为他们圆梦,以感染更多的人去传递爱心。此外,百事还捐赠了2013个百事爱心邮包,支持由全国妇联中国妇女发展基金会发起的"母亲邮包"大型公益项目,帮助2013个贫困母亲实现心愿,传递社会温暖。

三、产品特性与生命周期

促销活动是针对一定产品的促销,因此产品的特性及其生命周期就是促销活动策划应考虑的一个重要因素。成功的产品促销活动,必须适应产品的特性,必须了解产品所处生命周期。

(一)产品特性

产品包括有形的物品、无形的服务或它们的组合。有形产品主要分为快速消费品(简称快消品)和耐用消费品(简称耐用品)两大类。产品的类型与特性不同,适用的促销活动方式和手段也不同。因此,促销活动应该依据产品类型和特性来展开策划。

1. 快速消费品的促销活动策划

快消品主要包括包装食品饮料、香烟酒水、生鲜水果、个人生活用品和家庭日常用品等。之所以被称为快消品是因为它们具有消费者高频次重复购买、快速消耗与使用等特性。快消品企业主要是通过消费者高频购买与消费积累的销售规模获得效益。快消品与耐用品相比,购买决策和购买过程有着明显的差别,快消品购买的计划性、目的性相对较弱,随机型和冲动性相对较为明显,购买决策常常取决于个人偏好和销售现场售卖氛围,受促销活动影响比较大,现场随机决策较多,品牌忠诚度不高而品牌转换较为容易。因此,快消品的外观及包装、陈列展示、促销活动信息和价格信息对销量有着直接影响。

快消品是采用促销活动最为广泛、最为频繁的产品类型。快消品的促销活动策划,其主要目标通常是鼓励消费者的重复购买行为,防止消费者选购或转购其他竞争性品牌产品,加快产品从生产商和分销商流向消费者,加快产品库存周转和资金周转回笼。在选择促销工具时,可以根据快消品价值比较低的特点,采用样品派送、免费试用等促销活动形式建立消费者对产品的体验认知和初次尝试性购买,可以根据快消品高频重复购买与消费的特点,采用增加单位包装量或单位购买量、附送赠品和优惠折扣等方式开展促销活动。快消品一般都存在保质期比较短的特点,因此需要动态关注产品库存,及时策划和实施促销活动,提前解决产品临期损失问题。

快消品的促销效应通常比较好,因为快消品的需求弹性比较大,消费需求和购买热情容易被促销活动刺激调动起来,而快消品的产能受限通常较小,能够较快实现产量提升,所以供应能力跟不上需求的问题较小,供需矛盾不像服务产品那样难以协调平衡。由于快消品具有有形产品可以储存的特性,因此可以通过促销活动刺激消费者或经销商进行超量采购,既可以在销售旺季开展促销活动以市场机会增加销售,又可以在销售淡季开展促销活动以平衡产能。所以广泛、高频促销,是快消品行业的行业特征。

2. 耐用消费品的促销活动策划

耐用品生产技术较为复杂,产品物理寿命周期和使用时间较长,产品单位价值和销售价格较高,消费者的购买频率较低,购买决策过程比快消品更为复杂和慎重,购买者的产品介入程度较深,信息需求也相应加大,需要销售人员提供专业性的现场导购服务,需要电商客服人员提供即时通信或直播导购服务,需要生产制造商或者卖家提供长期性的、有保障的、高质量的售后服务。

耐用品的销售过程和售后使用周期都比较长,与快消品的高频次购买高频次消费不同,属于低频次购买,再次购买同类产品间隔周期比较长,具体间隔时间长度与政府有关部门从技术和安全方面考虑制定的耐用品使用年限规定、与消费者的使用环境和使用方法等因素有关。此外,耐用品存在价格较高、操作较为复杂、售后服务维修要求较高等特性。耐用品的促销活动应该围绕耐用品的这些特性进行策划。

由于耐用品不是高频次购买与消费,而是低频次长周期购买与消费,因此保证产品质量和提供优质服务以建立和维持用户忠诚非常重要,这样可以有效降低用户在耐用品更新购买时的品牌转换概率,提高用户的终身价值。而耐用品的用户忠诚度通常也高于快消品,因为耐用品品牌转换的风险高于快消品。因此,保证产品质量和提供优质服务是耐用品促销的根本大法。

针对耐用品技术性比较强、操作使用具有一定的专业性和复杂性的特点,耐用品的促销尤其是新研发新上市的耐用新产品的促销,需要采用售点现场操作演示、电商直播操作演示等方式来进行产品科普和消费者使用方法指导,以此增强消费者对产品的了解认知、购买兴趣与欲望,促进消费者的购买行动决策。

针对耐用品技术含量较多、技术更新比较快的特点,可以通过新产品的推广介绍加老产品以旧换新的方式,鼓励消费者提前淘汰老产品、购置新产品。

针对耐用品价值高的特点,可以采用成套购买优惠、赠送关联消费产品、满购扣减部分金额等促销活动方式,降低用户购买价格门槛,促进产品普及性销售。

3. 服务产品的促销活动策划

服务产品没有具体的物质形态,故称无形服务。与有形产品相比,服务产品具有很多差异：首先，服务产品不能储存，只能现时现场消费。即便像快餐食品可以通过外卖提供非现时现场的非堂食服务，但外卖送餐时间和空间距离都还是有限的。其次，服务的提供和服务的消费在时间上具有同时性、在空间上具有同一性，也就是说服务的提供和服务的消费必须在同一时间和空间内，两者具有不可分离性，因此服务行业中的中介渠道和中间商的作用不及有形产品制造与销售行业。再次，服务产品虽然是无形的，但是服务消费者的服务体验感受却是具体、真切而有形的，服务人员在服务提供过程中对服务质量和服务消费者的服务体验感受具有直接影响。

服务产品促销活动策划必须适应服务产品的这些特性，开展符合服务产品特性与行业规律、具有实际成效的促销活动。

因为服务产品是无形的，消费者无法像有形产品一样通过产品的外观形态认识了解服务产品，但是服务的真实体验是有形的，因此需要采用体验消费甚至是免费体验消费的方式让消费者低风险甚至无风险地参与服务体验，以接触了解和真实感受服务产品，建立对服务产品的基本认知和信任，实现所服务的消费者的首次下单消费。儿童素质教育培训课程、职场和商业培训课程甚至线上知识付费课程，无门槛免费试听和超低价低门槛试听都是培训服务行业常规的拉新促销手段。

服务虽然是无形的，但是提供服务的服务人员、服务场地都是有形的，因此服务产品的促销活动必须注意提升服务人员的形象和素质，优化服务场地的地段位置和装饰设计，以此提高顾客对服务企业和服务产品的好感认知，服务人员的微笑服务、亲切待人、熟练技能，服务场地位置的便利好找，服务环境设计布置的舒适温馨，都是吸引顾客和留住顾客的基本方法和长线方法。定期或不定期邀请外地权威专家提供高端稀缺服务，比如地方性医院邀请北京、上海等一线城市的国家级一流专家来坐诊甚至义诊，是专业性服务机构提高服务形象促进服务消费的有效方法。

参加行业权威机构的星级评定和服务排行榜，并努力通过改进服务质量提高星级评定，提高排行榜排名位次，是解决服务因为无形难以判定质量高低的显性方法，是方便顾客识别服务水准、引导顾客做出服务消费决策的重要考量依据。

服务水平和服务技能与服务人员的个体素质与专业技能密切相关，因此不同的服务人员之间确实存在差异。为此，必须建立基本服务标准让所有服务人员共同遵守，保障基本的服务品质，为大多数顾客提供符合标准的常规服务，稳定服务消费基本盘，同时发挥服务人员个人特长，为熟客提供个性化服务，提高熟客服务消费续费率。

从服务收费标准方面吸引顾客尝试消费和持续忠诚消费的促销方法，主要有不满意退款承诺、根据预先充值额度或者实际消费额度制定不同的优惠幅度、累积消费积分等。

因为服务产品无法储存,无法提前生产等候消费,因此供需平衡是服务提供者需要积极主动协调的重要问题,常常需要采取预约服务、错峰服务和排队等候等方式来调节服务供应与需求,并在服务收费标准上执行相应的优惠措施。比如有些餐厅对于排队等候的顾客提供免费美甲服务、手工折纸抵扣餐费等具有实惠性与趣味性的服务,既降低了顾客因排队等候带来的急躁情绪和不满意感,又为餐厅营造了火爆消费氛围,促进了餐厅销售业绩的提升。

(二) 产品生命周期

产品生命周期,是指产品从进入市场到退出市场所经历的过程,典型的产品生命周期一般可分为四个阶段,即导入期、成长期、成熟期和衰退期。产品在生命周期的不同阶段,应该设置不同的促销活动目标并采取不同的促销活动方式。

1. 导入期的促销活动策划

新产品刚导入市场,公众对产品还不了解,只有少数追求新奇的顾客可能购买,销售量很低,销售额增长缓慢。同时,在这一阶段,由于技术方面的原因,产品不能大批量生产,因而成本居高不下,企业利润微薄甚至可能亏损。

在新产品的市场导入期间,企业常常需要大力进行促销,以鼓励经销商启动合作,吸引消费者购买。在通路促销方面,可以针对经销商开展新产品上市竞赛活动,可以针对销售终端开展提高产品铺货率的"产品进货奖励""陈列奖励"等促销活动,如进货批量达到一定数额还可以附送产品等;在终端促销方面,"样品派送""免费试用"等免费体验类促销活动方式是历久弥新的常规选项。具体派送试用方法,可以采取将产品或其试用装通过物业有序进入居民小区甚至入户入室派送,或在户外如零售店、购物中心、地铁站等人流量较大的地方进行派送,康师傅、伊利等公司的饮料新品上市时都会在大型超市外进行免费品尝活动,还可以夹在电商快递包裹中进行派送。新品导入市场阶段,还可以选择性地运用涉及通路各成员及消费者的整合促销。例如,某饮料公司开展过一项主题为"掀起你的盖头来"的有奖促销活动,消费者只要凭印有"奖一瓶"字样的瓶盖,即可向零售商兑换一瓶饮料;零售商凭借18个"奖一瓶"瓶盖就可以向经销商兑换一箱(24瓶)该公司品牌饮料;经销商凭借20个"奖一瓶"瓶盖就可向厂家兑换一箱(24瓶)该公司品牌饮料。这也是一种常用常新的有效促销方式,不会因为是一种传统促销活动方式而失去采用价值。

2. 成长期的促销活动策划

顾客对成长期产品的认知程度有所提高,市场呈现明显增长放大趋势。产品大批量生产,销售额迅速上升,利润也迅速增长。竞争者看到有利可图,将纷纷进入市场参与竞争,使同类产品供给量呈现快速增加态势。

产品在成长期阶段的促销活动,应以建立消费者的品牌偏好为主要目标,而品牌广告和公关活动担负着提升品牌形象的任务,因此,这个阶段的促销活动应以公关赞助、互动游戏、娱乐抽奖、联合促销等方式为主,而相应减少赠品、折扣等促销方式。例如,国内饮用水知名品牌农夫山泉就很好地运用了公益赞助策略——"2000年奥运唯一饮用水""2001年申奥装""2002年阳光工程",使得其产品在消费者群体中形成了相当强的品牌偏好。

3. 成熟期的促销活动策划

成熟期产品市场需求趋向饱和,潜在的顾客已经很少,销售额增长缓慢直至转而下降。在这一阶段,竞争激烈程度加剧,产品售价由高走低,促销费用增加,企业利润由高转低、由升转降。

产品进入成熟期后,企业应重点以"优惠节省"型的促销活动和人员常规销售为主要促销方式,刺激消费者增加购买数量和频率,促使消费者成为产品的忠诚拥护者;努力延长成熟期,促使产品周期出现再循环的局面。例如,可以采用积分促销、会员促销等促销方式。

4. 衰退期的促销活动策划

衰退期产品随着外部环境包括消费者自身偏好的变化,新产品或新的代用品出现,行业竞争加剧,都将使顾客的消费习惯发生改变,转向其他产品,从而使原来产品的销售额和利润额迅速下降。

面对处于衰退期的产品,企业需要进行认真的研究分析,决定采取什么策略,在什么时间退出市场。但主要目的都在于快速减少库存,迅速回笼资金。通常有以下几种策略可供选择:

一是继续策略。不放弃市场,继续通过促销维持销售,延缓产品衰退进程。

二是集中策略。把企业能力和资源集中在最有利的细分市场和流通渠道上,有守有退,边守边退,守退结合,有序陆续退出市场。

三是收缩策略。主动放弃低价值无效益的顾客群体,简化促销方式,减少促销费用,仅通过自然销售维持现有市场,直至销售乏力自然退出市场。

四是放弃策略。对于衰退比较迅速的产品,果断降价促销,加快库存出清,迅速退出市场。

第二节　促销活动策划的客体因素分析

企业的营销活动需要从认识购买者的需要入手,分析这些需要产生的各种原因,研究其购买心理及其反映出来的行为模式。促销活动的策划也应重视对促销对象客体的购买心理分析,研究购买者不同的价值追求,并结合企业品牌建设和营销规划,有步骤、有计划、有目的地开展既适应市场客体需要又符合企业主体发展需要的促销活动。

一般来说,经销商开门做生意,盈利是最基本的需求。制造商针对经销商开展通路促销一定要考虑经销商的盈利需求,但是也不能一味迎合经销商的盈利需求。通路促销策划,既要考虑经销商谋利赚钱的心理,又要传达企业的营销理念、营销策略和业务模式。同样,企业开展内部促销,既要考虑销售人员增加收入的心理,又要传达企业文化、品牌理念和营销策略,并促进销售人员提升职业技能推动职业发展,传递正能量价值观,促进销售团队整体建设。针对终端消费者的促销,既要考虑消费者的需求,又要考虑企业品牌建设的需要等。鉴于本书内容结构和分工的需要,本节重点聚焦于终端促销这一促销活动类型,对终端消费者这一促销对象的购买决策心理进行深度分析。

一、促销对象的价值追求

在策划促销活动中,如何让促销活动对象感到促销所提供的促销利益非常有价值,是吸引促销活动对象参与活动并促使其采取购买行动的关键。从本质上说,企业开展促销活动的最主要的目的就是促进消费者的购买。因此,在策划并实施促销活动的过程中,需要深入了解消费者对促销活动的心理反应规律,这将直接影响到企业促销活动的成败,甚至还会影响到企业和品牌形象。

从心理学的角度来研究消费者的价值追求,旨在说明消费者为何会受不同类型促销活动的影响,从而为促销活动策划人员区分不同类型的促销活动对象选择不同的具有针对性与实效性的促销活动方式提供参考依据。

(一)实惠心理

在日常生活中下,精打细算会过日子的消费者都存在追求实惠的消费心理,希望所购买的商品物有所值。在促销活动中,消费者更是希望买得比平时更实惠,这正是家用快消品等类型的产品成功开展促销活动的关键。因此,高频次消费类产品的促销活动一定要重视消费者的实惠心理,并利用消费者的实惠心理策划出能使消费者真正获益的促销活动。

实惠心理还表现在消费者如果在以前的促销活动中得到过实惠利益,那么从此以后就会期待这类促销活动的再次出现。因此,在策划促销活动时,如果考虑到营销目标、促销预算等因素的影响,不适合将一次促销活动的时间期限设定得过长的化,也可以每隔一段时间就周期性地再开展一次持续时间较短的同类促销活动,目的是让消费者算着时间"有意等待"企业再次开展这类促销活动。例如,一些商家在每年的某些节假日期间都会举行类似的促销活动,使这类促销活动成为一种"常规惯例",消费者就会冲着常规惯例性的促销活动周期性地参与此类促销活动。对于制造商而言,这种让消费者产生"期待等待"促销活动的方法也适合于针对流通渠道成员的通路促销活动。

但是完全相同的促销活动可能会降低消费者的实惠感,从而降低消费者参与的意愿。例如,在促销牙膏时,采用"买一赠一"的方式赠送一只儿童用的饭碗,因这种碗的用途较少,所以消费者不会在一次促销中购买太多这种的牙膏,即便牙膏的使用周期比较短。因此,在策划促销活动时,要注意促销工具的选择。在采用赠品促销时,一方面要注意赠品的消费周期;另一方面还要注意赠品对消费者的效用和价值。例如,国内某牙膏企业的促销活动虽然也是"买一赠一",但赠送的是一只酒杯,消费者会同时购买4支、6支、8支或更多,以凑齐一套酒杯,这种促销赠品的设计就比上一种好。

(二) 比照心理

在心理学中有一种心理现象被称为"知觉对比"。所谓知觉对比是指两种具有不同性质的刺激同时出现或相继出现时,就会形成两者之间的同时对比或前后对比,致使两种对比所引起的知觉上的差异特别明显。这种知觉对比的结果不一定正确,但却容易形成反差强烈的比照心理,并影响到心理感觉和行为选择。例如,将黑白两种颜色的布料并排陈列时,人们在知觉上就会觉得黑者更黑,白者更白。

在营销环境中,比照心理影响着消费者对先后接触到的两件商品之间差别的判断。简单地说,如果两件商品很不一样,消费者会趋向于认为它们之间的差别比实际的更大。因此,如果消费者放下一件价格较贵的商品之后再拿起一件价格较便宜的商品,就会觉得第二件商品的价格比单独看到这件商品时的价格还要便宜。

比照心理在促销活动中运用的另一种情形是参考价格的运用。消费者对于一个产品价格的认知和接受程度，在很大程度上取决于他们头脑中的同类产品的价格对比。此时，同类产品的价格就作为一种参考影响着消费者的购买决策。当购买某一商品时，如果实际价格高于消费者印象中的参考价格，消费者就会认为"贵"了；当实际价格低于消费者心目中的参考价格时，消费者就会认为"便宜"。而当消费者面对全新的商品时，由于头脑中并没有同类商品的参考价格，此时让消费者接受较高的价格就会容易得多。因此，从这种角度来说，比照心理是新产品可以采取高定价的原因之一。

根据比照心理，企业在策划促销活动方案时，对促销商品的标价采用"先高后低"的方式就会比较容易被消费者所接受，所以优惠类促销活动的产品促销价格总是同时标上"金额高的原价"和活动期间"金额低"的"优惠价"和"折扣价"。而"先低后高"的涨价一般难以被消费者所接受。所以优惠类促销活动总是在宣传信息中标明，促销活动结束以后将恢复金额更高的"原价"，以暗示消费者珍惜促销活动的机会尽快下单购买。

（三）回报心理

礼尚往来是一种美德。要想获得必先舍得。促销活动实际上也是先舍弃自己的部分利益，将利益让渡给消费者，引发消费者的利益获得感、认知赞同感与行动参与感，从而产生回报行动购买促销产品。对于真正让利给消费者的有价值感的促销活动，对于厂商提供的优质超值服务，回报心理强的消费者不仅会保持自己的持续忠诚消费，而且还会向朋友推荐转介绍，主动开展基于朋友信任的免费口碑传播从而带来更多的销售和消费。

免费试用是一种很有效的促销工具。从制造商的角度来看，免费试用可以让消费者在了解其产品质量的同时，将免费试用品当作一种礼物，把互惠回报心理潜在的力量调动起来，把礼物与产品联系在一起，让消费者产生"欠人情"心理和"还人情"行为。例如，在超市里，很多消费者都会觉得从笑容满面的销售员手中接过免费品尝的食物之后，往往不好意思放下杯子，然后转身离开，他们往往会买一些东西，即使他们对那些产品的兴趣不大。

安利公司使用的则是另外一种形式的免费试用策略。其中一种叫"霸格"的免费试用策略效果就十分显著。所谓"霸格"，就是一组各式各样的安利产品，如家具磨光剂、洗衣粉、除臭剂、杀虫剂、清洁液等。促销人员把它们装到一个袋子里，然后把"霸格"留到消费者处"24小时、48小时或72小时"，不收任何费用，让消费者试用，不让他们有任何负担。到试用期结束时，促销人员再去取消费者的订单。因为几乎没有人可以在这么短的时间内，用完一组"霸格"中的所有产品，安利的促销人员就会把"霸格"剩下的部分拿到社区其他消费者家中,重新开始这一程序。这时,消费者不得不面对产生回报心理的尴尬境地,在"负债感"面前,他们往往会买下那些他们已经试用了一部分的产品。

(四)从众心理

从众心理和从众行为是一种非常普遍的社会现象,在消费行为中也普遍存在。中国文化的中庸之道和面子心理,更易使中国消费者在产品购买和促销活动中出现从众心理带来的羊群效应和跟风现象。

根据从众心理,营销人员在策划促销活动方案时,要特别重视意见领袖对消费者购买决策的影响,通过意见领袖的作用会使促销活动实现更好的效果。因此,促销活动最好首先针对消费者中的意见领袖开展。

(五)珍惜心理

西方人说:"去爱一样东西的方法之一是意识到它可能会失去。"中国人说:"机不可失,时不再来。"人都有害怕失去机会或心爱之物的恐惧心理。短缺永远存在,且物以稀为贵。短缺心理会使人迫不及待、甘冒选择错误之风险,因为机会难得。

促销活动可以借助短缺心理,使消费者对促销中的商品或其他让利产生珍稀感,这样,消费者就会被促销活动所吸引,否则,促销活动的效果就会打折扣。事实上,在营销实践中,珍惜心理被广泛运用。如,限时促销、限量促销、限范围促销等,宣称"数量有限""库存有限""最后一次"等等。这些短缺现象,有时是客观真实的,有时是人为制造的,但都能起到增强刺激、敦促立即行动的促销效果。

二、促销对象的促销偏好

促销偏好是指作为消费者的促销对象对某种促销方式的喜好程度。消费者根据自己的意愿对企业开展的促销活动及其方式进行排序,这种排序反映了消费者个人的需要、兴趣喜好、消费观念甚至人生观和价值观。某种商品的需求量与消费者对该商品的促销偏好程度正相关:如果其他因素不变,对某种促销方式的偏好程度越高,消费者越能接受这种方式,对该商品的需求量就越多,促销效果就越好。企业的营销人员必须充分了解各种促销方式对消费者的消费心理和消费行为会产生何种影响,以此为基础,才能根据企业的营销目标和促销对象的特点做出正确的促销活动方式策划。

不同类型的消费者对促销活动的偏好是存在差异的,没有一种促销活动方式能够让所有的消费者喜欢。一般来说，退休老人由于收入减少空闲时间增多，对线下优惠节省型促销活动的偏好度与参与度较高；刚就业的年轻人如果家庭不富裕，又要面对月月必还的房贷、结婚生子、职业发展等生活与工作上的多重压力，因此对线上打折和满减等计算复杂的优惠促销活动比较有兴趣，愿意花时间研究折扣优惠算法，愿意耗时间等候、抢时间秒杀、拼手速抢券。事业成功收入丰厚的中年人最稀缺的是时间而不是生活费用，更重视身价、面子和形象，更重视将时间用在事业上而不是通过参加促销活动省钱，所以对费时费力线上线下排队等候参加打折优惠促销不感兴趣，但是对于能够彰显社会公益价值和品牌精神价值的品牌建设性促销活动反而更感兴趣。性别、职业、教育程度、社会圈层、地方文化、消费习俗和时代变化等因素都会影响消费者促销活动偏好，需要深入进行分析研究。

国内外的研究均显示，即使是在相同的促销让利水平下，不同的促销方式对于消费者的行为意向的影响也有着显著的差异。例如，以同样让利水平的打折和返券两种促销活动方式为例，消费者普遍对于打折促销的评价很高，因为打折促销对于消费者内心参考价格的负面影响最大。如果促销信息真实，同时促销价格低于内心参考价格，消费者对交易价值的评价就会较高，购买意向也会强烈一些。然而，消费者对于返券促销的价值评价则明显低于打折促销。

促销偏好与购买行为之间的关系还会受到消费者类型的影响。不同的消费者，促销偏好对其购买行为的影响力度是不同的。在关于零售商的价格策略对消费者行为影响的一项研究中，研究者基于消费者的价格心理（即价格敏感和品牌偏好），将消费者分为6种类型：低价至上型、追求品牌安全型、更改消费型、品牌追求型、高档品牌至上型、价格冷感型。不同类型的消费者对零售商的价格类促销活动偏好存在差异。

比如，低价至上型的消费者具有"优惠节省"促销活动方式的偏好，商家只要能够承诺诸如"价格最低"或"折扣最大"，这类消费者就会被吸引，即便不是什么名牌商品也没有关系，这类消费者正是许多小品牌或采用模仿策略的新生品牌常用的促销策略的对象，也是电商发展早期与实体商业争夺的消费者类型，2020年火爆的直播带货用"全网最低价"吸引的也是这类消费者。但是对于价格"冷感型"的消费者，商家无须承诺"价格最低"或"折扣最大"，只要在这些消费者眼里，商品经得起比较，与过去的使用经验相符或是符合消费者的身份，都可以对此类消费者产生吸引力。对于这类消费者，常规的低价促销并不起作用，但诸如会员促销、服务促销、公益活动促销等活动方式可能会更加有效。

第三节　促销活动策划的环境因素分析

企业营销行为是在一定的环境中进行的,市场营销活动需要按照宏观环境和微观环境的特征要求来开展,以微观环境中的可控因素来适应宏观环境中的不可控因素。作为营销策略的重要组成部分,促销活动的策划也需要深入分析企业所处的内外部环境才能做出正确的选择,但由于促销活动基本上都是短期的,因此,不需要对营销环境做面面俱到的分析,而是应抓住影响促销活动的主要环境因素进行重点分析。在宏观环境中,近期及未来一段时期内,宏观经济形势、政策法规、通信技术、环境保护和社会文化等对促销活动的影响更为直接和明显;在微观环境中,市场竞争和流通渠道对促销活动的影响更为直接和明显。

一、宏观环境因素分析

宏观环境因素指给企业营销活动带来机会和威胁的主要社会力量。通常来说,宏观环境是在更大范围内产生作用的,是企业的不可控因素。分析宏观营销环境的目的是更好地认识环境,让企业的营销工作更好地适应宏观环境及变化,通过借助环境的力量更好地实现企业营销目标。

促销活动的策划与执行基本上属于企业的当期行为,而在政局稳定的中国,一般来说国内宏观环境短期内很少会发生重大变化。但这并不意味着在开展促销活动策划时不需要考虑宏观因素的变化,而是要重点了解和把握促销活动当期的宏观环境背景,以此为基础策划与之相适应的促销活动。

(一) 政治经济形势影响促销活动策划与执行

当前,世界正面临着百年未有之大变局。虽然世界范围的核战争爆发的可能性很小,但是局部地区的军事冲突仍然经常发生。资本主义和社会主义国家两种意识形态之间的斗争和文化渗透愈发明显。美国为抑制中国发展所采取的技术封锁与经济围堵不会轻易放弃。新冠疫情等突发公共卫生安全事件对世界经济的负面影响不会在短期内消除,美国以美元的世界货币霸权地位制定的货币政策对世界经济整体和深度融入世界经济的国家所带来的负面影响将是长期的。

20世纪90年代的美国军方针对在冷战结束后出现的多边世界特征,尤其是面对恐怖组织的行动比以往任何时候都更复杂以及不确定的特征,提出了乌卡时代(VUCA)这个术语。VUCA是波动性(volatility)、不确定性(uncertainty)、复杂性(complexity)、模糊性(ambiguity)的首写字母组成的。在商界,宝洁公司的首席运营官罗伯特·麦克唐纳率先借用这个军事术语来描述商业世界的格局:"这是一个VUCA(乌卡)的世界。"2020年新冠疫情突发并不断蔓延以来,世界的复杂性与不确定更加突显,乌卡时代成了高频词汇。

一般来说,在政治环境稳定、经济繁荣的形势下,社会就业比较充分,各行各业收入稳定增长,经济景气指数较好,社会预期乐观,社会消费活跃,企业营销活动积极高调敢于投入,高额抽奖、海外旅游等高利益刺激促销活动会得到比较多的运用,而且这样的促销活动效果也比较好。

但是在宏观经济动荡甚至下滑的背景下,社会预期出现悲观情绪,企业开工不足甚至裁员降负,投资需求和消费需求双双下降,产品销售更加不畅,企业纷纷拉起促销大旗,促销活动开展的频率更多更高,促销活动的力度更大,促销活动方式更偏重于降价、特价、打折等优惠节省类型措施,然而有时效果并不一定如意。

政府也会在经济不景气的情况下,出台优惠政策促进消费,比如为应对2008年从美国爆发而蔓延至全球的金融危机的影响,中国政府出台了家电和汽车产品下乡的全国性财政补贴政策;为应对新冠疫情引起的消费下滑,中国很多城市政府2020—2022年多次通过网络媒体和移动支付平台发放消费券,对汽车等大件产品消费还出台了购置税费减免政策。

(二)政策法规对促销活动的规范要求越发明晰

对企业市场营销和促销活动具有长期和广泛影响的法律包括《反不正当竞争法》《反垄断法》《价格法》和《消费者权益保护法》等。随着互联网的发展和应用,我国加快了互联网方面的立法建设,制定了《网络安全法》《个人信息保护法》《互联网信息服务管理办法》等法律、行政法规。随着电子商务的迅速兴起,为了规范电子商务规范发展,2013年12月正式启动了《电子商务法》的立法进程。2018年8月,全国人大常委会通过《电子商务法》,自2019年1月1日起施行。

短期内一个国家和地区的基本政治法律环境不会有大的变化,但是政策法规的变化则比较常见。近年来,面对越来越多变的促销活动,政府主管部门也加快了相关法律法规的制定和修订,并加强了相关法律法规的贯彻执行,需要企业在开展促销活动策划时遵照执行。

国家市场监管总局2020年10月29日发布并于2020年12月1日起施行的《规范促销行为暂行规定》,对促销行为一般规范、有奖销售行为规范、价格促销行为规范以及法律责任做出了6章31项条款的规定,这是从国家层面全面规范促销活动的一个重要规定。

其中的"促销行为一般规范"规定：① 经营者开展促销活动，应当真实准确，清晰醒目标示活动信息，不得利用虚假商业信息、虚构交易或者评价等方式作虚假或者引人误解的商业宣传，欺骗、误导消费者或者相关公众。② 经营者通过商业广告、产品说明、销售推介、实物样品或者通知、声明、店堂告示等方式作出优惠承诺的，应当履行承诺。③ 卖场、商场、市场、电子商务平台经营者等交易场所提供者统一组织场所内（平台内）经营者开展促销的，应当制定相应方案，公示促销规则、促销期限以及对消费者不利的限制性条件，向场所内（平台内）经营者提示促销行为注意事项。④ 交易场所提供者发现场所内（平台内）经营者在统一组织的促销中出现违法行为的，应当依法采取必要处置措施，保存有关信息记录，依法承担相应义务和责任，并协助市场监督管理部门查处违法行为。⑤ 经营者不得假借促销等名义，通过财物或者其他手段贿赂他人，以谋取交易机会或者竞争优势。⑥ 经营者在促销活动中提供的奖品或者赠品必须符合国家有关规定，不得以侵权或者不合格产品、国家明令淘汰并停止销售的商品等作为奖品或者赠品。

其中的"有奖销售行为规范"规定：① 有奖销售是指经营者以销售商品或者获取竞争优势为目的，向消费者提供奖金、物品或者其他利益的行为，包括抽奖式和附赠式等有奖销售。抽奖式有奖销售是指经营者以抽签、摇号、游戏等带有偶然性或者不确定性的方法，决定消费者是否中奖的有奖销售行为。附赠式有奖销售是指经营者向满足一定条件的消费者提供奖金、物品或者其他利益的有奖销售行为。② 经营者为了推广移动客户端、招揽客户、提高知名度、获取流量、提高点击率等，附带性地提供物品、奖金或者其他利益的行为，属于本规定所称的有奖销售。③ 经营者在有奖销售前，应当明确公布奖项种类、参与条件、参与方式、开奖时间、开奖方式、奖金金额或者奖品价格、奖品品名、奖品种类、奖品数量或者中奖概率、兑奖时间、兑奖条件、兑奖方式、奖品交付方式、弃奖条件、主办方及其联系方式等信息，不得变更，不得附加条件，不得影响兑奖，但有利于消费者的除外。在现场即时开奖的有奖销售活动中，对超过五百元奖项的兑奖情况，应当随时公示。④ 奖品为积分、礼券、兑换券、代金券等形式的，应当公布兑换规则、使用范围、有效期限以及其他限制性条件等详细内容；需要向其他经营者兑换的，应当公布其他经营者的名称、兑换地点或者兑换途径。⑤ 经营者进行有奖销售，不得采用以下谎称有奖的方式：a. 虚构奖项、奖品、奖金金额等；b. 仅在活动范围中的特定区域投放奖品；c. 在活动期间对于带有中奖标志的商品、奖券不投放、未全部投放市场；d. 将带有不同奖金金额或者奖品标志的商品、奖券按不同时间投放市场；e. 未按照向消费者明示的信息兑奖；f. 其他谎称有奖的方式。⑥ 经营者进行有奖销售，不得采用让内部员工、指定单位或者个人中奖等故意让内定人员中奖的欺骗方式。

⑦ 抽奖式有奖销售最高奖的金额不得超过五万元。有下列情形之一的,认定为最高奖的金额超过五万元:a. 最高奖设置多个中奖者的,其中任意一个中奖者的最高奖金额超过五万元;b. 同一奖券或者购买一次商品具有两次或者两次以上获奖机会的,累计金额超过五万元;c. 以物品使用权、服务等形式作为奖品的,该物品使用权、服务等的市场价格超过五万元;d. 以游戏装备、账户等网络虚拟物品作为奖品的,该物品市场价格超过五万元;e. 以降价、优惠、打折等方式作为奖品的,降价、优惠、打折等利益折算价格超过五万元;f. 以彩票、抽奖券等作为奖品的,该彩票、抽奖券可能的最高奖金额超过五万元;g. 以提供就业机会、聘为顾问等名义,并以给付薪金等方式设置奖励,最高奖的金额超过五万元;h. 以其他形式进行抽奖式有奖销售,最高奖金额超过五万元。⑧ 经营者以非现金形式的物品或者其他利益作为奖品的,按照同期市场同类商品的价格计算其金额。⑨ 经营者应当建立档案,如实、准确、完整地记录设奖规则、公示信息、兑奖结果、获奖人员等内容,妥善保存两年并依法接受监督检查。

其中"价格促销行为规范"规定:① 经营者开展价格促销活动有附加条件的,应当显著标明条件。经营者开展限时减价、折价等价格促销活动的,应当显著标明期限。② 经营者折价、减价,应当标明或者通过其他方便消费者认知的方式表明折价、减价的基准。未标明或者表明基准的,其折价、减价应当以同一经营者在同一经营场所内,在本次促销活动前7日内最低成交价格为基准。如果前7日内没有交易的,折价、减价应当以本次促销活动前最后一次交易价格为基准。③ 经营者通过积分、礼券、兑换券、代金券等折抵价款的,应当以显著方式标明或者通过店堂告示等方式公开折价计算的具体办法。未标明或者公开折价计算具体办法的,应当以经营者接受兑换时的标价作为折价计算基准。

为加强对网络秀场直播和电商直播的引导规范,强化导向和价值引领,营造行业健康生态,防范遏制低俗庸俗媚俗等不良风气滋生蔓延,国家广播电视总局2020年11月发布了《关于加强网络秀场直播和电商直播管理的通知》,其中要求:网络电商直播平台须严格按照网络视听节目服务管理的相关规定开展视听内容服务,不得超出电子商务范围违规制作、播出与商品售卖无关的评述类等视听节目。以直播间、直播演出、直播综艺及其他直播节目形式举办电商节、电商日、促销日等主题电商活动,应按照网络视听节目直播服务管理的有关规定,提前14个工作日将活动嘉宾、主播、内容、设置等信息报广播电视主管部门备案。鼓励网络电商直播平台通过组织主题电商活动助力经济发展、民生改善、脱贫攻坚、产业升级和供需对接。网络电商直播平台要对开设直播带货的商家和个人进行相关资质审查和实名认证,完整保存审查和认证记录,不得为无资质、无实名、冒名登记的商家或个人开通直播带货服务。平台须对相关信息的真实性定期进行复核,发现问题及时纠正。要对头部直播间、头部主播及账号、高流量或高成交的直播带货活动进行重点管理,加强合规性检查。要探索建立科学分类分级的实时动态管理机制,设置奖惩退禁办法,提高甄别和打击数据造假的能力,为维护诚信市场环境发挥积极作用。

为进一步加强网络直播行业的规范管理,促进行业健康有序发展,国家互联网信息办公室、全国"扫黄打非"工作小组办公室、工业和信息化部、公安部、文化和旅游部、国家市场监督管理总局、国家广播电视总局等七部委2021年2月联合发布了《关于加强网络直播规范管理工作的指导意见》。

为进一步规范网络主播从业行为,加强职业道德建设,促进行业健康有序发展,国家广播电视总局、文化和旅游部2022年6月共同制定了《网络主播行为规范》(以下简称《行为规范》),要求各地结合实际认真贯彻执行。《行为规范》明确,通过互联网提供网络表演、视听节目服务的主播人员,包括在网络平台直播、与用户进行实时交流互动、以上传音视频节目形式发声出镜的人员,应当遵照本行为规范;利用人工智能技术合成的虚拟主播及内容,应当参照本行为规范。

针对网络主播从业行为中存在的突出问题,《行为规范》分别从正反两个方面规定了网络主播在提供网络表演和视听节目服务过程中应当遵守的行为规范和要求。从正面来看,规范要求网络主播应坚持正确政治方向、舆论导向和价值取向,积极践行社会主义核心价值观;应坚持健康的格调品味,自觉摒弃低俗庸俗媚俗,抵制破坏网络表演、网络视听生态的不良行为;从事如医疗卫生、财经金融、法律、教育等需要较高专业水平直播的网络主播应取得相应执业资质等。

同时,《行为规范》列出了网络主播在提供网络表演和视听节目服务过程中不得出现的行为,为网络主播从业行为划定了底线和红线:包括不得发布违反《宪法》所确定的基本原则及违反国家法律法规的内容。在炒作方面,规定不得蓄意炒作社会热点和敏感问题;不得炒作绯闻、丑闻、劣迹,传播格调低下、违背社会主义核心价值观、违反公序良俗的内容;不得引导用户低俗互动,组织煽动粉丝互撕谩骂、拉踩引战、造谣攻击,实施网络暴力;不得通过有组织炒作、雇佣水军刷礼物等手段,暗示、诱惑、鼓励用户大额"打赏"等。针对未成年人,《行为规范》提出不得介绍或者展示易引发未成年人模仿的危险行为,不得表现诱导未成年人不良嗜好的内容;不得引诱未成年用户"打赏";不得利用未成年人或未成年人角色进行非广告类的商业宣传、表演或作为噱头获取商业或不正当利益等。在内容方面,网络主播不得出现的行为包括:不得编造、故意传播虚假信息扰乱社会治安和公共秩序;不得编造、故意传播虚假恐怖信息、虚假险情、疫情、灾情、警情,扰乱社会治安和公共秩序,破坏社会稳定;不得展现过度的惊悚恐怖、生理痛苦、精神歇斯底里,造成强烈感官、精神刺激并可致人身心不适的画面、台词、音乐及音效等;服饰妆容、语言行为、直播间布景等不得展现带有性暗示、性挑逗的内容;不得破坏生态环境,展示虐待动物,捕杀、食用国家保护类动物等内容;不得展示假吃、催吐、暴饮暴食等,或其他易造成不良饮食消费、食物浪费示范的内容等。近年来,网络主播偷税漏税事件时有发生。对此,《行为规范》提出,网络主播应当如实申报收入,依法履行纳税义务。此外,《行为规范》要求,网络表演、网络视听平台和经纪机构要严格落实对网络主播管理的主体责任,建立健全网络主播入驻、培训、日常管理、业务评分档案和"红黄牌"管理等内部制度规范。对出现违规行为的网络主播,要强化警示和约束;对问题性质严重、多次出现问题且屡教不改的网络主播,应当封禁账号,将相关网络主播纳入"黑名单"或"警示名单",不允许以更换账号或更换平台等形式再度开播。对违法失德艺人不得提供公开进行文艺表演、发声出镜机会,防止转移阵地复出。

与促销活动策划与传播执行方面相关的政策法规还包括:《互联网信息服务算法推荐管理规定》经国家互联网信息办公室审议通过,并经工业和信息化部、公安部、国家市场监督管理总局同意自2022年3月1日起施行。《互联网用户账号信息管理规定》经国家互联网信息办公室审议通过自2022年8月1日起施行。《网络信息内容生态治理规定》经国家互联网信息办公室审议通过自2020年3月1日起施行。《网络安全审查办法》经国家互联网信息办公室审议通过,并经国家发展和改革委员会、工业和信息化部、公安部、国家安全部、财政部、商务部、中国人民银行、国家市场监督管理总局、国家广播电视总局、中国证券监督管理委员会、国家保密局、国家密码管理局同意自2022年2月15日起施行。

与促销活动中价格有关的最新政策法规是国家市场监督管理总局以第56号令公布的、自2022年7月1日起施行的《明码标价和禁止价格欺诈规定》,该规定共有27条,主要内容包括总则、明码标价规则、价格比较和价格欺诈行为认定规则、法律责任等4个部分,明确规定了经营者在进行价格比较、折价、减价、赠送时的规则要求,明确列举予以禁止的价格欺诈行为。强调价格比较信息要真实准确,规定折价、减价时禁止采用的计算方式,对采取赠品形式促销提出具体要求,并对网络交易经营者的价格行为作出原则性规定。

近年来,国家有关部门也加强了促销活动方面的执法检查和违法处罚,每年的"双十一"和"618"电商大促期间都约谈大型电商平台,发布规范促销和防止促销欺诈的警示。2021年4月10日,国家市场监督管理总局公布处罚决定书,责令阿里巴巴集团停止滥用市场支配地位行为,并处以其2019年中国境内销售额4557.12亿元4%的罚款,计182.28亿元。这是我国开出的最大金额的违法罚单。同时向该集团发出行政指导书,要求其全面整改,并连续3年向国家市场监督管理总局提交自查合规报告。2021年12月,浙江省杭州市税务局稽查局查明,网络主播黄薇

(网名薇娅)在2019年至2020年间,通过隐匿个人收入、虚构业务转换收入性质虚假申报等方式偷逃税款6.43亿元,其他少缴税款0.6亿元,依法对黄薇作出税务行政处理处罚决定,追缴税款、加收滞纳金并处罚款共计13.41亿元。全国各地都开展了针对直播带货网络主播的涉税违法调查与处罚工作。

(三)现代通信技术给促销沟通传播带来了便利

进入21世纪以来,科学技术迅猛发展,不仅对企业的运营、产品的生产影响深远,而且对促销活动的方式也产生了极大的影响。由于互联网的发展、计算机的普及、移动通信技术的升级、智能手机和移动互联网普及、新媒体技术的运用等科学技术环境因素的变化,使得企业的营销距离拉近,营销空间在不断地拓展和延伸,与消费者的沟通方式也更加快捷便利。

促销的基础是买卖双方信息的沟通,在今天的科技环境中,促销活动信息利用移动互联网进行传递和沟通变得更加迅速和广泛。多媒体信息处理技术,双向互动的语音、图文、短视频与直播信息传播模式,提供了近似于线下实体场景中的商品展现形式,为电商网络销售带来极大利好。促销活动信息的传播渠道已经从慢节奏的报纸等传统媒体快速、广泛地转换到以快节奏大范围裂变传播为特征的"两微两短"等社交媒体(微博、微信两个图文平台,抖音、快手两个短视频平台)和电商平台。加上由于移动支付的普及,网络媒体就成功地整合了信息传播与交易结算的职能,实现了媒体即渠道的合一,形成了促销活动信息传播、促销产品销售下单、货款结算与物流发货的无缝连接和闭环流程,从而形成了电商促销成为企业促销活动的重要渠道的局面。

(四)生态自然环境要求促销活动更加环保

环境污染的日益加重引发了全社会对于生态自然环境的广泛关注,世界各国政府和民众对于环境保护意识和行为的增强,使得转变经济发展方式,减少经济建设造成的资源耗费和自然的破坏成为当务之急。这些对于企业营销活动和促销活动也会带来机遇与挑战。

已经有很多企业以保护环境为主题开展促销活动策划了,通过促销活动倡导环境保护,以环保为创意吸引消费者参与促销活动,并通过促销活动为环境保护募集资金等,都取得了较好成效。

社会公众和消费者环保意识的增强也对企业开展促销活动提出了更为严格的要求。比如在以旧换新促销活动过程中,消费者会关注旧产品的去向、旧产品回收处理的过程是否环保等;在促销活动现场宣传过程中,是否会形成噪音污染、废弃物污染等。这就要求促销活动执行过程要环保化、无害化,实行绿色营销、绿色促销。而在促销活动信息的传播中,网络化电子化的传播大幅度增加,活动宣传纸质材料的印刷和派发大大减少,也在一定层面响应了绿色环保的要求。

(五) 社会文化环境为促销活动传递品牌人文价值创造了条件

社会文化环境是指社会大众奉行的价值观念、宗教信仰、风俗习惯、道德规范等的总和。任何企业都处于一定的社会文化环境中,企业营销活动必然受到所在社会文化环境的影响和制约。

在促销活动的策划与执行过程中,对促销主题、促销方式和促销内容进行文化包装,赋予促销相应的文化特性和品牌价值内涵,能够增加顾客对企业、对品牌和产品的独有感知价值。在一定的促销方式中,塑造一个特定的文化氛围,在向消费者传递文化特质的同时,突出企业产品的文化性能,以文化推动消费者对企业的认识,这样就能够使企业形象和产品在消费者心目中留下长久、深刻的印象。

随着改革开放的深入和信息化社会的到来,中西方文化交流方式的增多,使得人们在选择性接受西方部分先进文化的同时,开始强调对于中国传统文化的传承与发扬,这些对于企业的促销活动策划都有深刻的影响。企业在实施促销活动的过程中,应关注目标消费者群体文化方面的变化,及时调整以增强促销活动的效果。

二、微观环境因素分析

影响促销活动策划与执行的微观环境因素多元,影响方式直接,但最需要重点分析的微观环境因素是市场竞争和流通渠道两个方面。

(一) 市场竞争环境与促销活动策划与执行

在促销活动的策划过程中,其基本目标是希望能够吸引顾客,提升产品销量,除了通过多种手段吸引潜在顾客、保留忠实顾客之外,还需要从竞争对手的市场当中去抢夺顾客。当然企业的竞争对手也在想方设法地抢夺你的顾客。因而,促销活动的策划与实施在大多数情况下,是需要直面竞争对手的。

竞争者对降价、促销等市场竞争策略的反应主要取决于其目标、战略及其优劣势。一般来说,我们依据竞争者的不同反应将其分为四种类型:

(1) 冷漠型竞争者。这类企业不会迅速、强烈地反击竞争者的行动。他们可以被认为其顾客忠诚度高,对竞争性行为缺乏足够的注意力,没有足够的资源和能力支持等。

(2) 选择型竞争者。竞争者只对某些行动做出反应,而忽视其他的竞争行动。

如有的企业可能对降价进行反应而对广告费用的增加及其他促销行为置之不理。

(3) **凶狠型竞争者**。竞争者对所有的攻击行为都能做出迅速而强烈的反应，意在向竞争对手表明，最好不要发起任何攻击。

(4) **随机型竞争者**。竞争者对攻击的反应具有随机性，有无反应和反应强弱并没有可预见的模式。许多竞争实力不强的中小企业就属于此类竞争者。

针对竞争对手的促销活动策划，首先是选取不同的出发点，即针对一个或多个竞争者采取进攻型或防御型措施。促销活动的策划起点是开展市场竞争调研，针对竞争对手的促销策略来制定自己的促销策略。2019年是"5G"商用元年，6月6日，工信部向中国电信、中国移动、中国联通以及中国广电发放5G商用牌照，这标志着中国正式进入了5G商用阶段，5G智能手机的"抢滩登陆"战也将就此开始。但下半年各大厂商5G手机的价格则完全超出了之前万元左右的预期，三星Galaxy Note 10＋ 5G版售价为7999元；华为Mate 20 X 5G版售价为6199元；中兴天机Axon 10 Pro 5G版售价为4999元；国内市场5G手机产品并没有任何一款突破万元大关，而售价最低的iQOO Pro 5G版甚至与4G手机的价格并没有多大的差距。不到3个月，5G手机杀入了4G旗舰手机的价格区。品牌和技术缺乏优势的企业，不得不定价更低、促销力度更大，否则没有生存机会。

其次，选择适当的优惠促销工具，不定期地缩小产品与低价位竞争者之间的价格差异。在产品同质化较为明显的行业，缩小与竞争者之间的价格差是赢得竞争优势的重要手段。因此，打折、降价、赠品促销在各个行业都比较常见，也因此常常引发价格战。2017年至2021年，我国智能门锁新增企业646家、1364家、1421家、772家和308家。大量企业蜂拥而入导致竞争突然变得激烈，小米、360等"价格屠夫"的入局，更是将智能锁的售价拉低到了1000元以下。2018年10月，360发布一款智能门锁直接将价格打到699元，即使加上300元的安装费也不足千元，被称为是"打破了行业价格底线"。仅一个月后，小米生态链企业推出一款智能门锁，在小米众筹上架，含安装费售价999元。同年12月，小米亲自下场，发布了一款正式售价1299元（包安装）、限时众筹售价999元（包安装）的小米米家智能门锁。价格下降加快了智能门锁的市场普及，2018年我国智能门锁的市场渗透率为6.8%，到2020年已经达到了约20%，但价格下降也造成了产品质量安全等问题。

最后，除了针对消费者的促销活动之外，企业为应对行业的潜在进入者或替代品的竞争威胁，可以考虑在新产品进入市场之前，向经销商进行充分全面的铺货。例如，为了避免新产品带来的压力，许多厂家经常会开展一些激励经销商的促销活动，提前向经销商铺货，抢占市场。在汽车行业，制造商采取的"降价补偿"策略对于消费者来说极具吸引力，也让经销商吃了定心丸。比如，东风日产曾针对西南地区市场下滑推出了降价补偿举措，公司向西南地区的消费者承诺，从该年12月1日起,消费者在东风日产专营店购车后,如果企业在次年春节前有降价行为,专营店将对消费者购车的差额实施补偿。

（二）流通渠道环境与促销活动策划与执行

促销活动总是要在一定的流通渠道中去执行的,因此促销活动策划必须考虑流通渠道的因素。

根据零售业态循环发展理论,线下零售商业中的大型百货、超市连锁、购物中心、城市综合体、社区便利小店等零售业态通常出现轮回循环发展态势,而在电子商务快速崛起的发展过程中,超市连锁业态的衰退加速,家乐福、沃尔玛等国际连锁进入关店进程,大润发和永辉等国内连锁市场地位在下降,电商平台成为零售业态循环的新业态和重要力量。形成零售业态循环的原因主要是主流业态随着市场地位的巩固,变得价格高昂、态度傲慢,引起了消费者的不满意,而这时新的零售业态看到有机可乘,于是便以产品低价迎合消费者加入零售业态的竞争,并在竞争过程中逐渐成为主流业态。电商渠道的兴起和发展路径与手段,和过去其他主流零售业态基本一样,都是低价和促销,有过之而无不及的是借助互联网技术把网络欢乐购和电商大促玩得更加火爆,因此,电商平台已经成为并还将持续担当促销活动的主流渠道,是企业开展促销活动的主要渠道。

此外,随着企业促销活动一发不可收拾的发展,线上线下都出现了一些专门定位于做促销活动的商业机构。在中国,线上的电商平台有专门做特卖的唯品会,线下的实体商业中有专门做名牌产品折扣促销的奥特莱斯(OUTLETS)。自2002年首次进驻北京以来,奥特莱斯购物中心经历了十几年的快速发展,200多家奥特莱斯在全国各地相继开业,以"奥特莱斯"命名的折扣卖场达到400多家。

当然传统线下商业渠道仍然还是促销活动不可忽视的重要渠道,因为在很多产品品类中,线下渠道的销售份额远高于线上电商渠道。但在线下流通渠道中,分销商的身份地位比较特殊,一方面是分销商承担了企业部分甚至全部的销售职能。因此,企业需要把分销商看作可控资源进行掌握。另一方面分销商又是独立经济组织,在销售企业的产品时,更多地看重产品的盈利程度和企业的支持力度,换句话说,就是看产品是否能赚钱。从这个角度来说,流通渠道中的分销商并不能算作企业的可控资源。按照迈克尔·波特的五力竞争模型理论,分销商对于企业来说具有一定的议价能力,应被看成是企业的一项重要竞争力量。因此,专门针对分销商的促销活动和通过分销商执行的终端促销活动,必须充分考虑这一特殊性。从销售环节和利益传导机制来看,如果企业的流通渠道较长,需要开展多层级通路促销才能实现终端销售的启动和提升,而且由于流通渠道长促销执行力会衰减,因而需要加强促销活动的考核管理。从业务运作方面来看,分销商的规模、市场地位、采购模式和流程,分销商的促销活动认知及其促销活动偏好,分销商与企业的合作紧密程度等因素,都会影响到企业通路促销和终端促销活动的策划和执行。分销商的人力资源状况和促销执行能力,会影响到企业终端促销活动的执行效果。这些都是企业策划促销活动时必须考虑的因素。

本章小结

促销活动理论上虽然应该是短时间、小范围的营销活动,但也需要进行全面的分析。本章分析的是促销活动策划的基础因素,优秀的促销活动策划必须充分考虑到以下三个方面的基础性因素:

一是主体因素。促销活动虽然是短期活动,但也是企业整合营销的一个构成部分,因此需要考虑促销主体企业自身的竞争战略与营销策略、品牌定位与价值主张,考虑促销产品的特性及其生命周期。

二是客体因素。优秀的促销活动的策划要充分考虑促销对象的接受习惯和接受程度。设计促销活动时应针对促销对象的心理需求和促销偏好进行设计,其心理需求包括实惠心理、比照心理、回报心理、从众心理、珍惜心理等。

三是环境因素。优秀的促销活动策划需要与宏观环境相适应,并重点考虑市场竞争和流通渠道等微观环境因素。

课后练习

●理论知识练习 ▶▶▶

1. 影响促销活动策划的主体因素包括哪些?
2. 品牌定位和营销策略是如何影响促销活动策划的?
3. 产品特性是如何影响促销活动策划的?
4. 为什么要研究促销对象的价值追求和促销偏好?
5. 市场竞争因素是如何影响促销活动策划的?

●策划实战练习 ▶▶▶

1. 假如奇瑞汽车公司计划向青年女性推广一款新能源汽车,应该如何策划促销活动?
2. 对于一家生产电热水器的企业,在夏季和冬季应该如何分别开展促销活动?

第三章

促销活动策划的基本原理

促销活动策划的策略分析
促销活动策划与执行流程

开篇案例 ▶▶▶

滴露携手京东大牌秒杀日 打造冬日极致浪漫

致力于保护亿万家庭远离细菌威胁的消毒除菌专家滴露,始终凭借专业除菌实力守护消费者的安心生活。继2021年10月滴露正式宣布青年演员、歌手肖战成为品牌代言人后,在12月底,联合京东大牌秒杀日,在品牌代言人肖战的故乡重庆打造了一次温暖、浪漫、治愈的现象级营销事件。围绕"'净'享圣诞雪夜礼"的活动主题,带来了一系列的暖冬福利和惊喜。借此,为品牌京东自营官方旗舰店汇聚流量助力销售,也向消费者传递了滴露温暖、亲切的品牌形象和安心守护的产品理念。

代言人冬季赏雪大片3D裸眼首发,开启重庆降雪狂欢

由于冬天干燥,消费者对滋润功效的产品需求更强。本次活动,滴露选择了具有滋润功效的玻尿酸泡沫洗手液作为明星同款主推爆品,与代言人肖战共同打造了一条裸眼3D冬季赏雪视觉大片。短片将滴露玻尿酸泡沫洗手液白色绵密泡沫的特点和冬季"雪花"联结起来,呈现一场代言人暖冬观雪的奇幻视觉画面。

12月20日,滴露以这条冬季赏雪大片为创意出发点,在视频首发地——拥有世界级地标裸眼3D巨幕的重庆观音桥步行街中心广场,打造出一个神秘巨型礼物盒,为本次活动预埋悬念,引起消费者的好奇。滴露官方微博同步发布"赏雪函",本地生活号配合接棒扩散话题,吸引更多消费者前来一同见证滴露京东大牌秒杀日带来的雪夜惊喜。

当晚,滴露冬季赏雪大片在重庆观音桥裸眼3D屏重磅首发,滴露玻尿酸泡沫洗手液的绵密泡沫化成雪花飘落,滴露品牌代言人肖战置身奇幻雪景中,让"净"享冬日的美好仿佛触手可及。当视频中的肖战按下滴露慕斯泡沫洗手液,隔空互动召唤重庆观音桥步行街中心广场上的神秘巨型礼物盒开启,礼盒内点亮的礼物树为重庆带来一场瑞雪,让消费者沉浸式地感受到暖冬雪夜的美好,体验到童话般的浪漫。

此外,活动现场更设有暖冬雪屋供消费者打卡。雪屋内部打造肖战品牌广告同款陈设,唤起消费者温馨回忆。也通过家居场景,向消费者再次传递滴露让每个家庭避免细菌困扰、守护亿万家庭健康生活的品牌决心。

滴露通过裸眼3D屏和线下互动装置,打造了超越平面视觉的多维感官体验,

给消费者呈现了一场赏雪奇幻秀。当晚#重庆飘雪了#这一话题在微博引发讨论热潮,不到48小时,该话题阅读量已破7500万次,讨论话题近20万条,大量的自媒体内容为活动传播强势助力,为站内爆发充分蓄水。

活动限定海报温馨上线,多城飘雪共赏雪夜

12月21日,滴露官方正式官宣本次活动主视觉海报(KV),预告京东大牌秒杀日多重惊喜福利。为助力海报传播扩散最大化,滴露更在线下媒体大范围曝光本次活动KV——在重庆、上海、石家庄、杭州、济南、武汉六城热门商圈,打造滴露雪夜海报"动态飘雪",强势吸睛,为消费者制造下雪惊喜,营造五城共赏雪夜的暖冬浪漫氛围。借此实现线上线下联动360°全方位引流,深度挖掘滴露的潜在消费人群。

线下事件同款周边助力销售,陪你净享雪夜

雪夜礼不止于此,滴露更是最大限度还原重庆线下事件,为消费者精心打造两款雪夜周边产品,在本次滴露京东大牌秒杀日温馨上线:代言人人形立牌、红衣造型与定制雪花底座,传递温暖祝福;奇遇重庆雪夜同款礼物盒,银树元素纸雕,浪漫雪景"净"在眼前。为消费者送上滴露和代言人的冬季安心守护,为拉动销售助力。

全网云赏雪记录视频,引爆京东大牌秒杀日

12月23日,滴露以一条记录重庆线下事件全过程的记录视频《奇遇重庆雪夜》,宣告本次滴露京东大牌日活动开启。

视频重温当晚线下事件,引发#重庆飘雪了#话题二次发酵,掀起一场相隔千百里、一同览尽重庆飘雪唯美画面的全网云赏雪,充分调动起粉丝的热情,扩圈传播强势引流消费者至京东站内,将活动推向最高潮,引爆京东大牌秒杀日!

KOL助力炒热话题,抖音头牌硬广精准引流

为进一步引流消费者至京东站内,扩大活动影响力。滴露邀请微博人气站关键意见领袖(KOL)聚焦本次线下事件,助力推热话题;更对本次活动主推产品——滴露玻尿酸泡沫洗手液深度"种草"。

引爆大牌秒杀日当天,更借助抖音开屏广告及信息流广告,精准触达目标消费人群。让滴露在内容和营销两个方面双向进阶,打通了从流量到销量的转化路径,实现品效合一。

作为消毒品类全球领导品牌,滴露携手京东大牌秒杀日,聚焦消费者的内在需求,带来这场现象级的暖心雪夜礼。通过线上线下联动的大范围传播,也借助品牌代言人肖战的影响力,实现强势传播与有效沟通,实现1+1>2的品牌传播+平台销售双赢。

(资料来源:https://www.sohu.com/a/511285497_121198369)

> **学习目标** ▶▶▶
>
> 1. 掌握促销活动策划的基本策略。
> 2. 掌握促销活动策划的基本流程。
> 3. 熟悉促销活动策划方案的主要模板。

第一节 促销活动策划的策略分析

一、坚持促销策划的两项原则

(一) 品牌导向

品牌导向的创新促销活动,改变了过往促销活动伤害品牌的传统观念,将促销活动与品牌建设原来的互相对立关系转变为新型的互相支持关系,即创意优秀的促销活动不但不会伤害品牌而且会有益于品牌,优秀的品牌同样也会适度开展一些具有价值的促销活动,一方面促进产品销售,另一方面也进一步巩固客户关系,强化品牌忠诚。

品牌导向的促销活动强调将促销活动作为品牌建设的一种手段,主张按照品牌规划来谋划促销活动。当促销活动在品牌战略指导下进行规划、策划、实施时,就有利于品牌建设和品牌形象的塑造;当它游离于品牌战略之外孤立地进行时,它就是一个模糊的缺乏目的性的活动,自然难以起到有意识的、有目标的和有效果的品牌建设作用。过去企业在制定促销活动规划时,多数将目标集中在销售目标、费用预算等方面,而忽视了品牌目标。促销活动虽然主要解决的是短期问题,但也是品牌建设的一个组成部分,这一部分做得好,就能为品牌做贡献;做得不好,就会损害品牌形象,降低品牌资产。

随着消费者社会主体意识的增强和互联网时代意见表达的便利,消费者对企业和品牌的社会责任担当和公共形象要求也越来越高,尤其是对于市场火爆、快速成长、迅速出圈的新消费品牌和市场地位稳固的实力品牌,不仅会对品牌产品的使用价值给予高度关注,而且也会对品牌的社会价值给予高度关注,对于具有社会责任感的品牌会给予更多更好的舆论支持与购买行为支持,对于缺乏社会责任感、损害民族情感的品牌则会给予强烈的舆论谴责和购买行为抵制。

2008年5月18日,在中央电视台《爱的奉献》大型赈灾演出中,生产王老吉的加多宝集团为四川汶川地震灾区捐款1亿元,天涯论坛上"买光货架上的王老吉"得到了网友的大力支持,当年加多宝集团销售额突破100亿人民币。2021年7月,鸿星尔克因向河南水灾中受灾民众捐资5000万元受到网友热捧,不仅被称为"国货之光",甚至自发在线上线下开展"野性消费"以示支持,2天时间便突破上亿元销售额。

2021年3月,瑞典服装品牌H&M以新疆地区"强迫劳动"为借口,不再与新疆地区的服装厂合作,并不再从新疆地区采购任何原材料和产品。紧接着新疆棉陆续受到阿迪、耐克、ZARA等西方服装巨头的共同打压。针对国外品牌恶意抹黑新疆以及中国国际形象的行为,中国消费者迅速在网络舆论和实际行动中强烈抵制西方服饰品牌,支持李宁和安踏等国货品牌。此后,西方服装品牌销售剧烈下降,民族品牌销售快速上升。

2022年7月17日,趣店罗敏投入过亿预算购买流量、直播销售1分钱的酸菜鱼和4元多的水煮肉片、粉蒸肉、啤酒鸭等预制菜,直播带货金额达到2.5亿人民币。7月19日,罗敏宣布预制菜门店创业计划,称店面小、投入低,不收加盟费,还提供一年的无息贷款支持加盟者创业。很快网民翻出了趣店做校园贷的历史,其预制菜商业模式的实质仍然是金融贷款。结果趣店受到网民的强烈抵制,预制菜项目无果而终。

现在,理论上已经基本解决了促销活动与品牌建设相互矛盾的问题,实践中也已经出现了很多将促销活动作为品牌建设和品牌传播有效工具的成功案例,应该更多更好地开展品牌导向的促销活动策划与实施,让促销活动成为品牌建设的重要有效手段之一。

(二) 整合营销

在饱和经济时代,市场竞争越来越激烈,促销大战也越来越频繁。据统计,在超市连锁和家电连锁主导消费品流通渠道时期,促销费用在销售费用中的比例持续上升高居不下,甚至超过广告费用。在电商渠道风起云涌占据消费品促销主阵地的流通环境下,电商电销的促销费用更是远超广告费用。这种现象有一定的市场背景和其合理性,促销活动作为一种速效工具,可有效地加速产品进入市场的进程;可说服初次试用者购买,以建立购买习惯;可有效地抵御和击败竞争者的促销活动,并带动相关产品的销售;可刺激分销商和消费者,促进产品销售,改变产品销售徘徊和下滑局面。因此,当新产品上市需要建立尝试购买时,当销售形势不利时,当面对竞争对手进攻时,都需要开展促销活动。

但是也应该清楚地看到,促销活动又是一把"双刃剑",可能提高价格敏感度,可能导致短期行为。因此,必须坚持促销活动的有序化;反对促销活动泛滥化,反对将促销活动当成唯一的营销手段,反对将其变成旷日持久、司空见惯的家常便饭,反对将促销活动当成包治营销百病、通解所有销售问题的灵丹妙药,反对仅仅为了完成眼前销售任务而不顾一切地开展促销。必须将促销活动与整体市场营销有机结合起来,将促销活动作为整合营销策略中的一个有机构成部分来使用,保证产品真正成为整合营销策略的主角,让促销活动成为整体营销策略的一个配角,并与整合营销策略的产品策略、价格策略、渠道策略、促销沟通策略相协调,让作为短期战术手段使用的促销活动服务整体营销目标时来之能战、战之能胜、挥之能走、不留遗憾。

二、区分促销活动的三类对象

促销活动策划的思路和方法可谓千差万别、千变万化,但策划人员一定不能迷失方向。从促销活动对象来看,不同的促销活动对象,对促销活动的认知和偏好不同,有效促销激励方式也就不同。不同促销对象的促销活动,对于企业品牌建设、产品推广和实际销售的价值和意义又存在很大差异,在促销活动策划过程中,需要根据促销活动对象来进行分析考虑。

消费品制造企业的促销活动对象主要有通路分销商、企业内部销售人员和终端消费者三大类型,其中企业内部销售人员又可再细分为将产品销售给分销商的业务员和将产品销售给终端消费者的导购员(有些企业直接称之为促销员)。针对分销商和业务员促销的主要职能是将产品卖进销售通路(sell in),实现产品从生产流域进入流通流域的转变,促进产品更快、更多地进入销售渠道;针对导购员和终端消费者的促销活动主要职能是将产品卖出销售通路(sell out),实现产品的最终销售,完成产品从流通领域向消费领域的转变。促销活动类型、促销活动对象及其促销职能如表3.1所示。

表3.1 促销类型、促销对象与促销职能

项 目	具体内容		
促销类型	通路促销	内部促销	终端促销
促销对象	分销商	销售人员	消费者
		业务员 | 导购员	
促销职能	卖进通路(Sell in)	卖出通路(Sell out)	

针对分销商的促销,主要是运用利益机制,实现厂商双赢;针对企业内部销售人员的促销重在提升业绩,正向激励。而面向终端消费者的促销,影响面最大,动用促销资源最多,手段变化也最多,但实际成效差别也最大,因此,也最需要关注其策划创意方向的正确性。对于这些问题,本书将在接下来的第四章(终端促销活动策划)、第五章(通路促销活动策划)和第六章(内部促销活动策划)等三章里详细分析介绍。

在实际促销活动执行过程中,可以根据市场情况、品牌建设和整体营销的需要,灵活使用针对这三种对象的促销活动。

(1) 三种对象的促销活动单独使用,不同时使用。如果市场只是出现了局部性的小问题,简单采取针对一种对象的促销就可以解决,则可以根据具体情况针对性地对三种对象中的某一种开展促销。

(2) 三种对象的促销活动两两结对,同时使用。当单一针对某一种对象开展促销不足以解决问题时,可以尝试采用针对两种对象同时促销的方式。从理论上来说,有以下三种组合形式:①"分销商通路促销+内部促销";②"分销商通路促销+终端消费者促销";③"内部促销+终端消费者促销"。

(3) 三种对象的促销活动分别相继使用。这种方式适用于比较复杂的市场情况和促销竞争,也具有比较系统的促销策略性考虑。在实际工作中,通常是先启动针对业务员的内部促销和通路促销,将产品更多、更快地卖进销售通路,然后启动针对导购员的内部促销和终端促销,再将产品卖出销售通路,防止产品在销售通路积压,通过一波接一波的促销实现货畅其流,抢占市场份额。

(4) 三种对象的促销活动同时使用。这种方式适用于最复杂的市场情况和最激烈的促销竞争,需要耗费的促销资源也最大。为了同时做好这三类对象的促销,必须策划出适用于各自对象的促销活动方案,并分头高效执行。

三、区分促销活动的四种类型

促销活动方式方法多种多样,需要认识清楚其各自的有效作用区间和市场类型,才能顺利开展卓有成效的促销活动策划。根据企业品牌和产品的市场发展程度与发展阶段,我们将市场分成开拓型市场、成长型市场、成熟型市场和退出型市场四种主要类型,对不同的市场发展阶段和市场类型,需要针对性地采用不同的促销活动方式。

(一) 开拓型市场的促销活动策略

开拓型市场一般是指新品牌或新产品上市期市场,也可以是成熟品牌或产品新拓展的区域市场,新创立的企业刚推出产品进入市场也属于这类市场。其共同特点是销售通路和消费者都缺乏认知,还没有尝试性进货和购买行动,更没有建立稳固的购买习惯。因此,促销面临的销售任务是快速达成分销商的第一次进货和消费者的尝试性购买。促销的目标是品牌快速进入市场和销售迅速启动。

开拓型市场可以面向分销商、销售人员和消费者三类对象一同或分别展开,但不同促销对象的促销方式明显不同。刺激分销商首次进货的有效方式是推广津贴。激励销售人员的促销方式有客户拓展竞赛、新品销售竞赛等。而引导终端消费者尝试性购买的促销方式有样品派送、免费试用、展示演示、有奖销售、买赠销售等。样品派送适用于能快速体验和感受产品使用效果的快速消费品,免费试用和展示演示适用于产品体积、重量和价值均比较大的耐用消费品。这三种促销方式均能够达成终端消费者对产品性能功效的实际接触与体验,从而降低消费者购买的认知障碍与风险。有奖销售和买赠销售能够降低消费者购买新产品的经济压力感,增加实惠感。开拓型市场的促销活动策略如表3.2所示。

表3.2 开拓型市场促销活动策略

项 目	具体内容		
促销目标	品牌进入　销售启动		
促销对象	分销商	销售人员	消费者
促销方式	推广津贴	客户拓展竞赛	样品派送
			免费试用
			展示演示
		新品推广竞赛	有奖销售
			买赠促销

开拓型市场的促销可以配合新品上市广告开展,使得分销商和销售人员对产品和市场建立起信心,使得消费者对新产品建立必要的初始印象和认知。

(二)成长型市场的促销活动策略

成长型市场是指寿命周期处于成长阶段的品牌或产品市场,销售通路和消费者对品牌或产品都有了一定的了解,销售处在成长过程之中。促销活动的任务和目标是快速提升品牌和销量。

成长型市场同样可以分别或同时面对分销商、销售人员和消费者进行促销。激励分销商的促销方式有厂商联合推广、开展销售增长竞赛等。由于这个阶段还需要进一步拓展销售渠道,因此,可以针对销售人员开展渠道拓展竞赛和销售增长竞赛。针对消费者的促销可以采用有奖销售、买赠销售和游戏销售等方式。但为了保证市场的快速成长,应尽可能同时采用针对三种对象的促销,调动强大资源优势兵力打攻坚战。成长型市场的促销活动策略如表3.3所示。

表3.3 成长型市场促销活动策略

项　目	具体内容		
促销目标	品牌销量　双快提升		
促销对象	分销商	销售人员	消费者
促销方式	厂商联合推广	客户拓展竞赛	有奖销售
			买赠促销
		销售增长竞赛	游戏促销

（三）成熟型市场的促销活动策略

成熟型市场主要是指寿命周期处于成熟阶段的品牌或产品市场,这种类型的市场特点是竞争激烈,利润空间呈现由高走低的趋势,塑造强大品牌及扩大销售规模是取得效益最重要的途径。因此,促销活动的目标是打造最强品牌并实现销量的最大化。

这种类型的市场通常需要从分销商、销售人员和消费者三个方面共同发力,开展整合促销,竞争不太激烈时也可以单独开展促销。针对分销商的促销需要动用折扣销售措施,还可以组织销售规模竞赛。针对销售人员的促销,主要是开展市场份额竞赛和销售排名竞赛。针对消费者的促销活动方式,在这类市场上达到令人眼花缭乱的程度,除了常规的有奖销售和买赠销售外,还可以采用降低购买成本的折扣销售,简易包装和团购销售,鼓励消费者长期持续购买的会员销售和积分促销,鼓励消费者提前更新换购的以旧换新,增加消费者购买趣味的游戏促销等方式。成熟型市场的促销活动策略如表3.4所示。

（四）退出型市场的促销活动策略

退出型市场主要是指企业主动有组织有计划地撤出的产品市场或区域市场。为了实现有序退出,不影响别的非退出产品市场和非退出的区域市场,因此,必须明确促销的目标是在实现产品清库的同时达到品牌形象的维护。这类市场的促销活动,可以根据退出市场的时间进度和轻重缓急程度,分别或同时针对分销商、销售人员和消费者展开。针对分销商的促销活动方式有买断销售和特价销售,针对销售人员的促销活动方式有老品销售竞赛,手段要快速果断,侧重于完成产品清库的促销目标,针对消费者的促销活动方式有特价销售和怀旧销售,手段要温情含蓄,侧重于实现品牌形象维护的目标。退出型市场的促销活动策略如表3.5所示。

表3.4 成熟型市场促销活动策略

项　目	具体内容		
促销目标	品牌最强　销量最大		
促销对象	分销商	销售人员	消费者
促销方式	销售规模竞赛	市场份额竞赛	有奖销售
			买赠促销
			折扣销售
			游戏促销
	折扣销售	市场排名竞赛	简易包装
			以旧换新
			会员销售
			团购销售
			积分促销

表3.5 退出型市场促销活动策略

项　目	具体内容		
促销目标	品牌维护　产品清库		
促销对象	分销商	销售人员	消费者
促销方式	特价销售	老品销售竞赛	特价销售
	买断销售		怀旧销售

对于这四种类型市场的特性与促销任务要求、主要促销活动方式,本书将在第七至十章的开拓型市场促销活动策划、成长型市场促销活动策划、成熟型市场促销活动策划和退出型市场促销活动策划中分别详细介绍。

四、防范促销策划的五类误区

促销活动效果不佳,既有促销活动执行的问题,也有促销活动策划的问题。促销活动需要从策划的源头上保证不陷入误区。从策略和实战两个方面来看,促销活动策划需要防范的常见误区如下:

（一）营销问题诊断处理失误

企业在日常市场营销过程中不注重品牌建设与市场建设，直到市场或销售出现问题时，才想起用"促销活动"的方式去解决，往往不能从根本上解决问题，这属于"看错病，下错药"式的营销诊断处理失误。

销售量下降的根本原因通常主要在于品牌、产品、通路、价格管理等重要因素方面，通过促销活动去解决销量下降问题往往是治标而不治本的。而且，强行促销所获得的销售与效益增长往往还不及为此所花去的费用！利润率一天天下降，成本一天天上升，销售一天比一天困难。当消费者习惯于某一品牌只有优惠刺激才购买时，该企业便无法实现正常销售，更无法建立真正意义上的品牌，这样的企业必然会陷入穷途末路。

在电商渠道上创业的"网货"，通过"电商渠道＋网商定制产品＋网上低价＋网络平台促销"的市场营销策略与网络营销打法，在互联网和电商高速发展的时期借势取得了一定程度的成功，但是随着互联网和电商发展增速的降低和流量的见顶，电商平台的流量费用越来越高，电商卖家的获客成本越来越高，低价策略已形成惯性无法提价，利润空间进一步压缩，更无利润投入产品研发和质量提升，结果产品的成本控制越来越苛刻、产品质量越来越得不到保证更难以提升，价格只能越来越低，无法形成具有自身强大价值和自带流量的品牌，结果自然前途渺茫。

（二）促销目标定位选择失误

由于促销观念的落后、习惯做法的惯性，在促销活动策划过程中，对于促销目标的定位选择通常存在两大失误：一是仅将促销活动当成刺激销售的手段，仅将促销活动的目标定位于销售，而不考虑品牌形象和品牌价值的传播；二是只有单次促销活动的销售任务目标而没有系统的营销任务目标和营销整体规划安排。第一个失误的根源主要在于促销活动伤害品牌的传统观念，没有主动将促销活动作为品牌形象建设和品牌价值传播的手段来使用，结果单一销售目标的促销活动越做越多，对品牌的伤害越积越深、越来越大，最后几乎丧失了品牌影响力。第二个失误的根源主要在于目光短浅，每次促销活动的销售目标定位都只考虑本次的问题和任务，而不系统地考虑对整体营销、对下一步营销的影响，头痛医头、脚痛医脚，只见树木、不见森林，结果销售问题频出，经常忙于以促销应付，而不能从营销根本上解决问题。

品牌导向的促销活动策划，倡导按照品牌建设和品牌价值传播的需要开展促销活动，倡导按照整合营销的思维开展促销活动，而不是简单地将促销活动当成单纯解决销售问题的救生员或消防员。虽然按照品牌导向开展促销活动，实现品牌发展和销售增长的效果并不能立竿见影,而是需要一定的时间和过程的积累,但确确实实是一条正确的路径,对此必须有信心和耐心,不能急于求成,不能半途而废。品牌形象一旦建立起来,品牌的价值和作用将是长期的,抵御市场风险和销售下滑的能力是强劲的。能够熬过经济萧条和市场低迷的,往往就是强势品牌,倒下的往往就是弱势品牌及无名杂牌。

(三)促销对象定位选择失误

促销对象定位选择失误在终端促销中最为常见,在通路促销和内部促销中因为目标对象明确而熟悉,因而失误相对少一些。在消费者终端促销活动中,往往会出现目标促销对象与实际参与对象的错位现象,真正要促销沟通的目标顾客基本没来参加促销活动,而参与活动的对象恰恰又不是产品的目标顾客。这种现象可以形象地称为"看错人、拉错手"。

"看错人、拉错手"还表现在被"黄牛"利用上。大量频繁的促销活动培养了一批"黄牛",他们将厂商开展的促销活动当作自己发财的机会,打听促销活动,参与促销活动,答题抽奖,领取礼品、赠品抑或产品。从市场的角度上来讲,他们并不是最终的目标消费者,但他们的确在促销活动中扮演着积极参与者的角色。表面上促销活动搞得轰轰烈烈,参与人数众多,实际上销售效果很差。电商时代的网络销售和季节大促,往往充斥着大量"水军"和"刷手",他们刷单炒信,制造虚假流量、虚假数据和虚假繁荣,促销传播的对象里不是电脑和智能手机背后的"真人""真粉",而是没有真实主人的"机器粉""僵尸粉"。

(四)促销手段选择运用失误

如果促销活动策划前期对促销对象、促销认知和促销偏好的调研不够深入,对竞争对手促销手段实际效果的调研分析不够准确,就会经常在促销手段策划运用上出现失误。而这方面的失误也是终端促销多于通路促销和内部促销。很多促销策划错误地判断了消费者购买决策影响因素,经常"看错棋、出错招"。比如:

(1)**不问缘由,滥用打折**。价格无疑是消费者购买产品时考虑的一个重要因素,但也不是唯一的决定性因素。当企业不得不越来越依赖降价打折取悦消费者时,他们又陷入了一个可怕的"价格误区"。其实,"便宜"往往与低档次、积压、过时、质量差等联系在一起。而产品频繁地打折、降价,往往同时意味着品牌形象的贬值和掉价。

(2)**滥用知名度,不要美誉度**。知名度确实是产品销售的基本前提,但不是唯一因素,更不是决定性因素。产品价值越高,消费者购买时越理性,知名度越不是决定性因素。但是不少品牌不惜损害美誉度去创造知名度的做法实在不可取。比如一元钱卖空调、五角钱卖微波炉、论斤卖彩电等。

(3) 盲目跟进,东施效颦。看到别的品牌、别的产品,尤其是竞争对手开展了某个看似很有效果的促销活动,以为自己也可以移植、也可以跟进,但结果往往完全是两回事。忽视产品差异、行业差异、市场差异、品牌差异、企业能力与实力差异,促销跟风往往就跟进了"促销陷阱"。比如,某祛皱化妆品看到某洗发水在搞小包赠送效果不错,盲目跟进。结果忽视了产品的差异,祛皱产品需要较长使用时间才会有效果,不像洗发水用一两次就有感觉。当消费者用完赠品时,祛皱效果还没有显现出来,自然得不到消费者的认同。

(五) 促销费用预算管理失误

促销的费用预算及管理,对促销活动效果有着相当重要的影响,预算不合理,管理不当,常常会"算错账、花错钱"。通路促销和内部促销的费用项目较少,主要是促销奖励费用,相对来说比较好测算,也比较好控制。但是终端促销的费用项目比较多,既有促销激励费用又有促销传播费用,促销激励和促销传播的力度不太容易测算和控制,因此费用预算和控制难度大很多,终端促销活动的利益刺激力度要适当,促销活动的传播告知力度要适当,这样才能控制参与活动的人数规模。为防止活动冷场失败,多数促销活动会扩大促销刺激和传播力度,所以经常能听到"某某品牌为搞促销,在某一时间去某一商场,凭广告即可换领赠品一件"之类的促销活动。结果当天有成千人去领赠品,但往往只有少数人领到了。现场秩序混乱不堪,甚至损坏了设施、挤伤了人。消费者怨声不断,媒体也纷纷做负面报道。这一方面有欺骗消费者之嫌,另一方面也反映了在活动预算及管理上的失控。

电商大促和直播带货促销同样也存在促销费用预算管理失误造成损失的大量案例。有卖家花费昂贵费用参加了一年一度的电商大促,并提前备足了货源,结果不仅没卖出去多少货,白白损失了促销费用,还造成了大量库存,需要积压到下一年促销季节才有可能清空库存,这期间的资金占用、库存费用,加上产品因过时过季还有可能存在降价损失,可谓损失惨重。直播带货火爆的年份,有企业参加某些网红的直播带货,销售金额甚至还没有直播网红收的坑位费多,甚至只有坑位费的零头,如果产品是保质期短的食品和农副产品,为直播带货而备的货还会有非常大的货值损失。

第二节 促销活动策划与执行流程

一、促销活动策划与执行流程解析

（一）分析促销活动背景

分析促销活动的背景是开展促销活动策划的基础。促销活动策划正式开展之前必须对市场情况进行既抓住重点又兼顾全面的分析。全面分析的涵盖面基本包括第二章所介绍的促销活动的主体因素、促销对象的客体因素和促销活动的环境因素，重点把握好竞争战略与营销策略、品牌定位与价值主张、产品特性与寿命周期等主体因素对促销活动的影响，以及分销商、内部销售人员和终端消费者对促销活动的认知和偏好，并做好这两者之间的协调整合。还要分析宏观环境、市场竞争和流通渠道的最新变化对促销活动的影响，找出企业市场营销当中存在的问题，确定其中哪些问题是本次促销活动必须面对和解决的，从而奠定促销活动策划的客观市场基础与理性策略。

（二）确定促销活动目标

确定促销活动目标是促销活动策划的重要起步。促销活动目标应包括品牌目标和销售目标两大方面。品牌目标是指促销活动对传播品牌知名度、美誉度的贡献，对建立品牌偏好度、忠诚度的贡献。促销活动的品牌目标是容易被遗忘和忽视的目标，原因之一是活动策划者缺乏促销活动对品牌建设作用的认识，原因之二是品牌目标不容易量化、不容易衡量和检测验证，促销活动策划之时品牌目标的设立科学性不容易掌握，促销活动执行之后品牌目标是否已经达成也难以验证，虽然根据促销活动的销售数据、合作伙伴和竞争对手的评价也能做出一些初步判断，但这种判断毕竟是一种主观感觉和印象性判断，是不够科学、理性和客观的判断，促销活动的品牌目标难以直接简便地通过内部数据进行客观理性和科学的判断，而是需要通过外部市场调研才能进行验证，而这又非常费时费力。尽管促销活动品牌目标的事先确定和事后检测都存在很多困难，但是我们还是应该通过学习摸索逐步学会和做到合理设置促销活动的品牌目标，而不是干脆放弃促销活动的品牌目标。

销售目标是促销活动目标的主要构成部分，具体因促销对象不同而有所不同。

针对消费者的促销活动目标包括鼓励消费者更多地使用本产品和促进大批量购买，争取未使用者试用，吸引竞争品牌的消费者转换使用。针对分销商的促销活动目标包括吸引分销商多进货、进重点推广的新货、进高利润产品或计划退出市场需要清理库存的产品，抵消主要竞争品牌的促销影响，吸引新分销商的加盟，建立原有分销商的品牌忠诚，加强与分销商的战略合作关系等。针对销售队伍的促销活动目标包括激励销售人员开拓客户和市场，促销新品或消化库存，刺激他们提高销售业绩等。所有这些销售目标都必须量化，以便预算和配置促销活动资源、考核促销活动业绩、评估促销活动效果。好在销售目标的量化不像品牌目标的量化那样困难，也不像品牌目标那样难以确定和检测，因此比较容易设定，不会被活动策划者遗忘或忽视，关键在于要做到销售目标设定的科学性和合理性。

（三）选择促销活动方式

策划和选择促销活动方式是成功策划促销活动的关键。促销活动方式得当，可收到事半功倍的效果。促销活动方式使用不当，则可能与促销活动目标南辕北辙。选择促销活动方式时应注意4种因素，即促销目标因素、促销对象因素、产品因素和企业因素。促销目标因素要求所选择的促销方式必须有利于达到所制定的促销目标。促销对象因素是指促销活动方式应符合促销目标对象的心理需要，比如现场促销方式要掌握目标顾客的购买心理与促销活动偏好，做到恰到好处。产品因素是指选择促销方式时要考虑产品的类型和所处的生命周期，不同的产品、不同的寿命周期应使用不同的促销方式。而企业自身因素就是要充分考虑企业自身的优劣势和可利用资源，并要符合品牌形象和企业营销策略。

#微营销#【包邮的奥秘】① 61%的消费者因不包邮而不下订单；② 52%的消费者将商品放在购物车中而没有购买是因运费等原因；③ 包邮情况下消费者每单花费会多30%；④ 若包邮仅能帮用户省7元，那比提供10元的折扣还有吸引力。启示：消费者希望得到一套完整的产品服务方案，商家分离掉任何一个环节都会让消费者有"吃亏"的感觉。

（四）预算促销活动费用

促销活动费用预算是影响促销活动效果以及投入产出效益的重要因素。做好促销活动预算是促销活动策划非常理性、非常务实的环节。

促销活动预算的内容与方法因促销活动的类型不同而有所不同。通路促销和内部促销费用预算的项目内容比较少，主要是促销激励费用，很少有促销传播费用。因而主要是根据促销激励方式和促销激励力度来预算费用。一般需要考虑同行业同等企业的促销激励水平，需要考虑分销商和销售人员的促销奖励预期，确信促销激励对于分销商和销售人员的激励作用能够促进促销任务目标的完成,同时主要防止过度激励造成市场遗留问题和负面影响。

终端促销的费用预算内容项目较多,主要包括促销激励费用和促销传播费用两大类,两类费用的具体项目因促销活动开展的区域范围、规模、渠道通路、方式和力度不同而存在差异。促销激励费用项目因促销活动方式不同而有差异,主要费用项目有价格折扣优惠、特价损失、红包和卡卷抵扣费用、礼品赠品奖品和其他类型的奖励费用。促销传播费用也因促销的区域范围、渠道通路和传播手段不同而有差异,线下实体渠道的促销传播费用主要有促销活动媒体广告费用、终端售点广告费用、场地展示费用、活动传单印刷投递费用、其他宣传推广物料制作费用等,线上电商渠道的促销传播费用主要集中在平台流量费用、网络传播费用等方面,需要从线下或者其他社交媒体或"种草平台"引流的,还需要预算传统媒体广告费用和其他媒体引流费用。

开拓型市场、成长型市场、成熟型市场和退出型市场等市场类型不同,对于促销活动预算的要求也有所差异。① 开拓型市场促销主要应以目标任务达成法来制定促销活动预算,因为这个阶段的市场投入和销售收入还不成比例,单场促销活动的费用投入产出比例可能不合算,但是对于促进产品市场拓展却是有必要的。② 成长型市场促销活动的费用预算,通常情况下应该开始考虑投入产出比例,但具有市场爆发意义的重点促销活动可以安排充足的预算,以确保活动取得成功,以确保活动产生具有冲击力和爆发力的市场效果。③ 成熟型市场的促销活动预算必须严格控制投入产出比例,必须将每场活动的费用预算控制在产品价格、销售收入和销售毛利能够承受的合理范围之内,为此在实际工作中,通常采用费用价格百分比法、销售收入百分比法和销售毛利百分比法确定活动费用的总体预算上限,然后根据每个项目的成本确定单项预算,并开展总体预算和单项预算的上下来回协调,从而确定最终费用预算方案。④ 退出型市场促销活动费用预算通常需要考虑投入产出比例,但特殊情况下为快速退出可以不计小幅亏损。

(五)制定促销活动方案

制定促销活动方案是策划促销活动的重要环节。一般来说,促销活动方案应该包括但不限于的内容有:① 促销对象;② 促销产品;③ 促销时间、促销区域与促销渠道;④ 促销方式与促销力度;⑤ 促销活动的主题、口号;⑥ 促销活动的传播告知;⑦ 促销活动的组织管理;⑧ 促销目标与费用预算。促销活动方案的更多内容见本章促销活动模板的相关内容,也可参见本书第四章至第十一章所列举的各种促销活动方案。

（六）论证促销活动方案

促销活动策划方案制定出来以后，要进行提案讨论，通过研讨，发现策划方案的问题与不足，并进一步修订和完善策划方案。对于大规模的促销活动，必要时还可以在正式实施前选择小区域市场进行促销方案的测试，以确保促销活动方案的严密性、可操作性和实效性。

（七）促销活动执行控制

在促销活动中，有"三分策划七分执行"之说，可见促销活动执行的重要性。促销活动的执行控制包括前期准备和实施执行两大方面。前期准备包括促销广告的创意设计，促销礼品、赠品、广告品、宣传品等促销物料的设计制作与发放，促销活动的合作渠道对接与沟通，企业内部沟通、动员与培训，线下促销活动现场和线上促销网络店铺的包装、陈列与布置，促销产品的生产、运输与储存等。实施执行包括促销广告的发布、线上线下促销活动现场控制、销售接待与服务、成交与下单、销售统计与货款结算等。要加强促销活动的执行力，确保促销活动按照促销方案执行。要注意促销活动过程的市场变化动态，研究并及时解决促销活动过程中出现的问题。

（八）评估促销活动效果

促销活动结束以后，要对照原先确定的促销活动目标，检查促销活动的执行过程，评估促销活动效果，总结促销活动策划和执行的经验教训，以动态提高促销活动策划水平和执行水平。

执行促销活动和评估促销效果这两个环节非常重要，本书这里仅作简要介绍，专门设立第十二章"促销活动执行与效果评估"进行详尽介绍。

二、促销活动策划与执行实战案例

案例一　成交不在卖场　酒店闭店销售

1. 任务来袭

美的厨卫电器公司泉州分公司总经理陈平早上到达办公室，第一件事就是收邮件。其中一封邮件很快吸引了他的目光，《关于下发分公司3—5月份销售任务的通知》，打开一看，泉州分公司3—5月份任务量为3000万元，全年要完成1.2亿元，比上年全年任务一下子增长了4000万元，增长50%。

巨大的压力扑面而来,陈平回想起了昨天去代理商日升公司仓库盘点的情景:堆积如山,接近爆仓。日升公司的库存与销售任务正常比例为15%,而昨天盘点下来,所有人都惊呆了——23%。代理商日升公司虽然没有提出什么怨言,但是陈平心里知道,照目前境况下去,是绝对无法完成总公司下达的3—5月份任务的。再压货,代理商肯定"吃"不下去了。

现在厨卫产品的操作模式为:促销带动分销,分销带动提货。旺季来临之前,公司会释放产品提货政策,代理商就抓住机会,吞下大量货物,相当于为旺季备货。接下来,代理商会在旺季大规模做促销活动,吸引消费者购买。说到底:促销是火车头,带动分销与提货。

厨卫电器每年12月至来年2月是产品销售淡季,因为厨卫电器销售是随着家装旺季而旺盛,很少有人在年底、年初进行装修。而公司在去年12月底为了完成冲击年度销售任务,又来了一次调拨压货,彻底把代理商仓库"霸占"了。3月份来临了,这是家装的一个小旺季,也是厨卫电器厂家开春第一仗,兵家必争之时,各大厂家都会在此时投入"重兵",攻城拔寨。

不管如何,这个月还是要尽快把促销做好,但是以什么形式做呢?难道还是像以前一样,大投入,大宣传,与重点客户联合促销?广场路演促销?赠品轰炸战术?陈平陷入了思考……

"在酒店卖产品,关门营销,闭店销售"——一个念头在陈平脑中一闪而过。职业敏感告诉他,一个新思路诞生了:把商品放到酒店中去销售,通过销售地点的改变,从卖场成交到酒店成交,来增加顾客尊贵感与荣耀感,进而获得顾客心理上的认同,来达成销售。

陈平迅即在百度中搜索"酒店销售""关门营销""闭店销售"几个关键词,发现国内除了服饰门店做过类似的促销活动外,其他企业运用类似营销手法的案例真不多。好,第一个条件满足了,够新鲜,够吸引眼球。陈平松了口气。

2. 头脑风暴

当天下午,陈平立刻与公司业务推广人员召开会议,展开讨论,一番头脑风暴之后,大家认为有以下问题需要解决:

(1) 闭店销售促销活动主体选择谁?
(2) 闭店仅仅是厨卫产品会不会很单一?需要联合其他产品品类吗?
(3) 哪些消费者是酒店闭店销售的目标客户?如何寻找这些客户?
(4) 如何保证现场顾客的心理满足感?

碰到这种难题,陈平都会发挥民主的作用,大家开动脑筋,一起讨论。

第一个问题:促销活动主体是谁?

大家七嘴八舌,任何促销活动都必须保证整个渠道客户的利益,代理商不能抢专卖店的饭碗。如果促销活动在专卖店开展,促销活动主体肯定是专卖店。如果是市内,国美、苏宁终端的操作主体是日升公司,专卖店大多在市区或者下属县乡,冲突不会发生。操作主体可以确定为日升公司,在泉州市内,平时户外广场秀、夜场促销都是日升公司操作的,人员配置完整。

"我们这样做,国美、苏宁会不会有意见啊?"渠道主管张峰说道。

"肯定会有意见,我们这么大声势做活动,他们肯定知道。"国美业务推广员补充道。

"竞争不如联合,张峰,你明天与苏宁最旺的一家店——广场店洽谈一下,试探他们的意向。"陈平立刻布置工作。第一个问题解决了。

第二个问题:闭店销售仅仅是厨卫电器会不会很单一?需要联合其他产品品类吗?

业务员小李:"厨卫电器产品是家庭必需品,属于刚性需求。从这一点来看,确实不需要其他品类共同参与,但是,电饭煲、豆浆机等小家电在吸引人流方面具备不可替代的优势。"

"家庭装修,空调、冰箱、洗衣机必不可少,还是要把大家电拉上,而且,美的空调在泉州的影响力比我们大啊。"公司推广小谢插嘴说。"好啊!"一个业务员突然叫起来,"不如来一个美的专场,正好可以发挥美的多系列产品的优势。"

好,大家一起讨论比一个人的想法全面,第二个问题解决了。

第三个问题:哪些消费者是酒店闭店销售的目标客户?如何寻找这些客户?

推广小谢说:"我们这里平时积累了一些客户的档案资料,一方面,他们可能购买了某一类产品,还想购买其他美的品类的产品。另一方面,可以利用他们的口碑效应进行传播。"

"好啊,但会不会少了点?"陈平提示。

"对,如果能够与苏宁联合,可以考虑用一下他们的客户数据库。"张峰说道。

"对了,还可以找一下最近3个月交楼,需要装修的楼盘信息,从物业公司、装修公司找到他们的联系方式,这些都是潜在客户啊。"张峰不愧是善于思考的主管。

"好啊,三种渠道收集潜在客户信息:我们自己的客户档案、苏宁的客户档案、物业公司的业主信息。小谢负责我们自己的客户档案,张峰负责苏宁客户档案,王雷负责物业公司业主档案。"好,第三个问题解决了。

第四个问题:如何保证现场顾客的心理满足感,不仅仅满足于赠品与折扣?

"不鸣则已,一鸣惊人,不做则已,要做就做最好,就选择本市唯一的五星级酒店——泉州酒店。"陈平率先提出自己的意见。

"说起氛围的布置,可以从场外场内来区分。场外的布置,拱门、空飘、刀旗、X展架肯定少不了。场内的布置,就要讲究了,一定要与卖场不一样。首先,要有门槛,一般只是随便看看的这部分消费者进不去,必须持有邀请函的消费者才能进入,而且有礼仪小姐引领,增加消费者的受尊重感;其次,酒店销售与卖场销售不同,酒店里面可以吃点点心,喝点咖啡,卖场就不行,这样,顾客吃饱了,喝足了,才会掏钱。"

"还有,保持现场热闹的氛围,因为我们中国人购买产品时还是觉得要热闹。熙熙攘攘,更加能够让消费者对价格变得不敏感。"

好,第四个问题解决了。

接下来成立闭店促销活动领导组。总指挥:陈平,代理商郑老板。下设活动协调组、广告宣传组、物料制作组、现场销售组等,每个小组负责不同的工作内容,各小组组长在第三天拿出执行方案进行讨论,定稿后执行。

执行方案讨论会后,陈平心中已经有了底,而且越来越有信心。

3. 活动成效

活动如期进行,邀请函印刷了2000张,到场500—600人,全场所有产品品类销售接近200万元,现场购买热烈氛围及交易金额超出了预期。

那一天,泉州酒店的停车位已经全部使用完毕;

那一天,泉州酒店的安保人员全部在现场待命,维持秩序;

那一天,代理商郑老板再一次对陈平竖起了大拇指;

那一天,他们创下了新的纪录,厨卫单品单场销售33万元。

陈平是一个喜欢总结的优秀管理者。活动刚结束,他就进行活动总结。

促销活动的成功离不开泉州分公司与代理商日升公司团队的努力,两者长期磨合,配合密切。更为重要的是,整个团队敢于尝试新模式,善于学习与发现,表现为以下几点:

第一点:联合苏宁,保证效果。

本次操作是美的代理商与苏宁单店第一次联手做单场促销,解决了渠道客户利益冲突问题,另外,苏宁有更加完善的客户档案资料与影响力,增加了活动的可信度,同时保证了多个品类共同参与,以往都是单个品类唱独角戏,影响力也大打折扣。

空调是本次闭店销售量最多、销售额最高的品类,房子装修必装空调,在吸引人流方面是排头兵。电饭煲、电磁炉等小家电,容易让消费者产生冲动消费,增加了现场交易氛围。厨卫电器同样是家装必备,新房装修少不了,消费者既然来了,价格在接受范围之内,成交就理所当然。

第二点:与苏宁单店洽谈好本次促销产品的销售返点。

为了能够吸引消费者,本次销售返点从24%直降到12%,降了一半,销售价格随之而降,让消费者享受到真正实惠的产品,下定决心购买。

第三点:邀请函的使用。

邀请函是本次活动的亮点。本次活动的邀请函制作精美,单价1元一个,总共制作了2000个,不是单页印刷。人们拿到邀请函之后,不会像宣传单页一样被随便扔掉。

邀请函内容吸引人:为庆祝美的集团成立43周年,美的全系列特价,在泉州唯一五星级酒店——泉州酒店开展VIP顾客优惠酬宾活动,持邀请函客户才能入内。邀请函突出了活动的稀缺性,增加了顾客的优越感。

第四点:邀请函的发放。

为了保证邀请函发放更具有针对性,主要通过以下几种方式发放:① 代理商老板的客户、亲戚、朋友。代理商在当地扎根多年,拥有一定人脉关系与政商关系,这些"关系户"通常会给代理商老板的面子,如有购买需求,都会前往捧场,并且他们也会告知自己的亲戚朋友,实现连锁传播。② 专卖店或者苏宁有意向购买的消费者。③ 小区入户派发,选择几个高档小区,或者交楼不久但入住率高的小区,进行扫楼派发,这些小区部分住户肯定有购买需求,看到邀请函之后,也会有前往购买的冲动。④ 客户预存。活动前10天,在小区或苏宁门店内设立预存点,接受客户预存,预存金额与得到的赠品金额价值相当。预存10元,可以得到精美浴巾一条;预存100元,可以得到美的豆浆机一台;预存300元,可以得到美的微波炉一台,提前锁定顾客。凡是预存的客户,都可以得到邀请函一张,可以携带家庭成员共同前往。

第五点:保证消费者的心理满足感。

这部分客户既有折扣、赠品的经济需求,而且还有受尊重、受优待的心理需求。交易地点选在五星级酒店衬托客户的尊贵,免费停车、礼仪小姐引路、现场促销人员一对一服务,还可以享用事先准备的茶点、饮料等,让消费者首先从心理上得到了满足。

第六点:现场成交氛围营造。

消费有时候需要带动,热闹的街市很容易引起消费者注意,进而产生购买欲望。本次闭店销售,选择了大约400平方米的大厅,摆放产品后,大约还有300平方米,活动当天,分公司与代理商人员已经有100多人,从门口望去,现场气氛热烈。

每个产品品类都配备导购员,佩戴麦克风解答消费者心中疑惑,当消费者成交后,立刻有主持人在现场进行播报:××先生,购买一台变频空调,原价3688元,现价2998元,赠送厨房三件套、小厨宝一台,恭喜××先生。

限量特价机的推出,更是引发了一阵抢购狂潮。特价热水器零售价1188元,现抢购价588元,推出10台,抢完为止,每减少一台,主持人及时进行播报。一元竞拍、特价秒杀等活动也激起了消费者的购买激情。

抽奖活动留住了顾客的热情。顾客在邀请函或交易卡上写下自己的名字,投入抽奖箱中,在中午11:30与下午4:00进行抽奖,奖品分别是空调、电视机、微波炉、豆浆机等,共抽出30名。因为要等待抽奖,顾客购买后不会立刻离开,从而增加了人气和销量。

令陈平没有想到的是,他们这一次活动,竟然带动整个泉州地区进入了闭店营销时代。

五月份的一天,陈平开车走在街道上,发现公交车站广告、宣传条幅上面充满了闭店销售的字样,陈平笑了笑,因为他知道,闭店销售是促销活动的一种形式,在常规促销活动毫无创意的情况下,闭店销售依靠其独特的魅力吸引了众多商家蜂拥而至。但是,任何新模式促销,做得多了,就成了常规促销形式,所以,没有任何一种促销活动是灵丹妙药,能长期解决商家促销难题。那么运用什么样的促销活动才能吸引消费者的目光呢?或许,只有两个字能够满足要求:创新。

(资源来源:http://www.emkt.com.cn/article/524/52469-2.html　冯社浩)

案例二　成交不在电商　工厂直购直销

继传统连锁渠道主导流通渠道时代的酒店闭店销售之后,在电商主导流通渠道话语权的时代,工厂店直购直销模式再度兴起,成为电商平台外销售成交的一种热点促销模式,得到政府部门、生产制造企业的支持,也引起了消费者的关注和参与。

2023年4月15号上午,由合肥市商务局、经开区管委会、蜀山区政府指导的"探秘合肥ZHI造·促消费·进工厂"系列活动在合肥海尔工厂启动。活动紧扣"智惠消费　魅力合肥"主线,深化"徽动消费·合肥GO"品牌建设,以体验式活动拉动内需,创新消费模式,激发消费潜力。

本次由京东超级体验店合肥店联合家电生产企业打造的"探秘合肥ZHI造·促消费·进工厂"系列活动,将工厂式直销作为推动商业模式创新和消费升级的重要抓手。活动首站走进位于经开区的海尔智能互联工厂,这里也是全球智能控制器行业首个"灯塔工厂"。到场的1500名消费者走进工厂生产线,零距离体验一台家电从生产到下线的全过程。

参加活动的一名消费者正在装修新房,计划购入一整套家电。难得的进厂参观机会,让她感受到与商场和网上不一样的购物体验。"第一次有机会能到工厂里面去看,看到一个机器从生产到出来整个产品线的制作过程,非常难得,感觉非常的'高科技'。"

活动现场,还同步推出优惠券、返现补贴、购物抽奖等配套活动让利消费者,创新消费模式,激发消费潜力。京东电器超级体验店相关负责人介绍:"有消费者觉得这个冰箱,为什么大小都差不多,价格差异却这么多?就去工厂看看具体的工艺。另外,结合现在促消费的主题,联合做了让利活动,得到了从商家到品牌方到政府的支持,这种组合让利让消费者能够得到更大的实惠。"

家电作为消费的"四大金刚"之一,是恢复和扩大消费的重点领域。蜀山区商务局王副局长介绍,本次活动以海尔智能互联工厂作为首发站贯穿全年,活动还将陆续走进美的、美菱、TCL、长虹、格力等合肥各大家电智能工厂,结合五一、"618"等重要促消费节点,以"徽动消费 合肥GO"为主题,聚焦家电、家居等大宗商品消费领域,引导企业探寻新业态新消费,持续优化消费环境,真正让群众得实惠、商家得利益、消费快升温。

(资料来源:https://www.hf365.com/2023/0417/1474120.shtml 李润媛)

三、促销活动策划方案模板

严格来说,不同类型的促销活动,策划方案应有所区别,没有绝对一成不变的通用促销活动方案模板。一般来说,通路促销、内部促销的方案比较简洁,从方案构成要素的完整性方面来说,应该包括促销背景、促销目标、促销时间、促销区域对象、促销产品、促销价格和促销激励措施、促销考核标准、促销费用预算等要素。从方案执行结果的有效性方面来说,关键是要把握好促销工具和激励措施的作用机理,准确预估经销商和企业内部销售人员等促销对象对促销激励的实际行为反应。终端促销活动的方案相对来说复杂一些,下面就结合一个案例进行介绍。而更多的促销活动方案编写方法,还可参照第四章至第十一章各种类型促销活动策划中的介绍。

××服饰迎新促销活动策划方案

1. 促销活动背景

××服饰公司以都市年轻白领为主要目标客户,坚持走精品路线,业务规模持续快速扩张,品牌影响力不断上升,已成为国内休闲服装的主要品牌。在北、上、广、深等一线城市的市场占有率已达到5%以上,在长三角主要二、三线城市市场占有率接近10%。但在换季时节,也常常需要开展促销活动加快库存消化并促进新装上市。

2. 促销活动目标

利用新年元旦黄金假期,适度开展有特点的促销活动,加快推广新品,消化库存和换季产品,提高产品整体销量,刺激分销渠道积极性,并有效促进顾客拉新。

（1）树立企业形象。把大众服饰品牌、优雅时尚第一品牌的企业形象展现给消费者,将品牌知名度从×%提高到××%。

（2）产品销售额提升××%,销量达到××万件,销售金额达到××××万元。

3. 促销活动对象

××服饰的目标促销对象为35岁以下的城市职业白领阶层、高等院校在校硕士和博士研究生、注重生活品质的城市居民。

4. 促销活动时间

20××年12月26日至20××年1月4日,为期10天。

5. 促销活动区域、渠道和地点

由于本品牌"双十一"已经参加电商大促,故本次促销活动仅在线下渠道开展,促销区域范围为全国各进入城市设有××服饰专柜的各售点卖场。

6. 促销活动策略思路

以彩棉品质彰显产品品位和品牌价值,以三重赠礼拉近顾客距离、促进顾客进店消费,促进产品销售。

7. 促销活动主题

主标题:换装迎新春　出彩好心情
副标题:连环三重礼　确认小惊喜

8. 促销活动的产品参与范围

20××年库存老款服装、20××年彩棉新款服装。

9. 促销活动方式

元旦期间各大商场会针对消费者推出各种主题的低价折让促销活动,为避免被这些活动淹没,本场促销活动采取三种促销赠礼叠加的方案,以多重利益吸引消费者购买:

第一重礼:曾经买过,回馈送!曾经买过××服饰产品的老顾客,凭消费金额累计满300元的购物票据到促销活动卖场换取彩棉袜子(男女款任选)一双。

第二重礼:现在来买,折上送!促销活动开展的10天期间内均享受新年优惠折扣价,购买金额每满500元再赠送纯棉内裤一条,折上再送!

第三重礼:即使不买,还能送!活动期间到促销现场的顾客,即使不购买本品牌服装产品,但只要愿意填写顾客资料,就可参加抽奖赠送礼品活动。奖品设置如下:

一等奖:价值100元的秋冬季护肤品,每个促销卖场每天抽出1份。
二等奖:××彩棉内裤一条或等值公司产品,每个促销卖场每天抽出3份。
三等奖:××袜子一双或等值公司产品,每个促销卖场每天抽出10份。

抽奖以卖场为单位,每天营业结束顾客资料汇总后抽奖一次,获奖信息次日起在促销卖场专柜、企业微信公众号和官方微博账号中公开展示,奖品按照顾客填写的资料信息于次日快递到家,也可以由顾客在抽奖次日后的15天内到店领取。到店领奖的顾客同时购买本品牌服装的,继续享受原促销折扣优惠价和满购赠品。

10. 促销活动传播

1)线上媒体传播

(1)线上商业平台促销活动显性广告投放和软性内容营销。

(2)企业微博、微信、短视频账号等企业官方自媒体传播。

(3)员工个人朋友圈和微信群等个人自媒体传播。

(4)上述传播渠道传播节奏基本保持一致:传播内容12月20日至26日全部为促销活动信息,12月27日至1月4日除传播促销活动信息外,企业官方自媒体和员工个人自媒体增加活动现场效果图文传播、中奖顾客信息(注意顾客个人隐私信息保护),线上商业平台增加软性内容营销信息。

2)线下售点传播

(1)临街卖场主出入口放置活动宣传海报、易拉宝等。

(2)专柜张贴活动海报、放置立牌、悬挂活动宣传吊旗。

(3)派发活动宣传彩页,张贴活动宣传二维码并推荐顾客扫描关注了解详情。

11. 促销活动管理

(1)促销活动主要由销售团队执行。

(2)促销活动由公司市场部门负责前期策划,线上商业平台及企业自媒体传播,线下售点现场物料设计、制作、分发,并指导卖场销售团队执行线下售点宣传。

12. 促销费用预算

(1)线上商业平台促销活动显性广告投放和软性内容营销传播费用××万元。

(2)线下现场物料设计、制作、分发及陈列费用××万元。

(3)销售折扣、赠品、礼品费用××万元。

(4)促销费用预算合计××万元,预计促销费用与销售金额比例为×%。

本章小结

促销活动的策划必须以理性的策略为基础。促销活动策划必须以品牌为导向并符合整合营销的要求。从策略层面看,针对分销商的通路促销、针对销售人员的内部促销和针对消费者的终端促销在整体促销和整合营销中的职能作用各不相同,需要根据具体情况选用。开拓型市场、成长型市场、成熟型市场和退出型市场都需要开展促销活动,但是各自的促销任务目标和促销方式手段不尽相同。

促销活动策划还容易陷入一些误区,需要防范的常见促销误区主要包括:营销问题诊断处理失误、促销目标定位选择失误、促销对象定位选择失误、促销手段选择运用失误和促销费用预算管理失误五类。

促销活动需要遵循科学的策划与执行流程:分析促销活动背景、确定促销活动目标、选择促销活动方式、预算促销活动费用、制定促销活动方案、论证促销活动方案、促销活动执行控制和评估促销活动效果。初学者可以借鉴一些促销活动方案的模板来编写促销活动方案。

课后练习

● 理论知识练习　▶▶▶

1. 促销活动策划两项原则、三种对象和四种类型的主要内涵是什么?
2. 促销活动策划的主要误区有哪五种?如何防范?
3. 促销活动策划与执行的基本流程有哪些环节?
4. 促销活动策划方案的主要内容包括哪些?

● 策划实战练习　▶▶▶

请以校园促销活动常见的形式为依据,编制一项校园促销活动的费用预算。

第四章

终端促销
活动策划

终端促销策略分析

终端促销方式策划

开篇案例 ▶▶▶

2022抖音电商921"超级宠粉季"的内容营销

电商大促最早的目的很简单,就是拉新和提升电商渗透率,内容营销的比重并不高。随着电商不断发展,大促成为帮助企业完成业绩、增强数字化能力、升华品牌的利器,内容营销也开始成为重点,晚会、微电影、商业电视广告、H5……层出不穷,吸引外界对于大促的关注,大促也从促销节点变成全民购物狂欢。但受限于电商过往的营销思维、营销链路和技术实现等问题,内容营销激发的巨大流量其实并没有太多为品牌所用,或者是利用率较低,但现在内容营销已不可或缺。

2022抖音电商921"超级宠粉季"运用微电影、视频特辑以及晚会等三组不同风格类型的IP级内容营销,分别解决了三类品牌营销问题。

问题一:品牌内容不够迷人——解决方式:三部打动人心的微电影

区别于过去几年互联网平台内容营销过于宏大和偏重叙事的风格,抖音电商921"超级宠粉季"《闺蜜篇》《情侣篇》《同事篇》三部微电影分别从人际生活里再普通不过的视角切入,诠释关于"懂你"的故事。"因为一直在一起,所以时刻更懂你""和你分享的不仅是日常,也是梦想""你们的可爱,都值得被好好宠爱",类似这样的金句比比皆是。无论是20郎当岁的青年,还是30出头已历经社会与生活"毒打"的社会人,都可以从中找到自己的回忆。

问题二:品牌和消费者缺乏有效沟通——解决方式:一档让品牌负责人当C位的特辑

抖音921"超级宠粉季"制作了10期《老板的勇气》特辑,直接强调老板的诚意、产品的效力以及主播的能力。《老板的勇气》保留了直播间里"把价格打下来"的环节,但更突出面对面的冲突感和福利的货真价实。当主播化身消费者嘴替,结合真实需求真刀真枪向品牌负责人要福利时,效果"拉满",为了守住价格,品牌负责人也只能甩掉人设,花式介绍产品和品牌,让消费者觉得自己花的每一分钱都是物有所值。一来一回间,品牌文化、产品特性以及品牌促销诚心直接展现。

问题三:核心传播事件缺乏商业链路——解决方式:重新定义爆款内容的商业链路

一直以来,晚会对电商大促有着举足轻重的作用。但走到2022年,晚会需要新的内容才能打动消费者。

首先，内容足够好看。消费者并非完全排斥广告内容，只是不喜欢不好看的广告内容。抖音921"超级宠粉季"制作播出的"非常心动夜"晚会，选择用脱口秀的方式解构生活，用快速又准确、低门槛且强记忆的方式触达/打动/影响用户，使之产生共鸣甚至共情。

其次，痛点足够真实。过去的电商大促晚会看起来热闹，但离品牌很远，消费者痛点还是缺乏展现。但抖音"非常心动夜"晚会通过脱口秀演员以及明星主播的"吐槽"将以前电商大促晚会无法说出的消费者痛点尽情地传达出来，再承接平台给予消费者的福利，让整个超级宠粉季变得真实而立体。

最后，将平台和品牌的初心更自然地展现给消费者。让大家在欢笑的同时，对抖音电商、对品牌的印象、对大家一起宠粉的决心，理解得更加全面。而伴随这样一档爆点式的核心传播事件，921超级宠粉季的各种福利也一一传递给网友，粉丝甚至可以用9.21元就买到大牌正装。

无论是微电影、视频特辑，还是晚会，基于内容逻辑，通过互联网，基于全链路，内容营销更大的商业潜力正在呈现，这是过去散点式营销、单一爆点营销所无法实现的商业覆盖和链接。这对谋求极致效果的大促至关重要。

（资料来源：https://roll.sohu.com/a/587599419_121124360）

学习目标 ▶▶▶

1. 了解终端促销活动的特性。
2. 了解终端消费者的促销活动认知与偏好。
3. 掌握终端促销的策略要求。
4. 熟悉终端促销沟通传播的目标要求与传播模式。
5. 了解制造商和零售商终端促销的主要方式。

第一节 终端促销策略分析

一、终端促销特性分析

（一）最为公开外显的促销

终端促销是针对广大消费者的促销活动，是一种公开的促销活动，除少数限定参与对象的促销活动外，绝大多数促销活动并不限制参与者的身份，并且希望参与促销活动者数量越多越好，因此需要运用包括各种新媒体在内的大众媒体开展形式直观、内容直白的宣传，因而具有最公开、最外显的特性，这与通路促销和内部促销的内隐机密性是绝对不同的。正是因为终端促销是一种最外显、最直观的促销活动形式，使得很多人对终端促销都有一定的感知和了解，以至于很多非营销专业人士误将终端促销和市场营销等同起来，认为各种各样的终端促销活动就是市场营销的全部。

（二）最具销售价值的促销

面对终端消费者的产品销售是产品销售流程的最后一道环节，终端销售完成以后，产品就完成了所有的销售流程，进入了消费阶段，除非因为产品质量问题按照服务承诺在一定时间期限内包退包换以外，一般不会返回到生产制造企业。因此，终端销售是最有价值的销售，终端促销是最有销售价值的促销活动类型。终端促销的销售价值比通路促销的销售价值要高很多，通路促销只是将产品卖进了销售通路(sell in)，终端促销则是将产品卖出了销售通路(sell out)，进入了实际消费阶段。从社会商品流通的角度看，终端销售也是商品流通最重要的、最有价值的流通环节，实现了终端销售，商品就完成了流通领域的所有流转环节，进入了消费领域，商品的性质就发生了根本的转变。

（三）最具品牌价值的促销

终端促销还是传播品牌和产品价值的促销，品牌导向的创新促销活动策划则更加关注终端促销的品牌建设意义，将促销活动作为品牌形象传播和品牌形象建设的一种重要手段来使用，按照品牌建设规划和产品推广规划来设计策划促销活动。与内部促销及通路促销不同的是，终端促销对于品牌和产品传播的价值更加广泛、更加充分，因为内部促销中的销售人员和通路促销中的经销商，都不是品牌和产品的最终消费者，而只是品牌和产品销售过程中的转售者，因此对品牌和产品形象价值的关注远没有消费者那样深刻而持续，品牌和产品的形象价值对他们来说只具有销售和盈利意义，而对于消费者来说，品牌和产品则具有个性和生活意义，消费者更关注品牌和产品对他们生活、对他们身份所带来的社会意义，因此更关注促销活动对品牌和产品价值的诠释，因而终端促销是最具有品牌和产品传播价值的促销活动形式。

（四）竞争激烈多变的促销

正是因为终端促销具有提升销售和传播品牌的双重价值，因而成为企业广泛采用的促销活动形式，因而表现为市场竞争最为激烈的促销活动形式，企业为在竞争激烈的促销活动大战中胜出，竞相创新终端促销活动方式方法，使得终端促销活动花样不断翻新，手段不断更新，而终端促销的外显性传播则更是将终端促销的各种方法呈现在公众面前，使得公众对激烈的促销活动有了强烈而直接的感知。

（五）具有行业规律的促销

尽管市面上的促销活动千变万化、形形色色，但是具体到每个行业来说，由于行业和产品特性不同，行业和产品的市场发展阶段不同，因而具有一定的行业特性和行业规律。不同行业之间的终端促销活动可以相互借鉴，但是不可以简单地照搬照套。在某些行业特别流行、特别有效的终端促销活动方式，并不一定适合其他行业。这是促销活动策划的初学者和入门者需要特别注意的，你所看到的某些行业、某些企业终端促销的成功和辉煌，也许只是其华丽的外表，而其成功的内在原因和行业特性则不容易被发现和掌握。

二、消费者的促销心理认知

经过生产厂商、零售卖场和电商平台长期促销活动的洗礼，中国消费者对于各类企业各种形式的促销活动已经比较熟悉。很多消费者已经将厂商是否有促销活动、有什么样的促销活动作为产品购买选择的重要考虑因素之一，对于创意新颖以及优惠力度较大的促销活动会有更多的参与兴趣。消费者在购买过程中，会主动询问卖场导购员或电商客服有没有促销优惠、有没有礼品赠送、有没有包邮服务或换货运费险等。但是不同年龄、不同性别、不同地域、不同性格倾向的消费者，对于促销活动的偏好和接受程度，存在一定的差异，这是终端促销活动策划者需要特别注意的,看错了促销对象、用错了促销方法,不会带来好的促销效果。

(一) 促销活动偏好的性别差异

有调查显示,中国女性的家庭/事业观较男性更多地偏重于家庭,在家庭中,她们同时承担着母亲、女儿、妻子等角色,她们不仅是女性个人消费品的购买者,而且也是家庭用品的主要购买者,是绝大多数儿童用品、老年用品和男性用品的购买者,随着女性地位的上升,在购买住房和家庭耐用消费品(如家电、家具、汽车等)方面,女性的决策地位也在上升。

男性更加注重自己身份的职场和社交显示,而名牌和外国品牌通常被看作身份的象征,因此男性比女性更青睐名牌。以家庭为中心的非职场女性在选择产品特别是选择服装上,常常更加注重款式和质量,对于品牌并不是十分敏感。

女性在选择商品时比较细致,注重产品在细微处的差别,但厂家如果能在产品设计和宣传上注重突出某些特点,就会吸引有某些偏好的女性消费者。女性通常都对促销产品有购买欲,比男性更易受到促销活动的影响。女性的购买决策更容易受到他人观点的影响。不少女性把购物看作一种享受,因此也更注重购物的氛围和产品的外观形象与情感特征。

与女性对促销活动敏感一样,女性对各类媒体广告的关注程度均高于男性。从媒体接触习惯上来说,女性更容易接受更生动和感性化的媒体,如杂志和海报等传统媒体、网络短视频等新媒体,而男性常会被一些理性的文字所吸引。

在产品价格上,女性较之男性更加相信"货比三家,价比三家"的道理。通常还会比较多个卖家的同类产品价格,经过一番斟酌比较后,往往会选择价格最便宜的产品。在促销活动偏好上,女性更喜欢实惠型的促销活动。企业在产品促销时,尤其是促销家庭日用消费品如洗涤剂、沐浴露、洗洁精、食用油等产品时,一定要多使用"买赠""打折""加量不加价"等常规性促销手段,尽量满足女性"会过日子"的实惠消费心理。

(二) 促销活动偏好的年龄差异

与20世纪50年代和60年代出生的"多生代"不同,70年代后期出生的城市青年多为"独生代",其消费观念和行为与"多生代"有很大差异,在"70后""80后"和"90后""00后"消费者中,存在着月光族和新贫族、房奴和卡奴。从数量上来看,"80后""90后""00后"年龄段的消费人群已成各类产品消费的主力群体,消费潜力巨大;从能力上来看,他们消费能力旺盛,是引领当今中国消费潮流的主力军。

2020年有关调查认为"90后"的消费群体在消费观念、购买心理和购买行为方面可以归结为四个方面：一是消费的多元化；二是消费的理性不足；三是消费从众心理和个性化的矛盾；四是时尚的消费方式和支付方式。他们引领着音乐、互联网、数码产品的消费倾向，对多数产品的品牌忠诚度并不高，习惯在各种品牌间换来换去。他们和"80后"一样擅长用搜索工具寻找答案，并在社交网络上分享自己的消费感受。"80后"和"90后"的消费行为模式与传统的模式已经有很大不同，营销学者们称之为数字经济时代的新消费行为。

消费行为模式以20世纪20年代霍尔（Ronald Hall）提出的AIDMA模式较有代表性。"AIDMA"五个英文字母分别代表：引起注意（attention）、产生兴趣（interest）、产生欲望（desire）、形成记忆（memory）、采取购买行动（action）。2004年，日本电通公司关西本部的互动媒体传播局又提出AISAS这一数字时代的新消费行为模式。所谓的AISAS模式，是指新生代消费者会：主动注意（attention）、产生兴趣（interest）、通过网络搜寻（search）产品及其相关评价，而后采取购买行动（action），随后在网络上与他人分享（share）自己的购买和使用感受。而这些感受也会对其他网友产生影响，尽管他们之间很有可能互不认识。这种行为模式在中国新生代消费者中也已非常普遍。

（三）促销活动偏好的地域差异

消费者的消费观念、促销活动偏好还因区域的不同而呈现出差异。曾有调查显示：同样为女性消费者，北京女性更喜欢国产品牌，品牌忠诚度更高，消费更理性；广州女性更注重名牌，对促销活动更敏感；上海女性最时髦，更相信名人，更崇尚时尚。生活在首都的女性更易受政治氛围的影响，北京女性购买国产品牌的比例远远超过了上海和广州。而广州和上海的商业气氛比较浓厚，品牌观念比较强，相比北京女性更看重名牌和国外品牌。

北京女性对价格最为敏感，理财观念比较谨慎。由于上海商业中心的地位，开放程度比较高，人们的思想比较活跃，再加之上海金融服务业相对发达，人们的生活理念和理财观念也更超前一些，超过一半以上的上海女性愿意采用信贷消费模式，花明天的钱享受今天的生活。

看来，同为女性消费者，由于其所处城市的文化背景、经济和社会发展状况不同，在消费观念上也会有所差别，因此在制定营销策略、策划促销活动时不仅要"男女有别"，还要"因地制宜"。

三、消费者促销偏好的影响因素

(一) 个性特征

消费者对促销活动偏好与其自身个性特征有着明显的关系。年龄、性别、家庭背景、受教育程度、性格倾向等,都是影响其消费观念和对促销活动偏好的个性因素。

比如,同为女性,但因年龄和家庭角色不同导致消费倾向和促销偏好存在明显差异,与中年家庭主妇型女性的实惠消费不同,年轻女性,尤其是有浪漫情结的未婚文艺女青年的感性消费特征更加明显,更青睐于有品牌特性和新鲜创意的促销活动,而对促销活动的实惠程度则没有家庭主妇那样关注。

@广告圈【总结女人与品牌的6种关系】① 熟悉:对这个品牌知道的程度很深;② 怀旧:这个品牌让我想起生命中某个特别的阶段;③ 自我概念关系:这个品牌与我非常相符;④ 感情结合关系:如果找不到这个品牌我会非常沮丧;⑤ 爱情关系:不管生活好坏我都将继续使用这个品牌;⑥ 闺蜜:一旦不使用这个品牌,我就会感到好像有什么东西消失了。

(二) 产品类型

同一类型的消费者,甚至是同一个消费者,对于不同类型产品的促销活动偏好甚至可能不同。因为不同的产品对于消费者的意义不一样、重要程度不同,消费者对其在自身消费中的价值要求有所不同。

对于具有社交属性的外显性消费产品,消费者更倾向于接受彰显品牌价值的促销活动方式,而不愿意接受大张旗鼓的低价优惠促销,因为这会降低购买者的身价,使得购买者在社交场面中丢失颜面。

对于没有社交属性的内隐性消费产品,消费者则倾向于实惠型的促销活动方式,因为这些产品的消费不具有外显性,是购买者个人或者家庭内部消费的产品,且多为日常生活用品,精打细算是很有必要的,没有必要讲面子、图虚荣。

不同类型、不同价值的产品,消费者对其优惠促销的感受和接纳程度也存在差异。对于低价值的日用消费品,比如价值几元、十几元的食品、饮料,优惠一元、两元消费者都会感兴趣,都愿意参与;但是对于价值几千元的家电,优惠十几元、一两百元消费者都觉得优惠幅度不大,不至于动心购买。

（三）介入程度

由于不同品牌和产品的复杂程度及其对消费者的重要程度不同,在做购买决策时,消费者身心投入的程度会出现很大差异。比如消费者为购买一套房子所投入的精力与介入程度要远大于购买普通生活用品。因此,介入程度会影响到消费者的购买行为和促销偏好。

1. 品牌差异小,介入程度低

在购买经常性需要的价格低廉的快速消费品时,如果品牌间差异不大,消费者大多不会太关心品牌间的细微差别,而是靠多次购买和多次使用而形成的习惯选择品牌,呈现出习惯性购买行为特征。如面粉面条、牙刷牙膏、生活用纸、洗涤用品等快消品的购买就是如此。

对于这类产品的促销,价格实惠、多买优惠等减价类促销较为有效,促销宣传中应注重宣传实惠实用、突出品牌名称和品牌标志,以便消费者选对品牌,避免消费者看错、拿错品牌。

2. 品牌差异大,介入程度低

消费者对那些品牌差异虽大但易于选择的产品一般不愿花费过多的时间进行了解、选择,而是随意购买,因此会经常变换品牌,一般不会坚定地忠诚于某个品牌,呈现出多变型购买行为特征,如对休闲食品、休闲服装、袜子鞋帽等产品的购买。

对于这类产品的促销,平时的广告宣传积累会发生潜移默化的作用,售点终端、电商页面陈列得生动醒目、陈列面多量大,售点和页面详细展示宣传,导购和客服推荐均会有很大作用。

3. 品牌差异小,介入程度高

对于品牌差异不大、单价较高、不经常购买的产品,如家用电器和厨房电器等,消费者一般比较重视,会花费一定的时间和精力去比较和选择。由于品牌差异不显著,消费者不容易看出品牌之间的差异,但是由于单价不低,所以往往要货比三家,慎重决策,谨防上当,而由于品牌和产品存在差异难辨的同质化现象,因此消费者更为关心价格、促销优惠程度等易于识别的问题。购买这类产品后,消费者还容易出现担心、忧郁等不满意的心理状态。为了证明自己买得正确,消费者往往会采取协调性购买行为,以免购买产品以后出现心理不适。

对于这类产品的促销,突出价格公道实惠、强调售后服务保障及时可靠是较为有效的策略。

4. 品牌差异大,介入程度高

消费者购买品牌差异大、价格昂贵、购买风险较大的耐用品时会高介入,尤其是在其初次购买时更是这样。消费者对此类购买会非常重视,由于不太了解产品的性能、规格等技术要素,加之价格昂贵和可能存在的风险,需投入很大精力甚至邀请家人参与决策,以求降低购买风险。如购买商品住房、家用汽车等贵重产品。消费者需要在广泛收集信息、充分了解品牌差异的基础上,才能慎重做出购买选择,从而呈现出复杂型购买行为特征。

对于这类产品的促销,持续的广告宣传、长期的品牌建设是非常重要的,终端演示和产品推介、与知名品牌的联合促销、提供专业的销售服务和有保障的售后服务,都是非常有效的。

(四) 品牌地位

消费者对不同品牌促销活动的反应是存在较大差异的。对于市场地位高的著名品牌,消费者通常有着良好的接受度和参与度。而强势品牌促销活动方式的可选择范围比较广,但通常会将品牌理念的传播作为促销活动策划的重要线索,而不会采取随意的没有品牌关联意义的大降价行为。虽然并不是优秀著名品牌就不会做优惠促销活动,但是优秀著名品牌做优惠促销一定会师出有名,一定会重视顾客关系的巩固和加深。优秀著名品牌一般不会随意降价打折,因而次数很稀少的品牌产品打折优惠活动通常会是品牌的消费者非常期待并积极响应的,而对于喜欢的品牌因为价格较高的原因没有及时购买者,品牌优惠促销则是其不愿错过的良机。

对于市场地位不高的品牌,促销活动的消费者响应度通常是不够理想的,为此,这些弱势品牌通常需要加大优惠促销力度以吸引消费者的关注和行动上的参与。然而如果没有良好的促销活动创意和品牌价值呈现,一味地强调低价和优惠是很难建立值得尊敬和信赖的品牌形象的,反而会沦为低端品牌,并极有可能陷入低价促销就有一点销量、没有低价促销就没有销量的恶性循环。因此,对于弱势品牌来说,促销活动一定要做,但需要选择有利于品牌成长的促销活动方式,不要过于追求短期促销的产品销售效果,不要过多使用低价疯狂促销手段。暂时处在弱势地位但又希望实现品牌成长的企业,需要理性面对市场,采用合适的促销活动方式和创意,传达品牌理念和品牌形象,逐步培育品牌,逐步积累品牌影响力和号召力。

四、终端促销的策略要求

面向消费者的终端促销策划需要沿着彰显产品利益、设置附加利益、创新活动方式和借助权威影响等四大方向去展开活动创意、推演活动策略,这样才能形成对销售和品牌都有价值的策划方案。

（一）彰显产品利益，塑造品牌魅力

直接利用产品的利益优势如质量、性能、款式等进行促销策划，是整合产品与促销、兼顾品牌与销量的首选促销策划思路。同时具有投入少、产出高、公众接受性好、信赖程度高等特征，既具有现实的市场销售意义，又具有长远的品牌建设意义。这种促销策划还可以与公关宣传策划结合起来进行，从而提升公众对品牌的认知与好感。

@市场营销经典案例【NIKE：一箭三雕的"情感渗透"营销】NIKE曾做过"将爱心送到非洲"的活动：凡顾客向贫困非洲民众捐赠一双NIKE旧鞋，便可以相当的优惠价获得一双新款NIKE鞋。活动一开始便火爆异常。此举可真谓一箭三雕：① 提升品牌美誉度；② 与顾客在社会责任感上的认知达成一致；③ 帮助顾客实现自己的社会价值。

（二）设置附加利益，增加购买动力

当产品与竞争品牌相比缺乏利益优势、价格优势、品牌优势和广告优势时，靠正常的促销活动和降价无法打动消费者，需要在正常销售条件下设置附加利益，吸引顾客关注，促使顾客动心，实现顾客购买向本品牌转移。这是市面上最常见的促销活动策划，具体利益诱导方式有优惠打折、限时限量减价、买赠、抽奖等。但是，这类促销活动做得有些泛滥，需要创新。

@实用商业心理学【促销有"猫腻"】明尼苏达大学的消费者研究表明：① 打折不如加量——加量50%和打6.7折等价，但前者销量比后者多73%；② 折上折效果更好——"先八折再七五折"和"一次性六折"等价，但前者明显更受欢迎；③ 新车节油性能宣传——每升油能多跑多少公里比能省多少油更有说服力。

（三）创新活动方式，吸引顾客参与

在品牌、产品和促销预算无法超越竞争对手时，迫切需要通过创新促销的活动方式吸引顾客参与，从而达到以少胜多、以智取胜。当然，在促销预算较宽裕时，也应该尽可能策划这种以巧制胜的促销方案。

打折和赠券是餐饮企业的常用促销方式。与一般做法不同，绿茵阁西餐厅的"八国护照"活动很有新意。就餐顾客只要加2元就可获得精美"护照"一本，就餐一次可在护照上加盖一国"公章"，集齐八国"公章"就可参加抽奖，奖励出国旅游。活动以出国旅游作为诱饵，对西餐厅的顾客来说有较强的吸引力，用护照盖章作为活动参与的形式,对西餐厅的顾客来说有较强的趣味性。

(四) 借助权威影响,增强购买信心

现今的促销活动过于泛滥,消费者已经麻木了,有些促销活动还存在欺诈,消费者已经开始警惕。面对这种混乱无序的促销竞争局面,企业无力在短期内制止纠正,也不能同流合污。那么,怎样才能提高消费者对企业促销活动的信任度与参与度,从而提高促销活动的效果?借助权威影响,请权威机构出面助阵是一条新思路。在农产品直播带货促销中,政府官员亲自出境、注重主播的人设就是提升流量和增强促销效果的重要方式。

五、终端促销的沟通传播

不同于面向数量不多且有直接联系渠道的经销商通路促销和企业内部促销,终端促销是面向外部消费者大众的,因此,终端促销的传播与通路促销和内部促销是完全不同的。在终端促销、通路促销和内部促销三章里,我们将分别对这三类促销活动的沟通传播进行具体的介绍。

(一) 终端促销传播的目标要求

由于终端促销针对的消费者人数众多、分布分散,难以通过组织传播和人际传播等方式进行促销信息的发布(针对大中型企事业单位开展的内购会和针对大型社区开展的社区促销除外),需要通过大众传播的方式进行促销信息的发布、促销活动的造势和促销气氛的渲染。又由于促销活动都是短期的阶段性营销行为,因此促销活动的传播又具有与品牌形象传播、产品性能广告传播不一样的要求。基于终端促销活动的直观外显、销售价值等特性,终端促销传播应按照以下目标要求来开展。

1. 信息传播快速

终端促销传播因终端促销活动而产生,不促销无传播,有促销快传播。促销活动一旦开展,促销广告宣传需要快速启动、密集传播,促销活动一旦结束,促销活动广告宣传一般即告结束,具有短周期、快节奏的特性要求。

2. 信息传播准确

终端促销活动需要动员消费者在活动开展的具体时间、具体地点,按照设定的办法参与促销活动,因此信息传播必须准确无误,不能产生误解,也不能任由消费者自由理解,否则就会产生对促销的质疑与争议,导致活动纠纷和促销秩序混乱,甚至导致促销活动的失败以及由其引起的品牌形象损失。

3. 信息传播有力

终端促销活动传播需要有足够的吸引力、感染力和说服力，能够调动消费者参与促销活动的兴趣与意愿，能够调动消费者参与活动、购买产品的情绪与欲望。因此，终端促销活动的广告创意需要有吸引和打动消费者的力量，终端促销活动的广告媒介发布需要有引起消费者关注、强化消费者认知的力量。

4. 信息传播接力

实体商业大型终端促销活动的信息传播通常区分为两个大的板块：一块是传统大众媒体和新兴网络媒体的线上传播，另一块是售点终端媒体的线下传播。线上传播完成促销活动主题、内容、方式、时间、地点等主要信息的传播，承担将消费者动员到线下促销活动现场准备参与促销活动的作用（O2O的线上到线下），但消费者真正到终端现场以后是否一定会参与促销活动则还存在变数。这时终端售点的促销活动宣传就非常必要了，必须承担起将来到现场的消费者留住进行深度沟通，促成其参与促销活动，防止消费者被竞争品牌吸引而离去的任务。

为此，实体商业终端促销传播的线上和线下必须实现接力和配合。从时间上来看，线上传播在前，线下传播在后；从内容上来看，线上传播是总体动员性的，线下传播是具体说服性的；从方式上来看，线上大规模传播多是单向沟通，线下传播则需要强调促销人员与消费者的双向互动沟通。为了使得促销活动线上传播和线下传播更好地衔接，很多促销活动还采取投递活动传单的办法作为补充。促销活动传单可以比线上传播更具体、更详细地交代活动细节，以便消费者事先就能更多地了解活动信息。促销活动传单可以比售点终端媒体的线下传播更灵活，可以在活动前投递到消费者手里以便消费者更早了解促销活动信息。

电商大型终端促销活动，除可以在互联网媒体和电商自媒体开展信息传播外，也可以在传统媒体和线下媒体开展传播，为电商促销活动引流，实现O2O的线下到线上。在电商经历高速发展转向低速增长、用户流量见顶之后，电商促销活动的传播更是需要更多地转向线下场景和电商平台自身之外。

（二）终端促销传播的模式解析

根据终端促销活动的特性和终端促销活动传播的目标要求，适合终端促销活动传播的模式是低空—地面传播闪电战。

由于终端促销活动的时间期限是短期的，因此促销活动的传播期限也是短期的；由于终端促销活动必须在短期内取得成功，因此促销活动的传播必须具有集中式的爆发力。而要达到这两个最重要的传播技术性要求，终端促销传播必须采取低空—地面传播闪电战模式。其具体内容主要包括以下两点：

1. 传播媒体：低空与地面传播

从技术角度来讲，不同媒体广告创意制作的时间周期不同，电视广告的创意制作周期最长，媒体购买和投放周期也较长，杂志媒体的购买投放周期也很长，报纸媒体广告创意设计和投放周期较短，互联网媒体最短。从沟通认知角度来讲，电视媒体传播距离感最大最远，移动互联网、办公楼宇和生活小区的电梯媒体等传播距离感最近。营销和传媒界将电视传播看成高空传播，将本地化的网络资讯媒体、社交媒体和电梯媒体传播等归属于低空传播，终端传播、人际传播等非媒体线下传播方式归属于地面传播。电视媒体的高空远距离传播主要适用于品牌形象传播，并且需要长期传播才能产生作用。低空媒体和地面媒体的近距离传播主要适用于终端促销活动传播，从技术上来讲，短期内能够实现做到做好；从认知效果上来讲，则能够形成消费者的近距离感知和更主动地参与。

2. 传播时间：点式集中性传播

由于终端促销活动启动之前必须严加保密，否则竞争对手知晓后有可能提前出台干扰性活动。启动之后又必须立即广泛宣传，因为终端促销期限通常比较短，因此必须实施点式集中传播，确保短期内达到成功传播目标，这确实不同于品牌传播的长期性与持续性，不同于品牌传播的逐渐累积性。如果不能在短期内实现成功传播，导致参与促销活动的消费者不足，将会直接导致促销活动效果的减产歉收甚至失败流产。

（三）终端促销传播的媒介选择

在明确终端促销活动传播的目标要求与传播模式之后，需要合理选择和组合终端促销传播的媒体。这主要与以下因素有关：

1. 与促销对象媒体习性最为相关

促销对象的媒体习性是促销活动传播媒体最重要的选择与组合依据。终端促销活动针对的消费者对象不同，媒体习性不同，传播媒体选择和组合方式应有所不同。针对"80后""90后""00后"年轻消费者的终端促销活动，应该主选移动互联网等新媒体开展互动传播。针对中老年消费者的终端促销活动，则应主选纸质媒体和广播媒体等传统媒体。

2. 与促销活动开展区域范围有关

在终端促销活动主要传播媒体类别确定的基础上，还需要确定传播媒体的层级或级别，而这与促销活动开展的区域范围有关，最优选择是媒体覆盖范围与促销活动覆盖区域范围重合，如果媒体覆盖范围略大于促销活动区域，虽然有些浪费但不会因传播不足而影响活动效果。如果媒体覆盖范围小于促销活动区域太多，则会较为严重地影响促销活动效果，需要增加新的传播媒体或新的传播方式。

比如，制造商计划在某个城市开展全城性的大型终端促销活动，或在影响力能覆盖全城的大型终端卖场开展促销活动，主体应选用本地网络媒体和当地新闻媒体，如果一家媒体传播力量还不足够，还可以组合多家大众媒体，并视情况采用线下媒体作为补充和进行接力。

在农村乡镇和城市特定社区开展终端促销活动使用网络平台和新闻媒体进行传播，不仅会造成资源浪费还会干扰非促销区域正常的销售，因此不能采用网络平台等大众媒体。农村乡镇终端促销活动可以选择县级电视台、乡镇广播台进行宣传，城市社区终端促销活动可以联合社区管理机构、小区物业管理服务公司采用线上线下小众媒体进行促销活动信息的传播，比如在社区微信公众号、小区业主微信群组中发布信息，定点定向投递活动传单，开展活动路演，开展车体宣传和人员宣传等。

在做好终端促销活动媒体传播的同时，还需要做好促销活动现场的布置，通过终端现场传播营造促销活动氛围，增强促销效果。

（四）终端促销传播的时机频率

大多数终端促销活动时间期限都比较短，活动开始前的传播都必须采取密集型的宣传攻势，但活动天数不同的促销活动在活动期间的传播方式与传播频率有所不同。另外少数活动期限比较长的终端促销活动，传播时机和传播频率又有所不同，现分述如下：

1. 仅限一天的单日性促销活动传播

除电商"双十一"等特大型固定时间的促销活动需提前造势准备以外，实体商业的单日促销活动宣传最早提前一周、通常提前2—3天开展密集型传播，提前天数因产品购买决策周期和品牌影响力而定。传播方式可以采取递增集中式或水平集中式。活动当天一般只采用促销现场传播而不必发布传统大众媒体广告。在活动结束后的2—3天内、最迟一周内可以安排1—2次促销战况报道，以宣传促销活动效果，扩展品牌影响力。

2. 仅限2—3天的单场性促销活动传播

也是要在活动开展前的2—3天或一周内开展密集型传播，采用递增集中式或水平集中式均可。不同的是活动期间除了促销现场传播以外还可以做一次大众媒体传播。促销活动结束后尽快安排1—2次促销战况宣传。

3. 活动5—7天的黄金周促销传播

在活动开展前的一周到10天内开展递增集中式或水平集中式的密集型传播，活动期间可以安排2—3次集中交替式网络新媒体传播，甚至是每天连续水平式的活动传播。因为通常黄金周期间传统大众媒体广告数量会更减少，广告价格会有更大的折扣,不外出旅游的消费者会比平时更关注传统媒体,因此传统媒体广告也可以适当采用。促销活动结束后可以安排1—2次促销战况宣传。

4. 活动期限较长的促销传播

有些产品的终端促销活动可能会持续一个销售季节,从2020年左右开始,电商平台的大促也从单日24小时的限时促销拉长为十天半个月以上的长线促销。由于促销时间较长,活动开始第一天的效果并不十分突出,因此活动的媒体宣传不一定需要采用活动开展之前的点式集中性传播,传播时间和传播预算更需要考虑活动全周期的持续性和时段重点性。比如,对于活动周期为1—2个月且每一天均衡销售的促销活动,可以采用连续式传播;对于活动周期为1—2个月且销售集中于双休日的促销活动,可以考虑利用当地网络媒体开展间断式传播,也可以考虑利用电视媒体开展间断式传播,在双休日前1—2天播出促销活动广告,在其他时间则播出品牌和产品广告,这需要与媒体广告部门做好媒介排期的准确安排。

(五)终端促销传播的费用预算

终端促销传播的总体费用预算一方面要考虑实现活动传播目标所需要花费的费用,另一方面需要将总费用控制在可以承受的范围之内。在总预算的分配上,大众媒体的传播费用可以根据投放次数、版面面积、时间长短,以及媒介刊例价格和折扣比率进行预算;促销活动终端广告宣传、活动传单等制作和执行费用需要根据制作数量和单价进行预算。由于这些费用标准随时间和技术变化较大,也比较琐碎,故不展开分析。

第二节 终端促销方式策划

一、制造商终端促销方式策划

制造商的终端促销主要承担着品牌传播、产品推广和产品促销的职能,过去基本上是通过零售卖场等终端实体来开展的,现在仍然需要借助线下实体终端来开展,一是因为制造商自身的电子商务平台影响力还不够强大,二是电商平台在成为强势线上渠道之后费用成本比较高,三是在线上电商渠道里产品和消费者之间存在着时空隔离,线上产品体验不如线下实体终端真切。因此,在电商时代乃至直播电商时代,制造商仍然需要利用实体零售卖场与终端消费者近距离接触的优势,来推广品牌并促销产品。但是更广泛的品牌宣传和产品推广并不局限于实体零售卖场，需要拓展到更为广阔的地点。营销业内人士高春利曾以"夏日营销'五场'模型"为题，对夏季终端促销推广模式进行了概括，虽然主要讲的是快消品的夏季推广与促销，但其中的广场、夜场和职场三种模式对大多数产品促销推广都有借鉴价值，现根据营销实践发展变化情况进行优化调整后分享如下。

（一）终端促销的"广场模式"

1. 广场模式的基本特点

广场模式的含义是指制造商通过在户外广场开展路演活动来促销产品。路演的广场一般都是城市商业中心地标位置的广场或城市区域副中心的商业广场或商场外场，或者是相当于广场的公园景点、社区活动公共场地。春秋季节，城市居民们通常会到广场上散步休闲，夏季傍晚则会在广场上纳凉消暑，因此可以借此开展路演活动。

鉴于来到商业广场和休闲广场并逗留的人群具有较明显的间歇性与流动性，因此广场路演活动不宜采取短期间歇式活动方式，而应该采用周期规律性活动方式来不断影响在广场周边区域工作、居住、休闲和购物的消费者，让消费者或因为新鲜好奇、或因为休闲放松而驻足观望，从而形成"围观"的场景。喜欢看热闹是人们的一种典型性习惯行为，利用这种典型的公众行为借力开展路演促销活动，可以降低获取受众关注的时间成本和资金成本，成功的关键在于找到既能够吸引受众注意又能够与品牌和产品有效关联的路演活动内容与形式。

2. 广场模式的操作执行

广场模式存在空间开放空旷和人员自由流动两大特性，因此促销推广的广场模式在操作时要特别注意活动及其传播的有效性，在这个模式中应用得最多的是"路演模式"，即在广场区域搭建一个平台，充分利用演艺人员的颜值才艺效应和促销品牌/产品关联特性以吸引路人驻足观看。在终端促销广场模式的操作过程中，需把握好几个要点：一是路演节目内容要好看、热闹，具有趣味性和娱乐性，能够吸引人。二是路演过程和方式要注意和围观群体的参与互动，单纯的叫卖式促销方式已经打动不了围观者，而充分调动围观者参与和互动的模式能够引起围观者的更大兴趣，但需要注意的是负面效应的控制，活动的组织者要把握住尺度和分寸，以免造成周围群体的反感，形成负面印象。三是要注意天气和气温等问题，选择风和日丽、气温适宜的天气，避开高温和暴风雨天气、严寒和雨雪天气，防止恶劣天气对人身和产品造成损害。四是注意现场秩序维护，防止出现拥挤、踩踏等安全事件。

3. 广场模式的适用范围

广场模式主要适用于食品饮料、健康保健、服装鞋帽、洗护日化等快消品行业。因为这类产品价格一般不贵，认知一般不难，消费者对这些产品无需过多思考就可以接受。耐用消费品虽然也可以通过这种方式进行宣传展示，但一般现场销售效果并不好，原因主要在于耐用消费品价格一般较高，且多为计划性购买，消费者不会当场随即冲动性购买。

北京有一家叫作"德青源"的售卖鸡蛋的企业，号称产蛋的鸡吃的是绿色粮食、喝的是矿泉水，住的是"五星级酒店"，所以是高价的蛋。产品定位不错，但上市后却不为市场所认可，怎么样才能让这种蛋在消费者中传播开呢？于是这家公司就趁夏季在公共广场、社区空阔地带露天开展品蛋的系列路演活动，现场煎蛋让路人品尝，因为其产品与一般鸡蛋相比确实具有很大的差异性，所以很快被消费者认可，产品迅速动销。

（二）终端促销的"夜场模式"

1. 夜场模式的基本特点

城市夏秋季节的夜幕下，霓虹灯闪烁，大街上俊男靓女纷纷出现；大街小巷中炊烟袅袅，扎啤杯上下晃动，人声鼎沸；非干道马路两旁一排排白炽灯亮如白昼，各种夜市喧闹异常。这就是城市充满人间烟火气的典型夏夜景色。在经济发达的城市，这个时候夜生活才刚刚开始，而北上广深等一线城市的夜消费、夜经济更是领先于二三线城市。

中国城市夜经济影响力评价课题组认为，自2016年以来，中国夜经济规模增长明显，尤其是2019年以来，夜经济发展更是驶上快车道。过去五年，可以说是夜经济发展的"黄金五年"，从2022年开始，我国城市夜经济的发展将进入"新五年"。另根据艾媒咨询统计，2020年中国夜间经济的市场规模已超30万亿元。

城市夜经济的发展受益于政策的推动。近年来，从中央到地方纷纷出台各类支持夜经济发展的政策措施，在进一步发挥夜经济在扩大内需、促进消费、增加就业的同时，也为夜经济发展提供了更充足的发展动能。2022年，商务部提出，要创新消费场景，适当放宽临时外摆限制，利用消费者喜闻乐见的夜市、主题集市等形式，打造满足不同消费群体需求的消费场景。文化和旅游部分别于2021年11月和2022年8月份发布了第一批和第二批国家级夜间文化和旅游消费集聚区名单。《北京市促进夜间经济繁荣发展的若干措施》（即"夜经济3.0版政策"）提出重点打造10个"夜京城"特色消费地标、30个融合消费打卡地、40个品质消费生活圈、5—10条全市夜游精品路线，培育10条市级"深夜食堂"特色餐饮街区等夜间特色地标及场景。武汉市发布《进一步促进夜游经济发展若干措施》，提出将举办夜间光影秀、美食节、啤酒节、音乐节等夜间文旅活动,推出门票减免、打折消费券等惠民措施,并将发布全市夜游十大产品和十大夜游线路,持续促进夜间消费。《浙江省促进消费复苏回暖行动方案》中提出鼓励各地发展夜间经济,计划建设4个国家级夜间文旅消费集聚区。

与政策的推动相比,市场的推动则是夜经济发展的动力之源。由于工作节奏不断加快,以年轻人为主流的消费主力,消费时段被迫转移到夜晚,因此终端促销夜场模式主要面向的群体一般都是年轻人,他们精力充沛,需要宣泄,需要展现自我,而且朦胧的夜色也宛如替每一个人蒙上了一层面纱。所以,夜场促销活动需要激发出消费者心中的激情和冲动,使得他们在夜色中释放自我心灵,在轻松愉悦中进行消费。这时,广场模式中大喇叭的方式是无效的,是嘈杂和令人生厌的,而轻松的音乐和时尚的元素将成为吸引年轻消费者最犀利的武器,这也是舞蹈类、音乐会类的方式在夜场中为年轻人所喜爱的主要原因。

2. 夜场模式的操作方式

夜场模式最适合在5—10月运用,在这些月份的夜晚,人们往往愿意走出住宅,享受春夏和夏秋时节的夜风,或消磨时间,或放松心情。因为夜色的缘故,所以夜场模式最需要的是"灯光效应"。无需白天路演那样高大壮观的活动设施与活动布置,只需要一盏盏电灯或挑高照亮放射出吸引人的光芒,或低垂点亮照耀着桌面、地面和路面,给夜场中的人们带来光明和信心。

在消费信心不振、消费力量不足的经济不景气时期,不仅企业可以通过夜场模式来促进销售,甚至地方政府也热衷于用夜场模式来刺激消费。

自2022年6月27日晚起,"越夜越合肥"2022年合肥市夜间经济消费季在淮河路步行街正式启动。该活动由合肥市商务局会同市文旅局、市体育局、四城区政府联合组织开展,以"政府引导、企业参与、市场运作"为原则,以多商圈联动、多点位布局为活动空间范围,围绕"夜购、夜品、夜游、夜赏、夜健"五大场景开展系列夜间经济促消费活动,培育消费新热点,开启合肥人的"夜生活"新体验。从7月到9月,合肥市依托现有特色街区、商业综合体、文体场馆等,有序开展多元化主题、多频次夜间经济促消费活动,持续推出"嗨GO夏日、食尚烟火、夜游庐州、赏夜流光、体育夜市"五大主题近百场活动,夜间促销期间,淮河路步行街流光溢彩、长江180艺术街区灯火通明,各类工艺小商品琳琅满目,热气腾腾的美食香飘四溢……在整个活动季期间,合肥市聚合银联、建设银行、美团、商家等多重资源,合力开展"越夜越优惠"系列惠民活动,覆盖餐饮美食、休闲娱乐、汽车家电等多个行业,以消费券、优惠满减、折扣等形式推出各品类活动优惠券,在丰富夜生活的同时让市民切实感受到夜间消费的实惠性,让合肥夏日的夜晚"亮起来"、经济"火起来"、市民"乐起来"。

3. 夜场模式的适用范围

夜场模式原来主要的市场应用领域是餐饮类和娱乐类市场,经过政府部门甚至是政府官员的带头鼓励,现在范围也扩展了很多。尽管原本烧烤、小龙虾和大扎啤等这些市井消费看似低端且存在一定的环境污染,但全国各地几乎所有的城市在夏日中都有这种场所存在,这似乎是中国老百姓最喜闻乐见的生活方式。上至高收入阶层,下至贩夫走卒,一杯冰镇扎啤、几串羊肉串就可让他们坐在那里几个小时,甚是惬意。所以在这个市场中只要策略得当,供货及时,保证质量,再融入些娱乐成分,促销效果应该不错。

山东一家区域啤酒厂前期因操作不当,销量急剧下滑,陷入亏损。为了破局,市场营销部门做了针对性市场调查,发现除了酒店和商超系统这些传统渠道外,很多酒都流入到地摊消费,但因厂家供货不及时,很多小贩都买酒进行勾兑,严重影响了口碑。这既是祸乱之源,也是机会所在,这家企业决定针对这个独特的市场推出一款新品——不锈钢桶装鲜啤酒,统一配送,统一销售。结果推出后大受好评,产品供不应求,不仅夏季打了一个翻身仗,更趁势把竞争对手挤出了当地市场。

(三)终端促销的"职场模式"

1. 职场模式的基本特点

随着互联网和电子商务的发展,随着"80后""90后""00后"等互联网原居民成为职场主力人群,职场人士上班期间上网网购、签收快递已经成为一种非常普遍的现象,职场人士上网购物在很多产品类目上已经超过了上街购物,因而以职场网民为对象、以职场消费为特征的职场推广与促销模式得以应运而生,并得到广泛运用。

终端促销的职场模式与行业特性与行业文化、企业类型与企业文化、职务层级和岗位类型关系比较密切。生产制造行业、贸易流通行业、文化创意行业的职场文化各有不同,互联网大厂的职场氛围与制造工厂明显不同。

2. 职场模式的操作执行

终端促销的职场模式,以职场工作场景和职场工作氛围为核心要素展开。职场工作离不开办公楼、办公室、电梯、互联网、电脑和手机,因此最接近职场人士的线上媒体是"两微两短"(两微主要指微博和微信,两短主要指抖音和快手两个短视频平台),最接近职场人士的线下媒体是电梯框架,终端促销的职场模式在传播媒体选择上应以这些媒体为主。在促销对象选择上,首选具有职场号召力的职场精英,职场精英在工作上是职场大众和职场新人的学习榜样,在生活上是职场大众和职场新人的模仿对象,因而具有思想观念和行为引领能量,通过职场精英在职场圈层中的带动作用,能够形成消费风潮和职场流行。

3. 职场模式的适用范围

最能体现终端促销职场模式作用和效果的,是商务办公楼宇里的职场,最适合运用职场模式开展终端促销的产品,是与职场文化和工作职务关联度高的服装服饰、化妆美容、消费电子、办公文具、食品饮品等相关产品,比如女士的时装、手袋、首饰和化妆品,男士的领带、皮鞋、香烟、打火机。产品的颜值和品牌形象,要体现职场的体面和精致、优雅和格调。除与职场职务相关的产品以外,处于婚姻和家庭状态的中高层职场精英还会关注家庭生活用品和主要家庭成员需要的产品,比如家电、家具和家居用品,比如丈夫或妻子的服装、婴幼儿的奶粉、儿童服装和学习用具、父母的健康保健产品等,这些产品也都可以通过职场圈层进行推广和促销。

白小T成立于2019年。2020年,白小T全网曝光7亿次,卖出T恤100万件,营收超1亿元。2021年,全年销售额近8亿,是天猫、京东、抖音等各个电商平台的该类目的第一名。白小T切中的是精英男性人群市场,这类人群穿着讲究、节约时间、目标明确,看到男性T恤"有市场,无品牌"的空位机会,白小T通过这个品类非常明确且简单易记的品牌名称,运用网络短视频传播打法快速打入职场男性市场而获得快速增长。白小T还计划根据职场层级分别推出三类产品:走高端化路线的"无为",走中端路线的"无限",走年轻人路线的"无畏"。对高端人士来说,他们更喜欢"无为而治";对中产阶级来说,他们需要对生活充满希望,需要"无限"的想象空间;对年轻人而言,则需要无所畏惧。

二、厂商联合终端促销方式策划

厂商联合终端促销起源于厂家终端促销需要借助商家的地点,后随着商业企业的发展壮大、连锁业态的兴起和扩张,厂商联合终端促销的规模阵势越来越大,商家在联合促销中的地位也越来越高,话语权也随之越来越大,厂商联合促销需要沟通协调的内容,如时间和相关条件也越来越多。但随着城市建设商业配套的增加和电商业态的发展,实体零售卖场的稀缺性大为降低,在厂商联合终端促销中的话语权又开始下降,配合支持度又有所增加。

(一) 厂家借助商家售点促销

由于厂家通常缺乏直接面对终端消费的零售终端,因此厂家开展终端促销就不得不借助零售商家的卖场。在2000年前连锁业态还没有发展壮大之前,零售商的地位比制造商要低一些,营销意识和手法也落后一些,因此,对于制造厂家的终端促销活动通常是配合支持的,因此参与厂家终端促销活动的积极性也比较高,甚至会要求制造商在其商场开展促销活动。因为厂家的促销活动不仅能带来促销产品销售的提升，还能够带来商场整体人气和销售总量的上升。

这一阶段的厂家终端促销，活动方案几乎全部是由厂家策划、制定并实施执行的，促销活动费用也几乎是由厂家全部承担的。商家的任务就是提供产品展示的商场外广场（业内简称外场）和商场内部的销售场地（业内简称内场）。厂家几乎不用为哪个商家愿不愿意参加促销活动而发愁，需要发愁的反而是在促销活动广告中如何给参加促销活动的众多商家排名，谁也不愿意在参加活动的商家排名中被排在后面，即使声明排名不分先后也没法消除商家的意见。

但是，随着众多制造商纷纷借道商家开展终端促销，随着商家营销意识和营销能力的提高，随着商家的成长和发展，商家在厂家终端促销活动中的话语权和利益主张越来越大、越来越多，开始要求厂家支付活动外场的场地费用、内场广告宣传及位置的费用和产品展示陈列费用。因此，这种终端促销形式在城市市场一度有所减少，但是转移到农村市场上还能使用，因此这种终端促销方式现在主要是厂家开展农村终端促销的活动方式，而且农村经销商还会在人力、物力和财力上给予支持，承担一部分甚至是大部分促销活动费用，因为促销活动所创造的效益厂家并不与农村经销商分享，而是全部归于经销商。这样的促销活动双方都获利，都愿意合作开展。

此外，在制造商和零售商地位相差很大的行业，这种形式的终端促销还是可以开展的。比如在汽车行业，制造商和零售商之间的地位差距很大，汽车制造品牌开展终端促销活动，汽车零售商4S店必须参加。

（二）厂商战略联合系统促销

商业连锁企业基本完成全国布局之后在流通中的地位大大增强，在进一步扩张实力、提升零售市场份额和影响力的过程中，主动联合全国性制造品牌开展战略性合作，开展全国性联合促销活动。比如，自2000年以来拓展全国布局的苏宁和国美等家电连锁企业就和众多家电制造品牌开展过全国系统促销。而自有销售渠道不强的家电企业看到连锁业态的兴起，也认为是借助渠道外力提升自身销量、改变行业格局的重要机会，故主动与家电连锁合作，或配合家电连锁的门店扩张和开业促销，或主动与家电连锁开展全系统联合促销。但在天猫和京东等平台电商、抖音和快手等直播电商取代了实体连锁商业在全国零售市场的头部地位之后，厂商战略联合系统促销更多在厂家和全国性电商之间开展。

这种形式的厂商战略联合系统促销，对于合作双方来讲不仅具有产品销量提升的意义，还具有战略合作的意义与改变行业格局的意义，因此双方在促销费用的分担上、厂家在促销产品品种和数量的投入上、实体商家在促销活动场地的支持上、电商在促销活动的流量支持上，都有较大的力度。

厂商战略联合系统促销通常是由厂家和实体商家或线上电商的营销总部决定的，厂商双方的各地分支机构按照总部要求结合当地实际予以执行，厂商双方的总部对各地分支机构的促销执行效果进行考核。由于连锁渠道发展迅速，这种类型的厂商联合促销商家掌握主动权和话语权的成分更多，厂家配合支持的成分越来越多。而随着多家连锁商业频繁开展联合促销活动，而且活动形式大多是以特价冲击市场，导致制造商不得不与各连锁品牌采用错开产品型号的方式进行促销合作。在厂家和电商的联合促销中，厂家将京东和天猫、抖音和快手在促销时间和促销产品上错开的情况也经常出现。

（三）厂商基层终端联合促销

著名制造商的地方销售分支机构也可以和著名零售卖场开展终端促销活动，比如著名家电制造商和家电连锁卖场联合举办专场促销活动，甚至还与当地著名企事业单位、金融机构联合开展内购会等。这种类型的终端促销，从促销产品来看通常是针对耐用产品和高价值产品的，从促销对象来看多是针对中高端客户的，因此需要厂商双方都是在当地乃至全国具有良好形象与影响力的品牌。而中小制造商品牌通常只能被动地参加强势零售商（KA卖场）主办的各种季节性促销活动和节假日促销活动，并按照商家的要求承担相应的促销活动费用。但由于中小制造商没有单独开展大规模促销的品牌影响力、资金实力和促销策划执行能力，适当配合与商家主导的促销活动还是有价值的。

（四）实战案例：奥铃轻卡嗨购周

在2022年新冠疫情多点反复暴发严重影响中国经济和企业销售的背景下，北汽福田奥铃事业部于2022年8月29日至9月4日开展嗨购周促销活动。活动为卡友们带来了千万钜惠福利，嗨购周期间每天至少一款主打车型疯狂让利，每天2款特价车限量秒杀。用户可进入奥铃抖音直播间，点击直播间右下角"小风车"图标预约免费试驾或直接参与限时抢购。

主力促销车型金奥铃基于奥铃极致的轻卡技术基础，经过3年顶级工程师的全力研发，搭载了欧康2.5L动力，采用双涡流分层燃烧技术，燃烧更充分，每百千米最高可省2L油，油耗比业内水平低9%。采用终身免维护前后桥和铝合金一体式传动轴，10万千米长换油变速箱和后桥，标配三年不换轮胎、十万千米才换一次的空滤等技术成就了金奥铃"长寿命"的特性。身为高端轻卡的金奥铃，在维修保养方面同样高于行业标准。超级VIP式的一对一服务，提供3年/20万千米免费保养，并且不限次数；不限里程免费救援，3小时内必达。

主力促销车型奥铃玉兔Ⅱ是专门为女司机和新手司机倾力打造的一款自动挡

轻卡。奥铃自2018年开始着手自动挡车型的研发工作，这款车依然采用了奥铃旗下轻卡车型方正式的家族外观设计，整体形象秀美可爱，更符合女性的审美。在动力链上，奥铃玉兔Ⅱ搭载的是符合国六排放标准的全柴Q25燃油发动机，其最大输出马力为152马力，峰值扭矩为450牛·米，搭配法士特6挡AMT变速箱，可通过TCU控制换挡，使发动机长期处于最佳工作区间，和手动挡相比换挡更为精准，城市拥堵道路无需频繁换挡踩离合，减轻驾驶疲劳。自动挡车型一直以来没有在轻卡市场中普及，奥铃玉兔Ⅱ让女司机和新手小白享受到了自动挡的便捷性，更降低了自动挡轻卡车型的采购成本。

北汽奥铃嗨购周期间，直播间还放出了奥铃轻卡的专属四大福利。

老客户感恩礼：福田全系老客户，买奥铃轻卡，专享补贴2000元(8月29日至9月6日补贴)。

爆款成交礼：奥铃轻卡限时特价，最高优惠10400元。

金融免息礼：奥铃轻卡金融贴息，最高省7000元利息。

百万荣耀礼：前300名客户购车即送百万奥利纪念品；前1000台客户，购买即送100 L尿素；如果使用福田e家APP购车，还可以用1元钱抢520元现金或代金券。

8月29日至9月4日，7大爆品，天天有秒杀，天天有福利！用户想要了解更多奥铃优惠政策，微信扫描活动二维码，进行在线询价。

（资料来源：https://www.sohu.com/a/582899811_99942765）

三、实体零售商终端促销方式策划

在2000年前后的20余年里，零售商是终端促销最重要的主角，2010年以来电商平台的快速发展丰富了零售的形式，零售电商已经成为终端促销的重要力量和潮流方向，但实体零售终端促销仍然具有广泛的作用。实体零售商的终端促销活动名目繁多，手段千变万化，但最常见的方式主要有以下几种类型：

（一）开业促销

新门店新卖场开业对于零售商来说是企业发展的一件大事，打响开业第一炮对于零售商来说是非常重要的工作。因此，零售商会倾其所能做好开业促销。零售商会整合企业自身的内部资源、供应商资源、政府关系资源和社会公共资源，组织丰富的促销产品，提前造势宣传，开展声势浩大的开业迎宾促销。开业迎宾促销的时间期限通常为3—5天，也有长达一周和半个月的，其中开业第一天最为隆重，通常会邀请政府官员、社会名流、演艺明星和网络红人出席开业庆典仪式，为吸引更多人气,还会安排文艺表演和游戏娱乐活动。零售商为确保开业成功,促销活动的覆盖面和优惠力度通常是非常诱人的。开业时间通常选择在上午8—9时某个"吉祥"的时间点,但也有故意选择在夜里开业的,以聚集更多的顾客参与开业促销。

(二) 重张开业促销

已经开业的零售卖场虽然不能重复以开业大吉的名义开展声势浩大的终端促销,但是重新装修、重新布局的重张开业则是可以反复采用的促销理由。在竞争激烈的零售行业里,促销活动既是零售卖场之间竞争的手段,又是零售卖场吸引客源的重要手段。由于重张开业还可以通过改变制造商(或供应商)在零售卖场里的位置从而改变其在零售卖场的销售位次,引起制造商(或供应商)之间的竞争,使得零售卖场可以借机收取更多的进场费和选位费,因此零售卖场还将重张开业当成了一种收费盈利模式,即使促销要让出很多利益给消费者,但是零售卖场可以从制造商(或供应商)那里收回让利成本。于是,重张开业促销在零售行业非常风行,成为零售卖场每隔2—3年就要重复上演一次的促销大戏。

(三) 店庆促销

店庆促销是零售卖场一年一度的主题促销活动,每年都可以以店庆的理由开展一次与企业发展、企业周年庆典相关的促销活动。而五周年庆、六周年庆、八周年庆、十周年庆、十五周年庆、二十周年庆、三十周年庆和五十周年庆则是更重要的店庆促销时机,庆典促销的力度会更劲爆。

(四) 节假日促销

节假日销售在全年销售当中占有大的比例,因此,抓节假日促销就成为零售行业促销的重头戏。一年之内节假日很多,因此,节假日促销也就成为最频繁的促销,成为最令人眼花缭乱的促销。但是商家还嫌周末双休日、中国传统节日和法定节假日不够多,还会利用西方文化节日如圣诞节、情人节等名义开展促销,甚至自己"造节"开展促销。商家节假日促销不仅会延长营业时间,甚至还会选择圣诞节等年轻人狂欢的节日举行通宵大促销,实行彻夜营业。

(五) 旺季促销

零售行业的销售淡旺季是比较明显的,旺季是零售商抢抓销量的重要季节,旺季促销则是旺季抢量的重要手段。对于经营品类比较少的专业商店或专营店来说,旺季是比较固定和明确的,因此只要在明确固定的时间段开展旺季促销即可,但是对于经营品类非常丰富的百货和超市零售行业来说,由于各类产品的销售旺季并不同步,因此全年的不同季节各有不同品类的产品开展旺季促销。旺季促销的重点在于吸引顾客的大量购买、持续重复购买,因此,卖场旺季促销氛围的营造是旺季促销上量的关键。

(六)淡季促销

淡季促销是零售行业终端促销的又一道风景线。由于零售卖场必须天天营业,不能在淡季歇业,因此淡季促销就成为必要,淡季促销就成为消化营业成本的重要手段。与旺季促销不同的是,淡季促销需要吸引消费者进店购物,而不是像旺季一样吸引自然进店购物的消费者更多地购物,因此淡季促销策划和淡季促销宣传的难度更高,为此支付的促销成本也有可能更高。即便如此,淡季促销还是得想方设法开展。

(七)换季促销

换季促销是零售行业常做的另一种促销形式,对于服装鞋帽等销售季节性最明显的产品来说,换季促销则是不得不做的必修课。因为这类产品的销售与季节有着极为密切的关系,气温的变化和季节的转换会带来销售的极大变化,因此必须在季节转换之前及时快速地完成库存产品的销售,以免过季产品积压占用资金、店面和仓库,给新季节旺销产品带来阻碍。

换季促销的要点主要包括:① 促销时间节点要把准,宁可提前一点也不要滞后;② 促销力度要大,足以吸引消费者过季甚至错季购买;③ 促销形式不必过于追求花样翻新,特卖、打折是最常见、最有效的换季促销方式。

(八)即期商品促销

超市和食品商场的食品和饮料等产品都有比较短的保质期,日化产品等也有明确的保质期,快到保质期的即期产品需要尽快促销出货,否则过了保质期就不能再销售了,下架处理会造成浪费,改换包装重新上架销售则是明显的违法违规行为。

即期商品促销的要点主要包括:① 随时关注商品库存时间和保鲜时间,及时提前开展促销;② 促销力度要明显,足以吸引消费者购买,而且可以根据库存和即期时间的长短及时调整促销力度,越是临近保质期促销力度应越大;③ 促销形式需简单明了,买赠、打折、特价是最常见、最有效的即期商品促销方式;④ 促销宣传适宜于在卖场终端通过堆头陈列、海报宣传、价格标签、商场广播、终端促销人员口头宣传等方式进行,不适宜于发布媒介广告宣传。

四、B2C 电商终端促销方式策划

面向终端消费者的垂直电商和平台电商自诞生以来就依靠促销一路向上攻,与实体零售商业争夺终端消费者。电商平台开展大规模的促销以提升其市场影响力的标志性事件是 2009 年的淘宝"双十一"促销活动,尽管当年的总交易额并不高,但此后经历了长达十余年的快速增长,京东的"618"年中大促也进一步增强了电商大促的影响力。在互联网高速发展和电商大促的推动下,我国电商零售增长速度高于实体零售,商务部数据显示,2021 年全国网上零售额突破 13 万亿元,同比增长 14.1%,其中实物商品网上零售额 10.8 万亿元,占社会商品零售总额的比重为 24.5%。农村网络零售额达突破 2 万亿元,同比增长 11.3%;农产品网络零售额达到 4221 亿元,同比增长 2.8%。

电商促销的方式与手段一开始就与实体商业终端促销一样,也是名目繁多花样百出。而且每隔一段时间,还会出现一些新的促销手法,但无论如何变化,由于电商虚拟渠道的特性,电商促销也存在一些规律。B2C 电商促销从获得流量开始,并将流量转换成销量,再将销量转换成好评量,形成电商及产品美誉度从而进一步巩固销量,这之间的转换率越高,成交量也就越好。我们将电商终端规律和特点概括性地描述为图 4.1。

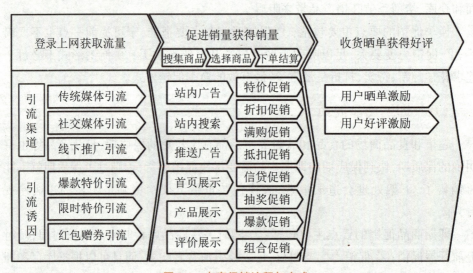

图 4.1 电商促销流程与方式

在电商运营过程中,最关键的环节有两个:第一个是获取流量,第二个是获得销量,电商促销也就是围绕着这两个关键环节展开的。

如何吸引网民登录电商网站或移动客户端,是电商促销的首要环节,除大力推广电商名称和网址、下载安装移动电商智能手机客户端和利用搜索引擎导入流量等基础工作以外,还需要通过更多的引流渠道发布引流诱因来吸引网民登录购物。

从引流渠道方面看,电商通常采取:① 传统媒体引流,在传统媒体发布电商促销广告,将传统媒体受众导入电商平台;② 社交媒体、短视频平台引流,在抖音、快手、小红书、B站、微博和微信等社交媒体开展内容营销,植入电商促销广告,将网民导入电商平台;③ 线下推广引流,通过线下地面推广活动导入电商平台,实现线下到线上的O2O。此外,还可以通过门户网站和信息集合平台的算法开展精准推送广告引流。

从引流诱因方面看,电商通常采取以下方式诱导客户上网购物:① 爆款特价引流,以超人气爆款产品特价吸引客户;② 限时特价引流,以机会难得的现时特价吸引客户;③ 红包赠券引流,以发放网络红包和扫码赠券等便利方式吸引客户上网,以使用免费获得的红包和赠券购物带动更多销售。

将客户吸引上网以后,图文电商要引导顾客搜索产品、选择产品并下单结算,形成产品销售。在搜索产品到选择产品的过程中,需要通过以下方式促销:① 站内广告,让客户快速发现产品;② 站内搜索,让客户通过站内搜索引擎找到产品;③ 精准推送,通过客户搜索记录精准推送产品广告;④ 首页展示,将促销产品推至首页展示,利于顾客发现产品;⑤ 产品展示,通过图文并茂的产品展示介绍,让客户更好地了解产品;⑥ 销售展示,通过标注产品销售数量,引导客户选择产品;⑦ 评价展示,通过发布已购产品的用户评价,帮助客户选择产品。直播电商要引导顾客关注和等候主播推荐介绍产品、注意产品链接并促成顾客下单购买。

当客户将选择的产品放入购物车时(部分直播电商不设置购物车),客户还会犹豫不决,还会比较选择,还可能放弃购买,为促进客户下单购买,需要提供促销刺激促进客户购买。这也是电商促销的核心战场,主要促销方式包括:① 特价促销,包括限时特价和阶段性特价;② 折扣促销,包括限时折扣和阶段性折扣;③抽奖促销,中奖后可以享受更多优惠甚至免单;④ 满购促销,购买达到一定金额,可以享受更优惠的价格(满购优惠)、减去一定的金额(满购减额)、免费获得部分产品或礼品(满购赠送)、免费邮寄产品(满购包邮)等;⑤ 爆款组合促销,以超低价爆款连带组合产品促销;⑥ 抵扣促销,以红包、赠券和积分抵扣部分货款;⑦ 信贷促销,通过使用电商信用货币分期付款,如使用京东白条、支付宝花呗等。

由于销量和好评能够引导顾客购买,电商平台都设置了晒单和评价功能,并通过赠送积分和电子货币等形式鼓励客户晒单和发布好评。但这一机制也引发虚假刷单、刷好评现象,成为电商一大顽疾并被人诟病,为网购用户和社会公众所不齿,也被媒体曝光和受到法律限制,需要依法依规加强监管和清理。

本章小结

终端促销活动是最外显的促销活动,也是最频繁、最多变的促销活动,以至于很多人误将终端促销活动当成营销活动的全部。终端促销活动也是最具销售意义和品牌传播意义的促销活动形式。终端促销活动需要彰显产品利益、塑造品牌魅力,需要设置附加利益,增加购买动力,需要不断创新活动方式、吸引顾客参与,以促进产品销售。终端促销活动需要做好活动的宣传才能取得良好的效果。

制造商的终端促销需要借助实体零售商的卖场和零售电商的平台,多与线上线下零售商开展联合促销活动;实体零售商具有终端促销得天独厚的地利条件,是终端促销活动的主要阵地;零售电商在终端促销中已经具备引领市场风潮的影响力,并形成了零售电商终端促销的特点和规律。

课后练习

●理论知识练习 ▶▶▶

1. 终端促销活动有哪些特性?
2. 终端消费者对促销活动有哪些认知与偏好?
3. 终端促销有哪些策略要求?
4. 终端促销沟通传播的目标要求与传播模式是什么?
5. 制造商终端促销的主要方式包括哪些?

●策划实战练习 ▶▶▶

请为某饮料品牌策划一场校园促销活动。

第五章

通路促销活动策划

通路促销策略分析

开篇案例 ▶▶▶

作为销售总监,该怎么办

某消费品公司总监李建军决定,为提高产品竞争力,鼓励经销商大量进货,把产品塞满经销商的仓库,吸纳经销商有限的资金,削弱竞争对手,特意针对该公司的唯一畅销产品——110 g牙膏(其销售额约占销售总额的70%)制定了一个强劲的经销商促销计划:"5月1日至31日,经销商每买30箱送1箱。"

方案执行第一周,销量增加很快,但接下来出现的情况令他大吃一惊:

一直比较稳定的每箱156元(72支/箱)的市场批发价格,从实施该促销计划以来一直走低,经销商不仅把促销的"30送1"的3.33%的利润打到了市场批发价格里,还顺便把所有年度返点的3.5%也打到了价格里,导致市场价格趋于崩溃,最后的结果是经销商不仅无利可图,相反还要贴上运费。

当月销售额虽然有所增加,但在接下来的6月、7月两个月中,市场价格一直没有恢复到促销之前的原有水平。5月、6月、7月三个月的销售额只达到了去年同期销售额的70%。经销商的积极性受到了空前的打击,于是大多数经销商都把经营重点转移到竞争对手的产品上去了。

作为销售总监,李建军该怎么办?

(资料来源:HR沙龙论坛)

学习目标 ▶▶▶

1. 理解经销商促销活动偏好与通路促销特性。
2. 理解通路促销的策略要求与策划要点。
3. 掌握通路促销的五种主要方式。

第一节　通路促销策略分析

通路是指销售通路,也称销售渠道,是指产品及其所有权从生产制造企业向消费者或最终用户转移过程中的商业组织和个人所构成的分销通道。经销商是与生产制造企业合作关系最为密切、重要性居于首位的经销商,承担着产品销售、促销推广、物流配送、货款回笼、客户维护等重要职能,在生产制造企业区域市场推广和产品分销中具有比代理商等其他形式的经销商更重要的作用。通路促销主要就是指针对经销商开展的促销活动,经销商促销是一项最主要的通路促销活动类型。要做好以经销商为对象的通路促销活动,需要从分析和掌握经销商的促销心理和促销偏好开始。

一、经销商的促销心理认知

经销商对于厂家促销活动作用的认知是非常清晰的,认为促销活动对于销售的直接作用要优于广告宣传和公共关系,因此普遍要求和期待厂家开展各种形式的促销活动。

但是,由于通路促销活动主要是线下传播,在没有和厂家合作之前,经销商一般难以了解厂家的通路促销活动力度。因此,经销商在选择合作厂家的时候,一般会优先选择广告宣传力度大、品牌知名度较高的厂家,在与厂家进行合作沟通商谈的过程中会关注厂家是否有促销活动支持。而当与厂家合作之后,经销商转而更关注厂家对经销商的促销政策、促销形式和促销力度,其次才是厂家对终端消费者的促销力度,对厂家广告宣传的要求反而退居其次了。

二、经销商的促销活动偏好

了解经销商促销活动偏好是有效开展经销商促销的基础,正确掌握经销商的促销活动偏好,有利于提高经销商促销的接受度和配合度,有利于取得更好的促销效果。但是由于经销商有自己的独立利益,因此看问题不会完全与厂家一致,对于促销的需求和偏好也不一定完全符合厂家的全局利益和长期利益,因此需要在了解和掌握的基础上,适度吸收其促销偏好的合理成分,通过综合协调厂商的共同利益来制定经销商促销活动策略。

经销商既是厂家通路促销的受益者,也是厂家开展的终端促销以及通路下游二、三级经销商促销活动的主要执行者,对于厂家的促销活动总体上是非常欢迎和支持的,但是由于身份角色的不同,从自身立场和利益考虑,经销商对厂家的促销活动存在一些与厂家利益并不完全一致的偏好与期待:

(一) 偏好全面促销,而非单品促销

开展促销活动相对于广告媒介投放来说,是一件非常繁琐的事情,需要投入大量人力、物力和财力去执行,并且要关注执行的细节,因此开展一次促销活动非常不容易。从执行的成本费用角度来看,经销商非常希望厂家对全线产品开展全面促销,而不是对单一品种、单一品类开展促销。另外,从受益程度上来说,全线产品促销给经销商带来的销售增长和效益增长也远比单品促销、单线促销要大得多,因而更加强化了经销商对全面促销的偏好。

(二) 偏好经常促销,而非偶尔促销

由于促销活动开展期间对销售的促进作用较为明显,而促销活动停止以后销售下降又较为明显,一般来说这本属于正常现象。促销活动后销售下降问题的正确解决途径是加强品牌建设和产品推广,通过品牌和产品的力量建立起销售持续增长的基础,但是这种方式见效速度相对较慢,而且要付出艰辛的努力。经销商由于不是品牌的拥有者,对产品也只有约定期限的经销权,因此往往不愿意作长线的投入,而是更加偏好能短期快速见效的促销活动方式,一旦遇到销售下滑或销售停滞,就想到向厂家要促销支持,要求开展促销活动。

(三) 偏好简单促销,而非复杂促销

大部分经销商与城市市场的连锁卖场和终端大卖场以及电商平台相比,在公司规模、人员结构、经营模式、企业文化等方面有很大的不同,更加注重简单实效,表现在对待促销活动上,就是喜欢方案简单的促销活动,不倾向于方案复杂的促销活动。因为方案简单的促销活动容易理解和控制、容易执行、容易做得好。而方案复杂的促销活动不容易理解和控制、不容易执行、不容易做好,做坏了也不知道是哪个环节出了问题,做好了也难以搞清楚是哪些环节起到了作用。

(四) 偏好物质刺激,而非精神奖励

经销商对于促销活动更偏向直接的、现实的物质利益,更倾向于看得见的打折、让利、返利、补贴等物质性促销激励,对于看不到物质利益的精神奖励不太感兴

趣。这种情况在中小型经销商、处于起步阶段的经销商以及没有长远发展眼光、没有成长意识的经销商当中比较明显。而已经走过起步阶段、具有一定规模并且期待迅速发展成长的经销商,则开始重视精神奖励。

（五）偏好区域促销,而非全局促销

经销商基本上都是区域性的,经销商的生活空间和视野空间都带有明显的区域特性,这种特性的好处是对区域市场了解比较深刻细致,不利的是思维有比较大的局限性。表现在促销活动上,就是从自身区域的局部来理解和判断促销活动方案,而不是从厂家全局市场的角度去理解和接受促销活动方案,过于强调区域市场需要什么样的促销活动,而不是厂家全局市场需要什么样的促销活动,因而对厂家的全局性促销活动理解不够,执行意愿不高,执行力不足,选择性执行的情况比较普遍。

（六）偏好销售增长,轻视品牌成长

经销商对促销活动方案和促销活动效果的评价,更侧重于销售量的增长效果,而不是品牌成长效果,因为销售增长效果是经销商看得见、摸得着的,是经销商能够直接感受到的物质利益,也是归属于经销商的实际利益。但是品牌成长的效果是难以直接看到的,品牌成长的价值虽然也能在厂商合作期间对经销商的市场拓展和产品销售有很大的帮助,但是经销商不是品牌的所有者,并不愿意努力"为他人做嫁衣",因而会轻视品牌成长对于销售的影响,轻视促销活动对于品牌建设的价值。

（七）偏好竞品促销,低估本品促销

经销商非常在意竞争品牌的促销活动,对于竞争品牌促销活动的压力和效果通常会高估和夸大,常常以竞争对手的促销活动为借口,向厂家要促销政策和促销支持,并且就要与竞争品牌一样的活动形式和促销力度。对于自家合作品牌的促销活动反而挑剌,常常低估合作品牌促销活动的效果和价值,他们经常将自己销售区域的销售成绩归功于自己做得好,是他们将厂家品牌在当地市场做起来的;而一旦区域市场出现问题,则喜欢将责任推给厂家,或者归因于竞争对手促销手段非常厉害,竞争品牌厂家的支持更多。越是稍有实力的经销商与越是低姿态的厂家品牌之间,这种博弈倾向越明显。

三、经销商促销偏好影响因素

了解经销商促销偏好的形成原因和影响因素,对引导经销商端正促销活动态度、正确认识厂家促销活动意图,对开展有成效的经销商促销活动乃至终端促销活动,都具有十分重要的意义。系统分析起来,影响经销商促销偏好的主要因素有以下五个方面:

(一)自身观念和发展阶段

经销商对促销活动的偏好与其自身观念和发展阶段关系密切。创业时间不长、处在起步阶段的经销商对能够直接得到金钱奖励的促销方式特别感兴趣,比如对返利、补贴等促销方式存在特别偏好。而已经经过起步阶段并进入发展阶段的经销商,则对如何做大商贸规模、扩展市场范围、提升销售业绩的促销活动更感兴趣,对于市场拓展方法培训方面的促销奖励产生兴趣。对于某些小富即安的经销商来说,对需要较大投入、具有一定风险的促销活动会存在心理抵触。对于某些有远大理想、希望做大做强的经销商来说,则会敢于接受大投入、大产出的促销活动方式,会敢于接受和采用创意新颖的促销活动。

(二)以往的促销经验和教训

经销商过往的促销经验和教训会对经销商的促销活动偏好产生明显的影响。过往成功的促销活动会强化经销商的促销偏好,过往失败的促销活动会使经销商产生忧虑,即便是由于意外和偶然因素造成的失败,也会给其带来阴影,即便是导致失败的意外因素和偶然因素已经消除了,经销商还是会对曾经失败的促销心存芥蒂、避而远之。

(三)当地市场的文化习俗

针对经销商的促销以及通过经销商执行的通路下游经销商促销和终端促销,经销商会根据当地市场的传统文化、消费观念、风俗习惯和流行现象,判断促销活动方式、促销活动奖励和刺激的有效程度,从而产生一些偏好。

(四)竞争品牌的促销方式

对于竞争品牌的促销活动,经销商往往更多看到的是其成功的一面,很少看到其失败的一面,往往高估竞争对手促销活动的作用和威力,存在仿效竞争品牌促销活动的倾向。实际上,竞争对手促销活动既有做得比较成功的,也有做得效果一般的甚至是很失败的。但是,往往处在相对弱势地位的经销商,经常会对同样处在弱势地位的厂家,强调竞争对手促销活动的威力和压力。这种情况只有在厂家品牌处在明显的优势地位、经销商品牌在当地也是强势品牌的时候才会发生好转。

(五) 制造厂家的市场地位

制造厂家的市场地位越强大越牢固,经销商配合促销活动的意愿越好,经销商自身的促销偏好诉求就越低。制造商和经销商市场地位相当时,经销商促销活动的偏好和诉求会得到制造商更多的尊重和采纳。若经销商市场地位高于制造商,则经销商促销活动偏好和要求往往能够制约制造商,特别是当区域业务人员能力不强、处处迁就经销商、不敢得罪经销商时,更是如此。

四、经销商促销特性分析

(一) 内隐机密性

与需要做线上大量传播的终端促销不同,经销商通路促销活动是企业的商业机密,不需要也不能向外传播、对外泄露。经销商通路促销活动只需要促销对象的经销商和企业内部相关人员知道了解即可,而且不需要企业内部所有人员都知道。需要知道和掌握的仅限这六类与通路促销活动策划、执行和管理直接相关的人员:① 经销商通路促销针对的经销商管理人员和业务人员;② 承担经销商通路促销活动策划工作的市场人员;③ 承担经销商通路促销活动决策的销售管理人员;④ 执行经销商通路促销活动的销售计划与开展销售业务的人员;⑤ 考核经销商通路促销活动绩效的管理人员;⑥ 计算和支付经销商通路促销业绩考核奖惩的财务人员等。

(二) 行业规律性

经销商是行业的一个重要成员,对行业运作手段有比较清晰的理解,对行业内厂商的促销政策和促销方式,也都比较清楚。因此,同一行业的经销商通路促销有一定的共性,形成了一些成文或不成文的行规,这些行规或者行业内的通行做法,会发挥规律性的作用。遵照行规做,比较能够得到认可,执行效率较高,执行阻力较小,执行成本较低;反之,容易产生摩擦,容易造成厂商矛盾。比如,在快速消费品通路促销中,铺底铺货、月返季返、结算账期、配货搭赠等都是通行做法,一般制造厂家都应使用这些促销手段。

(三) 企业特色性

不同的企业有不同的经营模式、不同的品牌地位,也处在不同的发展阶段,其营销策略必然不同,其与经销商的市场地位对比差距也不同,厂商博弈的能力也存在差异,因此同一行业不同厂家不同品牌之间,经销商通路促销政策、模式和方法也会存在差异,呈现出不同的特色。一般来说,行业领导品牌及强势品牌,给经销商下达的销售任务是比较重的,但是对经销商的促销奖励力度反而比较小,次数也比较少,经销商虽然心有不甘但又不得不接受,因为领导品牌、强势品牌市场影响力大,市场控制力强,产品畅销,经营难度不大,经营效益有保证。行业弱势品牌,销售任务不大,但促销力度也不足。行业挑战品牌,销售任务具有挑战性,促销力度也具有诱惑性。

(四) 执行难控性

经销商通路促销的执行比内部促销和终端促销更难以控制,内部促销的对象都是企业内部人员,有比较好的执行控制性,意外因素和不可控因素相对较少。终端促销的消费者可能也会对企业的促销活动产生异议,但是由于消费者的问题多是单个人的、单一时点的,因此也比较好解决,执行的控制性也比较好。但经销商通路促销,由于经销商是分散在市场上的,经销商的经济地位和法律地位是独立的,与企业也不是短期临时合作关系,因而经销商通路促销的执行控制就比较有难度,在一些具体细节的管理和控制上主要取决于销售业务人员的个人掌控市场、掌控经销商的能力。经销商暗中出现违规行为不太容易被发现,有时销售业务人员即使发现了,不但不会制止还有可能帮经销商隐瞒,甚至与经销商一起造假骗取企业优惠促销政策。厂家销售管理人员对于这类现象,或由于不愿意损害整体利益和长远利益而下不了决心进行处罚,或由于江湖义气而不愿意进行处罚。

五、通路促销的策略要求

通路促销既是企业的一项独立的促销活动,同时也是企业整体促销活动的一个构成部分,还是企业整体营销规划和品牌建设的一个构成部分,因此既要有通路促销的针对性和实效性,还要有整体营销策略和品牌规划的一致性,需要系统考虑、全面安排。具体从通路促销的策略方面来看,应坚持和贯彻以下要求:

(一) 整合厂商双方的促销诉求,追求厂商双赢

在经销商通路促销策划过程中,既要满足经销商促销偏好利益诉求,又要传达

企业经营理念和经营策略。经销商促销活动偏好是通路促销活动策划需要重点思考与合理采纳的一环，但是并不能全部按照经销商的促销偏好来策划通路促销，完全迎合经销商单方面的短期促销活动偏好，有可能丧失企业的市场控制力，牺牲企业的长远利益，断送品牌和产品的市场发展前景；完全不考虑经销商的促销偏好，完全不受经销商欢迎的通路促销活动，也是很难取得良好促销效果的。必须整合经销商的促销偏好与企业的营销策略，找到两者之间的有机结合点，在通路促销中实现厂商双赢。

（二）兼顾行业规律与企业特性，坚持守正创新

针对经销商的通路促销既要体现行业规律性又要体现企业特殊性。在一个行业内，激励经销商的促销方式和促销力度，有一些通行的规则和做法，企业必须掌握和运用好这些行业规则和做法，否则就很难融入行业，很难与经销商合作。但是，每个企业又都有各自的情况，市场情况、资源情况、产品推广能力、市场管理能力各有不同，因此企业营销的目标任务就会不同，营销策略和营销模式就会有差异，体现在经销商通路促销中，就需要在兼顾行业规则的基础上，有所变化、有所创新，使得经销商通路促销能够贯彻和传达营销策略的需要，有助于企业营销目标任务的实现。

（三）衔接通路促销与终端促销，实现货畅其流

经销商通路促销是企业整体促销策略和整体促销体系中的一个方面，在开展经销商通路促销过程中，不要将经销商促销完全独立出来单线操作，而应该与企业整体促销联系起来考虑和操作。销售业务人员的职责确实主要是与经销商打交道，自然关注经销商促销，但是也要关注终端促销。

经销商通路促销是产品进入分销渠道的流量入口，开展经销商促销，将产品导入销售渠道是产品进入市场的开端，这是非常有必要的，没有这个开端就没有后面的产品流通。在渠道入口不畅的情况下加大经销商促销力度，将产品压入渠道（实践中称作压货），是非常必要的做法。但是，不能将产品压到渠道之后就不管了，一压了事是不负责任的做法。因此在经销商促销压货之后，需要帮助经销商出货，实现企业产品在分销渠道内的畅通流动。为此，既要开展经销商通路促销压货，又要衔接终端促销出货，将通路促销和终端促销连通起来，形成一个相互衔接的促销循环。

（四）抓好奖励政策兑现和控制，保障激励效果

经销商通路促销活动结束以后，要按照促销考核结果兑现促销奖励，不要无故

或者故意拖延促销奖励、克扣促销奖励,使得经销商对企业失去信任,影响厂商合作成效。但是也不应该不经过正常和必要的考核程序就随意支付促销奖励,既不考核评估促销资源是否用在了正确的地方,更不考核评估促销效果达到了什么程度,这是对企业、对经销商都不负责任的做法。对于截留促销资源、骗取不正当利益的经销商,这是一种怂恿,只会促使这类经销商越发大胆地弄虚作假;对于诚信经营、规范操作的经销商,这是一种伤害,使得老实人吃亏。而在中国企业促销实践当中,截留促销资源、弄虚作假的情况并不鲜见,因此必须严加防范。

六、通路促销策划要点

为有效开展经销商通路促销策划,策划人员应充分考虑通路促销的区域与对象、产品范围、时间期限、促销方式和考核措施等几个方面的问题。

(一) 通路促销区域与对象策划

通路促销区域与促销对象,主要按照区域销售状况和经销商的类型特性来考虑。除非新产品上市和统一整体退出市场采取强大的促销攻势外,一般情况下很少开展针对所有市场全部经销商的通路促销。大多数情况下,通路促销基本用于解决区域市场的特定阶段的特定销售问题,比如区域市场的销售淡季促销,局部市场的销售下滑等。而由于通路促销的信息传播不需要也不必要采取媒体公开发布的形式,因此,可以控制在一定的范围内分区域执行。

通路促销的区域和对象,还可以进一步细化到区域内的城市市场和农村市场、城市客户和农村客户、县城市场和乡镇市场、县级客户和乡镇客户等。细化的依据,一方面是区域销售状况与促销的需要,另一方面是客户的特性和促销方式的匹配性,因此,需要和通路促销方式的策划一并考虑,系统合成。比如,耐用消费品的媒体合作广告、推广津贴等通路促销形式,在城市市场针对城市客户可以且需要开展,但在农村市场对农村客户则没有必要开展,因为农村市场没有传播迅速、效果良好的大众媒体,农村客户多为单一产品或单一品牌专卖店,产品陈列方面的竞争不是非常激烈。而销售竞赛这种在农村市场对农村客户的有效促销方式,在城市市场针对城市客户则比较难以开展。

(二) 通路促销产品范围策划

企业应该按照营销规划、产品库存和市场竞争的需要选择开展通路促销的产品品种与结构。销售情况良好的产品一般不开展通路促销。库存较多、销售下降、竞争激烈的产品,需要重点促销。全面全线产品的通路促销一般较少采用,除非企业遇到了市场全面下滑或者需要迅速回笼资金等重大问题。

但是,经销商则更倾向于企业开展全线产品的全面促销活动,尤其希望对某些获利丰厚的产品进行促销。这是由经销商追求市场和效益的经营目的所决定的。这就与生产企业的通路促销产品范围形成了一定的认识差异,由于通路促销需要经销商的支持,因此需要做好促销产品范围的协调,争取经销商的配合。为此,企业还需要把通路促销当作一项政策措施、一项资源运用好,避免经销商为此与企业讨价还价。

(三) 通路促销时间期限策划

通路促销活动的频率以及持续时间的长短主要是根据品牌对经销商的重要程度而定的。销量大、市场份额高的品牌,通路促销频率可以低一些。销量小、市场份额低的品牌,通路促销需要更多地开展。每次促销时间期限则要根据产品销售季节、产品销售周期、产品销售频率以及竞争对手的促销活动来确定。通路促销的时间期限设置要合理,时间期限太长,经销商不能及时看到销售业绩完成情况,不能及时得到奖励,积极性难以调动起来或调动起来以后难以保持;时间期限太短,又会出现经销商的短期行为,比如促销期间销量集中,促销奖励兑现后销量又迅速下降,甚至出现促销期间积极进货,促销结束后又以各种理由退货等现象。

(四) 通路促销方式策划

选择通路促销方式,可根据产品、市场、时间,营销当中需要解决的问题,经销商的偏好等因素进行综合考虑。可采用的方式一般有:① 销售返利;② 经销商销售竞赛;③ 经销商会议;④ 经销商补贴;⑤ 经销商培训。本章第二节将对其展开详细介绍。

(五) 通路促销的沟通传播

经销商通路促销时间事前要严加保密,防止外泄,以免经销商推迟购买行为,等待促销启动,造成销售的停滞。经销商促销启动之时又要在经销商中广为告知和动员,以迅速启动促销,快速上量,达到促销目的。促销活动过程中,要在内部广泛宣传促销战况,传递促销战果,激励经销商继续战斗,继续创造新的促销成绩,将促销热情和促销成绩推向新的高度。促销活动结束之后,应向经销商通报总体促销业绩,感谢经销商的支持,必要时还应召开总结表彰大会,对获奖经销商进行公开奖励。与终端产品传播迥然不同的是,经销商通路传播不采取大众媒介的公开传播形式,只采取内部传播方式,这是由经销商通路促销的商业机密性决定的。

在经销商促销启动之时,需要借助现代通信传播手段,比如网络视频会议、微信(QQ)群、电子邮件、内部网站等方式发布促销活动信息进行促销布置动员,并通过电话、网络即时通信等手段与经销商深度沟通,但要注意核心促销政策信息的保密性、不可复制转发性。在促销活动执行过程之中,一方面要通过这些便利的即时通信传播方式随时传播促销战况,另一方面还需要定期开展网络视频会议交流情况,分析问题,总结经验,鼓舞士气,促进效果;还可以编发促销活动战报,发给经销商参考交流。在促销活动结束以后,可以将促销战况和促销经验总结刊登在企业内部刊物上进行展示和分享。

(六)通路促销方案测试与完善

经销商对促销活动的接受度在活动完成之后很容易得知,它也被作为衡量促销活动效果的重要指标依据。可是对于促销活动策划来说,等待促销活动结束之后再得出促销策划成功与否的结论为时已晚矣。所以对于策划者和管理者而言,事前就知晓此次促销活动对经销商有无吸引力、促销效果如何是非常重要的。为此,有必要进行事前测试。通过事前测试,可以对促销方案做更进一步的修改、调整和完善,从而提高经销商对促销活动的接受度,促进整个促销活动的全面成功。通路促销活动的事前测试一般有三种方法:

1. 征询意见法

选择有代表性的经销商,征询他们对促销活动的看法,测试他们对促销活动的理解、支持和响应程度。对于这种测试方法,测试范围应严格控制,以防止泄露促销活动方案,让竞争对手提前掌握企业的商业机密。

2. 深入访查法

在通路促销策划之前,深入访问和调查经销商,获知他们支持或不支持促销活动的类型、方式及其原因,以及实施经销商通路促销过程中可能出现的问题与困难,并以此为依据开展促销活动的策划和完善。

3. 综合分析法

分析所有可能影响产品销售的因素,如品牌力的因素(如市场份额、广告拉力)和交易因素(如价格折扣、盈利空间)等,并进行综合研究,得出一些对促销活动策划有价值的结论。比如一个品牌的综合情况是,它并非市场的领导者,其目前的销量稳定且极具潜力,此时通路促销策划的方向就应该考虑采用较高的价格折扣以吸引经销商,而不是与经销商一起开展合作广告、增加广告拉力。

第二节 通路促销方式策划

一、销售返利策划

销售返利是指生产厂家为了提高经销商的积极性、促进销售增长而采取的一种常规经销商促销模式。一般要求经销商在一定市场区域和一定时间范围内达到指定销售规模的基础上，生产厂家按照一定比例给予经销商奖励，但弱势厂家的销售返利不设置销售规模要求。

（一）返利时间期限的设计

经销商销售返利的计算和结算时间与销售刺激快慢有直接的关系，返利时间越短、速度越快，对经销商销售刺激的速度也越快，但是也有可能使得经销商出现短期行为，不利于市场的持续稳定。因此大多数企业通常设计几种长短时间期限相结合的返利方式，既鼓励经销商快速反应，又避免经销商短期行为，引导经销商长期持续稳定经营。

1. 即时返利

也简称现返，是指厂家根据经销商单次提货金额现场兑现销售返利。其优点是计算方便，账务处理及时，激励作用立竿见影；缺点是有可能导致经销商为了获得返利而违规操作，导致市场秩序混乱。

2. 月度返利

也简称月返，是指厂家根据经销商月度完成的销售情况按月给经销商兑现返利。月返是最常见的返利形式，因为很多企业的销售任务是按月制定的，销售业绩考核是按月进行的，货款结算也是以月份为基本周期的，因此月返既有利于与整体工作相衔接，账务处理又比较清晰简便。同时，月返的周期不长也不短，对经销商奖励刺激的频度比较合适，也比较容易根据市场销售情况合理制定或调整月度销售任务目标和返利目标，操作起来比较灵活。但月返也有一些不利因素，如果月返金额较小，则经销商就会不感兴趣，有时经销商会故意在某个月把销售业绩做平一些到下个月再做高一些，以获取更高的月返，结果造成销售业绩的忽起忽落，出现销售不稳定的现象。

3. 季度返利

也简称季返,是指厂家按照季度根据经销商完成的销售业绩兑现返利。季返有利于均衡销售业绩,防止经销商为了冲击月度返利使得销售业绩忽高忽低从而影响市场的问题出现。

4. 年度返利

或称年终返利,也简称年返,是指厂家根据经销商全年完成的销售业绩和年度综合表现给经销商兑现返利。年返是对经销商完成全年销售任务的肯定和奖励,兑现时间一般是在次年的第一季度内,返利金额比较大,对经销商有一定的诱惑力,因而有利于稳定经销商队伍,而且有利于落实新一年的销售任务。年返还便于综合考核经销商的市场推广、价格规范、市场维护和用户服务等方面的情况,因此对经销商的规范销售行为也是一种引导和约束。

但是,对于经销商来说,年返利的周期比较长,如果经销商在经营的前几个月销售业绩没有做上来,发现返利无望,就可能会放弃经营,因此年返一定要与期限更短的月返、季返结合起来使用。

实行月返时,为了减少月返利的不利因素,也可以采用月结季返制。即厂家每个月给经销商结算一次返利,但不按月兑现,而是在一个季度结束时,将累计的返利一次性兑现给经销商。或者在实行月返利的同时,配合年返利,实现月返利和年返利的结合。这样,既给予经销商及时激励,促进日常销售的稳定运行,又促进全年销售的稳定运行。但是,也有可能给经销商造成"上套"的不好感觉,因此需要提前做好沟通说服工作并在事后兑现承诺。

(二)返利标准的设计

返利标准的内涵包括两个方面:一是返利的基数标准,本质是以销售为基础的标准,因此也称销售基数标准,通常以销售金额(或进货金额、回款金额)的绝对数来表示。二是返利的水平标准,以返利金额占销售金额(或进货金额、回款金额)的比率(相对数)来表示,在营销实战中返利比例通常是以百分数来标称的,所以返利又称返点。返利的基数标准和水平标准还是相互联系的,返利基数标准越高,返利水平标准也越高。

返利基数标准的设计要根据厂商之间的市场地位、企业销售任务规模和主流经销商能够达到的销售规模来设计。市场地位低的厂家往往在厂商博弈中缺乏话语权,又急于启动和拉升市场销售,因而往往不设定返利的销售基数标准,只要实现销售均给予经销商返利。已经建立起市场话语权的厂家则会设定返利的销售基数标准,通常是将销售基数标准划分为不同的销售规模坎级(或称等级),销售规模坎级越高返利水平标准也越高。计算月返时,销售基数标准(销售规模坎级)称为月销售规模,计算年返时,销售基数标准(销售规模坎级)称为年销售规模。销售规模坎级的设定既要有挑战性,也需要有现实性,要保证有一定比例的经销商能够达到。销售规模坎级之间的差距设计要合理,既不要过大,也不要过小。

返利水平标准的设计需要科学、谨慎的态度,要充分考虑行业返利水平、利润水平、产品类别和竞争对手的返利水平等相关因素。

1. 行业常规性返利水平

不同行业的返利水平是不同的,建材、家电、汽车等行业虽然产品单价和行业整体销售规模都较大,但行业销售利润水平并不高,因而行业返利标准要比服装、食品等行业的返利标准低。比如某品牌彩电在某一年针对国内经销商的返利政策是:月度返利,经销商月进货100万元以上的,返点1%;季度返利,经销商季度进货500万元以上的,再返点0.5%;年度返利,年度进货1500万元以上的,再返0.5%。

2. 产品类别与返利水平

(1) 主销产品和畅销产品,销量大、销售速度快,在设置返利比率时,应处于较低的水平。

(2) 高端产品,价格高、利润大、销量小、产品流通速度慢,需要经销商大力推荐,为提高经销商销售的积极性,应设置较高的返利比率。

(3) 刚刚上市的新产品,经销商的大力推荐对产品的成功上市起着重要的作用,应采用高返利标准来刺激销售。

3. 竞争对手的返利水平

返利标准和主要竞争对手相比必须有一定的优势,如果主要竞争对手和企业的市场地位基本相当,其返利标准为3%,企业就应该高于3%,这样才可以让经销商安心经营,起到促销效果。市场地位高于竞争对手的企业,返利标准正常情况下可以不高于竞争对手,除非有意打压竞争对手或抢占竞争对手的销售网络和市场份额。

(三) 返利形式的设计

1. 明返

明返是指明确告诉经销商在某个时间段内累计提货量对应的返点数量,是厂家按照与经销商签订的合同条款,对经销商的回款给予的定额奖励。明确地按量返利,对调动经销商积极性有较大的作用。明返利最大缺点在于,由于各经销商事前知道返利的额度,如果厂家控制不力的话,原来制定的价格体系很可能会就此瓦解。为抢夺市场,经销商可能会不惜降价抛售,恶性竞争。最终,厂家的返利完全没有发挥作用,非但没起到促进销售的作用,反而造成了市场上到处都是窜货的恶果。

2. 暗返

暗返是指对经销商不明确告知,而是厂家按照与经销商签订的合同条款,对经销商的回款给予的不定额奖励。暗返利不公开、不透明,就像常见的年终分红一样,在一定程度上消除了一些明返利的负面影响,而且在实施过程中还可以充分向优秀经销商进行扶持和倾斜。暗返利只能与明返利交叉使用,不能连续使用,否则,暗返就会失去其模糊的意义。

(四) 返利兑现方式设计

返利兑现的常用形式包括现金、产品、折扣和经营设施设备。企业在选择兑现返利方式时,可以根据市场情况和企业需要合理选择。

1. 返现金

返利以现金、支票或冲抵货款等形式兑现。返现金最直观,刺激作用最明显。但现金金额比较大,携带不方便、不安全时,可以转账或打卡,也可以冲抵货款。

2. 返产品

返利以产品兑现给经销商,好处是扩大了产品销售,坏处是经销商为了将返利产品变成资金可能会降价出售,从而冲击市场价格。

3. 返折扣

返利不以现金或产品实物形式支付,而是让经销商在下次提货时享受一个折扣。例如,某经销商返利金额为2万元,本次提货10万元,则按照8折的优惠给经销商,实收8万元,发货10万元,折扣2万元就作为经销商返利处理了。用折扣方式支付经销商返利时,折扣水平应该在合理范围内,否则会扰乱正常价格体系。厂家采用折扣方式返利,主要是为了减少自身资金压力,但是对于经销商来说感觉不太好,激励作用也不够好。

4. 返经营设施设备

经销商在经营过程中离不开经营设施设备,因此返利规模大、金额多的企业可以返经营设施设备,比如产品配送车辆、智能办公设备等,这样做的好处很多,可以帮助经销商提高经营效率,可以避免返现金、返产品、返折扣的副作用,还因为是看得见的大件硬件设施设备,因此对经销商的激励作用、对竞争对手及其经销商的震慑作用都非常明显。

(五) 返利策划典型案例

醉糊涂系列酒返利政策

醉糊涂酒区域市场经销商不论级别,严格按照公司统一制定的返利体系执行返利。

1. 季度返利政策

所有醉糊涂经销商在每季度达到年度销售总量的25%均享受季度返利政策。按照不同产品品种,真品的季度返利为2%,精品的季度返利为1.5%,佳品的季度返利为1%,其他季节性或细分产品不在季度返利之列。

2. 年度返利政策

完成全年销售总量后,真品按照3%返利,精品按照2%返利,佳品按照1.5%返利,其他低端产品按照1%返利,其他细分产品按照2%返利。所有返利在第二个销售年度的第一个月以现金形式兑现。

3. 及时回款返利政策

公司保持区域市场仓储中心150%的产品库存率,超出部分区域市场经销商以现金结算。当月及时结清货款的区域市场经销商享受月销售总量1%的回款返利,连续180天无应收账款的区域市场经销商享受180天销售总量0.5%的回款返利,全年无应收账款的区域市场经销商享受额外销售总量0.5%的回款返利。以上返利为累加返利,经销商可以重复享受。出现一次拖欠货款行为即取消回款返利奖励。

4. 新产品推广返利政策

在公司推广醉糊涂新产品系列时,经销商积极配合的,新产品上市除了享受常规返利外,额外享受新产品推广3%的返利。新产品推广返利在年终结算,在第二个销售年度初以新产品的形式返还。

返利执行说明:以上返利政策为累计返利,达到各个梯度所要求的销售数量即可返利。

案例分析 季度返利、年度返利、及时回款返利、新产品推广返利,从不同的角度对经销商的全年销售产生促进作用。季度返利注重对经销商短期销售能力的促进,有利于前期的铺货和分销网络的建设。年度返利是在季度返利的基础上对经销商一年销售工作的肯定和奖赏。及时回款返利是保证公司资金快速回笼,保证资金安全的有效手段,防止资金被经销商占用。新产品推广返利主要是为未来考虑,让醉糊涂的每一款新产品在推广的时候都能够得到经销商的大力支持。如果一个品牌具备了良好的市场潜力,拥有强大的品牌支持和销售支持,还不定期地给予各种优惠政策,作为经销商他们肯定会认同这个品牌,更加努力地销售这个品牌的产品。

(资料来源:中国糖酒网)

二、经销商销售竞赛策划

经销商销售竞赛是生产制造企业通过组织经销商开展销售竞赛,以竞赛激励机制和竞赛奖励内容刺激经销商扩大进货从而促进企业产品销售的一种通路促销方式。在开展经销商销售竞赛时,为了鼓励经销商大胆进货,促进经销商迅速出货,保证经销商库存不积压,促进企业产品全程顺利销售,还可以与终端消费者促销结合起来开展。

(一)销售竞赛的作用机理

经销商销售竞赛的激励作用来自于竞赛激励机制和竞赛奖励内容。人类天生具有不服输的好胜心理,竞赛能够激起人的激情和好胜心理,调动人的"全力"和"潜力"去夺取胜利,这就是竞赛激励机制的作用。尽管有时竞赛并没有什么奖励,或者没有什么刺激性与实质性的奖励,竞赛激励机制还是会发生作用,使得竞赛的参与者投入其中、乐此不疲。而在大多数情况下,竞赛的组织者都会设置具有诱惑力的奖励,竞赛的获胜者将会获得一般情况下难以得到的物质奖励和精神奖励,从而刺激参赛者奋力拼搏以争取最好成绩,这就是竞赛奖励内在的作用。

(二)经销商销售竞赛的类型与运用

经销商销售竞赛的类型因竞赛开展的市场背景、竞赛的目标、竞赛的内容和考核标准不同而有所区分。在开拓型市场背景下,为促进新产品快速动销,可以组织经销商开展新品销售竞赛;在成长型市场背景下,为了快速提升销量,可以组织经销商开展销售增长竞赛;在成熟型市场背景下,为了实现销量最大化,可以组织经销商开展销售规模竞赛;在退出型市场背景下,为了快速排空淘汰库存,可以组织经销商开展老品销售竞赛。

经销商销售竞赛也可以根据销售季节来组织。如运用在销售旺季冲刺销量之时,运用在销售淡季巩固销量、防止销量下滑之时,运用在节假日之前或节假日之中抢占节假日市场份额。

(三)经销商销售竞赛的策划与执行

1. 确定销售竞赛目标

销售竞赛的总体目标要将企业的总体销售目标、策划销售竞赛当时的市场背景以及销售形势结合起来考虑,制定出与企业总体销售目标相衔接、与企业当前市场背景相吻合、有助于解决目前销售问题的目标。目标数值的设定要合理,不能过高,也不能不切实际——无论如何努力都无法达到。

各类经销商的竞赛目标,一方面要与企业设定的销售竞赛总体目标相衔接,另一方面要与经销商的实际相衔接,与经销商的市场规模、经营能力相匹配,目标必须是经过经销商努力后能够达到的。目标太高,经销商将会放弃;目标太低,将起不到竞赛的效果。

每次销售竞赛的目标不要太复杂,应针对竞赛需解决的主要问题突出目标的明确性、针对性和导向性。目标要易于理解,易于分解,易于贯彻执行。

2. 确定销售竞赛主题

优秀的竞赛主题能够激发经销商的参赛兴趣和热情,营造销售竞赛的火热氛围。因此,策划、提炼和优选销售竞赛主题非常重要,而非简单的搞文字游戏或者活动包装。优秀的销售竞赛主题应该具有这样一些特征:① 是具有策略智慧的;② 是能激发想象力的;③ 是具有挑战性的;④ 是鼓舞人心的;⑤ 是用词新颖的;⑥ 是与当前市场形势、目标任务紧密联系的。

3. 制定销售竞赛规则

(1) 竞赛资格规则。参赛的经销商应为企业的签约经销商或授权经销商,当年或当期正在经销该企业产品。非正式签约或授权经销商,以及销售时间不达标准的经销商不具有参赛资格。为了体现经销商销售竞赛的公平合理性,为了提高经销商销售竞赛的参与度与积极性,在策划经销商销售竞赛时需要将经销商按照不同的销售规模进行分组,将同等销售规模的经销商放在一组进行竞赛,不能将销售规模不同的大、中、小经销商统统放在一起开展竞赛。不同竞赛组别的奖项设置和奖励标准可以适当有所区别,但要注意不至于引起不同层级经销商的不满。

(2) 竞赛考核规则。销售竞赛的考核标准应该依据经销商促销的目的进行策划。考核指标一般有:① 销售指标,包括全部产品的销售总量、特定产品的销量、销售目标达成率、同比或环比销售增长率等,适合于以迅速提升销售扩大市场份额为目的的通路促销。② 财务指标,包括销售回款数量与比率、费用支出与比率等,适合于以提升销售质量和经济效益为目的的通路促销。③ 市场指标,包括新通路、新客户的开发数量,产品铺货率,产品陈列展示状况等,适合于品牌或产品上市初期以开拓市场为目的的通路促销。销售竞赛的奖励考核标准可以根据销售竞赛目标设定,可以是单一销售指标或多个销售指标,也可以是销售指标加财务指标或市场指标,但设置几种考核指标进行综合考核时,需要根据促销目的和考核要求,对不同的考核指标赋予不同的权重系数。为了防止经销商违规操作套取竞赛奖励,在竞赛考核规则里应明文禁止经销商投机取巧扰乱市场的行为,明文规定一旦发现违规行为一律取消参赛资格和参赛奖励,并视情节严重程度决定是否处以罚款等处理措施。

(3) 竞赛奖励规则。主要包括奖励标准和奖励形式。奖励标准设计与销售目标任务、销售利润及成本水平有关。奖励标准既要符合利润水平,在成本费用可控范围之间,也要具有吸引力和激励作用。一般来说,销售竞赛的奖励应单独计算,尽量与正常的月返、季返和年返重复享受。否则,扣除竞赛期间的月返、季返和年返,会给经销商不好的感觉,会降低经销商的积极性。销售竞赛的奖励形式包括:奖品、现金、产品、培训和旅游等,这些奖励形式各有优缺点,应视企业、经销商以及当时的市场流行状况而做选择,以最能调动经销商积极性为选择准则。

4. 审核竞赛费用预算

销售竞赛的费用预算总额应该清晰可控,预算的方法应有策略依据,而不是简单的估算和拍脑袋。预算项目不要有大的遗漏,以免出现预算外费用,导致费用预算超标失控。以下预算的思考与推演逻辑,可以较好地帮助制定和审核销售竞赛费用预算:

(1) 通过经销商竞赛想实现什么目标?假定销售额为1亿元,可能销售额增加5%的目标是确实可行的,则增加的销售额为500万元。

(2) 从额外销量中应该产生多少正常利润?如16%,则产生的正常利润为80万元。

(3) 利润的百分之几投资于竞赛?假如25%,则用于竞赛的投资为20万元。

(4) 开展竞赛将会有哪些费用?费用项目包括奖励、竞赛过程管理费用、竞赛考核费用等,假如这些费用合计为8万元。

(5) 为了获得奖励,是否应该达到指定的销售目标任务?如果是,实际上有多少经销商达到销售目标任务?假定有40位经销商达到指定的目标任务。

(6) 每位优胜者可以得到多少预期奖金?可获得3000元奖金[(200000-80000)/40=3000(元)]。

5. 组织销售竞赛执行

经销商销售竞赛的准备工作做好之后,可以召开经销商动员大会的形式启动销售竞赛。在竞赛过程中,需要加强竞赛成绩统计与发布,激发经销商竞赛激情,提高竞赛业绩,同时,还需要开展竞赛过程检查监控,防止少数经销商违规操作造成市场危害。销售竞赛结束后,可以召开销售竞赛庆功大会或表彰大会,宣布竞赛成绩和结果,颁发奖品奖金。

销售竞赛有助于促进经销商达成短期目标,激发他们达成长期目标的热情。研究表明,销售竞赛平均能提高总目标的12.6%。竞赛令人兴奋,能够激发经销商的兴趣和对工作的热情。竞赛有利于快速、频繁地强化公司的目标。最重要的是,大多数销售竞赛能够为经销商带来认同感。

（四）经销商销售竞赛策划典型案例

岁末"锦上添花"渠道销售竞赛

1. 促销思路

（1）提升旺季市场销量，圆满完成年度任务。

（2）鼓舞经销商士气，创造良好的竞赛氛围。

（3）按照"二八"原理，全国现有专卖店1100家，其中20%专卖店销量将占到全部专卖店销量的绝对比例，其中二代与直供客户又是完成此次任务的中流砥柱。预计全国多数办事处年度任务完成率应该在90%以上，因此针对其中前200家重点客户（二代与直供客户）的促销，将对年终销量的提升起到关键的作用。

2. 促销时间

××年11月1日至××年12月31日。

3. 评奖方法

竞赛排名指标与计算方法：竞赛综合排名＝两月销售额绝对值排名（权重50%）+两月任务完成率排名（权重30%）+两月销售额同比增长率排名（权重20%）。

举例说明：若某客户11—12月销售额为300万元，经计算排名第8位，那么销售额积分为8×50%=4；完成率为110%，排名第5位，那么完成率积分为5×30%=1.5；增长率为50%，排名第3位，增长率积分为3×20%=0.6，所以累计积分为4+1.5+0.6=6.1。分值越低，排名越靠前。如果各项排名均为第1位，那么累计分值为1×50%+1×30%+1×20%=1，所以累计积分最低，应该是第一名。

4. 奖励标准

奖励标准如表5.1所示。

表5.1 奖励标准

级别	数量（名）	奖项	金额（万元）	小计（万元）
金至尊奖	5	汽车+专题培训	10	50
钻石奖	15	汽车+专题培训	6	90
白金奖	30	出国游+专题培训	4	120
翡翠奖	50	出境游+专题培训	2.5	125
优秀奖	100	国内游+专题培训	0.5	50

5. 评奖流程

奖励标准如表5.2所示。

表5.2 评奖流程

流程		内容	推荐时间	责任部门
1	计划	制定《"锦上添花"渠道激励方案》并审批、签发至各大区总监处	10月18日	渠道管理部
2	执行	大区将总部《"锦上添花"渠道激励方案》通知至各具有参赛资格的经销商	10月28日	大区总监
3	申报	大区根据总部分配的各奖项数据,填写"'锦上添花'综合排名表"并发送至渠道管理部	1月10日	大区总监
4	评估	汇总各地数据,核实各地数据的真实性与准确性	1月15日	营销总监
5	通知	将评估结果通知各大区	1月16日	渠道管理部
6	颁奖	颁奖大会及年终总结大会	2月10日	渠道管理部
7	总结	本次"锦上添花"活动总结报告	2月15日	渠道管理部

案例分析 此案例可取之处有4点:

(1) 目标客户群锁定。根据"二八"法则,锁定关键客户。
(2) 多种促销组合。销售竞赛+实物促销+福利促销。
(3) 奖项设置照顾了不同区域市场的差异化。
(4) 评奖指标包括完成率、增长率和销售额,设计合理。

(资料来源:品牌中国网)

三、经销商会议策划

召开经销商会议,以隆重的聚会形式,向经销商宣布营销策略、销售政策和促销奖励措施,是激励经销商的重要形式。从会议时间上来看,有年度性销售会议和阶段性促销会议等形式;从参会经销商对象来看,有全国性经销商会议和区域性经销商会议等形式。经销商会议的内容、主题因时间、目标等因素的不同而有较大差异。

(一) 经销商年度会议策划

经销商年度会议,简称经销商年会,是生产厂家与经销商进行年度营销沟通的重要形式。年度经销商会议的主题是宣讲年度营销策略和年度销售政策,确定全年销售工作基调。

1. 年会主要内容

根据年度会议的目标和主题,会议可以安排年度营销策略和销售政策宣讲、新生产基地和新产品展示观摩、经销商表彰、经销商培训、年度销售合同签订等内容。

2. 参会对象范围

参会对象因企业规模和经销商数量不同差别较大。规模不大的企业,经销商数量不多,可邀请全部经销商参会。规模大的企业,经销商比较多,可邀请核心经销商到企业总部参会,形成全国性品牌的全国核心经销商大会、国际化品牌的全球核心经销商大会,然后按照销售区域邀请区域经销商参加区域性经销商大会。

3. 年会召开时间

元旦和春节是新一年最重要的时间节点标志,因此是经销商年会召开时间选择的重要依据,但在实际销售工作中,元旦和春节通常是一年当中的销售黄金时间,因而不宜召开大规模的经销商会议,因此通常选择元旦和春节销售旺季之后召开,这样会议准备会更充分、更完善,经销商的到会率和会议的专注度会更高,从而使会议收到实效,而不流于形式。

4. 年会召开地点

首选公司总部,便于安排参会人员到公司总部办公场所、荣誉展厅、生产现场等参观,感受公司总部工作氛围,提升厂家在经销商心目中的形象,同时会议接待服务人员更好安排,成本费用更低。

如果经销商队伍比较稳定,年年到公司总部开会难免缺乏新鲜感;如果公司总部及其所在城市接待能力有限,经销商年会亦可选择在其他著名城市或特色旅游城市召开。

区域性经销商年会首选在区域性销售机构所在地召开,亦可到本区域内的旅游城市召开。

5. 会议议程安排

年度经销商会议一般由负责销售的副总主持,企业最高领导出席并致欢迎辞。会议主要内容和流程包括:

(1) 上年度销售工作总结。

(2) 优秀经销商颁奖表彰。

(3) 优秀经销商经验交流。

(4) 新年度营销策略宣讲。

(5) 新产品展示观摩讲解。

(6) 新年度销售政策宣讲。

(7) 经销商新年展望发言。

(8) 新年度销售任务签约。

如果新年度公司启用新的明星广告代言人，那么请明星出席经销商大会与经销商交流、合影，这对活跃会议气氛、激励经销商士气有很大好处。

会议期间还应安排好经销商的餐饮食宿和文化娱乐活动，创造轻松愉快的会议环境，给经销商形成公司总部工作严谨、服务热情的良好印象。

6. 年会费用预算

不同规格的经销商年会费用预算不同。费用预算项目应周全，不要有遗漏，还应留有机动费用。预算总额以适度宽松为好，不要给经销商留下公司总部小气、抠门的感觉，但也不要铺张浪费，给经销商造成总部费用管理不严、在经营过程中可以钻总部费用管理漏洞的感觉。

（二）经销商促销会议策划

在销售旺季为了冲刺销售任务目标，在销售淡季为了防止销售过度下滑，或者为了备战重大节假日销售，企业还可以召开阶段性的、区域性的经销商促销会议，出台一些阶段性的促销政策，给经销商一些除基本销售政策之外的短期限时的销售奖励，如更高的提货价格折扣、更高的销售返利等。阶段性的经销商促销会议，主题更聚焦于短期限时促销，但内容和流程与经销商年会差别不是很大，可以说是一个缩小版的经销商年度会议，因此，不再展开介绍。

四、经销商补贴策划

开展品牌宣传和市场推广活动是取得销售业绩的前提。但是由于品牌的所有权并不是经销商的，因此经销商对于品牌宣传和市场推广通常缺乏积极性。为了鼓励经销商配合企业开展落地性的品牌宣传和产品推广活动，企业可以给予经销商一些补贴，其主要形式包括合作广告补贴、产品推广补贴和促销活动补贴等几类。

（一）合作广告补贴

在落地性广告的品牌宣传和产品推广活动中，需要发布兼有厂家和经销商信息的合作广告。厂家对于合作广告给予一定的费用支持，是推动合作广告发布执行和销售增长的有效手段。具体方式有两类：

1. 厂家出资发布带有经销商信息的合作广告

这种合作广告的方式是厂家选择和购买广告发布媒体，发布内容中有经销商的信息，但是不收取经销商的费用，这种方式执行效率较高，操作漏洞较小，发布效果较好。

2. 厂家补贴经销商发布的含厂家信息的广告

这种合作广告的方式是经销商选择和购买广告发布媒体,发布内容中有厂家的信息,厂家给予经销商广告费用补贴。这种执行方式比较贴近区域市场实际,针对性较强,也有利于激励经销商的积极性,但广告效果与经销商的广告媒体选择水平有关,还存在一些不诚实经销商套取广告补贴的可能性,因此需要进行审核,防止出现套取厂家广告费用补贴现象。

合作广告费用补贴方式包括:① 按照广告费用的一定比例补贴,如补贴广告费用的50%;② 按照一定广告单位定额补贴,比如地级城市媒体广告补贴3000元;③ 按照经销商进货额和相应的比例补贴,如经销商在规定的时期内进货10万元,广告补贴率为5%,则可获得的广告费用为5000元。

为了规范合作广告补贴执行,一般应要求:① 事先经过厂家销售人员向市场部门申报,由厂家市场人员按照广告视觉设计规范进行设计或审核;② 广告媒体形式主要是户外、网络、电视、店头招牌等可监控媒体;③ 广告内容按厂家提供的广告标准样板刊载,或广告必须为消费者提供购买厂家产品的理由,以及可以买到该产品的明确地点;④ 费用补贴应提供规范的广告发布业务证明和费用票据。

(二) 产品推广补贴

铺货陈列是促进新产品动销、在销产品销量维持的有效措施,厂家为了激励经销商更好地做好新上市产品的铺货陈列、保持在销产品的正常陈列展示,可以采用推广补贴的方式。

某厂家规定,经厂家销售代表考察核准,选取当地的部分大型卖场(县城2家以内,地级市8家以内)作为产品形象旗舰店,给予推广费用支持:① 进场费、条码费等一次性费用,全部由厂家承担;② 堆码费、端头费、货架陈列费等持续性费用,厂家给予经销商终端销售金额15%的终端推广补贴。

给予经销商推广补贴,事先要对经销商就铺货陈列的政策要求进行具体讲解,使其掌握推广补贴的政策标准和执行细则要求。执行过程中要进行现场指导,纠正不符合要求的铺货和陈列行为与现象。支付补贴时需要加强审核以防止不诚实经营的经销商套取推广补贴,或将推广补贴打入产品价格中,降低产品价格窜货冲击市场。由于这些行为有一定的潜伏期,并不一定会迅速表现出来,因此有些厂家通过附加限制约束条件和推迟补贴兑现时间等方式加以防范。

(三) 促销活动补贴

为促进经销商货畅其流,防止通路库存积压,厂家可以采用补贴促销活动费用的方式支持经销商开展促销活动。通常,在开展促销活动之前,经销商需要通过销售业务人员向厂家提出促销活动申请,报告促销活动的时间及地点、促销产品范围、销售目标、促销活动方式和促销费用等具体内容。经登记或审核通过后开展促销活动,申报促销活动费用补贴。厂家根据促销活动政策和市场竞争情况,给予适当补贴,简单的可以按照促销活动场次定额补贴,细致的可以按照促销活动销量和一定的比例进行补贴,特殊情况下甚至可以全额补贴整场促销活动的所有费用。

促销活动补贴中的常见问题,一是不经事先申请就开展活动事后再申报补贴,给促销活动管理带来了混乱;二是存在一些经销商不做活动、假做活动套取促销补贴的现象。因此,对于促销活动补贴的管理应适度从紧,要有考核流程,不能形成经销商随意伸手要补贴的被动局面。

五、经销商培训策划

中国经销商整体营销能力和销售技能原本就比较欠缺,又普遍受到电商的深度冲击,因此,需要通过培训进行提升。具有成长意愿的经销商非常愿意学习,并将厂家提供的培训看成是一项福利和奖励。因此,开展经销商培训是提升经销商合作意愿和销售能力从而促进产品销售的有效形式。

(一) 经销商培训的形式和内容

1. 企业文化与经营理念培训

这是针对经销商全体管理人员和业务人员的培训,培训内容包括企业发展历程、企业发展愿景、企业文化、企业经营理念和经营模式、企业销售政策与客户服务管理制度、市场管理制度等。培训目的主要是让经销商接受企业文化和运营模式。

2. 企业管理与经营能力培训

这是针对经销商管理人员的培训,其内容包括企业管理制度与方法,具体包括员工管理、业务知识(库存、报表、仓储、财务、信息等)、谈判技巧、终端管理等。培训的目的是提升经销商的经营管理能力。

3. 营销战略与市场推广培训

这是针对经销商经营管理人员的培训,其内容包括营销理论培训、营销战略分析与策略推演培训、市场与行业知识培训、市场推广方法培训等,目的是提高经销商经营管理人员的营销思维能力和市场推广能力。

4. 产品知识与销售技能培训

这是针对经销商销售业务人员的培训,其内容包括产品知识、销售技巧、商务沟通等,培训目的是提高经销商销售业务人员的销售能力。

5. 新媒体营销传播技能培训

这是针对经销商销售业务人员及营销管理人员的培训,其内容包括新媒体营销知识及技能的掌握与运用等,培训目的是提高经销商销售业务及营销管理人员适应市场及新媒体营销传播技术的运用能力。

(二)经销商培训的形式与方法

经销商培训的形式与方法,可根据培训对象和内容的不同而灵活选择。

1. 会议培训

主要是在企业召开的经销商会议上对经销商的管理人员进行培训。

2. 上门培训

主要针对经销商销售业务人员进行上门培训,因为这类培训对象数量众多,处在销售一线,经费和时间都不太允许集中到企业培训。

3. 在线培训

利用互联网络对经销商及其员工开展方便、及时的培训,培训内容包括产品信息、技术知识、销售方法、用户服务常见问题处理等。

4. 交流培训

组织优秀经销商,以现身说法和经验交流的方式对其他经销商进行培训,这种培训主要适用于经销商老板自己及其主要经营管理人员。

5. 样板市场参观培训

组织经销商参观样板市场尤其是终端样板市场,向优秀经销商学习,听取优秀经销商及其员工的经营介绍,让样板起到带头作用。

6. 系统课程培训

企业成立自己的经销商培训学院,有计划地对经销商进行系统培训,如惠普经销商大学、大联想学院等。

7. 出国考察培训

这是针对核心经销商设计的奖励性培训,通过选拔优秀经销商到国外考察学习,能够开拓经销商视野,密切经销商关系,达成厂商之间的深度合作与长期合作。

(三)经销商培训的师资队伍

大型企业可以建立系统的培训师资队伍,开展包括经销商培训在内的企业培训。培训讲师分为企业内部讲师和外部讲师两个方面。

内部讲师来自企业内部,由人力资源或市场部门的专职培训人员、企业管理人员组成,主要提供与企业内部直接相关的企业文化、管理制度、营销策略、市场推广、产品知识、销售技能等方面的培训。比如:① 营销经理可对产品知识、行业知识和企业文化进行培训;② 销售经理可对销售技巧、销售政策、销售问题进行培训;③ 财务经理可对应收账款管理、报表分析、成本费用管理等进行培训。

企业也可以从外部寻找专业讲师对经销商进行培训,比如:① 邀请行业专家为经销商进行行业发展趋势及机会分析培训;② 聘请专职销售讲师向经销商讲解销售知识、销售技巧、销售队伍管理、公司化运作、终端管理、谈判技巧;③ 聘请专职管理讲师对经销商进行团队管理、领导力、执行力方面的培训;④ 邀请营销理论专家对营销最新理论及其应用进行培训,等等。应做好外部讲师培训特长分析和培训效果反馈,根据实际培训效果优选外部讲师,建立既相对稳定又动态调整的外部讲师队伍。

本章小结

针对经销商开展促销活动是企业促销活动的重要方面,影响面比较大,具有内隐机密性、行业规律性和企业特色性等特征。做好经销商促销需要把握好经销商的促销活动偏好,但又不能完全按照经销商单方面的需求偏好来开展,既需要考虑通路促销的针对性和实效性,同时还要考虑企业品牌建设和营销规划的整体要求。通路促销传播的基本方式主要采用非大众媒体传播,如会议沟通、网络沟通、内部刊物与促销战报等。

经销商通路促销的方式,可根据产品、市场、时间、营销当中需要解决的问题、经销商的偏好等因素进行选择,主要方式包括销售返利、经销商销售竞赛、经销商会议、经销商补贴和经销商培训等。

课后练习

● 理论知识练习 ▶▶▶

1. 经销商有哪些促销活动偏好?
2. 经销商通路促销有哪些特性?
3. 经销商通路促销的策略要求有哪些?
4. 通路促销策划要点包括哪些内容?
5. 销售返利应该如何设计?
6. 经销商销售竞赛应该如何策划和组织?
7. 经销商会议应该如何策划和执行?
8. 如何做好经销商补贴和经销商培训?

● **策划实战练习** ▶▶▶

项目:通路促销策划训练。

目的:掌握通路促销策划的基本方法。

内容:假设你是一家企业的负责人,现在要建立一个虚拟的经销商网络,并在春节将近之际开展对经销商的促销活动。

组织:把全班同学分成若干小组,并选出组长,分组讨论确定促销活动方案,下次上课时推选代表发言,再由老师做出点评。

第六章

内部促销活动策划

内部促销策略分析
内部促销方式策划

开篇案例 ▶▶▶

总经理巧发奖金激励员工

某企业的一名销售人员兢兢业业,当年取得不错的销售业绩,公司决定奖励他13万元。

年终之际,总经理单独把他叫到办公室,对他说:"由于你本年度工作业绩突出,公司决定奖励你10万元!"这业务员一听,非常高兴,拿着10万元谢过总经理后拉门准备离开,总经理突然说道:"请等一下,我想问你件事。今年你有几天在家陪你妻子?"业务员回答说:"今年我在家时间一共不超过10天。"总经理惊叹之余,拿出1万元递到业务员手中,对他说:"这是奖给你妻子的,感谢她对你工作无怨无悔的支持。"然后又问:"你儿子多大了,你今年陪他几天?"业务员回答说:"儿子不到6岁,今年我没有好好陪过他。"听到此处,总经理又从抽屉中取出1万元放在桌子上,说:"这是奖给你儿子的,告诉他,他有一个了不起的爸爸。"这时,该业务员热泪盈眶,对总经理千恩万谢之后刚准备走,总经理又问道:"今年你与你父母见过几次面,尽到做儿子的孝心了吗?"该业务员难过地说:"一次面也没有见过,只是打了几个电话。"总经理感慨地说:"我要和你一块去拜见伯父、伯母,感谢他们为公司培养了如此优秀的人才,并代表公司送给他们1万元。"话到此时,这名业务员再也控制不住自己的感情,哽咽着对总经理说:"多谢公司对我的奖励,我今后一定会更加努力。"

同样是13万元的奖励,如果企业老总直接将钱发给这名销售人员,而不假以各种调动感情的方式发放,那么效果会怎样呢?

(资料来源:https://www.sohu.com/a/279723570_748951)

> **学习目标** ▶▶▶
>
> 1. 掌握内部促销的性质和特点。
> 2. 了解销售人员对促销活动的态度和偏好。
> 3. 掌握内部促销的策略要求。
> 4. 了解内部促销活动传播的要点。
> 5. 了解销售提成方案策划的方法。
> 6. 了解销售竞赛方案策划的内容和方法。
> 7. 了解年终激励策划的内容和方法。

第一节 内部促销策略分析

内部促销主要针对的是业务员和导购员这两类企业内部直接从事产品销售工作的人员,业务员是将产品批量性地销售给经销商或者批量直供给零售商的销售人员,导购员是企业派驻在零售卖场将产品散售给最终消费者的销售人员。企业内部促销可以单独针对业务员开展或单独对导购员开展,也可以同时针对业务员和导购员(统称销售人员)开展。针对内部销售人员开展促销活动,能够直接促进企业产品的销售,因而也是一项非常重要的促销活动类型。要做好以销售人员为对象的促销活动,需要从分析和掌握销售人员的促销心理与促销偏好开始。

一、销售人员的促销心理认知

有过职场经历的销售人员对于促销活动有着明显的期待心理,清楚地知道促销活动对其销售工作的支持有着更明显的、更直接的作用,知道促销活动对其销售工作的支持作用比广告宣传、公共关系要直接得多,见效速度快得多。

由于销售人员工作流动性相对较强,销售工作需要及时见到成果(高价值、长周期的工业产品销售除外),因此很多销售岗位的跟踪考核周期和薪酬结算周期都比较短。在这样的背景下,销售人员更加重视和期待能够更快速、更直接见到销售促进效果的促销活动,也就非常自然了。

由于销售是不能停顿的,不能停滞不前的,因此企业给销售人员的销售任务也就是连续不断的、不断加码升级的,而见效快的促销活动失效也很快。因此,在此背景下,销售人员就希望促销活动不停地开展,希望促销活动连续不断、多多益善。

在针对经销商、消费者等外部对象开展外部促销和针对业务员、导购员等内部对象开展内部促销当中,业务员和导购员能够直接从内部促销中获得企业的促销激励,外部促销对业务员和导购员收入增加的激励作用是间接的。因此,在内心里,业务员和导购员更希望企业针对自身群体开展内部促销,更希望在内部促销中取得好的成绩,以获得更多的即期收入增长和长期的职业成长。

从个人岗位角色的角度来看,销售人员的这些促销心理认知均有其合理性,但是从企业全局利益和企业长期利益角度来看,有一些是合理的,有一些是不合理的。企业在开展促销活动策划尤其是直接关系到销售人员切身利益的内部促销策划时,既要重视他们的正确认知和合理需求,又要根据企业全局和长期利益规避其不合理要求,不能完全按照销售人员单方面利益要求来设计。

二、销售人员的促销活动偏好

(一) 内部促销偏好

做好内部促销活动,需要了解内部促销对象的心理需求和期望,基于促销对象心理期望的促销活动,将会具有更好的促销活动效果基础。从个人角色和个人利益方面来看,销售人员有以下几种偏好,而这些偏好都是正常的。但是,从企业整体利益、企业营销策略和品牌建设的角度来看,这些偏好有合理的成分,也有不合理的成分,有需要采纳的地方,也有需要说服其放弃个人利益与个人观点来服从企业整体利益与整体策略的地方。

1. 偏好期限较短的内部促销

期限较长的内部促销活动,容易让内部销售人员感到畏惧,难以让人尽快看到销售目标的实现并尽快得到销售成果的激励,因而产生畏难情绪和松懈情绪。而期限较短的促销活动,能够较快看到销售目标的实现,较快得到销售成果的激励,因而更能激发销售人员的兴趣和干劲。

2. 偏好任务不重的内部促销

目标任务太重的内部促销活动,销售人员无论如何努力都无法达到,即使激励非常诱人,也会让人望洋兴叹。但是目标任务太轻的内部促销活动,销售人员无需努力就可以轻松完成,也会让销售人员觉得缺乏挑战性。而具有职场经验的销售人员也知道,企业不可能长期开展目标任务轻松的内部促销活动,这种轻松就可完成的促销活动只有在销售队伍整体士气不高的时候为激发斗志临时使用一下。因此，理性的销售人员就会希望内部促销的目标任务不要太重，自己努努力，再加上利用企业相关方面的支持能够正常完成就好。

3. 偏好只奖不罚的内部促销

人都有趋利避害的心理，都有得到稳定收入的期望。销售人员的这种心理表现在内部促销活动上，就是希望促销活动的激励措施中正激励多负激励少，最好只有正激励没有负激励。通俗地讲就是只奖不罚，或者重奖轻罚，不要不奖只罚，也不要轻奖重罚，更不要不奖重罚。如果出现负激励多于正激励的情况，而且目标任务明显偏高且肯定无法完成，两者叠加在一起，销售人员就会认为这肯定是销售管理人员和促销活动策划人员故意为难他们，就会形成对立情绪和对立局面，不是私下软抵抗就是公开硬抵制，如果销售管理者和决策者不予理睬，他们要么公开跳槽另谋高就，要么表面忍气吞声但在私底下给企业制造销售陷阱。

4. 偏好系统支持的内部促销

在开展内部促销的情况下，企业的销售人员更希望同时开展配套的外部促销活动，包括针对经销商的通路促销活动和针对消费者的终端促销活动，而不是仅仅单独针对他们开展内部促销。因为，同时配套开展外部促销会对销售人员完成内部促销任务形成更系统更全面的支持。

由于角色和职责以及考核指标的不同，导购员首先希望有配套的终端促销支持，这样更有利于导购员完成内部促销分配给他们的终端销售任务；其次才是通路促销的支持，在零售商库存不足甚至断货影响导购员促销任务完成的情况下，导购员希望企业开展通路促销的意愿和要求会随之突显出来、强烈起来。如果零售商库存不足，导购员为不丧失销售机会，需要采取从其他商场调货，或者说服顾客预订产品、企业"负卖"的办法，但这毕竟增加了很多麻烦。业务员则首先希望企业配套开展通路促销刺激经销商进货，以对自己内部促销任务的完成形成更好的支持。然后，当出现经销商销售不畅、回款不顺并影响到业务员回款任务完成和下一阶段销售任务完成的时候，业务员希望企业开展终端促销帮助经销商实现出货和回款的愿望及需求会明显强烈起来。

除配套开展外部促销活动外，销售人员还希望企业同时配套投放广告以拉动市场需求，支持其内部促销任务的完成。同样是由于角色和职责的关系，业务员更希望企业以经销商为诉求对象投放广告，导购员则更希望企业以终端消费者为诉求对象投放广告。

（二）外部促销偏好

企业的外部促销活动大多需要通过内部销售人员执行。业务员执行的多是经销商通路促销，直供零售的业务员除了要执行针对零售商的通路促销以外，还要负责执行在零售商卖场开展的终端促销。导购员执行的基本上是进驻卖场的消费者终端促销。因此，外部促销活动的执行效果，与内部销售人员的执行意愿是有关系的。那么企业内部的销售人员更愿意执行什么样的外部促销活动呢？我们认为，从执行角色的角度来看，销售人员对外部促销活动基本具有以下几种偏好：

1. 偏好更快见效的促销方式

由于外部促销的成果与销售人员的业绩存在正向关系，可以增加销售人员的销售提成基数，因此，他们均希望企业开展的外部促销活动见效越快越好。针对经销商的会议销售、短期折扣销售、特定产品推广的奖励销售，都是业务员比较喜欢的见效快的促销方式。针对消费者的特价销售、折扣销售、买赠销售等也是导购员喜欢的快速见效的促销方式。

2. 偏好直接见效的促销方式

销售人员虽然也知道品牌对于销售的作用，但是由于销售人员主要承担的是当期的产品销售职能和任务，因此对于需要长期坚持才能见效的品牌建设和市场建设并不特别在意，而且认为品牌建设和市场建设也不是销售人员的职责，而是市场人员的职责。表现在对促销活动的态度上，品牌导向的促销活动、传递产品价值的促销活动对于当期产品销售的促进，远没有免费促销、优惠促销等与产品价格及购买成本有关的促销活动更直接。尽管免费类和优惠类的促销活动长期反复做会降低品牌价值，出现效果下降的现象，但是只要还有效，销售人员就偏爱，直到这类促销活动再也没有什么效果时，他们又会自然地说品牌不行了，品牌已经没有号召力了，而并不认为品牌力下降的原因之中就有他们喜欢并坚持要做的免费类、优惠类促销做多了这一重要因素，似乎品牌力下降与他们无关，完全不是他们的责任。陷于这种困境，是市场和销售管理者长期过分迁就销售人员的结果，而这种困境要想在短时间扭转是很困难的。

3. 偏好更大力度的促销方式

由于销售人员对于促销费用并没有直接的决策权，并不承担直接责任，大多数企业通常也都不考核销售人员的费用率和利润率，因此销售人员更偏好力度较大的促销活动，因为促销力度越大，短期促销效果越好，销售人员完成销售任务就越轻松，获得的销售提成和销售奖励也就越多。

4. 偏好更大范围的促销方式

相对于单一型号产品的促销活动，销售人员更喜欢多型号产品的促销活动，最喜欢全面、全线产品的大范围、大面积促销，因为这样对于当期销售任务完成和个人收入提升更有好处。而对每个产品的长期推广规划、市场寿命维护、产品整体阵容的组合和品牌形象维护等中长期市场问题考虑不多，他们认为这些也不是需要他们考虑的问题，不在他们的职责范围之内，他们只是营销方案的执行者、促销活动的执行者,从个人利益和个人角度来看,他们就是更欢迎大范围、大面积的促销活动,这与他们个人缺乏品牌意识和市场意识关系不大,而与他们的岗位职责和身份角色等制度因素更相关,将具有品牌意识和市场意识的营销策划人员转岗到销售岗位也是一样的结果。

5. 偏好更易执行的促销方式

从操作执行的难易和复杂程度方面来看,销售人员更喜欢执行简单、易于操作的促销活动。删繁就简、避重就轻本是人的天性,追求简单方便无可指责。从事销售业务的人从职业性格和职业习惯上来说,也不喜欢复杂的深度思考,不喜欢复杂的执行流程与手续。而促销活动针对的经销商和消费者等对象,也不喜欢复杂的流程和手续,对促销活动设置的难以完成的复杂项目与繁杂流程也是非常讨厌的。因此,简化促销活动流程,降低促销活动操作执行难度,增加促销活动的趣味性与娱乐性,提高促销活动的可操作性,应该是促销活动策划应该追求的。

外部促销活动取得内部销售人员的认可和支持是取得成功的条件之一。但是内部销售人员的上述外部促销偏好毕竟是从个人角度出发的,不是从企业和品牌整体和长远角度出发的,企业在策划外部促销活动的时候,需要征求和尊重内部销售人员的合理意见,但是从根本上来说,必须根据企业和品牌的整体规划需要来决策,而不是根据执行者个人的所有意见来决策。如果不是这样,企业和品牌的长期发展就会被销售执行人员的个人利益和观念所左右,不能实现企业整体的长远发展。相信具有职业发展理念、能够与企业共同发展的销售人员,不会将个人利益与个人偏好置于企业利益之上,能够认同和接受企业基于品牌导向的促销活动策划设计。

三、内部促销的特性分析

1. 内隐机密性

与需要做线上大量传播的终端促销绝对不同、与需要同经销商沟通的通路促销也有差异的是,内部促销活动只需要企业内部人员知道了解即可,而且不需要企业内部所有人员都知道。需要知道和掌握的人员包括:① 内部促销针对的销售人员;② 承担内部促销活动策划工作的市场人员;③ 承担内部促销活动决策的销售管理人员;④ 考核内部促销活动绩效的管理人员;⑤ 计算和发放内部促销业绩考核奖惩的财务人员等。因此,在某种程度上说,内部促销政策和内部促销活动是企业的商业机密,不需要也不能够对外公布和透漏,对于竞争对手更应该保密。尽管行业内部促销的某些政策,比如销售人员的底薪、销售提成比例等,基本上是公开的秘密,但是不同企业、特定时期、特定阶段和特定产品的促销活动奖励措施和奖励标准,还是有很大差异的,是具有保密价值的。

2. 执行可控性

内部促销的对象都是企业内部销售人员,因此有非常好的执行控制性,意外因素和不可控因素相对较少。这是内部促销活动的特性,也是内部促销活动的优势。从这个角度来说,内部促销的执行成本是最低的,促销奖励都会转换成企业员工的经济收入和工作积极性,是投资效益最好的促销活动方式。

3. 效应放大性

成功的内部促销活动不仅可以取得产品销售促进的直接作用,还可以促进员工收入增长,激励员工的士气和斗志,打造优秀的销售团队,促使销售人员在经销商通路促销、消费者终端促销等工作中积极投入,从而创造更好的销售业绩。但是,问题的另一面也同样存在,不合理的内部促销活动,可能影响员工士气,挫伤员工锐气,使得销售人员对企业管理人员产生不满情绪,对企业的市场前景产生悲观情绪,从而无心工作,致使企业产品销售下滑,市场份额和市场地位下降。

4. 行业规律性

内部促销政策和促销活动对于销售人员积极性的影响,或许与管理学中双因素理论一致,有一些是保健因素,有一些是激励因素。比如基本底薪和销售提成,是行业内公开的秘密,高于行业平均水平并不能起到很好的激励作用,但是低于行业平均水平,尤其是从原先的高水平下降到低水平,很容易引起销售人员的不满,严重挫伤其积极性。此外,业内普遍享有的员工福利待遇等内部激励,企业也应该有。从这个角度来看,内部促销有一定的行业规律性。

5. 企业特色性

不同的企业有不同的营销策略、不同的经营模式、不同的品牌地位,也处在不同的发展阶段,内部促销政策和促销活动完全与行业一样,就没有企业特色,就不能在同质化竞争中胜出。因此,内部促销还需要有企业自身的特色,符合企业所处的发展阶段,符合企业的营销策略需要,与企业的发展目标、发展路径相吻合,是能够激发销售人员潜力和斗志的激励因素。而这样一些具有企业特色的内部促销政策与内部促销活动,正是促进企业销售提升与市场拓展的独家秘籍之一,是竞争对手急于打探而企业需要严加保守的商业机密。

四、内部促销的策略要求

内部促销既是企业的一项独立的促销活动,同时也是企业整体促销活动的一个构成部分,还是企业整体营销规划和品牌建设的一个构成部分,因此既要有内部促销的针对性和实效性,又要有整体营销策略和品牌规划的一致性,需要系统考虑全面安排，不能脱离整合营销全局单打独斗。

1. 整合员工偏好与营销策略

销售人员的促销活动偏好是内部促销活动策划需要重点思考与合理采纳的一环，但并不是全部。完全不受销售人员欢迎的内部促销活动，是很难取得良好促销效果的。但是完全迎合销售人员个体与短期促销活动偏好，也是会出市场问题的。必须整合销售人员的促销偏好与企业营销策略，找到两者之间的有机结合点，在内部促销活动中，实现员工利益和企业利益的双赢。

2. 整合行业规律与企业特色

内部促销包含影响销售人员积极性的激励因素和保健因素，因此需要与行业在保健因素上保持基本一致，以维持员工的积极性而不至于挫伤其积极性。但是，没有两个企业的营销模式和竞争模式是完全一样的，在制定内部促销政策和策划内部促销活动中，必须找到贯彻企业营销策略和推进品牌形象建设的内部促销方式，形成具有企业特色和竞争力的内部促销模式。

3. 整合内部促销与团队建设

内部促销的激励需要落实到每一个具体的销售人员头上，否则不会产生具体效果。但是过多的个人激励会形成个人英雄主义，会形成销售人员之间为争夺业绩和销售激励的利益争斗，而不利于形成良好的销售团队氛围，打造优秀的销售团队。还不利于销售部门销售人员与企业其他部门其他人员的团结和协作，难以形成企业团队精神。因此，需要将内部促销作为企业团队建设的一个重要项目来看待，通过内部促销来打造一支团结向上的具有持续战斗力的营销团队，这才有可能形成企业的核心竞争力，否则内部促销培养起来的一个个唯利是图的"销售英雄"之间就会充满内耗和内卷，造成影响企业长期发展的内伤和内乱。

4. 整合内部促销与外部促销

就促销活动而言，尽管内部促销有很好的作用和效果，但是也需要与通路促销和终端促销结合起来使用，这样才能发挥促销活动的系统效应和整合效果，因为销售人员自己并不大量购买企业产品自用，需要通过经销商才能大量销售产品，需要通过消费者购买才能实现产品的最终销售，所以在内部促销的同时或者前后需要采用通路促销和终端促销，形成系统的促销链路，促进产品的全通路畅通销售。同时，内部促销活动还需要与市场类型结合起来策划和设计，在开拓型市场、成长型市场、成熟型市场和退出型市场中，都可以运用内部促销手段来达到市场营销的目的，但是具体的内部促销内容与方式各有不同。这正是本书后面的章节要分别详细介绍的。

五、内部促销的沟通传播

(一) 内部促销传播的目标要求

1. 内部促销传播的总体要求

内部促销传播的总体要求是对内传播对外保密。促销活动除非有品牌和产品传播意义,或是针对广大分散的终端消费者促销,否则没有必要花费资源开展公开媒体宣传。内部促销的对象是内部销售人员,完全可以不通过公开媒体宣传的方式告知促销对象,完全可以当作一种商业秘密武器使用,因此需要对内传播对外保密。通俗地说是"要内外有别,对内广泛宣传,对外守口如瓶",并且要制定保密措施,对于泄露内部促销时间、内容秘密的,应当给予严厉处罚。

2. 内部促销传播的具体要求

内部促销活动只需要企业内部人员知道、了解即可,而且不需要企业内部所有人员都知道或都知道全部具体内容。从内部促销活动策划和执行的必要性方面来看,内部促销传播的具体要求是:

(1) **对销售人员及时传播、全面传播**。销售人员是内部促销的具体对象,要调动他们的销售积极性,激励他们努力销售,当然必须全面告知他们促销的内容和激励措施,以便他们准确理解和积极执行促销活动。

(2) **对相关人员及时传播、重点传播**。对与内部促销相关的销售计划、销售物流和销售财务人员,应该有针对性地、有重点地告知内部促销开展的时间,针对的区域、产品和人员对象,以及促销措施与考核标准,以便他们提供销售支持与服务,并进行相关检查与考核。

(二) 内部促销传播的基本方式

内部促销传播事前应该注意保密,不要提前泄露信息,以免销售人员有意停止销售努力并将销售成果推迟到促销奖励周期以内以获得更多个人奖励而延误了企业的销售时机。但是,一旦内部促销启动,就需要在内部大张旗鼓地宣传,掀起内部促销热潮,持续推动内部促销执行,以促进内部促销成效的提升。为此,需要及时广泛采用以下内部宣传方式:

1. 活动动员布置

内部促销活动启动之际,应召开专题会议进行动员布置,或在销售例会上作为一项重点工作进行动员布置。专题动员会议应组织销售人员参会,企业负责促销活动方案制定的经理人员要对促销活动的背景、目的和措施进行讲解,企业销售管理者要做动员讲话。参会的销售经理人员一定要向一般不参加销售例会的销售人员进行传达和动员。有些企业还采用销售人员主动申报促销目标任务、与销售人员签订促销目标任务责任书等形式加强内部促销的仪式感与隆重性。此外，还需要通过企业微信群组、内部办公网站进行促销动员，营造内部促销热潮。

2. 过程动态沟通

在内部促销活动执行过程之中，销售管理人员还需要与销售人员进行全过程动态沟通，了解促销活动执行情况，掌握和分享内部促销成果，发现和解决促销活动中出现和存在的问题。在这个过程中，需要通过现代通信网络和通信工具，比如通过移动电话、企业微信、语音播报、现场图片和视频直播等方式，快速传递和分享信息与战况。微博虽然也是一种快速高效的信息传递手段，但是媒体属性大于社交和即时通信属性，因此不能用于内部促销的信息沟通，虽然微博私密群和微博私信也具有私密性，但用途不如微信广泛，因此也较少用于内部促销沟通。

在内部促销执行过程中，还需要充分利用公司内部促销看板、内部刊物与促销战报等传统形式进行活动成果发布和分享，以激励先进，鞭策落后，促进全体销售人员共同努力，促进产品销售，达到促销的目标。

3. 考核奖励沟通

内部促销活动结束以后，应该及时开展促销业绩考核，依据促销激励措施及时公开兑现销售奖励，必要时可召开表彰会议进行奖励，善始善终地做好内部促销工作，以巩固销售人员的工作热情和干劲。

第二节　内部促销方式策划

一、销售提成设计

销售提成是激励销售业务人员努力销售公司产品的一项基本制度，在中国企业销售系统中应用广泛。但是不同的行业、不同的企业销售提成制度差异较大。同一个企业在不同的发展阶段，由于营销策略不同、市场地位不同、销售任务目标不同、市场竞争环境不同，销售提成制度也会有很大变化和调整。

销售提成通常与销售团队的薪酬制度一起制定，是企业销售团队薪酬体系的一个重要构成部分。在特定的时间段，为了提高产品整体销量或重点推广特定产品等促销需要，也可以制定特定时间段适用的销售提成方案。

(一)销售提成与薪酬制度

1. 销售薪酬体系的基本构成

销售薪酬最主要的构成包括基本工资、销售提成、奖金、社保福利和销售费用等五个部分。

(1) 基本工资。俗称保底工资,简称底薪或起薪,通常按月计算和发放,底薪金额是一个相对固定的数字,主要与岗位高低、当地收入及消费水平、平均工资及法定最低工资标准、企业总体薪酬标准有关,名义上与个人销售业绩基本不挂钩。

(2) 销售提成。简称提成,是与销售业绩的数量多少、质量高低直接相关的,相同岗位相同级别的销售人员,销售业绩不同,销售提成会有差异。销售提成通常按照销售项目计算、按月与工资一起发放。

(3) 奖金。又称综合奖励,通常是根据销售人员在销售过程中的行为表现、销售业绩综合考核结果以及企业总体盈利情况,按月份、季度和年度对销售人员发放的奖励,可以与月工资一起发放,也可以单独发放。

(4) 社保福利。通常按照政府劳动法规和公司统一标准执行,与销售业绩不挂钩,相同岗位、相同级别的销售人员之间没有差别。

(5) 销售费用。各企业的处理方式不同,有的包含在销售提成里面,不单独计提。有的则在销售提成之外按照销售业绩的一定比例单独核算报销或补贴。

2. 销售薪酬体系的基本模式

在薪酬体系的五个构成要素中,最影响企业和销售人员销售业绩的是底薪、提成和奖金三个要素,影响比较小的是社保福利和销售费用因素,因此通常不单独重点分析。而提成和奖金这两个因素既可以单独计算,也可以合并到一起。因此,销售人员的基本薪酬体系可以简化成"底薪+提成"和"底薪+提成+奖金"两种模式。

(1) "底薪+提成"模式。销售人员的薪资由底薪和提成两部分构成,通常按月计算和发放。底薪每月是固定的,提成每月因销售业绩不同而有所差异。因此刺激销售人员提升销售业绩的主要经济动力是提成。此外,在"底薪+提成"总金额一定的情况下,底薪和提成所占的比例不同,对销售人员的心理影响、销售行为刺激和销售业绩达成结果也有所不同,具体又可分为以下三种模式:

① "高底薪+低提成"模式。这种销售薪酬模式固定底薪较高,销售提成较少。与业内企业相比,底薪高于同行,提成低于同行。主要适用于销售接近饱和,难以大幅增长的市场。优点是有利于吸引和留住销售人才,缺点是销售业绩差异对于收入变化的影响较少,容易滋生懒散松懈情绪。

② "低底薪+高提成"模式。这种销售薪酬模式固定底薪较低,销售提成较

高。与业内企业相比,底薪低于同行,提成高于同行。主要适用于知名度不高但成长欲望较强的企业,企业不支付高底薪养懒散的人,但鼓励销售人员通过创造高业绩实现高提成得到高收入。

③ "中底薪＋中提成"模式。这种销售薪酬模式固定底薪和销售提成的比例差不多。基本是以同行的平均底薪和提成为标准,适用于求稳定的中型企业。

(2) "底薪＋提成＋奖金"模式。"底薪＋提成"模式的优点是简洁明了,但缺点也就是过于简洁带来的简单化。比如,提成只与销售结果的业绩挂钩,没有与销售过程的行为挂钩,容易引起销售人员的短期行为和投机行为,为了个人短期销售业绩和提成而损害企业的长期利益。为此,有些企业采取延期和分期发放提成的办法,在确认销售人员没有违规行为之后再发放提成。但这又容易带来新的问题:延期发放造成激励不及时,对遵守规则的销售人员是一种不公平,形成销售人员和销售管理者之间的不信任感。再有就是销售人员没有参与企业总体的经营绩效的分享,难以培养销售人员的归属感和忠诚度。为此,大多数优秀企业采取"底薪＋提成＋奖金"模式,将销售人员行为过程和销售质量考核的结果放在奖金里体现,将销售人员对企业总体经营绩效的贡献放在奖金里体现,并且设置月度奖、季度奖和年度奖(年终奖)等形式,持续依据员工对企业的贡献进行奖励。

(二) 销售薪酬模式的设计和选择

1. 发展阶段规模与薪酬模式

企业规模、发展阶段与薪酬有较大的关系。大型著名企业更加注重企业的中长期发展和雇主形象,品牌较有影响力,市场较为稳定,销售难度不大,因此多采用高底薪低提成模式。小型企业由于自身财力较弱,必须注重当期投入产出比,产品市场份额小但提升空间大,销售困难较大需要较强的销售提成激励,因此多采用低底薪高提成模式。

2. 销售业务类型与薪酬模式

销售业务可以分为效能型销售和效率型销售两种类型,各自适用不同的薪酬模式。

(1) 效能型销售适合"高底薪＋低提成"薪酬模式。效能型销售是指产品价值大、销售周期长、销售技能要求较高的工业品销售业务类型。工业设备、工程机械、大型计算机软件等企业的产品需要采用这种销售方式,这类产品的销售要求销售人员基本素质高、销售技能好,能长期跟踪和服务客户,因此需要高底薪养高手,但由于产品价值大,提成比例虽然不高但提成总额还是比较可观的。

(2) 效率型销售适合"低底薪＋高提成"薪酬模式。效率型销售是指产品价值不大,销售周期较短的消费品销售业务类型。快速消费品销售属于典型的效率性销售业务类型。保险产品销售也属于这种销售方式。这类产品销售的覆盖面要广泛,拜访或接待的客户要多,销售业绩的取得主要靠销售人员的销售激情和行动效率,对销售技能的要求并不是很高,因此适合"低底薪＋高提成"的薪酬模式。

销售业务类型与薪酬模式的配合如表6.1所示。

表6.1 销售业务类型与薪酬提成的配合

销售业务类型	底薪	提成	考核倾向
效率型销售	较低	较高	固化过程,求得结果
效能型销售	较高	较低	过程创造,求得结果

3. 销售运作模式与薪酬模式

在营销实战中,销售运作模式分为闪电战、阵地战、攻坚战和游击战四种,在销售薪酬设计和考核上需要配合不同的模式。

(1) **闪电战:低底薪,高提成**。市场有大片空白,企业追求快速销售、快速回款、快速盈利,打一场漂亮的闪电战,高提成制度能够激励销售人员快速行动并实现销售目标。

(2) **阵地战:中底薪,低提成,高奖金**。市场有大片空白,企业追求长期占据市场并深耕细作,谋求长期效益,讲究销售质量,不急于短期提升销量和市场份额。

(3) **游击战:中底薪,高提成**。市场竞争激烈,企业追求短期效益,打游击战,打得赢就打,打不赢就跑。因此需要适度的底薪筑底气,以高提成励斗志,冲击销售业绩。

(4) **攻坚战:高底薪,中提成,中奖金**。市场竞争激烈,企业追求长期坚守,打阵地战,赶走对手,霸占地盘。因此采用较高底薪维持销售团队稳定,以中等提成保销售规模和销售质量,不追求浮夸的销售数据,以后期中等奖金愿景激励团队投入耗时的攻坚战。

销售运作模式与薪酬模式的配合如表6.2所示。

表6.2 销售运作模式与薪酬模式的配合

销售运作模式	底薪	提成	奖金	考核倾向
闪电战	较低	较高	很少	重结果
阵地战	中等	较低	较高	重过程
游击战	中等	较高	很少	重结果
攻坚战	较高	中等	中等	两者并重

（三）销售提成的具体设计

1. 销售提成期限的设计

销售人员的业绩计算和考核大都按月进行，因此常规销售提成的计算和考核都以月度为基本周期。在企业开展特定主题的产品推广活动或促销活动时，也可以制定相关的销售提成政策，这种提成政策一般与企业常规月度提成不冲突，可以单独计算、考核和发放，提成周期则与推广活动或促销活动周期一致。

2. 销售提成依据的设计

（1）**以不分产品结构的总体销售业绩为依据**。产品结构简单的企业及销售管理比较简单和粗放的企业，通常采用这种提成依据。

（2）**以区分产品销售结构的销售业绩为依据**。产品品种较多，产品结构复杂，销售难易程度差异大，价格和盈利区间差异较大，产品营销策略差异较大，营销管理精细化的企业会采用这种依据，以引导销售人员努力销售高端产品、高利润产品、重点推广的新产品和重点促销的产品等。

将销售费用放在销售提成里考核的，在计算销售提成时需要以扣减销售费用之后的销售业绩数据作为计算销售提成的依据。销售费用另行报销或补贴的则不需要扣减。

业务员和导购员的销售提成依据标准存在差异。业务员的销售提成通常以销售回款为标准确认销售业绩，较少以销售发货金额为标准确认销售业绩，除非在非常时期需要加快出货。导购员在零售卖场的销售货款通常是由零售卖场统一收取的，销售回款任务是由负责零售卖场的业务员承担的，因此导购员的销售提成通常以实际产品零售数量作为销售业绩标准。

3. 销售提成比例的设计

销售提成比例一般以提成金额占销售业绩的一定百分比或千分比计算。月度销售提成比例通常以业内同等层次企业常规比例标准为主要依据，结合企业的营销策略和财力来制定。以总体销售业绩为依据的月度销售提成比例一般一年一定，一年之内一般不变，上一年和下一年会有一定的调整，但调整一般也需要考虑延续性。区分产品销售结构的销售提成比例调整变化的可能性会大一些，调整频率会高一些，尤其是产品更新换代较快、寿命周期较短的消费电子行业，产品销售提成比例变化需要跟上产品推广和产品销售变化的节奏。

企业开展特定主题产品推广活动和促销活动期间的销售提成比例，通常按照企业自身推广和促销的力度来设定，考虑本企业自身的情况和参考企业过去经验的比较多，参考其他企业的不太多。

提成比例的形式包括统一比例、差异比例、累进比例等。统一提成比例，可以是企业所有产品的销售提成都是统一的,不分销售业绩等级档次都是统一的,不分销售区域销售难易程度都是统一的等几种情况。差异提成比例体现在产品不同销售提成比例不同,畅销产品、成熟产品销售提成比例低,新产品、高价格产品、重点推广产品销售提成比例高;区域不同销售提成比例不同,市场基础好、品牌影响力大的销售区域销售提成低,市场进入时间短、市场基础差、品牌影响力弱的区域销售提成比例高;销售渠道不同销售提成比例不同,城市连锁渠道大客户和城市便利店渠道不同等。销售业绩等级档次不同提成不同,销售业绩等级档次越高销售提成比例越高,这种差异比例就是累进比例。

4. 销售提成条件的设计

大多数企业都会设置获得销售提成的限制条件,以防止销售人员的短期行为和弄虚作假行为。主要的限制条款包括:

(1) **销售业绩总量和结构条件**。比如销售业绩没有达到要求的基本数量,不享受销售提成。没有达到重点产品销售占比的,不享受销售提成或降低销售提成比例。

(2) **销售过程管理和市场管理条件**。比如没有达到客户拜访量、客户满意度和市场推广要求的,出现产品窜货的,出现价格混乱的,不得享受销售提成或需要扣减销售提成。

(三) 销售提成实际案例

某公司2023年销售提成方案

1. 目的

为激励销售人员更好地完成销售任务,提高销售业绩,提升本公司产品在市场上的占有率。

2. 适用范围

销售部所有销售人员。

3. 制定销售人员提成方案遵循的原则

(1) 公平原则:所有销售人员在销售提成上一律平等。

(2) 激励原则:销售激励与利润激励双重激励,利润与销售并重原则。

(3) 清晰原则:销售人员、销售部长分别以自己的身份享受底薪。销售部长对本部门的整个业绩负责,对所有客户负责。

(4) 可操作性原则:数据的获取和计算易于操作。

4. 销售价格管理

(1) 定价管理:公司产品价格由集团统一制定。

(2) 公司产品根据市场情况执行价格调整机制。
(3) 指导价格:产品销售价格不得低于公司的指导价格。

5. 具体内容

(1) 销售人员收入基本构成:销售人员薪资结构分底薪、销售提成两个部分(福利待遇根据公司福利计划另外发放)。
(2) 底薪按公司薪酬制度执行。

6. 提成计算依据

(1) 回款率:要求回款率达到100%方可提成。
(2) 销售量:按产品划分,根据公司下达基数计算。
(3) 价格:执行公司定价销售,为了追求公司利益最大化,销售价格超出公司定价可按一定比例提成。

7. 销售费用

销售费用按销售额的0.5‰计提并报销,超出部分公司不予报销。

8. 提成方式

按照每个销售人员及其销售业绩分别计提。

9. 提成发放规则

(1) 客户回款率需达到100%,即予提成兑现。
(2) 公司每月发放80%的销售提成,剩余20%的销售提成于年底发放。
(3) 如员工中途离职,每月20%的销售提成公司将扣除不予发放。
(4) 如员工三个月内没有销售业绩,公司将根据岗位需求进行调岗或辞退。

10. 提成发放审批流程

按工资发放流程和财务相关规定执行。

11. 提成标准

(1) 销售量提成:

主产品:铁路发运基数为××吨/月。发运量在××吨以内,不予提成;发运量在Y吨,超出部分按0.5元/吨提成;发运量在Z吨以上,超出部分按1.0元/吨提成。

副产品:地销副产品基数为A吨/月。销售量在A吨/月以内,不予提成;销售量超过A吨/月的,超出部分按照1.0元/吨提成。

(2) 价格提成。销售价格高出公司价格开始提成,提成按高出部分的10%计提。

12. 特别规定

(1) 本实施细则自生效之日起,有关提成方式、系数等规定不做有损于销售人员利益的修改，其他规定经公司授权部门进行修订。

（2）公司可根据市场行情变化和公司战略调整，制定有别于本提成制的、新的销售人员工资支付制度。

13. 附则

（1）本方案自2023年1月份起实施。

（2）本方案由公司管理部门负责解释。

（资料来源：https://www.ddnx.com/zhichang/873171.html）

二、销售竞赛策划

销售竞赛是企业用来激励销售团队和销售人员的常见方式。据调查，营销业务人员有60%的潜力是依靠企业的激励政策激发出来的，由此可见销售竞赛促销方式的作用和价值。

策划销售竞赛时要注意合理安排和设计竞赛的时机、竞赛的期限、竞赛的内容、奖励考核的标准、奖项的设置，并合理设置获奖面与获奖人数，以调动大多数业务人员的积极性，全面提高销售业绩。

（一）销售竞赛的类型方式

企业销售竞赛开展得比较普遍，类型方式也多种多样，以用于各种情况下激励销售团队和销售人员完成市场与销售目标的需要。

1. 以竞赛单位区分销售竞赛

（1）**销售团队竞赛**。这是以销售团队作为竞赛单位的销售竞赛。按照企业的全国销售机构层级设置，可以组织销售大区竞赛、销售分公司竞赛、销售经营部（营业所）竞赛、销售办事处竞赛、销售门店竞赛、销售渠道竞赛等。

（2）**销售人员竞赛**。这是以销售人员个人作为竞赛单位的销售竞赛。按照中国企业销售岗位的设置，可以组织业务员销售竞赛和导购员销售竞赛两类竞赛。

（3）**销售团队个人混合竞赛**。这种销售竞赛包括销售团队和销售人员两类，既考核和奖励参加竞赛的销售团队，也奖励参加竞赛的销售人员个人。这样的销售竞赛规模更大，考核内容和指标设计更复杂，奖励项目更多，奖励影响力和作用也更大。

2. 以竞赛方式区分销售竞赛

（1）**统一组织竞赛**。竞赛组织者要求下属所有销售团队或个人必须统一参加销售竞赛，按照统一的标准进行竞赛考核和奖励。

(2) **自愿组织竞赛**。同一层级市场类型相近的销售团队,出于友好关系自愿组织销售竞赛,竞赛过程接受上级销售管理机构的指导、考核和监督。自愿组织竞赛可以两两结对竞赛,也可以在3—5个销售团队之间展开竞赛,但一般竞赛团队数量不宜过多。

3. 以竞赛目标区分销售竞赛

(1) **以品牌进入和销售启动为目标的销售竞赛**。这种竞赛一般是在开拓型市场背景下,为了促使企业和产品尽快进入市场,针对销售人员开展的竞赛,具体包括客户拓展竞赛和新品推广竞赛等竞赛形式。

(2) **以快速提升品牌和销量为目标的销售竞赛**。这种竞赛一般是在成长型市场背景下,为了促使企业和产品在进入市场的基础上,实现销售的快速提升而针对销售人员开展的竞赛,客户拓展竞赛在这一阶段仍然可以采用,此外还有以销售增长量和销售增长率为主要考核内容的销售增长竞赛。

(3) **以品牌最强和销量最大为目标的销售竞赛**。在成熟型市场背景下,销售增长已经不大了,但是为了争夺和保持销售规模与市场份额的竞争在各主要竞争对手之间正在激烈展开,为此,作为整体市场竞争中的一个部分,可以开展市场份额竞赛和市场排名竞赛。

(4) **以品牌维护和产品清库为目标的销售竞赛**。当企业主动有计划地退出某些产品市场时,或者在推出新产品之前需要快速淘汰老产品时,可以开展老品排空竞赛。

4. 以竞赛时间区分销售竞赛

(1) **年度总业绩竞赛**。这是以全年度为竞赛期限的销售竞赛,采用的不是很普遍、很频繁。

(2) **阶段性业绩竞赛**。这是以一定销售阶段为竞赛期限的业绩竞赛,时间段一般为1—3个月。阶段性业绩竞赛采用得比较普遍和灵活,可以根据企业阶段性市场目标、阶段性销售任务或突发性销售竞争需要来策划和实施。最为常见的有客户拓展竞赛、新品推广竞赛、老品排空竞赛、旺季销售冲刺竞赛和淡季销售抢量竞赛等竞赛类型。

5. 以竞赛内容区分销售竞赛

(1) **销售业绩竞赛**。这是以销售业绩作为考核内容的销售竞赛,采用得最为普遍、最为频繁。在年度业绩竞赛、旺季销售冲刺竞赛和淡季销售抢量竞赛等阶段性竞赛中均可采用。

(2) **销售能力竞赛**。这是以销售能力作为考核内容的销售竞赛,通常在淡季销售竞赛和新产品上市推广销售竞赛中使用。有些企业采用淡季比武练兵、旺季冲刺销量的销售策略,淡季相对来说比较清闲,开展销售能力竞赛既有较为充分的时间,又能让销售人员兴奋起来不至于因为清闲而松懈斗志,还能为旺季销售冲刺储备能力和能量。新产品上市需要使销售人员了解新产品知识和销售方法,因此借助销售能力竞赛,将新产品知识和销售方法传递给销售人员,对于新产品上市销售的启动和销量增长能取到很好的支持作用。

(3) **业绩能力综合竞赛**。这是既考核销售业绩又考核销售能力的综合性竞赛。一般在销售团队竞赛中的运用少于销售人员竞赛,因为销售能力以个人为单位考核比较容易操作,以团队为单位比较难操作。因为既要考核销售业绩又要考核销售能力,因此这种竞赛适宜于分阶段分环节进行,比如先通过销售业绩竞赛选出符合优胜标准的参赛团队和个人再开展销售能力竞赛,这样才比较公平合理。

(4) **销售业绩市场推广综合竞赛**。这是既考核销售业绩又考核市场推广成绩的综合性竞赛。市场推广是取得销售业绩的重要前提之一,但是在销售业绩竞赛中,有些经销商驾驭能力比较强的业务员为了获得奖励,可以和经销商合谋以损害企业长期利益的方式达成短期销售业绩虚假性或透支性上升,而不是通过扎扎实实做市场、走正道实现销售业绩的良性上升,因此有必要在销售竞赛中加入市场推广的内容。当然,这样的销售竞赛活动也因为考核内容的复杂多元变得比较复杂,开展的频次相对来说低一些。

上述各种销售竞赛,既可以作为内部促销手段单独使用,也可以和通路促销以及终端促销一起使用,成为整合内部和通路两者的促销方案、整合内部和终端两者的促销方案,甚至是整合内部、通路和终端三者的促销方案。

上述各种销售竞赛,还可以在新产品上市推广、广告和公关宣传攻势的大背景下使用,借助线上宣传攻势,销售竞赛的氛围会更浓、销售团队的士气会更高,销售业绩会更好。

(二) 销售竞赛时机、时间策划

开展销售竞赛的时机、销售竞赛持续的时间期限应根据销售竞赛开展的目的以及销售竞赛的类型来策划。虽然说销售竞赛的总体目的是促进销售,但是不同时间段开展的不同销售竞赛所能达成的具体促销目标、能够解决的具体销售问题还是有差异的。因此,还是需要通过区分促销的具体目的来策划促销活动推出的时机以及持续的时间期限。

从销售或财务年度开始到结束全年实施的年度销售竞赛不适合年年开展,比较适合年度销售竞赛的是企业内部销售模式转型的年份或者外部市场有较大变化的年份。

阶段性销售竞赛中的旺季销售冲刺竞赛,可以选取销售旺季中的一个时间段开展,为销售旺季冲刺加油鼓劲,但一般不要从旺季开始做到旺季结束,而是要短于整个销售旺季,除非全年销售压力比较大,销售任务完成差距大,必须整个旺季全程促销。大多数选择在旺季结束前的一个月左右开展冲刺竞赛。也有选择在旺季开始的时候率先促销冲刺或者在旺季中间冲击销售高峰的。

  阶段性销售竞赛中的淡季销售抢量竞赛可以选择销售淡季来临以后至转旺之前结束。淡季销售竞赛的持续时间大多长于旺季销售冲刺竞赛,但一般不超过3个月。在终端市场淡旺季销售波峰波谷差距特别明显的行业,针对业务员开展淡季促销,主要以销售业绩竞赛为主,促使业务员发挥通路产品蓄水池的作用,抢占经销商资金和仓库,为旺季销售准备充足的货源。促销时间不宜太长也不能太短。时间期限太长,业务员不能及时看到销售业绩完成情况,不能及时得到奖励,积极性难以调动起来或调动起来以后难以保持;时间期限太短,又会出现业务人员的短期行为,比如竞赛期间销量集中,奖励兑现后,销量又迅速下降,甚至出现竞赛期间经销商积极进货,竞赛结束后又以各种理由退货等经销商"支持"业务人员得奖的现象。淡季针对导购员的销售竞赛一般是销售能力竞赛多于销售业绩竞赛,因为终端销售没有蓄水池,销售抢量比较有限。但是在淡季旺做策略下,在开展淡季大型终端促销或者新产品淡季高调上市的背景下,针对导购员的淡季销售竞赛可以且需要有销售业绩任务内容。

  由于不同行业、不同产品的销售淡旺季开始和结束的时间不同,持续的时间长度也不同,无法给出一个确定的时间起点和终点,需要具体情况具体分析。

(三) 销售竞赛考核指标设置

  竞赛内容与考核指标设计是否合理,对竞赛目标的达成和团队士气的影响非常明显。竞赛内容和考核指标设计不合理,不仅不利于达成竞赛的目标、完成竞赛制定的销售任务,还会造成销售团队和个人之间的矛盾,影响到销售团队建设和企业文化氛围。

  合理的竞赛内容、考核指标需要依据竞赛的目的与任务、市场环境与背景、竞赛团队之间的市场差异、产品特性、参赛单位的层次和特性、竞赛的类型方式等因素进行综合考核与合理设计。

  以内容丰富的综合性销售竞赛为例,应该从以下几个方面考虑竞赛内容和考核指标选择,以及各考核指标的权重系数,形成合理的考核指标体系和考核方案。

1. 销售业绩指标

  可以设置销售业绩绝对量和销售业绩相对量两类考核指标。销售业绩绝对量是大多数销售竞赛追求的目标,但由于参加竞赛的销售团队单位市场区域大小不同、市场容量和规模不同、市场培育程度不同、绝对量有很大差异,难以在同一个层次上用统一的指标进行考核。为此,可以将绝对量作为销售竞赛的内容,以各销售团队单位过去的销售业绩作为基础,结合竞赛的总体目标任务,制定各个销售团队单位的销售任务绝对量指标,再以竞赛任务完成率等相对指标作为竞赛的考核指标,这样就比较公平合理了。

具体到销售业绩的细分内容和细分指标,应该根据销售竞赛的目标任务要求确定具体指标及其在指标体系中的权重系数。如:① 全部产品的销售金额或数量;② 主推产品的销售金额或数量;③ 销售任务总体完成率;④ 主推产品销售任务完成率;⑤ 销售业绩同比或环比销售增长率等。

2. 财务效益指标

有些企业不只重视销售发货等数量指标,更重视销售质量指标,销售质量指标可以通过销售回款数量与比例、完成销售业绩所花费的销售费用等指标来考核。因此在销售竞赛考核指标体系中还可设置这样一些财务指标:销售回款数量与比率,费用支出与比率等。

3. 市场推广指标

市场推广和品牌建设是取得销售业绩的基础。追求销售业绩质量可持续增长一定要以市场推广和品牌建设为支撑。扎扎实实做市场的企业会尽可能地将市场推广和品牌建设的内容列为销售竞赛的考核范围。考核指标包括:① 品牌和产品广告传播的数量和质量;② 销售人员产品知识掌握程度;③ 新通路新客户开发数量、速度与质量;④ 产品铺货率;⑤ 产品陈列展示状况等。

(四)销售竞赛奖励方式策划

1. 奖励方式设计

奖励方式设计的首要原则与重要经验是实施物质奖励与精神奖励双重奖励,如果只有精神奖励而无物质奖励则往往没有吸引力,只有物质奖励而无精神奖励则不利于敬业精神的倡导。因此,奖励方式最好能同时满足销售人员对利益和荣誉的双重追求。个人奖励一定要有精神奖励,颁发奖励证书,这是对销售人员在这个职业中成长的见证,也是有利于职业提升和发展的凭证。

物质奖励的方式需要灵活设计,尤其是针对销售人员个人的物质奖励,可以发奖金,也可以发奖品,奖品首选销售工作需要、且具有时尚性和外显性的名牌产品,比如高端笔记本电脑和智能手机等,以激起销售人员的自豪感。还可以奖励企业内部培训、企业外部培训机会,旅游度假机会等。奖励销售团队集体的,不需要再次分配到个人的,可以奖励集体使用的办公设备设施,而需要再次分配到个人的,则奖励现金比较好。

销售竞赛的奖励最好以召开奖励大会的方式公开发放,以激励先进、弘扬正气,并将销售竞赛的销售促进作用与销售团队建设结合起来,打造具有市场竞争力的销售团队。销售竞赛的奖励应该及时,趁热打铁,以免冷了销售团队和销售人员的心,减弱了他们的热情。

2. 奖励项目设计

奖励项目简称奖项。奖项设计是销售竞赛策划的关键内容之一,对激励销售人员行为的导向、激励销售人员行为的程度有着重要影响,需要结合销售竞赛的目的、销售竞赛的参赛对象性质及数量、企业资金状况、企业文化和销售团队建设等因素,合理设计。

(1) 奖项名称设计。奖励项目一般有综合奖励、单项奖励之分。奖项名称的设置一般应与竞赛项目内容相一致。比如,集体综合奖励的名称可以设计为最佳销售分公司奖、最佳销售门店奖等;个人综合奖励的名称可以设计为销售状元奖、销售明星奖、最佳导购奖、导购明星奖等;单项奖励名称可以依销售竞赛内容不同分别取名为:高端推广奖、新品推广奖、最快销售增长奖、最佳客户拓展奖、最佳终端陈列奖等。

(2) 奖项等级设计。可以采取同一奖项下面分设一、二、三等奖的方式,或者金、银、铜奖的方式;也可以不分奖项等级,但依据考核名次设置排名顺序,如第一名、第二名、第三名等。

(3) 奖项数量设计。奖项数量应根据竞赛结果考核情况、参赛单位(人员)数量设计,一般来说,凡是达到竞赛考核标准的都应该获得相应的奖励,保证一定的获奖面,这对于销售团队建设和销售人员积极性的保护具有积极意义。设置一、二、三等奖的,奖项等级越高,奖项数量名额越少。最佳、优秀、先进等奖项下面不再设置一、二、三等奖或金、银、铜奖等的,一般奖励数量名额设置为3名、5名或10名。对于参赛单位和人员比较多,但由于客观原因,不能获得正式奖项的,可以设置一定数量的优秀奖、鼓励奖和组织奖等,以提升参赛积极性。

3. 奖励标准设计

各奖项物质奖励标准的设计应根据企业财务状况、产品价格与利润空间、对销售人员的刺激力度等设计,销售竞赛的市场背景不同、目标任务不同、完成目标任务的难易程度不同、产品价格和利润空间不同,应有奖励标准差异。当处于销售下滑较大、销售人员士气不振的困境下,奖励标准的刺激力度可以大一些,以提振士气,这时的实际士气比表面利润更重要。

（五）销售竞赛实际案例

X保健食品销售竞赛

某公司引进X品牌系列保健食品，包括天然VE、鱼油、大豆卵磷脂、葡萄籽等。为促进该系列产品的销售，公司制定"X品牌系列产品销售竞赛活动"，在各门店间开展。

1. 竞赛目的
培养新品。

2. 竞赛规则
（1）竞赛时间：20××年×月×日至×月×日，为期一个月。
（2）考核指标：销售金额完成率。
（3）奖项设置：一等奖1名、二等奖2名、三等奖3名。获奖者可以得到相应物质奖励，所有参赛门店均可获得产品销售毛利额10%的现金奖励。

3. 竞赛前准备
（1）销售任务确定：根据门店保健产品历史销售数据，确定门店销售任务，并与门店经理达成共识。
（2）产品知识培训：成分、适用人群、保健效果等。供应商与门店部/市场部一起组织，培训后要考核通过。
（3）销售技巧培训：联合推荐、员工间配合、产品价值利益介绍、顾客异议处理等。
（4）销售陈列指导：选择一家样板门店，完成商品陈列与卖场布置，如货架陈列位置、端架/堆头展示、收银台随意性购买位置的利用、POP制作与张贴等，其他参赛门店依照样板店布置。

4. 竞赛过程中
（1）门店经理将销售指标分解到班/人。
（2）每天进行销售状况的检讨，提高员工对商品的熟悉度，提高员工间的顾客服务配合度，提升员工销售技巧。（通过销售竞赛提高员工服务力，比产品销售金额的提高更重要）
（3）避免出现引起顾客反感的强力硬性推销行为。
（4）注意观察是否影响到同类产品的销售。

5. 竞赛结束时
（1）严格按照竞赛规则进行奖励。
（2）做好销售竞赛过程与结果的总结。

三、年终激励策划

(一) 年终奖励策划

年终奖励是对销售人员全年销售业绩的奖励,虽然在年终发放,但是应属于全年性奖励,而正是由于在年终发放,因此对于引导销售人员持续规范销售行为、稳定销售队伍、培养销售人员的归属感和忠诚度有较好的作用。在很多地方,销售人员有过年调整工作的普遍习惯,并由此带来企业销售团队缺人问题,为此,有些企业特将年终奖改在春节后发放,或者至少是将年终奖分为春节前和春节后两次发放。

不同阶层员工具有不同的需求,应有不同的激励方式。基层员工比较看重即期工薪收入,因此应该考核工作成绩,应注重物质激励附加精神激励;中层经理不只看重近期收入还开始注重职业发展,因此需要综合考核工作能力和工作业绩,应更加注重物质激励和工作激励相结合;高级经理比较注重长期收入和长期发展,应重点考核其与企业价值观层面的关系、对企业的使命愿景的认同程度,从年薪、期权和股票收益等方面进行激励。年终奖励对于企业各类人员来说,都有激励作用,但对于基层销售人员和中基层销售管理人员来说,更为重要。

年终奖励是企业的一项非常重要的奖励制度,企业规模越大越重视年终奖励的稳定性和规范性,虽然每个年度市场状况和企业总体效益会有波动,年终奖励也应该随之调整,但大型企业均有一定程度上稳定年终奖、稳定队伍、稳定人心、稳定下一年企业经营预期的想法。因此,这些企业会将年终奖分成两个部分来发放。

(1) 稳定性奖金: 如外企普遍采用的13薪或14薪或更多,只要员工年底仍然在岗,无论他个人的表现如何,无论公司的业绩如何,均可享受,属于"普惠"福利性质,表示公司对员工一年来"苦劳"的感谢,发放规则是公开的,具体数额与每个人的基本工资水平相关。

(2) 浮动性奖金: 如根据个人年度绩效评估结果和公司效益状况,所发放的绩效奖金,这时发放比例和数额的差距就体现出来了。通常情况下发放规则是公开的,如某岗位职级的目标奖(即个人表现和公司表现均达到目标时对应的奖金)相当于多少月的基本工资(而且岗位职级越高的人奖金占总收入的比例越高),但对每个人具体的绩效评估结果各个企业的处理方法不太一样,有的对全员公开,有的不公开。

中小型企业和民营企业年终奖随企业年度效益变化和老板意愿变化浮动比较大,缺乏固定的规则和系统化的制度,员工与老板的亲疏、老板对员工的印象等都会影响到年终奖,奖金通常以红包形式直接发给员工个人,且通常不公开。

期望正规经营、长期发展的企业应该规范年终奖制度,做到稳定性年终奖与浮动性年终奖相结合。其中,稳定性年终奖意在稳定整体队伍,浮动性年终奖意在体现企业和员工的业绩。对于激发员工个人积极性来说,浮动性年终奖更为重要,这里多做一些介绍。

浮动性年终奖发放要体现三个导向:① 体现公司年度业绩状况。鼓励员工更关心公司的业绩与效益,建立起员工与企业的利益共同体。② 体现员工年度工作业绩。通过一定程序的年终评估,通过规范的考核方式做到公正公平、赏罚分明,减少因年终奖分配引发的种种矛盾和问题。③ 与年初业绩和激励计划保持一致。体现企业对员工的承诺和责任。

高质量的绩效考核体系是成功实施浮动性年终奖分配的基础。所以应与企业的关键经营绩效指标考核体系(KPI考核体系)相结合。企业管理层的KPI考核指标体系应该做到:考核指标一定要与企业的战略挂钩;考核指标不宜太多,以3—5个销售业绩、成本费用、盈利情况、品牌和市场建设等方面的关键绩效指标为好。基层销售管理人员和销售业务人员的考核指标应该更加清晰和简洁。

年终奖的发放应注意公平性。公平性包括外部公平和内部公平两种。做到外部公平可以使企业员工所获薪酬待遇与其他公司相比更富竞争力。企业确定年终奖,如有可能在绝对数量上可以高于行业平均水平,这对于提升员工对企业的满意度和忠诚度具有很大帮助。内部公平指员工对自己付出和收入的比值与其他员工的付出和收入的比值的衡量,如果两者是相等的,则员工会认为公平,否则会认为不公平。

为了使年终奖更好地起到公平作用,更好地发挥年终奖的激励作用,应该进行外部薪酬水平和内部员工满意度的调查,通过内部调查了解员工对年终奖水平、结构和决定性因素的看法和意见,再结合同行业企业的奖励政策、水平对本企业将要发放的年终奖进行有针对性的设计和调整。收集外部数据时,企业可以通过多种途径尤其是非正式交流的方式来获得外部信息,因为非正式交流往往可以收集到正规渠道收集不到的有效数据。应尽可能客观公正地评价员工的工作业绩,避免"工作绩效评价就是对员工人际关系的评价"的误区。做到评价员工的行为而不是评价员工个人,这样才能使年终奖的数额和结构与绩效紧密联系起来,避免平均主义或多劳少得的不良现象。在测算和发放年终奖的过程中要与员工进行充分的沟通,收集员工的反应,听取员工的意见,公开企业的薪酬结构和计算方法,使员工了解薪酬决策的程序以判断其合理性。这样做的好处是不仅让员工感觉自己受到尊重,更重要的是可以减少在执行过程中的各种差错与误会。

(二)年会激励策划

年会是企业总结全年销售工作、庆贺销售业绩、表彰销售先进单位和个人、迎接新年到来的重大仪式,也是激励员工士气、开展团队建设和企业文化建设的重要形式。中国企业年会一般在中国最重要的传统节日——春节前后召开,外资企业多在公历新年元旦前后召开,但也有顺应中国传统习俗在春节前后召开的。

根据年会参加人员范围,年会一般有纯企业内部员工参与的企业内部庆功娱乐式年会和企业内外人员共同参加的庆功联欢式年会两种,年会内容和流程也有所不同,下面分别进行介绍。

1. 企业内部庆功娱乐年会

企业内部年会只组织企业内部人员参加,有些企业还邀请员工亲属参加,但不邀请外部合作单位人员参加,因此娱乐放松的气氛更加浓烈。内部年会一般包括以下三个阶段的内容:

(1) **总结表彰**。内部年会一般在下午召开,第一阶段是正式的总结表彰会,一般由企业内部人员主持,最高销售管理者要发表书面讲话,总结一年来的销售工作和销售业绩,表彰年度销售先进单位和个人。有些企业还针对销售人员长期在外出差的工作特殊性,为特别支持销售人员工作的配偶亲属颁发"十五月亮奖"。表彰会主要颁发锦旗、证书、奖杯和奖品,精神奖励是主要形式,现场颁发奖金是物质奖励的主要形式,也有一些企业销售业绩和效益特别好,对获得突出销售业绩的销售功臣现场奖励轿车等重奖,年会之后就可以直接开回家,这种激励刺激效果是非常震撼的。

(2) **庆功晚宴**。年会的第二阶段是庆功晚宴,一年一度的庆功晚宴是比较丰盛的,菜品和酒水需要提前准备。晚宴上,销售管理者要逐桌向销售人员和基层员工敬酒,向辛勤工作的员工表示感谢。由于年会接下来还有娱乐活动项目,晚宴时间要注意控制,饮酒量也需要控制,不能豪饮醉酒。

(3) **娱乐活动**。这是内部年会最刺激、最高潮的部分,娱乐活动主要包括文艺表演、互动游戏和现场抽奖等三种形式。文艺节目有内部员工根据市场、行业和销售工作与生活自编、自导、自演的节目,这些节目外部人员可能不一定有感受、有体会,但内部人员一定有强烈的共鸣;还可以邀请文化艺人表演专业节目助兴。企业销售管理者也可以出场表演一些令人意想不到的节目,一反正式场合领导者的身份,与普通员工同乐。员工也可以现场邀请领导参与节目表演或者互动游戏,无论节目如何无厘头、如何搞怪,领导都应与员工配合。穿插在节目之中的现场抽奖,与销售业绩无关,只与现场娱乐气氛有关,抽奖总量大部分是由领导事先决定的,但是现场主持人还有可能临时"煽动"员工要求领导增加现金或实物抽奖。因此,娱乐狂欢的主持人一般由企业内部有特长的员工担任,也可以邀请电视台、广播电台主持人或网络达人客串主持,但不会完全交由外部人员主持。

2. 企业内外庆功联谊年会

企业内外庆功联谊年会不仅组织企业内部人员参加,还邀请外部合作单位人员参加,以借机感谢政府相关部门、新闻媒体、主要客户和物流配送等合作单位的支持,并展示企业文化氛围,因此会议格调在热情欢乐的基础上,还需要注意庄重正规,不能出现纯内部年会的搞怪搞笑。年会的内容和流程和企业内部年会基本一致,但是要注意有外部领导和合作单位来宾参加,要注意对他们的谢意和敬意,要注意他们的感受,以体现良好的企业风貌,需要给每个来宾准备一份礼品,并要与员工一样参加抽奖,需要邀请各主要方面的来宾代表在表彰会上讲话,但重奖轿车、搞怪游戏等项目就不要在内外联欢年会上出现了。这类年会策划可以参考以下内容模板。

(三)年会策划方案模板

1. 年会主题
表彰—庆功—激励。

2. 年会调性
营造欢乐气氛,打造团队精神,锻造拼搏意志。

3. 年会形式
表彰—晚宴—联欢—抽奖。

4. 年会预算
××万元,包括会场布置、餐饮住宿、奖金奖品、礼品、节目等费用。

5. 参会人员
参会人员如表6.3所示。

表6.3 参会人员

参会人员	人数
公司内部管理干部和员工	
市场监督、公安、税务、消协、新闻媒体嘉宾	
重点商业客户代表	
合计人数	

6. 年会组织
总负责人,公司市场、行政、财务、销售等部门负责人参与会议筹划和决策,各部门抽调人员参与组成若干小组,分工负责会议执行。

具体执行步骤及安排如表6.4、表6.5、表6.6所示。

表6.4 筹备工作项目、负责人及进度

序号	项目	负责人	完成时间
1	会场确定		
2	年度表彰名单与嘉奖令		
3	"十五月亮奖"名单确认		
4	锦旗、荣誉证书采购、制作		
5	奖品采购		
6	参会嘉宾、人员统计确定		
7	嘉宾请柬采购制作		
8	嘉宾请柬送达		
9	嘉宾礼品、抽奖奖品采购		
10	抽奖奖券制作		
11	会议报到及嘉宾签到名册		
12	销售总结报告		
13	节目排练与联系		
14	互动游戏节目策划		
15	节目编排、串词撰写		
16	晚宴菜单确定		
17	晚宴酒水、水果采购		
18	晚宴席位安排、席卡制作		
19	会场设计与布置		
20	场外条幅制作发布		
21	胸花、工作证		

表6.5 会议现场工作项目与分工

序号	项目	负责人	备注
1	参会人员报到奖券发放		
2	节目音像资料、道具收集		
3	嘉宾接待签到,礼品奖券发放		
4	嘉宾入席引导		
5	现场投影、音响、灯光、空调控制		
6	表彰会主持		
7	晚宴酒水发放与节余回收		

续表

序号	项目	负责人	备注
8	联欢会主持		
9	摄影拍照		
10	奖品保管与发放		
11	抽奖辅助		
12	节目道具		
13	清场撤离		

表6.6 表彰会议程

序号	项目
1	主持人宣布会议开始,全体起立,奏企业之歌
2	主持人介绍与会嘉宾,致欢迎辞
3	年度销售工作报告
4	主持人宣读嘉奖令
5	颁发各类奖项
6	获奖代表发言
7	嘉宾代表发言(消协、工商、技监、客户、媒体)
8	主持人致表彰会结束辞,宣布晚宴开始

庆功晚宴流程:(略)。

庆功联谊流程:(略)。

本章小结

　　内部促销是针对企业内部销售人员开展的销售促进活动。这种促销活动是一种具有隐秘性的促销活动,不需要对外宣传。内部促销活动的策划,需要研究和掌握内部销售人员的促销活动偏好,从而激发内部销售人员的积极性,实现良好的销售业绩成果。同时,也不能完全迁就某些销售人员的个人需要,而应该将内部促销偏好与企业整体营销策略结合起来,将内部促销与通路促销、终端促销结合起来,充分发挥各种促销活动的整体合力,还需要将内部促销与销售团队建设、销售人员业务技能提升锻炼结合起来。

　　销售提成是激励销售人员促进销售的基本措施,在企业实际工作中应用普遍,但是不同行业不同企业应有所不同,企业发展的不同阶段也应有所调整。销售竞赛是激励销售人员斗志、提升销售业绩的有效形式,应该根据市场竞争形势、销售面临的主要任务与问题,策划有效的销售竞赛活动。年终激励对于稳定销售队伍、稳定销售业绩、打造销售团队和企业文化有着重要作用,坚持持续发展规范经营的企业越来越重视用年终奖励和年会激励等激动人心的方式来激励员工。

课后练习

●理论知识练习 ▶▶▶

1. 什么是内部促销?内部促销有哪些特点?
2. 销售人员为什么特别喜欢促销活动?他们有哪些促销活动偏好?
3. 内部促销有哪些策略要求?
4. 怎样做好内部促销活动传播?
5. 如何策划设计销售提成方案?
6. 如何策划设计销售竞赛方案?
7. 如何策划设计销售公司年会?

●策划实战练习 ▶▶▶

在当地开展销售公司年会调查,分析年会对于提升销售人员积极性、稳定销售队伍的价值,提炼年会策划的要点,并针对一些年会策划和执行的问题,提出改善设想和建议。

第七章

开拓型市场促销活动策划

开拓型市场促销策略分析

开拓型市场典型促销活动策划

开篇案例 ▶▶▶

燕京啤酒广东市场拓展

"燕京"是中国北方强势啤酒品牌,为拓展南方市场,成立了广东燕京,产能最初规划为10万吨,但是头两年销量才区区1万吨,亏损高达4000万元。但是改变营销策略和促销模式之后,这个曾经要被燕京啤酒忍痛卖掉的"鸡肋"企业,短短一年间,销售提升到4万吨,并实现了盈利,三年之后开始扩建。

广东燕京成功拓展南方市场的主要做法是:① 产品调整。开发出了口味与纯生相近的"鲜啤",迎应了广东市场。② 区域开拓方式调整。采取逐级开发模式,沿着基地市场向外逐步渗透,实现区域滚动市场拓展。③ 通路运营模式和促销调整。废弃原来的底价操作制、大流通批发式、产品价格折让制,实行深度分销、精细化运作。④ 终端推广和促销方式调整。让每一个销售人员能直接针对餐馆进行费用核算与掌握,实现了全员自主营销,解决了费用预算与使用的难题。传播上采取了"终端品牌一体化"模式,每个终端点既是销售点,又是传播点,传播费用少而有效。而启动终端销售最强劲的方式则是覆盖整个珠江三角洲的主题为"开往春天的地铁"的大型车销活动。

车销活动的具体做法是集中3—4名销售人员带车销售,将区域开拓、形象推广、新产品上市、进店铺货、产品促销、服务改进、终端摸底与签售统一到一辆送货车上。活动最先在佛山市的镇级市场展开,公司抽调6台依维柯,并整合客户的十几辆面包车、货车,由广东燕京总经理亲自挂帅,推进了半个月后,整个佛山的终端售点已覆盖70%。

后期推出新产品进货折让政策、消费者赠饮等促销活动,系统推进了车销的精细化啤酒营销。

(资料来源:中国营销传播网 谭长春)

> **学习目标** ▶▶▶
>
> 1. 理解开拓型市场的市场特性与促销任务。
> 2. 了解开拓型市场促销活动策划的原则与要求。
> 3. 掌握开拓型市场典型促销活动策划的基本策划思路和方法。

第一节 开拓型市场促销策略分析

一、开拓型市场的特性

开拓型市场一般是指新创业的企业、新创立的品牌或新开发的产品上市期市场,也可以是成熟企业、成熟品牌或成熟产品新拓展的区域市场。其共同特点是销售通路和消费者对该产品都缺乏认知,还没有开展尝试性进货和购买行动,更没有建立稳固的购买习惯。

(一)品牌或产品缺乏知名度和理解度

在开拓型市场,或由于企业刚刚创立,或由于品牌刚刚创建,或虽然品牌和产品并非新创但是由于进入的是一个全新的市场,品牌和产品导入工作还在起步阶段,品牌和产品的营销传播工作才刚刚开始,还没有达到足够的传播认知效果,因此,销售通路和终端消费者对品牌和产品的了解非常缺乏,品牌和产品还缺乏知名度。

(二)经销商客户没有接触与合作经历

在开拓型市场,除成熟企业和成熟品牌在成熟市场导入新产品时与经销商客户有过接触、有过合作之外,其他类型的开拓型市场,经销商客户与生产制造厂家均没有接触和合作经历,新创业的企业是这样,新创立的品牌也是这样,老品牌、老产品开拓新的区域市场也是这样,在这种情况下,市场开拓工作的经销商渠道建设是一项从零起步的工作。

（三）客户开发和终端进入存在挑战性

由于客户对企业、品牌和产品知名度、理解度和信誉度认知的缺乏等先天性不足，由于与经销商以前没有接触和合作基础，因此客户开发和终端进入工作困难重重，需要从零开始一点一点地积累，一步一步地推进，不断解决市场开发过程中出现的问题，不断与有合作意向的经销商进行沟通，促进他们建立企业、品牌和产品的信心，这样才有可能打开局面，找到愿意合作的经销商，从而启动产品铺市进店上架等市场开拓型工作。

客观地说，新创业的企业、新创立的品牌或新开发的产品上市期市场相比于成熟品牌和成熟产品新拓展的区域市场，上述特征更明显，问题和困难更多一些。而由于企业营销资源和营销能力的差异，新老企业、新老品牌在开拓型市场上的拓展速度和成效也会出现差异。新企业、新品牌的挑战更大，更需要耐力和坚持。

二、开拓型市场促销活动的目标与任务

开拓型市场促销的总体目标任务就是品牌快速进入市场，实现市场的成功开拓。在这个总体目标任务下，需要按照市场开发的一般规律和企业的营销策略，确立以下具体目标任务，有计划、有步骤地开展市场拓展工作。

（一）促进经销商客户开发达到时间、数量要求

要在空白的市场上成功开拓市场，必须在一定的时间内完成一定数量的经销商客户开发任务，并实现产品销售的实际运营，否则有可能无法成功打开市场，或者做成夹生市场，有一些零星的客户和零星的销售，但是形成不了气候，还留下了负面印象，让经销商对企业、对品牌、对产品产生不信任感，给重新加大力度开拓市场带来不利影响。

（二）提高经销商客户的打款进货率和铺货率

在市场人员开展促销活动配合市场开拓的过程中，在销售业务人员带着促销政策拜访经销商的过程中，需要切实提高经销商合作启动率和打款进货率，实现产品从制造商向经销商的流通，并且需要促进经销商将产品铺到下游分销商和终端卖场，实现产品从经销商进货向渠道下游和终端出货的流通。

（三）建立终端消费者对品牌和产品的知晓率

对品牌和产品的了解是购买的前提。开拓型市场促销必须完成消费者对企

业、对品牌、对产品知晓"从0到1"的突破,并达到一定的知晓度和知晓率,否则市场的成功开拓、终端销售的成功实现就无法达到。因此,开拓型市场促销需要整合广告宣传、营销公关和促销活动,形成一定范围程度、一定声势力度的营销传播攻势,为开拓市场进行营销造势。

(四)提高知晓顾客向购买顾客的初始转换率

在经过一段时间的促销整合传播攻势以后,终端消费者对企业、对品牌、对产品的知晓率会有所提高,具备了实现终端销售的基本认知条件,但是认知还不是购买本身,甚至高认知条件下也未必一定就会有高购买行动率。因此,开拓型市场促销还必须趁热打铁,将消费认知转换成消费购买行动,将知晓顾客转换为购买顾客,实现首次尝试性购买。这个时候,促销活动需要具有足球场上临门一脚的功夫,实现成功进球。而大量终端顾客的首次尝试性购买的实现,将会进一步吸引更多终端消费者的购买,将会激励经销商和零售商继续经营和扩大经营的信心,消除怀疑和观望心态,从而顺利完成市场的成功开拓。

三、开拓型市场促销策略分析

一般来说,开拓型市场的促销需要解决两个问题:一是通路客户的认可和进货,即上面具体目标任务的1和2;二是终端消费者的认可和购买,即上面具体目标任务的3和4。在市场营销的促销沟通整合策略中解决这两个问题的方法途径有"推"和"拉"两种基本模式。

(一)"推"的促销整合模式

主要是通过业务员利用销售政策和推广措施拜访经销商,推动经销商客户签约进货,再推动经销商铺货铺市,将产品推给零售商,最后将产品推给终端顾客。在这种促销整合模式中,主要使用销售政策和人员销售手段,较少投入广告宣传,较少甚至没有"高空营销公关"支持。这种模式需要的营销资源投入较少,但市场开拓成效较低,速度较慢,市场开拓主要依靠业务员的个人能力和勤奋精神。由于投入的广告公关宣传较少,企业、品牌和产品的知晓度与影响力较低,在开发客户过程中困难较大,客户拒绝率较高,客户开发失败率较高,业务员的挫折感较大,流失率也因此较大。因此,常常会带来很多销售管理上的问题,还很有可能贻误市场机会,所以,在消费品行业,这种模式主要适用于营销资源稀缺的中小型企业和创业型企业。但在销售周期较长、需要持续深度沟通的工业品行业,这种模式非常适用。

（二）"拉"的促销整合模式

从行动步骤上来看，是先通过广告宣传、营销公关和促销活动等整合促销策略拉动终端消费者，然后再通过销售政策和推广措施来拉动销售链条中间的经销商客户。从营销资源和营销力量的投入上来看，广告宣传、营销公关和终端促销活动的资源投入较多，营销造势的资源投入较多，声势较大。从市场效果上来看，市场开拓的速度较快，消费者和经销商接受的障碍较小，终端产品销售启动和经销商开发的成功率较高。因此这是大型企业和成长意愿较强、追求快速成长的中小型企业首选的促销整合模式。

在运用"拉"的促销整合模式开拓市场的过程中，需要配合广告和营销公关宣传，针对业务员、商业客户、导购员和消费者开展促销，以在广告和公关"高空"支持下，达成终端消费者购买和经销商客户进货，在"高空"传播达成的品牌和产品知晓度的基础上提高销售转换比例。这种策略是将建立品牌和促成销售结合在一起的促销思路，因此在促销活动策划与执行的过程中，需要同时兼顾品牌形象和产品促销。

在营销实战中，单独使用"推"或"拉"促销模式因见效速度比较慢而较少采用，更多有实力、有魄力的企业会采用"推拉结合"的模式来快速开拓市场，以便在激烈的市场竞争中夺得先机。在技术进入壁垒比较低的行业，采取"推拉结合"的模式快速开拓市场就尤为必要。而在互联网成为主流传播形式的背景下，借助互联网传播的广泛性、快速性和裂变性，互联网创业企业更是形成了开拓性市场促销的"推拉结合"打法，通过"线上广告和公关内容营销饱和式投放＋线下地面推广攻城略地＋低价格高补贴价格战法"的整合运用，实现市场的快速拓展，而内容营销的饱和式投放的"拉"动打法以"明星代言＋KOL推荐＋KOC分享＋社交平台种草"组合最为典型。这种打法的好处是市场开拓速度快，问题是风险比较大，需要投入大量费用，因此特别依赖资本市场的融资支持。

在开拓型市场促销活动中，针对经销商的促销活动方式主要是通路推广补贴，以解除经销商推广产品、拓展市场的后顾之忧和资金压力。针对业务人员的促销活动方式主要有客户拓展竞赛和新品销售竞赛，以激励业务人员尽快开发客户、组建销售渠道，并提升新产品销售数量与规模，实现市场的成功开拓。针对终端消费者的促销活动，主要包括路演展示、免费试用和附送赠品等方式，以增进消费者对产品的认知和体验，降低消费者购买产品的风险和成本，鼓励消费者实现产品的首次尝试性购买，并引导消费者的持续购买。我们将在第二节对这些类型的促销活动展开具体与深入的介绍。

第二节　开拓型市场典型促销活动策划

一、通路推广津贴促销策划

通路推广津贴主要是针对开拓型市场经销商等商业客户对市场前景没有把握，不愿意投入的心理而采取的一种促销措施，即经销商等商业客户开拓市场的推广费用由厂家给予津贴、补贴，以鼓励商业客户投入推广费用拓展市场。

推广津贴的使用范围一般根据市场推广的有效方式确定，不同的时期会有一些差异，不同行业、不同企业也会有所不同。一般来讲主要有以下几种形式：

（1）**媒介广告津贴**。经销商在大众媒体上发布与企业、品牌和产品推广相关的广告，在符合企业 VI 标准和市场推广策略的基础上，企业按照一定的比例给予费用补贴。

（2）**售点广告津贴**。经销商在终端售点按照企业统一要求制作发布户外广告和店堂广告，企业按照一定比例给予费用补贴支持。在快速消费品行业，这类补贴的常见方式包括门头广告补贴、橱窗广告补贴、灯箱广告补贴等。

（3）**网点建设津贴**。经销商在开拓下游分销商（二批商和三批商）以及终端销售门店时，企业按照网点成功开发的时间、进度、数量和质量标准要求给予补贴。

（4）**配送铺货津贴**。经销商在开发大型连锁销售门店以及边远乡镇市场时，会产生进场、铺货和配送费用，企业按照进场数量、铺货数量和配送成本核定一定的比例后给予补贴。

（5）**促销活动津贴**。经销商对下游通路成员（包括二批商、三批商和零售店）进行促销、对终端消费者进行促销，是开拓市场所需要的促销活动方式，企业可以给予一定的费用补贴。

（6）**销售人员津贴**。经销商为经销企业的产品，需要增加销售业务人员和终端导购人员，企业可以给予一定人数和一定时期的人员费用补贴，待市场成功开拓以后经销商的经营收入能够维持这些人员费用后再停止补贴。

推广津贴的方式还可以根据推广方式的创新和传播手段的创新而更新，比如在自媒体时代，为鼓励经销商开展直播、短视频、微博和微信等自媒体营销，可以给予自媒体营销补贴等。

上述几种推广补贴方式不一定全部同时使用，尽量不要一次将全部津贴资源用完,可以视企业营销资源情况、市场开拓的需要、行业和竞争对手使用的情况等有选择地使用其中的一部分方法,也可以分推广阶段先后使用不同的方法,例如,在开拓市场的初期使用媒介广告津贴和网点建设津贴,在开拓市场的中期为促进销售实现使用售点广告津贴、配送铺货津贴、促销活动津贴和销售人员津贴。

各种推广津贴的使用力度需要依据市场开拓的难度与进度要求、企业营销资源、同行和竞争对手的力度以及经销商的需求进行综合考虑,不需要太大力度时,尽量不要使用过强的力度,以免造成经销商的惰性,不是通过拓展市场取得效益而是依赖推广补贴获利。需要较强力度时,也不要迟疑,以免市场开拓久攻不下。

各种推广津贴的使用时间期限应有规定,总体上来讲只能在市场开拓期使用,不能长期使用,少数需要延期使用的,也需要有目标、有考核、有新的作用和新的效果。

二、客户拓展竞赛活动策划

客户拓展竞赛是针对业务员设计的促销活动。开拓客户是开拓市场的基础,开拓客户是业务员的主要任务之一。企业在开拓市场时,拓点、开店就有销售,点多、店多销售就多。因此,企业会开展客户拓展竞赛以鼓励、刺激业务员更多、更快地开拓客户。而由于开拓市场前期,销售规模很小,销售提成不多,因此,客户拓展竞赛就成为激励业务员的一种重要形式。

客户拓展竞赛的参赛范围应覆盖所有开拓型市场的业务员。客户拓展竞赛应设定合理的期限,因为客户拓展有一定的周期,不一定拜访一次、商谈一次就能成功开发;但也不能过长,以免失去及时激励的作用,通常按照月份来设定考核周期是比较合理的,也是比较容易操作的。

客户拓展竞赛的考核依据应该为一定时间内成功开发客户的数量。成功开发客户的标准必须包括但不限于签订销售合作协议,以免业务员签订假协议、不能实际执行的空头协议来应付竞赛或套取竞赛奖励,所以一般应以成功签约并打款提货且承诺不能退货作为成功开发客户的主要依据。成功开发客户数量越多、开发客户打款提货金额越多,竞赛成绩就越高,奖励就越多。但在开拓市场前期,不应仅以新开发客户打款提货金额作为唯一竞赛考核指标,因为开拓市场前期不仅要考核开拓客户的质量,还要考核开发客户的数量,且只要能够开发的客户一般应尽可能开发,不应放弃目前规模不大的客户或者目前还不想大规模进货的客户。

三、新品推广竞赛活动策划

新品推广竞赛活动主要是针对业务员的以新产品市场建设和销售启动与增长为主要竞赛内容的促销形式,也可以针对经销商客户开展。

新品推广竞赛通常是在经销商客户开发到一定数量规模的时候开展的,这时市场开拓的主要任务已从客户开发转为产品销售。为了促进已经开发的客户更多地进货,要更积极地推进新产品的销售和市场的开拓,因此,特别针对业务员和经销商开展新品推广竞赛。

新品推广竞赛的考核指标一般包括:① 市场推广执行情况。市场推广是实现产品销售的基础和前提,在开拓型市场运作中具有重要的作用,因此需要列入竞赛考核范围。具体考核指标应根据新品推广要求设置。② 新品销售数量规模。由于新品销售没有历史资料可以借鉴,因此新品销售任务应仅作为考核参考使用,而以新品销售实际数量规模进行考核激励比较客观。③ 新品销售环比增长率。由于开拓型市场新品销售从零开始,没有同比增长数据,因此只能且需要按照环比增长率来进行考核。三类考核指标的考核权重应视具体情况设计,不应简单平均。

新品推广竞赛考核周期总体不应超过新品市场拓展的时间期限,且应在整个拓展周期内将竞赛考核奖励周期细分为若干阶段,分阶段进行考核,通报考核结果,兑现竞赛奖励,以及时、迅速激励业务员和经销商提高新品推广积极性和实际销售业绩。

四、路演展示活动策划

路演展示,字面意即马路上的展示活动。早期华尔街股票经纪人在兜售手中的债券时的场景就是站在街头声嘶力竭地叫卖,"路演"一词便由此而来。后来虽然有了交易大厅和电子交易手段,但路演方式还是被保留了下来,并演变成为国际上广泛采用的股票发行推介方式。

路演还被推广应用到多个行业,已不再是发行新股进行推介活动的专属。路演的概念和形式也得到了发展和延伸,成为包括媒体发布会、产品发布会、产品展示、产品试用、优惠热卖、以旧换新、现场咨询、注册抽奖、礼品派送、有奖问答、才艺展示、文艺表演、游戏竞赛等多项内容的现场活动。

路演活动能够通过互动性、趣味性的沟通传播方式诠释品牌和产品的特征,加深受众的理解和记忆,还可以通过与现场促销的紧密配合,促进消费者的尝试性购买,因此对于缺乏知名度和理解度的处于开拓型市场的企业、品牌和产品来说,路演展示活动是一种能够看到实际效果的促销推广活动形式。

路演活动还可以运用到成长型市场和成熟型市场的促销活动中来，但这些市场背景下的路演活动，品牌和产品传播推广的成分和意义会逐渐降低，产品促销的成分和意义会更加明显。

（一）路演活动的时间、地点和受众

路演活动举办的时间、地点和受众有着紧密的相关关系，并可以由此区分出高低端两种完全不同受众对象、两种完全不同品位的路演展示活动。

1. 室内高端路演

高端品牌、高端产品运用路演方式向高端消费者推广新产品时，不能采用低端的户外路演形式，而应采用高端的"高调性"的室内路演方式。路演的时间一般应安排在工作日，如果只能安排在非工作日，开始时间不宜太早，持续时间不宜太长，以免影响高端客户的休闲活动。

室内高端路演地点应该选择在品位较高的商务酒店和娱乐休闲等场所。高端路演的受众需要根据品牌和产品的定位甄选并提前邀请预约，通常应邀请最典型的目标客户，尤其是目标客户中的意见领袖，还可以邀请部分经销商、代理商或者有合作意向的商业客户。为吸引高端客户，路演还应邀请一些嘉宾，比如品牌和产品的明星形象代言人、相关政府机构的官员、社会名流、网络名人和媒体记者等。路演应安排品牌和产品的主创人员、研发人员和设计人员分享品牌和产品的创意设计理念，并与现场客户开展深度交流与沟通，让客户深度体验和感受品牌与产品。

路演的室内布置陈列必须具有创意和格调，并与品牌和产品定位相吻合。路演全程应提供优雅体贴的人性化服务，比如引座与温热适度的茶饮服务等，让客户深深感受到被尊重，对企业和品牌留下深刻而美好的印象。

2. 户外低端路演

这是在城市和乡镇的广场、街头、路边和商场门前举办的最为常见的路演活动形式。这种路演活动吸引的通常是随机路过的路人和到商场购物的消费者，少数是事先听到路演活动消息特地过来看看的特殊受众，还有一些无所事事的社会人员以及跟着看热闹、参与游戏抽奖、拿奖品或赠品的人。这种路演通常是在双休日和节假日开展，以利用自然人流量来聚集活动现场人气。高端消费者路过户外路演活动现场，通常不会驻足停留、长时间观看并参与活动。因此，户外路演活动的受众比较随机。因而，一般形式上的户外路演不适合高端品牌、高端产品，也不太适合高价值的耐用消费品或高科技产品，除非在路演地点和场地布置上有特别高品位的呈现、在路演方式上有特别与众不同的创新。

户外路演的形式决定着其对于日常生活用品和快速消费品的市场拓展和促销的适用性。在中国市场上,开展得最早、规模最大的户外路演活动,当属宝洁公司的农村路演。1996年5月,宝洁公司在中国开始了持续三年的遍及中国数万个乡镇的路演活动,对在农村市场推广宝洁公司的洗发水和洗衣粉取得了很好的宣传作用,但是由于销售通路建设和价格的原因,实际销售业绩并不理想。此后,宝洁公司又多次调整农村路演推广方式,多次开展农村路演活动,甚至在2009年金融危机后还开展了"新下乡运动"。户外路演是路演活动最常见的形式,也是本书讨论的重点,接下来就以户外路演为主题进行介绍。

(二) 户外路演活动的策划与执行

1. 抓住品牌和产品传播主旨

在户外路演活动中,路演只是活动的表面形式,品牌和产品展示才是活动的重要内容。在路演活动的策划和执行过程中如何突出表现品牌价值主张和产品消费利益是最需要关心和解决的问题。

(1) **要有较为明确的户外路演活动规划**。要将品牌和产品的市场拓展过程中需要开展什么样的路演活动、开展多少场次的路演活动、路演活动应坚持什么主题等进行明确界定,使得路演活动与品牌和产品的市场拓展能够得到有机的结合。

(2) **路演活动的主题设计、现场布置设计应与品牌和产品特性相结合**。如果路演产品是来自大草原的乳业产品,路演活动的背景可设计成草原风光,活动现场的工作人员应穿着大草原特色的服饰。活动现场应该设置醒目的产品展示位置并配备产品介绍人员,使得消费者在欣赏路演文艺和游戏节目的同时,能够近距离地接触到活动主题、品牌和产品,要尽量利用一切可以利用的场地和方法,形成产品信息、促销信息与消费者的良好沟通。如果路演活动简化到了只是搭台演出,就完全失去了传播品牌、推介产品的价值和意义。

(3) **在路演活动节目内容和形式的选择和编排上,应尽量贴近品牌和产品**。很多路演活动为了聚集人气,一味地选择歌舞、游戏等活动,却忽视了对品牌和产品的宣传。为了吸引人群驻足观看,适当的文艺演出必不可少,但必须注意与产品的有效结合,不能搞成一场纯粹的草台文艺演出活动。即使是文艺节目或观众参加的游戏也要加强对产品诉求点的宣传。比如通过剥花生比赛来强调食用油的原料是纯正的花生。

(4) **路演活动派发的礼品、赠品和广告品也要与品牌和产品相结合,或者直接用产品做礼品或奖品,这在快消品和日用品中最为适用,相当于做了一次样品免费派送,让观众不但参加活动还体验了产品,一举两得,效果更好**。如果无法将产品作为赠品至少也应该选择与产品有关联的礼品(如化妆品送美容手册,电脑送鼠标键盘等),并印上企业或产品名称作为广告物品。

2. 优选路演活动的执行机构

路演活动涉及场地预定、场地布置、演艺人员选择等很多具体细节工作,而且通常在一个推广期内需要连续举办多场路演活动,企业内部一般没有这么多、这么全的人员配置,因此通常外包给广告公司或活动执行公司。但是,企业需要优选路演执行的机构,并加强活动执行控制和效果评估,以保证路演活动的质量和效果。

为了能揽到生意,活动执行机构不惜以低价来争取客户,但为了保证活动的利润,就只能牺牲活动的质量和水准。随着路演活动数量的增多,路演机构将路演产品标准化和同质化了,缺乏应有的路演创意和品牌特性。这周几个人在这个商场门口表演节目,下周在另一个商场门口还是那几个人在表演同样的节目。

企业的业务员也往往把主要精力放在跟踪客户打款提货上,对路演活动的品牌宣传与产品推广关注程度不够,更有甚者,将路演活动作为对经销商和卖场的支持性活动,只要打款就支持一场或者是几场路演活动。这样的路演活动,对经销商卖场人气及销售增加的意义远大于企业产品推广本身。很多厂家会与活动执行机构形成长期合作关系,只要厂家一个电话,就能在短短几天之内策划出一场路演,但这种以路演公司为主要策划者的路演促销活动,难以实现活动与企业产品推广和促销主题的有机联系,很难达到企业产品市场开拓的目标。

因此,企业必须优选路演活动执行公司,在路演活动策划环节,加强与执行公司的沟通,加强对路演活动方案的检核和审查,确保路演活动对品牌和产品推广的针对性和有效性。在路演活动执行过程中要加强活动监控,在路演活动执行之后应及时进行评估。

3. 强化路演活动的执行管理

户外路演活动要事先到当地城管、消防、市场监督、疫情防控等机构办好手续,在商场外场开展的路演活动也要与商场有关部门以及安保部门做好必要的沟通工作,否则会受到政府执法部门的干涉,甚至被勒令停止并被处以罚款。

活动开始前工作人员应提前到位,检查路演活动场地布置是否及时完成、舞台高度是否合理、舞台是否牢固、音响是否完好、赠品和宣传品是否足够、主持人和演员是否到位等等,做到一切准备就绪。

活动现场如何吸引人气是活动执行的一个重要问题。户外路演活动现场吸引的受众人群越多效果越好。那么如何才能吸引更多的人前来观看甚至参与活动呢?①活动现场的美陈布置必须有吸引力,尽可能用气球、彩带、音响来增强现场气氛,如果路演产品的外包装比较耀眼,也可将包装拼起来美化现场或直接制作一个大型包装。②活动开始前先来一段吸引人的节目将人群聚集到活动现场,如活动针对老年人可先来一段经典戏曲,活动针对年轻人可先来一段活力四射的街舞,然后主持人趁机介绍企业、产品及开展此次活动的目的。③ 活动进行当中,可派人就近散发精美的DM单,吸引消费者到活动现场;更好的办法则是制作大型的产品路演气模,请人穿上在现场及周围四处游走,吸引人群。蒙牛集团在重庆的某次路演活动就曾经请了两头"奶牛",大大激发了活动现场的人气。

活动的内容要有创新,不要一味地唱歌、跳舞或是模仿网上、电视上的游戏节目。早期消费者很少有机会能观看现场演出,所以路演能够吸引较多的人气,厂家和卖场能够借助人气,在品牌宣传和产品销量上得到比较满意的结果。而如今时尚选秀节目、才艺展示节目充斥网络和电视,演艺酒吧和娱乐歌厅遍地开花,消费者的欣赏水平也得到了极大的提升,很少有消费者能够长时间驻足于现场看舞台上的歌手在那里演唱了。再加上一些演员的艺术水平有限(有些基本上是不入流的歌手),更降低了路演的水平和品味。

路演活动必须做好应对天气变化(如暴雨、酷暑和暴风雪等恶劣天气)的措施,应对突发事件(如突然停电、人群拥挤、疫情防控)的措施,保护路演活动中人员的人身安全、财产安全和情绪安稳。

4. 注重路演与产品销售整合

在路演活动策划和执行过程中,应该注意路演活动现场和产品销售现场的整合与联动,形成路演现场和销售现场的内外配合,通过路演活动调动消费者的参与热情,增进消费者与品牌的情感交流和共鸣,增添消费者对产品的了解,引导消费者到销售现场实现尝试性购买,促进产品市场的成功开拓。

(三) 户外路演活动策划方案模板

某企业某项新产品基于开拓市场的需要开展路演促销活动,根据产品规划和营销策略,避开寒冬和酷暑季节,安排在4—6月、9—11月两个时间段,地点范围为各区域市场,具体细化方案按照以下要素充实完善。

1. 路演时间选择

农村、城镇路演一般安排在上午9时至12时(优先选择赶集和赶庙会日);城市路演一般安排在周末或节假日的上午9时至11时。

2. 路演地点选择

当地的繁华地段的广场(提前与有关部门联系以得到支持,尽量争取到免费使用的场地),搭建中小型简易舞台(城市小型演出则无需舞台)。

3. 路演内容安排

公司市场部和路演执行机构共同制定路演产品展示清单和路演活动执行方案,其中路演的文娱演出节目,应注意流行文化与传统文化的结合、社会文化和企业文化以及路演产品的结合,农村、城镇路演主要以地方戏曲的名家名段为主,中间穿插歌曲、小品等节目,由路演执行机构负责落实。城市大型路演的文娱节目由文化演艺公司等机构策划节目内容,公司市场部和销售分公司负责审订。城市小型路演的文娱节目由公司市场部、销售分公司、路演执行机构等选定,主要以流行歌曲和观众互动游戏为主。

4. 路演活动宣传

提前3—7天在路演当地生活服务APP、当地网络社群发布活动信息,张贴海报、散发传单或悬挂条幅"广而告之",告知路演活动时间、地点和主要内容,突出免费观看而且可现场品尝体验产品和参加抽奖等活动信息。

5. 现场宣传与促销

在路演现场悬挂"某企业向某地父老乡亲问好"以及品牌与产品广告宣传口号等宣传条幅,散发印有品牌和产品字样的小气球、开瓶器、遮阳帽等;在路演过程中,主持人应代表企业致辞,对广大消费者表示感谢,应在产品现场展示、体验或品尝等环节对企业和产品进行通俗易懂、生动形象的介绍,重点要介绍产品的性能特点、价值利益以及现场购买的优惠措施,鼓励观众上台参与活动,如即兴演唱地方戏曲或流行歌曲等,参与者均赠送企业产品或纪念品,当地经销商要做好路演产品的现场优惠销售。

6. 其他注意事项

各区域市场的路演活动要提前报计划至市场部,经公司总经理批准后方可执行;要做好现场秩序维护和疫情防控,防止出现安全事故;当地经销商要在场地选择、舞台搭建、宣传促销等方面积极配合,并利用社会关系协调好有关部门,确保路演顺利进行;请当地有关新闻媒体和网络媒体到现场进行采访报道,扩大宣传范围和效果。

五、免费试用活动策划

免费试用是通过向目标消费者提供免费试用产品,促进消费者对产品的体验了解,进而促进产品销售的一种促销形式,对于新品牌和新产品开拓市场阶段实现消费者首次购买具有较好的作用。由于这种活动方式无需消费者付出任何代价,因此也较受消费者欢迎,活动的接受度较高。通过产品试用,消费者能对该产品产生直接的感性认识,能增进对产品性能和优势的理解,对开展免费使用的生产企业也会产生好感和信任,因而是开拓型市场品牌传播、产品推广和促销的有效方法。

(一)免费试用的产品适用范围与方式

免费试用的适用产品范围比较广泛,但是由于产品价值不同、产品使用消费体验的场景和条件不同,试用效果显现的时间长短不同,不同类别的产品免费试用需要采取不同的形式。从实际情况来看,比较有效的免费试用方式主要有以下五种:

1. 食品饮料的现场免费品尝

大多数食品和饮料具有即食性和即饮性,开袋或开盖即可食用或饮用,口味和口感立即能够被消费者感知并做出评价。因此,食品、饮料在新产品上市阶段开拓终端市场时,可以在商场门口、商场店堂或商场柜台开展现场免费品尝活动,近距离甚至是零距离接近消费者,以最便利、最直接的方式使顾客建立对产品的认知,促进消费者对产品的首次购买。

2. 日化产品的样品免费派送

护肤品和洗发水等日化产品价值不高,但一般来说现场试用难以直接、真切地感受到产品的效果,而是需要一定的使用次数和使用时间才能体会到产品效用。因此,采用样品或试用装的免费派送方式来实现目标消费者对产品的理解体验,促成消费者的首次购买。

3. 电器产品的免费登记试用

电器类产品价值和价格相对较高,试用还需要一定的场景和条件,因此不便进行现场使用,费用上也承受不了样品免费派送试用,为此,可以采取免费登记领用的方式进行产品试用。意向顾客办理身份登记和领用手续之后就可以将产品带回试用,试用期间不收任何费用,试用期结束以后不想购买可以归还产品,如果想购买产品可以折价优惠购买。邀请免费登记领用客户的主要途径:一是通过发布产品上市广告告知免费试用信息,二是在路演活动现场或产品销售现场进行告知。

4. 上市新车的现场试乘试驾

试乘试驾是新车上市增进目标顾客了解和感知的方式,由于产品价值和价格昂贵、试用有场地和安全等方面的要求,不能采取样品派送和登记领用的方式,只能采取邀请目标客户到4S店等展示与销售现场试乘试驾。邀请客户的方式主要是在发布产品上市的媒体广告中告知试乘试驾的信息。在客户试驾之前需要检核客户的驾驶证件(试乘不用核验驾驶证件),在试乘试驾过程中,需要有销售业务人员和技术服务人员陪同,并及时介绍和引导客户感受产品性能与功能。

5. 网络产品的免费体验试用

在互联网时代,基于计算机和智能手机网络平台运营的应用程序、操作工具、管理软件、网络视频、网络课程等信息化软件产品,可以通过免费安装、免费注册、限定内容或限定时间免费试用、试看、试听等形式进行产品体验,免费体验结束以后需要继续使用的用户可以付费购买,不需要继续使用的客户则可以放弃不用。这类产品的免费使用操作最为方便、成本最为节约。

（二）免费派送活动的策划和执行

在上述五种免费试用方式中，免费派送方式是使用范围最为广泛、使用频率高而成本又较高的一种方式，因此特别予以介绍。

1. 免费派送的方式选择

(1) 上门入户派送。产品制造商组织专人或委托专门的投递公司，将免费试用装直接入户送给或快递给消费者。直接入户发送是派送效果最好的方式。由于直接送达消费者手中，不仅可以令其产生意外收获感，更可得到消费者对产品更高的关注度。如果样品同时附有产品的广告宣传，也会使原本比较令人反感和被人忽视的广告得到更高的阅读率。这个方法所赢得的消费者尝试购买率也相当高，有时最高可达80%，比在户外派送要高很多。如果产品的确不错，这些尝试性消费者就会再次重复消费，甚至会成为品牌的忠诚消费者。因此，这是企业推介新产品、建立消费群的有效方法。直接入户派送的另一优点是针对性强。通过研究目标消费群的特性，可以合理选择派送范围，如特定的城区街区、住宅小区、办公楼宇、健身中心或娱乐场所等，还可以根据住宅小区和办公楼宇的建成年代、档次等级、物业类型（别墅、洋房、高层）、户型面积等做到精准派送，能有效地进行直接沟通和提高样品的试用率。快递入户可以根据用户档案、购买消费记录判断用户的消费层次和消费偏好，也能够做到精准派送。

(2) 公共场所派送。又称"户外派发"，一般选在购物中心、户外广场、交通站点、重要街口等人流量较大的地方，由促销推广人员向行人派送，也可以定点搭建促销台，将产品陈列摆放在醒目处，供行人或顾客自行拿取。户外派发的优点是简单方便，但是目标消费者及其需求判定的准确性难以掌握，主要依靠派送人员的眼光以年龄、性别和穿着打扮为主要依据进行快速判断，存在以貌取人的成分，虽然也有一定的精准性，但精准度不如上门入户高，容易出现判断不准而造成浪费产品的现象。

(3) 广告告知领用。活动举办者先在媒体广告中发布派发活动消息，并说明凭此广告或广告所附优惠券至指定地点换领免费样品，这样做的最大好处是可以吸引消费者到卖场售点，使看了广告对产品感兴趣的消费者能够免费试用，对企业更具价值。这种派送方式的反响一般比较强烈，企业应做好充分的样品和人员准备，以免现场出现样品不足、人员应付不过来的现象，避免消费者因领不到样品而产生抱怨、谩骂甚至破坏现象，以及由此引发的群体安全事故。

(4) 电商快递派送。在线上电商平台销售产品的厂商，可以通过主动向用户推荐免费试用产品、由用户自主决定选择试用产品并随快递包裹一同配送，也可以直接在用户网购产品的快递包裹中加放试用产品，但要注意在快递样品包装的醒目位置做好文字说明,以免用户误会或产生疑虑。这两种电商快递样品派送方式比较省时省力,还可以突破时间空间限制,并能追踪到用户信息,便于持续跟踪联系,因此是基于互联网和电商业态的、相对比较精准的样品派送与产品市场开拓方式。

2. 免费派送的时机选择

在线下实体商业环境中,免费派送促销活动最好在产品铺货率达到50%以上时才可执行,如果没有足够的零售网点,消费者在试用满意后却买不到产品,就达不到促进销售的效果。在线上电商销售场景中,免费派送促销也需要做好产品供应链、网店和直播间的基础工作,保障产品能够正常供应。另外,需要注意选择合适的时机以接触派送对象,如入户派送时应尽可能选择双休日的傍晚或上午,以免户主外出或打扰其休息;户外派发时需回避上班高峰期的行人,以免引起反感;采用凭广告到指定地点领取免费试用装则应选择在受众的工休日进行。

3. 免费派送的组织管理

免费派送促销活动有着显著的三高特性,即高试用率、高品牌转换率和高成本开支,这也正是它独具魅力而不少企业又不敢轻易尝试的原因所在。样品派送管理难度较大,较难保证免费样品能完全送达消费者手中,有的派送人员怕吃苦,有的怕上门遭到拒绝,有的甚至将免费试用品拿回家或将广告宣传品扔进垃圾箱里,各种情形不一而足。而作为活动的组织者很难对这种分散性活动的结果一一进行核实,即使是一些专业的促销公司,也存在管理不力、运用不正规的问题,这就使活动的成本和效果无法精准估量。活动的组织者是否有经验,直接影响着活动效果和成本,管理得当则会节省许多"遗失"的样品。因此,企业采用此促销方式时必须做好详尽的计划,并请富有专业经验、信誉度高的人员来组织管理,以弥补它的缺点,充分发挥其优势。

六、买赠促销活动策划

买赠促销是指顾客购买商品时,卖方以另外免费赠送有价物品或服务为诱因来促进产品销售。赠品能直接给顾客以更多的实惠,有利于增强产品的销售力,能够增加顾客购买的愉快感和获得感,有利于提高销售成交率。

买赠促销活动具有促销效果的直接性与明显性,对开拓型市场新品上市启动有一定的帮助,能克服顾客观望心态,打消顾客购买疑虑,鼓励顾客尝试购买;也可以减轻竞争对手降价或促销活动的压力,对提升和巩固销量、扩大或维持市场份额也有一定的帮助,赠送给顾客一些额外的价值馈赠或补偿,对某些利益驱动型消费者有一定的吸引性,可扩大产品销售。因此,它的用途十分广泛,可以在产品寿命周期的各个阶段使用,也可以在各种类型的市场促销活动中使用。

(一)赠品的策划与选择是成功的关键

赠品的选择是买赠促销活动成功的关键因素之一,合适的赠品会增加顾客的兴趣,刺激和强化顾客的购买意愿。快速消费品和医药保健品可以赠送同一产品,如"买二送一""买一送一"等,使得消费者花同样的钱获得更多的产品,同时可以扩大产品影响,降低企业促销活动成本。但是耐用消费品和高价值产品,难以承受买一送一、买二送一的成本费用,一般要赠送产品以外的物品。在这类情况下,正确选择赠品十分重要。赠品的策划与选择应该遵循以下十大要求:

1. 产品关联性

赠品和产品应该有使用上的关联性,如买彩电在城市市场送红外线耳机,在农村市场数字有线电视没有通达的区域送卫星电视接收器;买洗衣机送洗衣筐、洗衣粉;买电冰箱送食用油;买化妆品送化妆包等。这样能够使消费者得到实惠和消费使用上的便利,在使用这些赠品时随时能够产生对品牌的联想,能够增加对品牌的好感。

2. 品牌协调性

赠品品牌和产品品牌在品牌档次和品牌个性上一定要匹配相称,以相互陪衬、相互提升,实现双赢。赠品因为处在陪衬地位,因此选择有档次的品牌达成合作通常不太容易,但希望打开新市场的著名品牌有时也甘当市场主流品牌的陪衬,比如宝洁洗衣粉在开拓中国市场阶段就主动与海尔、小天鹅和荣事达等洗净度高的著名洗衣机品牌合作,成为这些洗衣机的销售赠品,不仅免费提供宝洁旗下的洗衣粉,还向这三家洗衣机品牌支付投递工时费用。如今洗衣粉更多让位于洗涤液,但宝洁洗衣粉的各大品牌依然健在,但小天鹅和荣事达洗衣机品牌却早已被美的收购。采用杂牌产品当赠品会提升赠品档次,但会降低产品品牌价值形象。例如,名牌彩电等家电产品采用杂牌白酒当赠品开展买赠促销活动,既无产品关联性,又无品牌协调性,利人不利己。

3. 顾客接受性

赠品的种类要适应消费者的口味与偏好,不能硬塞给消费者不需要、不喜欢的赠品,赠品选择应尽可能投顾客所好。不同的顾客会喜欢不同的赠品,希望选择一种所有的顾客都喜欢的赠品是不现实的。因此,事先明确买赠活动对象的定位,了解目标顾客对于促销赠品的偏好,是十分重要的,这样有利于提高促销赠品的接受度。

4. 价格适当性

选择什么价位的赠品,虽然要看促销竞争的力度、竞争对手赠品的价格,但更要看品牌地位和产品价格与利润空间。赠品的价位是次要的,品位却是主要的,一般品牌要使用高价位的赠品才见效,名牌则没有这样的必要。一般品牌可以使用一般品位的赠品,但名牌则应选择高品位的赠品。在消费品促销当中,促销赠品一般来说价值都不会太大,有业内人士根据经验表示,如果是激励立即购买的赠品,一般最高会占到产品本身价值的15%;其他非即时激励的促销赠品一般只应占到产品本身价值的3%—5%。

5. 质量可靠性

不能因为是赠品,质量就可以放松。劣质赠品会对品牌形成明显伤害,会使消费者对产品质量产生怀疑和不好的联想。因此,必须把握赠品质量关。赠品价值不大没关系,但一定要制作精良、质地精美。

6. 使用外显性

为增加或拓展赠品的品牌宣传作用,可采用在消费使用过程中带有外显性的产品作为促销赠品,并打上企业的品牌名称和标志。例如,向商务男性顾客赠送带有品牌商标与标志的手表、公文包、名片夹等,向职场女性顾客赠送手袋、化妆盒等。

7. 时尚流行性

为彰显品牌活力,避免品牌老化,增强赠品的吸引力与接受性,应尽可能选择时尚流行的产品做赠品,而不能过分贪图便宜,采用过时、落伍的产品。在当今瘦身减脂备受关注的时代,针对都市时尚一族购买冰箱送液晶显示体重秤,就比送厨房刀具更具时尚感。

8. 健康亲善性

赠品在消费使用上应该健康向上,对人体、对自然、对社会都具有积极意义,响应低碳环保理念,具有民族与爱国情怀,以体现品牌的社会责任感,而不应该迎合低级审美趣味和恶俗消费需求。

9. 时间季节性

赠品种类应视买赠活动时间而有所调整,夏季送雨伞正当时,冬季送雨伞不合时宜;夏季送电风扇犹如锦上添花、清凉宜人,冬季送取暖器犹如雪中送炭、温暖人心。

10. 区域差异性

中国市场区域差异大,风土人情、风俗习惯差异大,用户审美观念、心理偏好差异也大,因此,赠品种类应视买赠活动开展的区域地点而有所不同,做到因地制宜。全国统一开展的买赠促销活动,赠品可以根据市场区域差异而作不同选择。否则不仅无法取得促进销售的效果,还有可能引起顾客对企业和品牌的误解和不满。

（二）买赠促销活动策划与执行的要点

为提高买赠促销活动的效益,在策划和执行过程中,还应注意以下几点:

1. 正确预计赠品的采购数量

要事先正确预估买赠促销活动的销量,并以此为依据核定确定促销赠品的订购或制作数量,避免出现真正要促销的产品没卖多少,反而库存积压大量赠品的现象,结果变成不是为自己的产品促销而是为赠品厂家促销。

2. 严格控制赠品质量和价格

真正做到质优价廉,避免质次价高,损伤品牌形象和企业利润。为此,必须按正常流程办事,杜绝人情采购,更不允许腐败采购。

3. 赠品价值不要随意地夸大

有的企业的促销活动策划人员为了招徕顾客,常常故意夸大赠品的价值,一个价值5元的塑料相架摇身一变成了价值20元。现在的顾客经历过、见识过太多的促销活动,对于促销赠品的价值已经具有了一定的评估能力,如果赠品价值夸大超过他们的判断标准,他们就会对赠品、对促销活动,甚至对品牌产生怀疑。所以实事求是地向顾客介绍赠品价值实际上是对品牌形象的维护。

4. 严格管理赠品以防止流失

赠品亦是有价的,应视同产品管理,要严格执行验收入库、仓储保管、发放登记等手续,不允许相关人员和经销商截留或挪作他用,一定要保证真正用在买赠促销活动上。

5. 赠品与活动同步配送到位

在销售一线,经常能看到这样的情况,买赠促销广告宣传告知活动已经开始了,但相应的促销赠品却没有到达终端,消费者无法在购买产品的同时获得相应的赠品。促销赠品中途断货或提前断货的现象也较常见。到位的赠品应集中摆放,注重赠品陈列和展示,形成赠品丰富的感觉,这对于促进产品销售也有一定的帮助。在买赠促销的策划和执行过程中要做好赠品采购与配送管理,避免赠品缺货影响活动开展以及由此引发的用户不满和品牌形象伤害。

6. 灵活处理顾客的买赠歧义

有时候,顾客看中了产品,但由于多种原因不想要赠品,希望按扣除赠品价值的价格购买产品。这时应灵活处理,如果顾客的购买意愿是诚恳的,不想要赠品的原因是客观的、合情合理的,可按大批量购进或制作价格扣除赠品费用后出售给消费者。因为买赠活动开展的目的就是促销产品,只要能够达到这个目的,就应该尊重和满足顾客的意愿,不要因为顾客对赠品的异议而丢失销售机会。

本章小结

开拓型市场一般是新产品上市期市场,也可以是成熟产品新拓展的区域市场。其共同特点是销售通路和消费者对产品都缺乏认知,还没有开展尝试性进货和购买行动,更没有建立稳固的购买习惯。开拓型市场促销活动的总体目标任务是快速进入市场;具体目标任务是经销商客户开发数量与时间进度,经销商客户签约率、进货率、铺货率,终端消费者知名度建立、知晓顾客向购买顾客转换,实现顾客尝试购买等。开拓型市场的典型促销活动方式主要有:通路推广津贴、客户拓展竞赛、新品推广竞赛、路演展示、免费试用和买赠促销等。

课后练习

●理论知识练习 ▶▶▶

1. 简述开拓型市场的特性。
2. 简述开拓型市场促销的目标与任务。
3. 如何开展买赠促销活动?
4. 如何开展客户拓展竞赛促销策划?
5. 如何开展新品推广竞赛活动策划?
6. 如何开展路演展示活动策划?

●策划实战练习 ▶▶▶

乡镇市场开拓下一步应该如何优化

某白酒企业在本省的大中城市占据一定的市场份额,但是由于近来其他品牌的进入,市场竞争加剧,销售费用激增,销量却没有提升,在一些地区甚至出现下滑。该企业决定实行市场下沉,开拓乡镇级市场,大力拓展乡镇销售渠道,招聘业务员,对乡镇的终端门店进行铺货,在促销和广告上也大力投入,促销活动阵势轰轰烈烈,销量也有所提升,但是随着时间的推移,销量增幅开始下降,经销商抱怨日益增多,很多县级经销商转而经销其他竞争对手产品,企业开始怀疑开发乡镇市场开发的具体方案存在问题。

经过该企业上下深度复盘分析,诊断出以下问题:

(1)该公司的营销部门在进行乡镇市场的开发过程中,没有进行有效的市场调查,对当地乡镇市场缺乏清晰的整体认识。

(2)在乡镇市场开发上没有有效嫁接经销商的资源,主要依靠自身资源进行市场开发与维护,对整个市场开拓工作进行大包大揽,导致开拓成本过高,开拓效率低下。

（3）在乡镇销售终端的开发过程中，重点考虑的是如何扩大终端数量，如何提高铺货率。只考虑了数量，没有考虑到终端的质量。

（4）在与县级经销商的合作过程中，业务员重点考虑的是如何压货，而不是与经销商共同开发市场、维护市场、引导消费者。

（5）销售与推广、促销脱节，没有形成有效的动态配合。

请根据以上资料，为该企业乡镇级市场拓展重新策划一个完善的行动方案。

第八章

成长型市场
促销活动策划

成长型市场促销策略分析
成长型市场典型促销活动策划

开篇案例 ▶▶▶

广州宝洁,三大促销战役促成长

1988年8月,美国P&G公司、香港和记黄埔有限公司与广州肥皂厂和广州经济技术开发建设进出口贸易总公司合作,共同创建了的广州宝洁有限公司。仅用了一年多的时间,先后生产出"海飞丝""玉兰油""飘柔"等产品,行销20多个省市,广州宝洁有限公司初战告捷。为了迅速扩大市场,宝洁公司决定继续投资,兴建厂房,扩大生产,并策划和实施了3次大型公关促销活动,创造了非同凡响的市场效果。

1990年春节前夕,开展"海飞丝、飘柔美发亲善大行动",选取10家完全能代表广州市区最好位置与最好水平的发廊,聘请10多位美丽的亲善小姐,集中对她们进行头发生理、洗护常识、礼仪等培训,并配发很有特色的礼仪服装和化妆品,配合发廊开展免费洗发活动。消费者不用买任何产品,只需剪下一张广告,就可以换取一张价值相当于自己一日或两日工资总额的洗发券。这次活动使海飞丝、飘柔在广州地区的销售额同比增长了3.5倍。

1990年5月中旬,广州宝洁公司赞助广州电视台举办"海飞丝南北歌星、笑星光耀荧屏大型文艺晚会"。凭购买飘柔、海飞丝、玉兰油等产品的30元以上面额的发票一张即可换取晚会门票2张。活动旨在促成消费者知晓和接受新的品牌,当年度海飞丝、飘柔、玉兰油在广州市场的销量同比增长了4.5倍。

1994年和1995年,广州宝洁公司举办了两届"飘柔之星"全国竞耀活动。活动的目标是提高飘柔洗发水的品牌知名度,在消费者心目中形成崇拜感,促进使用飘柔产品成为风尚。活动经过赠影、初选、面试及公众投票后,由各省市精选出一名"飘柔之星"于指定日期到广州参加总决赛。在决赛之前,广州宝洁特别为选手安排了健美操、专业模特训练、化妆、头发护理及服装挑选指导,参观宝洁公司,了解跨国合资公司的生产运作。在"飘柔之星璀璨夜"的颁奖典礼上,各省的"飘柔之星"参与演出不同的节目,如服装、健美操汇演,问题对答及才艺表演等,从中角逐产生"飘柔之星中之星""活力之星""才艺之星""友谊之星"及"风采之星"五项殊荣。"飘柔之星"活动鼓励年轻人抓住机遇、突破自我,以勇于进取的飘柔精神赢得生活及工作上的成功。这次公关促销活动也因此培养了一大批飘柔的品牌忠诚者。

"三大战役"使得广州宝洁公司的形象牢固地树立在公众心中。1988—1993年宝洁为教育、体育、福利、美化环境捐资近500万元,提高了广州宝洁的知名度和美誉度。

(资料来源:《文明与宣传》 黄桂芝)

> **学习目标** ▶▶▶
>
> 1. 理解成长型市场的市场特性与促销任务。
> 2. 了解成长型市场的促销策略要求。
> 3. 掌握成长型市场典型促销活动策划的基本思路和方法。

第一节 成长型市场促销策略分析

一、成长型市场的特性

成长型市场是继开拓型市场之后发展而来的市场类型,是开拓型市场成功运作之后进入的一个新的市场阶段。除非市场开拓失败,正常情况下的企业、品牌和产品在度过开拓期以后应该会进入成长阶段,过渡到成长型市场。在成长型市场里,经过开拓型市场阶段的努力,新创业的企业、新创立的品牌或新开发的产品已经成功度过上市期,基本得到了市场的认可,而成熟品牌和成熟产品新拓展的区域市场,由于企业营销资源和营销能力的支持,市场开拓工作会比新企业、新品牌速度要快一些,成功率要高一些,进入成长型市场的时间会更短一些。在成长型市场里的产品应处于市场寿命周期中的成长阶段,原来销售通路和消费者对品牌和产品不了解等不利局面已经有了很大改观,产品销售已经具备了快速增长的基础。成长型市场的特征具体表现为:

(一)品牌与产品的知名度和理解度有较好提升

在成长型市场中,经过开拓期营销传播和促销努力,品牌和产品的知名度已经从"一无所有"上升到"有所耳闻",企业自身营销传播积累的品牌和产品知名度已经出现二次传播价值,消费者之间开始议论这些新上市不久的品牌和产品。加上这一阶段企业和品牌在营销传播和促销活动上的持续投入,品牌与产品的知名度和理解度还将存在一段快速上升的时期。

（二）率先合作的经销商客户示范效应开始显现

经过市场开拓期的销售业务的推进，率先合作的经销商已经取得了初步的经营成效，分销渠道开发已经初见成效，终端市场已经明显动销并且出现旺销迹象，这些都对成长型市场的经销商开发与市场拓展带来了明显的积极影响，上一阶段存在的客户开发和终端进入的困难在减少，难度在下降；愿意并主动要求合作的商业客户在增加，合作沟通时间在变短，达成合作的速度在加快。但这一阶段还需要继续开发更多的客户以拓宽销售渠道。

（三）率先尝试购买的终端消费者口碑传播出现

率先在开拓期市场购买产品的终端消费者经过一段时间的消费体验和感受，对于产品的性能和功能已经有所了解，他们或主动与身边朋友或自发上网与网友交流消费体验，或在别人向他咨询时发表自己的看法。服务周到的企业和品牌、质量过硬的产品，在这个时候会得到首批消费者的好评；而产品质量并不怎么样、主要靠不诚信手段引诱消费者购买的，则会受到首批消费者的差评。而能否顺利成功进入成长型市场，与此是密切相关的。

（四）市场销售具备成长基础并将出现成长信号

除非产品存在功能、性能和质量方面的缺陷，一般而言顺利闯过开拓期进入成长期的品牌和产品，在正确的市场推广和促销支持下，正常情况下会积累起市场成长的基础并开始出现销售放量增长的信号，销售增长曲线有可能出现高增长拐点。如果能够坚持正确的市场推广策略，加上具有引爆力的促销活动支持，品牌和产品就很有希望进入快速增长的上升通道。

（五）销售成长受到竞争品牌关注、面临竞争威胁

进入成长型市场的品牌和产品，不仅已经引起经销商和消费者的关注和兴趣，而且也引起了竞争品牌的关注。不过关注之后的行动不一样，经销商和消费者关注之后会支持品牌和产品，竞争品牌关注之后通常会发起阻击，试图将新生品牌和新进入市场的产品在成势之前赶出市场。因此，成长型市场的营销策略和促销攻势，不仅要针对经销商和消费者，还要针对竞争对手。

二、成长型市场促销活动的目标与任务

成长型市场促销活动的总体目标任务是快速提升品牌和销量，实现市场的快

速成长。具体目标任务主要分解为以下五项：

（一）促进客户开发数量增长

在成长型市场客户开发数量增长的任务还没有完成之前，由于市场客户数量不足而导致的市场增长的基础还比较薄弱，客户数量和分销网络的拓展带来的市场销量增长还有很大的空间，而且这种增长是持续的、稳定的，因此，促进客户开发数量的快速增长，仍然是一个明确而重要的目标任务。

（二）促进老客户巩固与续购

市场开拓期的老客户转入成长期以后一般不会流失，但是需要进一步做好客户服务和促销支持，巩固老客户关系，促成老客户的重复性进货，形成良性销售循环，防止老客户产品积压，无法再次进货，市场陷于滞涨状态。

（三）提升客户提货增长速度

成长型市场的良性发展需要通过市场推广和促销活动实现客户提货规模的增长和进货频次的加快。前期可能是一次提货50万元，一个月提货1次，在成长期可能需要提升到一次提货60万元，一个月提货2次，或者一次提货100万元，三个月提货2次。这样才能促进市场的快速成长。

（四）加快终端销售增长速度

终端销售的快速提升是激励经销商和销售人员最大的动力，也是刺激经销商扩大进货规模、增加进货次数的最大激励，更是成长型市场成功运作的重要保证。因此，成长型市场的一个重要的具体促销任务目标，就是加快终端销售的增长速度，并且保持和巩固终端销售的持续增长速度。这就要求成长期的促销活动需要有足够的力度，能够实现终端销售增长的提速。

（五）加快终端库存周转速度

零售终端运营模式不同于经销商，即使销售速度较快，但由于仓储、物流等方面的问题不可能像经销商那样大量进货、大量存货。因此，成长型市场的促销，特别需要针对零售终端的这一特点，在加快零售终端销售增长的基础上，加快终端库存周转速度，以快速的周转速度克服进货和存货规模有限的缺陷，以保证市场快速成长的需要，防止终端销售缺货和断货，影响销售增长和市场成长。

三、成长型市场促销策略分析

为保证市场快速增长这一目标任务的实现,避免品牌和产品的夭折,成长型市场的促销必须集中资源打响品牌形成爆品,必须强势出击助长市场。如果说开拓型市场的促销还带有试探性,需要测试市场的反应,那么成长型市场的促销必须带有坚定性,不能再左顾右盼、瞻前顾后,必须看准方向,拿准策略,快速行动,雷霆出击。如果说开拓型市场的促销,由于品牌和产品知名度低、影响力小,市场接受需要一定的时间,需要一个培养过程,企业的营销资源和力量又不足,因而需要小规模多频次地开展,逐渐渗透市场,那么到了成长型市场阶段,就必须强化促销力度、扩大促销规模,少频次、大规模地开展,形成强大的促销冲击力和影响力,快速占领市场。从策略层面分析,成长型市场的促销应该坚持以下策略:

(一)多促销手段的整合战

在成长型市场中,品牌和产品的知名度已经有所积累,但还需要进一步提升,同时为实现快速增长,还需要大力提升品牌和产品的美誉度,需要将更多的潜在顾客转化为实际顾客,需要将品牌和产品的知晓率转变为品牌和产品的购买率。为此,需要继续使用广告传播手段进一步提升品牌和产品的知名度,需要运用营销公关手段塑造品牌和产品的美誉度,需要运用促销活动手段实现消费者从知晓到购买的转化。从广告到公关再到促销活动等整合手段的使用,使得成长型市场的促销推进呈现出整合战的鲜明特征。

具体到促销活动一个方面来说,成长型市场需要同时面对中间商、销售人员和消费者进行促销。激励中间商的促销方式有厂商联合促销、开展销售增长竞赛等。由于这个阶段还需要进一步拓展销售渠道,因此,还需要针对销售人员开展渠道建设竞赛和销售增长竞赛。由于市场最终的动力和拉力来自于终端消费,因此成长型市场最重要的促销是针对终端消费者的促销,特别适用于成长型市场的终端促销活动方式主要包括特价销售、降价销售、有奖销售、买赠销售、游戏销售、消费竞赛等。在开展终端消费者促销的过程中,还需要紧密结合广告传播和营销公关,传播品牌理念和产品利益,通过销量的快速提升扩大品牌和产品的市场影响力。成长型市场的具体促销活动方式我们将在本章第二节详细介绍。

(二)强促销力度的攻坚战

从促销力度方面来看,成长型市场需要在开拓型市场品牌和产品推广积累的基础上,配合强有力的广告传播和营销公关,以具有冲击性和爆发性的力度打响促销攻坚战,强势抢占消费者心智,快速消除经销商疑虑,一举攻克最大的市场障碍,快速提升市场销量,帮助品牌和产品攻占市场制高点,促进市场向成熟阶段发展。例如,生产技术迭代速度快、生产成本下降速度快的产品可以在成长型市场采取降价方式降低产品价格门槛,通过降价扩大消费层面和消费群体,加快产品销售成长,加快产品进入消费普及阶段。在这个阶段过于计算当期的投入产出比而控制促销力度,很有可能贻误市场战机,还有可能功亏一篑,导致市场衰退。因此,需要有向未来市场要效益的信心和勇气,将促销活动当成打造品牌影响力、积累品牌资产的投资,不迟疑、不犹豫,果断出手、雷霆出击。

(三) 快促销节奏的闪电战

在成长型市场,促销活动的发动要快,执行要快,结束也要快。促销时间期限要短,不要给竞争对手留下阻击和干扰的时间,不要给消费者留下慢慢思考、慢慢比较的时间以至于久拖不决,迟迟没有采取购买行动;要形成促销时间短暂、机会难得的珍惜局面,促使顾客尽快做出购买决策而不是犹豫不决。尤其是采用特价促销方式时,更需要快节奏、高效率运作。

(四) 多促销区域的联动战

从促销活动开展的区域来看,成长型市场的促销需要采取多区域同时统一执行的方式,这样会形成更广泛的市场影响,形成更强大的促销力度,推动更大规模和更快速度的市场增长。而这又将深深激励众多经销商和销售业务人员,增强对品牌、对产品的市场信心,增强他们对未来市场向好的方面发展的预期,激励经销商进一步增加进货资金、扩大经营规模。这也会增强消费者对品牌、对产品的认知,更加感受到品牌的广泛影响力。这还会给竞争对手以有力的震慑,使得竞争对手接受品牌和产品势不可挡的事实,从而不敢轻易采取阻击行动以免遭受更大的打击。

成长型市场的促销,需要具备深邃的战略眼光、必胜的战略胆识、果敢的战略勇气,还需要整合大量的营销资源和高效的促销手段,因此对营销管理者提出了多方面的挑战,也带来了较大的经营压力和风险压力。但是,成长型市场促销只能成功不能失败,否则就得退回到起点从头再来,甚至完全退离市场,没有机会东山再起。"市场不同情弱者""市场不相信眼泪",对于这个阶段、这种类型市场的促销竞争来说,是最合适不过的精准描述。

第二节 成长型市场典型促销活动策划

一、厂商联合推广活动策划

厂商联合推广就是厂家联合商家共同在成长型市场当中推广制造商品牌和产品。经过开拓期的市场运作,商家应该看到了制造商品牌和产品的市场前景,愿意拿出自己的资源整合厂家资源,按照厂家的推广规划,联合开展促销活动,以促进市场的快速成长。

厂商联合推广既可以是厂家和商家总部层面的系统性、全面性合作,也可以是厂家和商家区域层面的合作,这里我们重点讨论后者。

区域性厂商联合推广是制造厂家区域落地性的推广活动,厂商联合推广能够整合经销商的资源,针对当地市场的实际,开展具有针对性的推广与促销活动。因此,厂商联合推广是比较接地气的实效推广。

区域性厂商联合推广需要按照制造厂家的整体推广方案,结合经销商的资源和当地市场实际,制定具体的落地性执行方案。在方案的策划和执行过程中,制造厂家的市场人员和销售人员应深入市场实际,考察市场情况,与经销商一起共同分析市场,共同制定方案,并组织力量共同执行方案。厂商联合推广的方式主要包括:

(一)厂商联合拓展分销网络

在成长型市场,分销网络的建设任务还没有完成,经销商下面的分销网络还不健全、不完善,因此还需要进一步拓展、扩张和完善。制造厂家和经销商应该联合在分销网络拓展和建设方面发力,打造覆盖面更广、辐射力更强、周转速度更快的分销网络。

(二)厂商联合拓展销售终端

在成长型市场,销售终端建设仍然是一项重要任务,一些关键的零售大卖场(KA客户)和零售电商平台可能还没有进驻,更多数量的中小型零售终端还没有铺开。因此,制造厂家需要借助经销商在当地的人脉资源、人力资源和物流配送设施,拓展关键的大零售终端、电商零售店铺和点多面广的中小零售终端,使消费者在重点形象性大卖场、零售电商平台和身边便利性店铺都能看到、买到产品。

(三) 厂商联合开展终端促销

在分销网点和线上线下终端卖场建设到位以后，制造商还不能静等市场自然成长，而是需要联合经销商一起开展终端促销，促进终端消费者更多更快地购买产品，加快分销渠道和零售终端产品动销速度，加快通路和终端库存产品流动周转速度，促进市场更快旺销，促进市场更快更健康地成长。

(四) 厂商联合开展广告宣传

在成长型市场，制造厂家还可以联合经销商开展落地性的广告宣传活动，借助经销商熟悉当地线上线下媒体，具有便利性低成本发布优势，具有监测当地媒体广告发布便利的优势，联合发布贴近当地消费者的品牌和产品广告，使得终端市场的成长更具有品牌与产品推广基础。

(五) 厂商联合开展公关活动

在成长型市场中，制造厂家还可以联合经销商开展本土性的公关活动，使得制造厂商的品牌更好地融入当地社会，融入当地公众心里，消除制造厂家品牌的远距离感与陌生感，增加制造厂家品牌在当地市场的亲近感和亲和力，从而助推品牌与产品本地化的快速成长。

二、销售增长竞赛活动策划

在成长型市场中，加大对销售人员和经销商的促销激励，对于促进品牌和产品的市场成长是非常有效的。除销售提成、销售返利等激励方式以外，销售竞赛也是很好的方式。由于销售竞赛的方式在企业内部是公开的，激励也是公开的，因此能够形成更有效果的激励氛围，能够激起更加高昂的销售斗志，更能够感染和激励集体的力量。而针对成长型市场的促销任务，这个阶段开展销售增长竞赛最为有效。

销售增长竞赛这种促销方式主要是针对业务员的，在县市级和乡镇级市场也可针对经销商开展。竞赛的主要内容和考核指标是销售环比增长率，考核周期基本上以月为单位，整个竞赛时间周期应根据成长期大体经历的时间和整体推广规划而定，一般为3个月左右。在竞赛过程中，需要及时通报竞赛成绩战报，营造浓烈的销售激励氛围，推动销售竞赛热情步步高涨，促进销售竞赛业绩不断刷新。为防止业务员和经销商出现违规行为，在销售竞赛的考核指标里应规定违规处罚措施。销售竞赛的策划和执行，在第五章和第六章中有比较详细的介绍，这里不再重复。

三、消费者竞赛促销活动策划

消费者竞赛促销活动是企业邀请消费者参加与品牌宣传和产品销售有关的竞赛活动,根据竞赛成绩赢取奖品或奖金的促销活动形式。

竞赛活动利用人们的表现心理、好胜心理、快乐心理与幸运心理,通过参与品牌宣传与产品销售,通过展现聪明才智,赢得一定的奖励,能使公众产生较大的兴趣,而且奖品越有吸引力,公众参与的兴趣越大。当必须提交购物凭证才能参赛时,竞赛就能直接推动销售;当不以购物作为参赛的必要条件时,由于竞赛的内容、答案、奖品或竞赛活动名称往往与促销品牌或产品密切相关,并且参赛者众多,有利于通过大众传播媒介进行宣传报道,还可以通过网络社交媒体快速实现互动性传播裂变,实现活动参与者的拉新与扩展,从而提高品牌和产品的知名度,传播产品的功能特点和优点,能够起到广告宣传的作用,并且比广告更能吸引公众。因此,消费者竞赛促销活动特别适合成长型市场。

蓝色包装跃动上市,寻找"百事"新生代

1998年9月,百事可乐更换了包装。在新包装产品上市的17天内,顾客可以在所收集的蓝色新包装百事可乐中,找出生产时间最早的新包装产品,拨打热线电话进行申报,只要所申报的生产时间排在所有申报记录的前100位内,即可获得"百事新生代见证人"称号和纯金金箔特制奖牌1块。领奖时必须出示与所申报时间相吻合的瓶罐包装及领奖通知单。通过让顾客寻找新包装产品的最早生产时间,加深了顾客对百事可乐新包装产品上市的印象,于是,在趣味比赛中新包装的产品销售也得以启动。

(一)消费者竞赛活动的主要形式

1. 品牌与产品知识有奖竞赛

要求参赛者根据促销品牌及产品的广告或使用说明书填写答卷,对优胜者给予奖励。问题越是简单,参加的人自然也越多,企业开展竞赛的目的本来就是希望参与者能通过回答问题,知道甚至记住品牌和产品。这类竞赛的参加者无需以购买为条件,因此是单纯以品牌和产品宣传为目的的竞赛活动。企业期望通过这个方法让参与活动的公众接触品牌和产品,了解品牌和产品,以扩大潜在消费者群体。

宁夏枸杞王"迎新年 撞大运 中大奖"

上海绿谷集团在媒体上推出的活动竞猜题是"宁夏枸杞王胶囊注册商标是什么?"在活动举办的1个月期间,参与者只要回答出竞猜题,即可获赠该产品1盒。

另外,还在所有参加者中随机抽出2名"特等奖",各奖励现金2000元人民币。

这类竞赛的问题都比较简单,竞赛问题类型及其作用主要包括:

(1) 品牌(商标)或产品名称竞赛。通过这一简单的问答竞赛增强公众对品牌和产品的记忆,加深公众对品牌和产品的印象。

(2) 排序竞赛。如要求参与者依据重要性或优劣等级为某些事物排列出相应顺序,从而为品牌与产品利益的传播做好铺垫。

(3) 回答问题并造句竞赛。如让参与者回答二三个问题,并用至少5个词语进行造句,通过语言运用强化公众对品牌和产品的识别和记忆。

(4) 找出不同点(或相同点)竞赛。如让参与者从甲、乙两张商标或卡通画中找出其中的不同点或相同点,以提高活动参与者对品牌和产品的识别度和理解度。

(5) 命名(译名)竞赛。如让公众为产品命名,让公众深度参与营销活动,让公众感觉产品之中有其参与的成分,从而继续长期深度关注产品,进而传播产品。

2. 产品包装收集竞赛

这是鼓励消费者通过收集产品包装参与的消费者竞赛促销活动。这类竞赛有利于促进产品的销售,只要奖品具有一定的吸引力,就会刺激顾客重复消费本产品,并收集产品包装参与竞赛。收集产品包装(如瓶盖)的竞赛是一种常用的促销手段,在给予优胜者奖励的同时,最好能注意到未能获奖的消费者群体,不能让未能获奖的消费者群体失望。

统一乌龙茶 开瓶有奖争"盖王"

打开统一乌龙茶瓶盖即可知是否中奖,瓶盖内发现印有"5000点",即奖励5000元现金;发现印有"500点",即奖励500元现金,以此类推。未印奖项的瓶盖累积起来,可参加"盖王争霸"比赛——看谁集盖数量最多,收集瓶盖数量最多的前108名,可当选"争霸英雄",每人获赠手机形计算器1个,集盖冠军荣获"盖王"称号,并送手机1部。

3. 体育竞技项目竞赛

体育项目竞赛即通过参与体育竞技项目来开展消费者竞赛促销活动,也比较容易吸引目标消费者参与,参与者既进行了比赛,又锻炼了身体。这样的活动也容易增加该品牌在目标消费者心中的好感,提升品牌形象。

喝"百威" 打保龄 献爱心

上海市第一届"百威爱心杯"业余保龄球公开赛由百威啤酒公司与上海市体育运动委员会联合主办,上海中兴保龄球馆等协办。只要收集3个百威啤酒的瓶盖或拉环,即可到比赛指定地点领取报名表;由于百威啤酒很大一部分是由餐饮通路销售的,因此在餐饮点消费满3罐(瓶)百威啤酒者,可直接向其促销员领取报名表格；无瓶盖或拉环者缴纳30元也可报名参赛。除了优胜者可获得奖励外,所有参赛者均可凭本人身份证参加1次抽奖。本次活动设奖金总额15.4万元,获奖人数75名。奖金中的一部分将以"百威爱心大使"的名义捐助灾区希望小学。

4. 智力创意有奖竞赛

此类竞赛活动的难度稍大,需要活动参与者发挥自己的聪明才智,体现自己的创造力,获奖的评价标准也以作品的创造力程度为准绳。此类活动着重于品牌形象的树立,活动的目标对象定位非常明确。

这类活动大多并不直接要求消费产品,并不设置消费产品参与门槛,而是将重点放在激发公众的参与精神,如此更能增加品牌的亲和力,缩短与公众之间的距离。此类竞赛形式很多,策划者可以充分发挥创意,如开展征文比赛、猜谜比赛、创意设计和书画竞赛等。

"猜中肚量,送您一辆"

福特公司与可口可乐公司曾经联合举办竞赛,请顾客猜一猜,一辆福特牌高顶客货车的货仓内可装多少听易拉罐装的可口可乐,猜中者就有机会得到一辆福特牌高顶客货车使用权。另外,还设10个小奖,获小奖者每人可得12箱可口可乐。

这一活动被命名为"猜中肚量,送您一辆",引起了公众的注意和参与。由于竞赛规则规定参赛者必须到福特汽车经销店填写答案,吸引了大量顾客来店实地察看福特牌高顶客货车,不少人由此了解到了这种汽车的特殊性能和优点,从而带动了销售。

5. 广告语有奖征集竞赛

这是以品牌和产品传播为目的的竞赛活动,企业既可以通过诚心征集得到理想的广告语和建议,又能扩大产品和品牌的影响。征集广告语一般不以购买产品为参与前提条件,但活动参与者通常会自发主动深度了解企业、品牌和产品,并有可能成为品牌或产品的忠实消费者和推广代言人。

零柒陆酒,为0769代言

2022年1月24日,万元征集"零柒陆酒"广告语活动颁奖仪式在东莞报业大厦会议厅举办。来自广州的投稿者赖志华的作品——"零柒陆酒,为0769代言"从4368条广告语投稿中脱颖而出最终成为"零柒陆酒"广告语,他也因此将万元奖金和10箱白酒等奖品收入囊中。万元征集零柒陆酒广告语活动于2021年年底进行,由东莞报业传媒集团有限公司和零柒陆玖(广东)酒业有限公司联合主办,东莞报业传媒集团东报文创承办。活动征集历时14天,举办期间受到全国各地热心网民的关注,来自五湖四海大众的踊跃报名参与。

获奖者在颁奖仪式上感慨自己对东莞这座城市有着深厚的情感,那些风景名胜和历史名人都记忆犹新，母亲也是东莞人，因此对东莞倍感亲切。在谈到创作感言时，他表示，广告词的构思直接来自"零柒陆酒"本身的启示，"零柒陆酒"取东莞的长途电话区号0769谐音，直接明了，深入人心。让本地人一听即有亲切感，也让生活、工作在东莞的人感到温馨和熟悉，虽然现在用手机通话或微信语音的功能减少了对0769这个区号的使用，但是长期的记忆在人们的脑海中是无法忘记的。所以用"零柒陆酒，为0769代言"这样的表述，能起到一个重复和强调的作用，让人加深对东莞的印象。相信这款以东莞元素、东莞符号、东莞文化为依托的"零柒陆酒"酒，作为东莞本地酒文化的一张名片，将以其优秀的品质让人称道，在一定程度上为0769代言，一定能得到东莞民众的认可。

6. 个人形象与才艺竞赛

活动邀请参赛者参加形象与才艺比赛展现活动主办方的品牌理念，虽然参赛者人数有限，但由于通常和大众媒体或网络平台联合举办，具有良好的娱乐性和观赏性，因此也能吸引大量社会公众深度关注，这样的竞赛一般赛程较长、环节较多，因此能起到持续深度传播品牌的作用。以年轻人为目标消费者的企业和品牌开展这类竞赛活动的比较多，其目的是期望在年轻消费群体中营造出一股品牌风潮和消费时尚。

企业策划这类活动的主题若能抓住公众心中的愿望（如过一把明星瘾），就比较能够引人注目。如崇拜港台影视红星的年轻人很喜欢模仿明星的行为，明星用的产品自然也能拨动崇拜者的心弦，如果自己能参与表演，更有星梦成真之快感。因此，诸如模仿秀、选美比赛、广告明星等竞赛活动就应运而生了。本章开篇的宝洁1994—1995年举办的"飘柔之星"大赛、蒙牛酸酸乳2004—2005年赞助的"超级女声"大赛、加多宝2012—2014年独家冠名赞助的"中国好声音"，就是20世纪90年代、21世纪之交和21世纪前10年此类活动的代表性案例。

"什果冰广告之星"选拔大赛

曼秀雷敦鼓励年轻人，只要觉得自己有明星相，有上镜潜质，充满青春活力或性格独特，就可报名参加"什果冰广告之星"选拔大赛，不但有机会成为"什果冰"新广告片中的广告明星，还可赢取丰富奖品。参赛办法是提供一张彩色近身照片，连同"曼秀雷敦"润唇膏任何一款的包装卡纸寄至指定地点。

大赛从13—18岁的参赛者中，选出"青春活力之星"男女各1名，奖励价值3000元的自动变焦相机1台；从19—30岁的参赛者中，选出"时尚新潮之星"男女各1名，奖励价值4000元的摄像机1台。另设100名参与奖，奖励价值100元左右的"曼秀雷敦"礼品包1份。

7. 产品现场消费竞赛

这是一种使用或消费产品的现场公开竞技活动,主办企业旨在通过产品消费竞技活动和网络直播方式扩大品牌和产品的影响。比如,各类啤酒节上往往有喝啤酒比赛的传统项目。这类竞技如能设置一定的条件,争取更多的参与者,就可能引起更大的效应。但是,这类竞技活动必须特别注意活动的规则执行、安全秩序,否则将可能违背企业的本意和社会公意,如有的企业开展的吃面、吃粥比赛,容易出现噎食现象,危及人身安全,暴饮暴食的场景还与铺张浪费、奢靡消费关联度较高,有违环保节约道德观念,这也是公众舆论对此类活动包括网络吃播持批评态度的原因所在。

吃八宝粥比赛

某生产八宝粥的企业在一超市门前举行了一场"争当大胃王"的喝粥比赛,免费参与,年龄不限,而且所有参赛者在2分钟内吃多少送多少,第一名还有特别奖励,一时吸引了大批市民参赛。一名12岁的小学生在2分钟内吃掉了5罐八宝粥,成为活动冠军,而同赛的成年人最多才吃了3罐。

(二)消费者竞赛活动的优点好处

1. 竞赛活动比较有吸引力

一般的广告很难引起公众的兴趣和注意,但竞赛能有效地吸引公众,通过竞赛内容、答案、奖品或竞赛活动的命名巧妙地宣传产品和品牌,其效果比一般的广告要强得多。

2. 竞赛活动规模便于掌握

一般来说,竞赛活动只要准备好奖品,规定好参赛规则并进行宣传后,剩下的工作就是评选名次和颁发奖品了。

3. 费用较少且可控性较好

竞赛活动的主要开支就是奖品的费用、广告的费用和评选获胜者的费用。竞赛的费用一般可以事先确定,这对于主办单位经费预算是很有利的,不像有的促销方式,事先很难确定活动的经费开支。

4. 可以帮助进行市场研究

竞赛中的一些问题及答案和信息数据可以成为主办单位进行市场调研、开展市场分析与营销策划的有用资料。

(三)消费者竞赛活动的注意事项

在组织竞赛活动时,主办企业应特别注意以下问题:

1. 企业及其相关人员不得参与

为保证活动客观公正,活动主办企业及其参与活动策划执行的广告公司或促销公司的工作人员与直系亲属不得参加竞赛活动,以避作弊嫌疑。

2. 竞赛内容要合法健康正能量

在策划竞赛内容时,要遵守法律法规和社会道德要求,防止出现恶俗内容,不得为了吸引眼球而哗众取宠,必要时可以向律师事务所、公证处或市场监管部门咨询,必要时请有管辖权的政府监管部门审批活动方案。如按照2017年修订的《中华人民共和国反不正当竞争法》,以促销为目的的竞赛或抽奖活动,最高奖项金额不得超过5万元人民币。

3. 活动现场和流程要安全有序

竞赛活动现场要依法依规控制人数,防止出现拥挤和踩踏事件,要遵守疫情防控政策规定,活动流程要简洁流畅,现场秩序要安全有序可控。

4. 活动执行邀请公证机构见证

为保证竞赛活动的客观公正性,应邀请公证机构的公证人员进行现场和全程监督,也可邀请消费者代表、社会公众和网络名人参与见证并现场直播。

5. 获奖标准应客观公正无争议

竞赛活动的获奖标准和竞赛问题答案应该客观公正可评判,应有明确的对错与胜负标准,不会引起争议和质疑,评判过程和结果要公开透明,不能暗箱操作。

四、有奖销售活动策划

有奖销售以场面热烈、回报率高、兴奋刺激、内容丰富、形式多样,被众多厂商及商家广泛采用,并被认为是见效最快、最适合拉动消费者购买欲望的促销方式之一。在成长型市场中,此类活动在节假日和黄金周期间,使用更为广泛。消费者在快乐的心境中购物时常常伴生幸运惊喜心理,感觉自己的购买选择不仅物有所值,而且能够获得额外收获,实现物超所值,因而乐于参与有奖销售。

(一)有奖销售的基本形式

1. 以产品促销为主旨的有奖销售

促销活动的主要目的之一,且最直接、可衡量、可检验的目的就是促进产品销售,因此,以产品促销为目标的有奖销售是有奖销售活动最广泛的一种形式。

(1) 产品包装附赠奖励。 产品包装内附有奖品、奖金或获奖凭证,但从产品外包装上看不出是否有奖,更看不出奖项的内容和等级,只有当消费者购买产品后打开包装消费时才能发现是否有奖,有什么样的奖品,有多少奖金或获奖凭证。这种有奖销售与买赠促销有些类似,但不同之处在于:买赠促销的赠品是公开透明的,对每位顾客一视同仁,购买产品相同赠品也相同,没有任何差异与区分。有奖包装促销奖励是随机的,获奖机会和奖项大小均有区别,且不均等,因而具有刺激性。这种形式在食品、饮料、酒水等充分竞争行业采用得特别多,如"揭盖有奖""再来一瓶"等。为方便厂商活动执行,也为方便消费者兑奖,一般小奖品和小额奖金,或放在产品内包装里,或可在零售店兑取,还可以兑换为电子红包在下次购物时抵扣相应金额,但大奖则需要将获奖凭证、获奖者身份证明邮寄或通过网络传给主办方审核才能兑奖,以防造假,也方便扣除中奖税金。

(2) 产品销售随机奖励。 顾客在购买产品时可在购买现场、手机客户端或电商网站通过一定方式抽奖。为提高促销奖励的直接性和促销现场氛围的热烈性,避免顾客等候或来回折腾,通常采取现场抽奖并兑奖的方式。市面上常用的抽奖方式主要包括刮刮卡刮奖,抽奖箱抽奖(摸奖),幸运转盘转奖等。为了公正起见,也为了让顾客亲自试试自己的手气,无论是何种抽奖方式均由顾客自己动手。奖项的设计和中奖的概率应事先告知顾客。抽奖有时也采取非现场方式——事后集中抽奖方式,因此销售过程中需要登记顾客的身份资料、购物信息与发票号码等,通过计算机随机抽奖和摇奖器摇号等方式抽奖,这种抽奖方式应邀请公证人员见证,抽奖结果应该公布并通知中奖者领奖。电商线上抽奖通常采用抽奖小程序进行,由于没有线下现场抽奖场面的热烈性,因此需要在抽奖页面或界面滚动显示中奖信息(隐去中奖者部分身份信息以保护个人隐私信息)。以产品销售为依据的奖励标准有法规限制,《反不正当竞争法》规定,这样的有奖销售最高奖金或奖品价值不得超过5万元人民币。这类有奖销售开展得比较频繁,不少企业为降低成本,在随机抽奖中弄虚作假欺骗消费者,中奖难、兑奖难,让很多消费者感觉非常不好,应注意改正。

2. 以品牌传播为主旨的有奖销售

以产品购买为条件的有奖销售,直接与产品销售相关,尽管对于促进当期产品销售有明显的作用,但是对于品牌提升帮助意义不大,对于产品的长期稳定销售意义也不大,而且由于频繁使用,作用效果也呈下降趋势。因此,需要丰富有奖销售的形式,降低有奖销售过于商业化、过于功利化的色彩。通过奖励消费者对品牌传播的贡献,加强品牌与消费者利益与情感的互动沟通,加强品牌与消费者的联系,促进品牌深度融入消费者的心智与情感,是更高层次的有奖促销。而面对追求个性化、购物渠道多元化和过程体验的新时代消费者,采用这类消费者激励方式更有必要。而互联网及信息通信技术又为品牌与消费者互动沟通提供了极大的便利,因此,这种有奖促销更容易执行。

凡客曾经在其官方网站上开展"全民设计"活动,实施"凡客达人"计划。"全民设计"活动零门槛鼓励网友上传自己设计的T恤和帆布鞋图案,所有凡客达人的注册用户都可以按照要求提交自己的创意作品,并参与评价其他作品。周冠军得主在获得1000元现金奖励的同时,其作品还能在国内知名潮流刊物上刊载,并有机会被印制成为凡客产品。当凡客达人自己的作品成为售卖商品时,达人们的购买热情将大大提高!在"凡客达人"计划中,达人们可以自己搭配凡客产品,推荐给亲友或"达人圈"购买。凡客达人们首先是凡客诚品的设计师和销售人员,其次是其粉丝,最后则慢慢变成了凡客的忠诚顾客,消费者获得奖品已不再是为了购买产品,消费者与企业的关系也不是交易型关系那么简单,而是彼此成了亲密的伙伴。

"凡客达人"计划与"全民设计"活动是对其企业文化(以开放姿态鼓励创新,以持续创新提升业绩)和品牌理念(全球时尚的无限选择,最好的用户体验)的实践和延伸。凡客期望的绝不仅仅是通过有奖销售促成更多的交易,而是以有奖销售为契机,让更多的消费者成为凡客的一员,汇集众人的力量塑造凡客诚品"互联网快时尚品牌"。

3. 以用户激励为主旨的有奖销售

面对有着强烈自我表达意愿的新兴消费者,企业需要用彰显自我风采、实现自我价值的方式来吸引消费者参与,让有奖销售真正"奖"到消费者心里。越来越多的企业将有奖销售的重心转移到了为消费者提供展现才艺的平台打造上,当奖品变成对消费者个性和自我形象的肯定、需要他们去构思和创意甚至有时需要付出努力才能得到时,"奖"就会变得更有价值,也更容易被消费者重视和珍惜。可口可乐旗下的美汁源产品曾推出过"果粒多更多,欢乐齐分享"微博互动活动,活动期间凡购买美汁源饮料,并将自己与美汁源饮料包装的合照上传至微博的消费者,都可获得赠饮一瓶。与此相似,嘉人美妆杂志曾邀请读者把自己的美妆、美肤照片上传至官方网站由网友评选,获胜的最美主角可以得到嘉人杂志赠送的化妆品,还有机会作为嘉宾参加《美丽俏佳人》的节目录制。

(二)有奖销售的策划要点

从本质上说,有奖销售是企业与消费者之间的情感互动,它需要企业付出情感和智慧,通过品牌理念和价值主张的传递,建立消费者对产品本身的信任和对品牌的认同,从而为他们提供能满足需求的产品或服务。不仅如此,有奖销售的设计也是一门技术性很强的工作,不仅需要有先进的理念作指导,需要活动设计者对消费者的潜在需求具备很强的洞察能力,还需要灵活运用各种现代化的沟通工具。因此,在策划有奖销售促销活动时,在技术层面有以下五点必须注意:

1. 避免胁迫和控制消费者

胁迫和控制消费者等于变相剥夺了消费者的购物选择自由，也是企业对自己产品不自信的表现。如果试图通过投机取巧的手段来诱迫消费者购买产品，结果必然会引起消费者的反感和抵制。

2. 避免自说自话用户无感

很多企业在组织有奖销售活动时，找不到产品与消费者之间的情感触点，比如促销套路陈旧、不会使用社会化网络新工具等。自说自话让企业与消费者之间的沟通就像是鸡同鸭讲，更谈不上情感的建立，由于活动缺乏话题性，无法带动消费者的广泛参与，费用花了不说，消费者还不买账。一家开业不久的婚纱店在这方面就处理得比较好。该婚纱店以周年庆为契机，针对当地在结婚时没有条件拍婚纱照的人群，组织了一次"一元拍婚纱照"的有奖销售活动，主要目标对象为20世纪70年代初期出生的人和一些中老年人，由于对此次活动的话题拿捏得比较到位，而且找准了消费者的情感触点，该婚纱店虽然位置较偏僻，但活动期间仍然客流暴增，极大地提升了婚纱店的品牌知名度和销售业绩。

3. 防止品牌形象传播错位

一次成功的有奖销售活动必须精准地传播品牌理念与价值主张，使品牌形象形成正向积累，然而，很多企业在开展有奖销售活动时，却经常造成品牌错位。以一家专业设计、生产和销售金镶玉首饰的企业为例，该企业在一次重要节假日举办了有奖销售活动，但是该活动的主题与企业金镶玉首饰的定位毫无关联，而且设置的奖品也与企业自身专业生产的产品无关。企业在当地长达十年的品牌积累，在此次大规模的促销活动中却没有得到传播。

4. 做好有奖销售执行管控

有奖销售活动操作难度大，管控环节多，将充分考验企业营销部门的执行力。所以，在进行有奖销售活动设计时，原则上不能占用活动参与者太多时间。很多商家在开展有奖促销时，用户线上注册时需要填写太多的内容，还涉嫌过度收集用户信息，有很多人往往填了不到一半就因嫌麻烦而终止了，或者担心隐私信息泄露干脆不填了。促销管控不力还会导致企业销售队伍和销售网络的腐败，从而失去消费者和社会公众的信任。例如，在某饮料企业组织的一次"开盖有奖"活动中，瓶盖内印有"中奖"字样的饮料都被二批商和业务员以一种特殊的方法筛选出来了，而发往销售终端的几乎全是一些瓶盖内印着"谢谢品尝"的饮料，消费者迟迟买不到能中奖的饮料，理所当然地认为企业是在"忽悠"他们。

5. 不断创新有奖销售形式

随着电商网购成为日常主要购物方式，信息透明化让消费者的购物消费变得日趋成熟。这些因素让企业传统有奖销售模式的效果呈现出边际效益递减的趋势。传统有奖销售模式应如何突破旧套路进行升级,已经成为它们必须面对的挑战之一。频繁开展的没有系统性、没有品牌主题的有奖销售活动,会改变消费者的内在期望和他们对产品的价值判断,这等于间接向消费者发出该产品"廉价""质量一般"的错误信息,从而不利于品牌形象的建立和提升。从根本上说有奖销售是企业与消费者之间的情感互动,它需要企业付出情感和智慧,通过品牌理念与价值主张的传递建立消费者对产品本身的信任和对品牌的认同,才能有助于品牌形象塑造和产品销售增长。

五、游戏促销活动策划

游戏促销,是企业设计一些构思奇巧、妙趣横生的游戏节目让消费者参与,同时把企业信息、品牌信息、产品信息传达给消费者的一种促销行为。游戏促销可以在产品售点开展,也可以在户外路演现场开展。

游戏促销能充分满足人们的兴趣,将枯燥简单的促销活动变得丰富多彩、妙趣横生,从而增强品牌宣传与产品促销的互动性与有效性。例如,在户外路演中,可以设计"一分钟内谁重复说出的品牌名称次数多""一分钟内谁说出的产品价值利益多"等游戏,由于奖品的激励和群体的参与呈现出更好的效果。游戏促销的成功机理在于人们爱玩的天性,游戏促销容易给消费者带来深刻的印象,从而增强对品牌的记忆。

(一)游戏促销的主要形式

1. 智力游戏促销

这类游戏促销活动以拼字游戏、拼图游戏等智力游戏方式赢取产品、奖品、奖金或价格优惠折扣,使产品促销过程充满趣味,让消费者在购物过程中感受到实惠与快乐。如当顾客每购一件商品时,他们就可以随机抽取一个英文字母,如果他们手中的字母能拼写出"cash"(现金)这个有诱惑力的单词,他们就可以得到奖金。

2. 体力游戏促销

体力游戏促销以顾客的体力比拼来赢取活动奖励,以促进产品销售和品牌传播。例如,娃哈哈旗下的功能性饮料启力在市场成长阶段曾在全国城市市场开展过"启力掰手腕大赛",大赛内容形式与启力产品的功能利益密切关联,与"喝启力,添动力"的广告口号十分吻合。现场购买娃哈哈启力的年龄18岁以上的消费者即可参加掰手腕海选,胜出者即奖启力一罐,并获得半决赛参加资格,失利者也可半价购买启力一罐。半决赛参与者均可即获启力一罐,半决赛前三名优胜者进入决赛,决赛冠军可获"2000元现金红包+启力礼盒版一箱",决赛亚军可获"800元现金红包+启力礼盒版一箱",季军可获"300元现金红包+启力礼盒版一箱"。

3. 趣味游戏促销

趣味游戏促销或以语言趣味、音乐趣味、技巧趣味等赢取活动奖励,以传播品牌促销产品。加多宝曾举办过"让顾客卖力帮我做宣传"的游戏活动,在北京大悦城的加多宝自动贩卖机前,只要大喊"过年来罐加多宝!"声音分贝达标,就会自动掉下一罐加多宝。于是整晚都有人在喊,且玩得不亦乐乎。只用一罐饮料就让顾客既开心又卖力地宣传,此营销手段让人佩服!最成功的营销是卖方负责搭台,买方上去唱戏。

4. 集物游戏促销

活动以收集产品包装中的商标、活动标志、游戏卡片、系列图画、系列人物或系列故事来赢取奖励,由于集齐活动规则的数量要求,消费者必须购买很多产品,因而带动了产品的销售。"家乐"拼大运游戏促销活动是这样执行的:买"家乐"调味品一份即可得刮刮卡一张。如果两张刮刮卡能拼出"人生美味""尽在家乐"可获奖金5000元;如果两张刮刮卡能拼出"家乐""大餐"即可享受价值500元的免费大餐;如果刮出礼盒图案,即可获开心奖一份。

(二)游戏促销的主要作用

1. 有趣的游戏促销能引起消费者较多的注意

新奇的活动主题,丰富的游戏组合,都能引起消费者的好奇,提高消费者进一步了解产品的兴趣,而这是通过其他方式的促销所难以达到的效果,吸引人的游戏主题能帮助产品广告创造差异化,使广告更容易受到大众的关注。

2. 游戏促销活动能激励消费者持续购买产品

大多数游戏活动设计都要求消费者多次购买,才能达到奖励的目标,拼图、拼字等都需要获取足够多的标志才能拼配成。而且,大多数情况下,一旦学会了游戏玩法并参加了游戏活动的消费者一定会持续参加,不会轻易中途退出,这样就会增加购买次数和购买数量。

3. 游戏促销活动能够加深对品牌的印象记忆

因为饶有趣味的游戏活动能够淡化促销活动的商业气氛,并且游戏过程本身是与产品和品牌息息相关的,所以,此类活动不仅不会损害产品的品牌形象,反而有利于强化品牌形象,而游戏的趣味性和参与者的兴奋感与获得感就自然带来了促销产品的接受性。

（三）游戏促销的策划要领

1. 游戏参与者应与目标消费者相一致

虽然喜欢游戏是人类的天性，但不同年龄、不同阶层的消费者对游戏类型的接受度还是存在着很大差异的，比如：小朋友痴迷的《灌篮高手》令大人们觉得不可理解；而中年人对童年时代玩过的游戏活动所抱有的特殊情感，也会令年轻人匪夷所思。因此，唯有针对产品目标消费群体的心理所设计的游戏才能打动他们，否则就会造成游戏参与者与目标消费者两张皮的脱节现象，造成营销资源浪费。

2. 游戏方式应简单易行且胜负易判定

尽管游戏内容的趣味性和可操作性在某种意义上有一定的矛盾，趣味性强的内容势必会复杂一些，但是，只要游戏的原理比较简单，并能赋予时尚元素，同样具有可操作性。就像"百事可乐"的"爱拼才会赢"一样，参与者并不会少。游戏胜负判断标准应简单清晰且具可衡量性，以免造成现场出现胜负难分的争执，造成活动现场秩序混乱。

3. 游戏参与门槛设计应该就低不就高

参与门槛越低越好，最好不要限制参与条件，以集聚人气、寻求商机为目的；制造商以产品为载体的游戏活动可以配合优惠券一起开展。应尽可能简洁明了地说明游戏方法，通过演示、图例等方法，让消费者感到方便有趣，再以对活动对象具有吸引力的奖品作为游戏的鼓励，以便提高活动参与度与成功率。

4. 游戏主题与内容要有新意和吸引力

要设计出一个新鲜有创意、简单好记、又有吸引力的主题，其内容不但要具备趣味性，能够吸引目标消费者与活动参与者的注意力，还要将产品或品牌内容巧妙地融入其中。如果具备一定的新闻性则更有利于活动的传播。

5. 游戏的奖励要有吸引力并现场兑现

消费者参与的诱因归根结底还在于奖品上，奖品的设置同样是以少数大奖吸引人、以多数小奖安慰人。大奖可以是超出产品价值的，中奖一般为产品奖励，小奖一般为纪念品。同时，奖品设置不忘品牌传播。中奖面要可控，不宜再设计成最后抽奖的方式来控制奖品数量，这样会大大伤害参与者的积极性。奖励通常需要在游戏现场兑现（金额非常大的奖励除外），否则参与者会感觉到很麻烦，会影响到其参与积极性。

本章小结

成长型市场是由开拓型市场发展而来的市场类型,是开拓型市场运作成功之后进入的一个新的市场阶段。在成长型市场中,销售通路和消费者对品牌和产品都有了一定的了解,销售处在成长过程之中。促销的任务和目标是快速提升销量。在成长型市场促销活动策划过程中,总体目标任务是快速提升品牌和销量,具体目标任务包括促进客户开发数量增长、促进老客户巩固与续购、提升客户提货增长速度、加快终端销售增长速度、加快终端库存周转速度等等。在成长型市场中,典型促销活动方式包括厂商联合推广活动、销售增长竞赛活动、消费者竞赛活动、有奖销售活动、游戏促销活动等。

课后练习

●理论知识练习 ▶▶▶

1. 简述成长型市场的特性。
2. 简述成长型市场促销的目标任务。
3. 简述成长型市场的促销策略。
4. 如何开展厂商联合推广活动策划?
5. 如何开展消费者竞赛促销策划?
6. 如何开展有奖销售活动策划?
7. 如何开展游戏促销活动策划?

●策划实战练习 ▶▶▶

选定一个近年来快速成功发展起来的新消费品牌,分析总结其实现快速成长的营销策略和促销方法。

第九章

成熟型市场
促销活动策划

成熟型市场促销策略分析
成熟型市场典型促销活动策划

开篇案例 ▶▶▶

启佳酿　铸匠心——古井贡酒秋季开酿大典隆重举行

2022年9月19日,古井贡酒·年份原浆2022秋季开酿大典在安徽亳州古井酒神广场隆重举行。古井家族三大名酒:古井贡酒、黄鹤楼、老明光同时启窖。三大品牌携手联动,亳州、武汉、明光三地同步开酿,浓香、古香、清香、明绿香、酱香五大香型同时绽放。

用时光酿一池好酒

古井秋酿酒利用特殊的压池子工艺,延长白酒发酵周期,酒体醇厚丰满,风格幽雅怡人,是一年中最好的酒。

所谓"压池子"工艺,是指古井贡酒在夏季时候会封压窖池一段时间,给窖池里酒醅充足的发酵时间,一般的压池时间在30天左右,但是古井为了让酿制出来的酒更加圆熟充分,延长了酒醅发酵时间,整个夏季的6—8月,近100天的时间都不出窖,不出酒,虽然酒的产量会因此降低,但是酒体却更加醇厚丰满。睡饱了的窖池,在仲秋这个天气微凉、正丰收的季节被唤醒,此时微生物保持活跃但却不再躁动,慢下来的发酵过程,进一步保证了初酒的质量与口感,珍贵的秋酿头酒也因此诞生。自2012年起,古井贡酒每到这个时候就会举办秋酿大典,隆重开启酿酒生产线。

弘扬文化坚守品质

古井贡酒的"秋季开酿大典"以传统酒文化为基点,不断推陈出新,充分激活新时代品牌文化的内生动力,成为古井贡酒标志性文化符号。

古井贡酒·年份原浆秋季开酿大典开场的祭祀仪式是庆典的特点之一,19日上午,在礼官的引领下,主祭人员向酒神曹操进香,奉古井美酒。司祝恭读《九酝酒法》,现场乐舞告祭。庄严的传统开酿仪式,是古井对传统文化的致敬与发扬,表达了对传统文化和自然恩赐的敬畏之情,也表达了祈福的愿望。

美酒的核心价值在品质。此次开酿大典三项新举让古井贡酒生产管理更精细、过程更公开,进一步护航产品品质。

发布《古井贡酒·年份原浆品质管控纲要》,进一步严控工艺、优化流程、完善标准。该《纲要》包含原粮、制曲、酿酒、酒体、全生命周期五大品质管控体系,强化了从"原粮"到"原浆"的质量闭环。

上线古井透明工厂，实现"生产透明""企业透明"。透明工厂是集慢直播、虚拟现实场景、视频播放、游戏互动、线上直播、古井产品品质溯源等多功能于一体的线上透明平台，服务消费者"云调研"车间一线。

聘任品质监督大使，彰显古井贡酒公开接受社会监督、将品质求精落到实处的坚定追求。

"秋酿头酒"为品牌升级助力

每年秋酿大典主角都是待价而沽的"秋酿头酒"。2022年秋酿大典现场推出产自明代窖池的3坛2022年秋酿头酒进行拍卖，拍卖现场叫价声此起彼伏，最终以960万元收官。

活动现场还发布了2022古井贡酒新品——年份原浆·功勋池、年份原浆·古20兔年生肖版、年份原浆·年三十兔年生肖版，三款新品在线上官方旗舰店同步上线预售。

仪式上还启动了古井贡酒·年份原浆安徽助残公益项目启动。古井贡酒联合经销商与太阳雨集团、安徽省残疾人福利基金会合作，为安徽1200户困难残疾人家庭安装太阳能热水器，解决他们日常生活热水使用困难，回报家乡。其中，古井贡酒方面共募捐善款200万元。

向高质量跨越

古井始终坚持"做真人，酿美酒，善其身，济天下"的企业核心价值观。对于酒的酿造，古井贡酒的工艺可谓精致优良。《九酝酒法》的无断代传承，造就千年酒脉生生不息。"春暖制曲、夏热压窖、秋凉酿酒、冬寒窖藏"，古井始终坚持传统古法技艺，严把质量关，精选原酿，酿上等佳品。

古井贡酒2022年秋季开酿大典，体现了对自然生态馈赠的感恩，以及敬祖祈福的酒脉传承，是跨越千年的薪火相传，也是古井实力的另一种体现。

启佳酿，封原酒，秉古法，铸匠心，古井贡酒秋季开酿大典是古井人对品质的坚守，更是精益求精不断进取，助力品牌升级，不断向"中国酿世界香"目标迈进的体现。

（资料来源：中外酒业微信公众号）

> **学习目标** ▶▶▶
>
> 1. 理解成熟型市场的市场特性与促销任务。
> 2. 了解成熟型市场促销活动策划的原则与要求。
> 3. 掌握成熟型市场典型促销活动策划的基本思路和方法。

第一节 成熟型市场促销策略分析

一、成熟型市场的特性

(一)成熟型市场的类型

了解成熟型市场及其特性是有策略地、有针对性地开展促销活动策划的前提。本书所指的成熟型市场,是指以下三种类型的市场。

1. 行业发展总体已进入成熟阶段的市场

行业经过前期高速增长式发展,已经进入成熟阶段,主要表现为技术成熟、产品成熟、销售渠道成熟和销售规模稳定。这个阶段,社会各方面对行业都普遍认可、高度认同,接受度不存在问题,但是行业发展和增长也达到一定高度,已经不再快速增长。市场竞争与发展的模式已经从共同向外做大"蛋糕"开始转向聚焦行业内部切好"蛋糕",出现行业内部的兼并重组、优胜劣汰。

2. 企业与品牌发展进入成熟阶段的市场

企业经过创业生存期和高速发展期之后、品牌经过创牌起步期和顺利发展期之后,会进入一个发展和增长速度减缓的平台期。这个阶段,行业内和消费者对企业和品牌认可度较高,企业被称为名企,品牌被称为名牌。利用现有成功模式和现有产品拓展市场是名企名牌成熟型发展的主要路径。此外,创新模式、创新产品是这类企业未来发展的根本出路。

3. 产品生命周期已进入成熟阶段的市场

产品处于市场生命周期成熟阶段的市场,也就是处于低增长率、高占有率的市场。产品经过前期的市场导入、市场成长,已经被市场接受,成为受市场欢迎的产品,虽然销售增长已经没有前期快,但是销售数量规模比较稳定。

（二）成熟型市场的特性

在成熟型市场上要实现营销目标，通常需要采取正确的促销手段予以支持配合。因此对成熟型市场的特性建立充分的认识和理解是必要的。只有把握好成熟型市场的特性才可能制定出有效的促销策略。综合分析各类成熟型市场，主要有以下市场特性：

1. 消费者的认知清晰

在成熟型市场上，消费者对企业、对品牌和产品已经不再陌生，甚至已经相当熟悉，已经接受了市场上的大多数品牌。而这些品牌和产品在技术和质量等方面也已经很成熟了。消费者在购买中所存在的风险也较前两种阶段大幅下降，所以消费者购买行为积极，市场需求较大。

2. 市场需求接近饱和

在成熟型市场中，品牌和产品的市场需求量处于最旺盛时期，销售数量和市场份额也处于最高位置。但这也就意味着市场已经接近饱和，如果不能有效"活化"品牌和产品，不能有效延长品牌和产品的市场寿命，接下来市场就要进入衰退期了。

3. 产品的同质化严重

进入成熟期市场后，各主要品牌的产品同质化现象越来越严重，产品差异化越来越小，各主要竞争品牌都在主流市场上开展竞争，追随品牌也在模仿主流市场上的主流产品，所以产品在形式、规格、功能等方面差异较小。

4. 产品推陈出新在即

由于成熟型市场消费需求已经得到最大程度的释放，市场销售已经接近饱和，产品又越来越同质化，尽管销售总量还处在高位，但是很多有远见的企业和品牌已经看到了市场转变的信号，虽然还在尽可能地延长成熟型市场的时间，但是也已经做好了储备产品的上市准备，以便随时替代即将出现衰退下滑的成熟产品。

5. 促销竞争最为激烈

在成熟型市场阶段，由于技术、质量和规模已经达到顶点，生产成本已经降到了最低，生产能力、销售能力和销售规模还处在高位，因此竞争主要集中在促销层面，各种各样的促销活动蜂拥而至华丽登场，都想在产品最为畅销的时期获得最大的销量和市场份额，都想在市场衰退之前充分释放产能并获得最大的市场收益。

二、成熟型市场促销活动的目标与任务

成熟型市场因为产品成熟、市场成熟、品牌成熟，消费者和经销商对产品都较为熟悉，因此促销活动的接受度较好，内部销售人员促销积极性较高。因此，成熟

型市场促销的目标和任务主要是做强品牌、做大销量。

1. 实现销量的最大化

成熟型市场的销售增长已经明显放缓,追求销售增长已经没有太大的意义,但是保持销量最大则具有重要意义。在成熟型市场中,各主要竞争品牌都在努力稳定自己的销量,并通过促销活动维持销量的最大化,因为成熟型市场的后面就是衰退型市场,如果在成熟型市场阶段还不能实现销量最大化就没有机会再实现规模化销售了。

2. 全力扩大市场份额

成熟型市场的竞争主要表现为主流市场的规模竞争、市场份额的竞争。因此,成熟型市场促销活动的主要任务,不是争取新的潜在消费者,而是争夺现有消费者,争取和保持现有消费者的忠诚消费与重复购买,在总体已经没有太大增量的存量市场上,获得更大的市场份额。

3. 延长产品生命周期

成熟型市场的促销还需要兼顾市场的延续性,不能采取竭泽而渔的促销手段,以免断送市场前程、影响未来整体市场。因此,各主要品牌之间的促销竞争需要理性化,要尽可能防止价格大战等恶性竞争出现,要保持既竞争又合作的态度,共同维护市场整体利益。但是,如果打破行业竞争格局的价格大战不可避免,那么企业就必须及早做好准备,打赢价格促销生死之战并实现后续发展。

三、成熟型市场促销策略分析

成熟型市场是竞争最为激烈的市场,是各种促销手段频繁使用、轮番登场的市场,通路促销、内部促销和终端促销都需要使用,但这三类促销活动在整体促销中的作用以及各自促销活动的目的和要求并不完全相同,以下展开具体分析。

(一) 通路促销是基础,货畅其流防忧愁

在成熟型市场中,对于终端消费者来说,销售通路的竞争是看不见硝烟的竞争,但对于制造商和经销商来说,通路促销却是硝烟弥漫的竞争,要在成熟型市场竞争中胜出,必须与经销商、终端零售商等整个分销渠道上的商业伙伴结成最有战斗力、最有运行效率的销售竞争系统。从这个角度来说,成熟型市场的销售竞争,不是单个制造企业之间的竞争,不是单个品牌之间的竞争,而是整体分销系统的竞争。因此,需要通过通路促销,给整个分销渠道注入动力,保持分销系统的满负荷、高效率运转。在竞争全面白热化的成熟型市场,通路促销必须把握好以下三个方面的问题:

1. 压货但不压库

为保证成熟型市场的销售最大化和份额最大化，必须让销售通路上载满产品并实现产品的高效流动，产品不足、流转不快都会影响销量，都会影响销售的最大化。因此，对各级渠道促销，实施压货，是中外企业通路促销的通行做法，尽管不乏经销商对压货存在担忧，不乏经销商对压货存在对立情绪，但是该压还是得压，否则经销商可能就没有压力，就有可能被有压力的竞争对手打败。但是，我们也不提倡盲目压货，把货压在经销商仓库里不动也是没有市场价值的，要保证压到经销商的货能够销售流动起来，如果出现销售不畅，一定要在压货之后再采取针对零售商的促销、针对消费者的促销，帮助经销商出货。否则，压货就成为生产商库存简单转变为经销商库存的搬运，除了增加物流成本以外没有任何意义。

2. 出货而不窜货

窜货是成熟型市场最为常见也最为严重的问题。压货给了经销商压力，促销给了经销商动力，有些经销商为了得到促销活动的奖励宁愿违规窜货，而不是规规矩矩地出货，他们嫌规范出货速度太慢，而窜货神不知鬼不觉、来钱又快。但是窜货对于制造商市场带来的破坏是非常严重的，会严重挫伤其他区域经销商的积极性、损害其他区域经销商的利益，也会影响制造商的市场秩序和整体利益。因此，规范经营的制造商历来对窜货行为都会严格限制、严厉打击。在成熟型市场的通路促销活动中，也需要在激励经销商积极进货的同时，规范经销商的出货，限制经销商的窜货，在促销活动方案中，一定要规定窜货的处罚条款，并在实际操作中严格执行。

3. 稳价而不乱价

保持价格体系的稳定，维护良好的价格秩序，是产品销售的重要条件。价格的变化最能引起市场销售的变化。在成熟型市场中，因为产品的同质化，经销商最容易产生低价竞争、低价揽客的思想和行动。但是，这又是最不利于市场稳定的。因此，在成熟型市场中，对于经销商行为的管理，对于通路促销，必须强调在扩大销售的同时稳定价格，严格禁止私自降价行为的发生。

（二）内部促销是枢纽，常抓不懈勿松手

以压货为主要特征的通路促销主要是通过销售人员贯彻执行的，而以出货为主要特征的终端促销，也依赖销售人员执行。因此，直接针对内部销售人员促销，或者在通路促销及终端促销中设置有利于销售人员的条款，以刺激销售人员执行通路促销和终端促销的积极性，发挥内部促销的中心枢纽性作用，对于提升整体促销体系的效果是非常有帮助的。因此，在成熟型市场中，针对内部销售人员开展物质奖励和精神奖励相结合的销售排名竞赛就成为内部促销的主要形式。

(三) 终端促销是关键,顾客忠诚不转换

终端销售是最有质量的销售,终端促销是完成产品最终流转环节的促销,因此是最有市场意义的促销。尤其是在成熟型市场促销中,终端促销才是发生产品市场本质属性转换的促销,通路促销和内部促销的成果都只是阶段性成果,如果没有终端销售的最终实现,通路促销和内部促销的成果都将会前功尽弃。因此,为了防止功亏一篑,在竞争激励的成熟型市场中,最关键的终端促销必须做好。

在成熟型市场中,新增顾客已经较少,在现有的顾客中强化忠诚消费,培养持续消费的忠诚顾客,就成为最为重要的终端促销活动策划思考的起点,因此,团购促销、会员促销、积分促销、折扣促销、以旧换新等能持续给顾客带来累积消费价值的促销活动方式就成为成熟型市场的主流终端促销方式。

在成熟型市场中,产品基本功能的市场价值已经被充分利用,要增加产品需求和销量还需要开发产品的功能和用途,以寻求新的购买者和老顾客因新用途而再次购买。因此,在终端促销活动策划上特别需要注重产品新用途、新功能的发掘、利用和传播。

在成熟型市场中,品牌成为区别产品的主要标志,成为吸引顾客的主要因素,因此在终端促销活动策划中,需要强化品牌形象和品牌个性,并通过促销活动来彰显品牌价值和品牌理念。

第二节 成熟型市场典型促销活动策划

一、销售排名竞赛活动策划

销售竞赛活动是针对企业内部销售人员或者经销商群体开展的竞赛类促销活动,这类促销活动通过竞赛方式激起销售人员和经销商的积极性和荣誉感,使之努力达成设定的促销目标任务。

销售排名竞赛是特别适合成熟型市场的内部促销和通路促销活动方式。因为成熟型市场开拓销售市场的任务已经完成,销售增长已经趋缓,客户拓展竞赛、销售增长竞赛等方式已经不适合开展,而针对成熟型市场销售规模相对稳定的特征以及销量和份额最大化的目标任务来说,销售排名竞赛是最为合适的竞赛促销方式,故本节优先进行介绍。

（一）销售排名竞赛指标的设定

销售排名竞赛指标是销售排名竞赛促销活动的核心，指标设置合理与否，对于竞赛的公平合理性和激励作用影响很大。竞赛排名的指标依据，可以从以下方面进行考虑：

1. 以销售数量、金额排名

竞赛以同一时间期限内的销售数量、金额为依据进行排名，这种排名最为直接，但是不同区域的市场容量和市场基础不同，因此大小不同的市场、基础不同的市场放在一起进行竞赛，不太公平。因此，实践中常采取分组竞赛的方式进行，将市场范围、市场基础差不多的区域放在一组进行比赛，各组分别排名，并按照名次进行奖励。

2. 以任务完成比率排名

如果参加排名竞赛的市场区域不多，分组没有意义，但是几个市场区域确实又存在人口多少、收入高低、基础好坏的较大差异，因此以销售数量、金额为指标开展竞赛显然有失公平，那么可以事先合理设定各个市场区域的销售任务，以销售任务完成率为考核指标进行竞赛，这样就具有公平合理性了。

3. 以市场份额占比排名

销售数量、金额竞赛或销售任务完成比例竞赛是不同销售区域销售人员或经销商之间的竞赛，没有将竞争对手的销售情况纳入进来进行对比。在成熟型市场竞争中，还必须知道自己和竞争对手的对比和排名情况，于是市场份额排名竞赛就被设计出来。市场份额占比排名，是以区域市场各主要品牌的零售市场占有率为具体指标进行排名的，而这个占有率是以第三方独立监测机构监测的数据为考核依据的。每高于最强竞争对手或者标杆竞争对手市场占有率一个百分点，就可以按照一定的标准进行奖励。市场份额占比（市场占有率）竞赛的好处是客观公平，但缺点是必须有第三方监测数据才可以实施，因此不适合缺乏第三方监测数据的农村市场区域和城市批发销售环节。有第三方监测数据的还存在监测报告的滞后性问题，在设计奖励时间时应注意。

4. 以市场份额位次排名

在缺乏客观精确的第三方监测数据的情况下，如果能够大致掌握各主要竞争品牌的市场份额排名位次，也可以依此来设计竞赛，不过这种竞赛的主观性还是比较强，客观公正性还是不够。在有第三方监测数据的情况下，不按市场占有率数值进行竞赛而以市场占有率位次进行竞赛也是可以的，这时就不存在不客观、不公正的问题了。

（二）销售排名竞赛期限的设定

1. 以月份为基本竞赛时间单位

一般来说，销售任务都是按月制定的，第三方市场监测数据大都也是按照月份监测并报告的。但是一个月的竞赛通常意义不大，时间过短，因此一般可以设置一个季度以上的竞赛时间，甚至可以设置一个年度的竞赛时间，为防止竞赛时间过长造成的拖沓和疲惫感，可以按月考核竞赛结果，按月兑现竞赛奖励，季度和年度再进行竞赛总结性考核和总结性奖励。

2. 以一个特定的销售阶段为竞赛时间期限

比如以一个销售旺季、以一个销售淡季、以100天为一个竞赛周期，来设定销售竞赛任务及目标进行竞赛排名考核。

（三）销售排名竞赛奖励的设定

一般来说，销售竞赛排名越好奖励标准应越高，排名越低奖励越少，低于一定名次可以不予奖励，最低排名甚至要给予处罚。排名第一要给予重奖，后面的排名奖励应依据企业和品牌的市场地位以及竞争目标来设置，以确保冲击竞赛目标的激励力度。

（四）销售排名竞赛方案的完善

为使销售排名竞赛活动取得良好的效果，必须做好活动方案的论证和完善工作，防止出现一些负面问题。

1. 调动参与者的积极性

销售竞赛排名活动一定要能够调动参与者的积极性，只有大家积极参与才能达到该项活动目的。因此，应该有比较适当的获奖面和获奖比例。

2. 竞赛规则设置要科学合理

竞赛规则不合理就可能导致参与者的动机"不纯"，所谓动机不纯就是为了获得奖励而采取不利于长期稳定销售的措施。促销要最大可能地实现销售稳定，而不是短暂销售。

3. 销售排名竞赛要防止业务员和经销商超量囤货

有时业务员和中间商为了在销售排名竞赛中获得一些利益，故意大量囤积货物，再从竞赛获得的收益和奖励中抽取一点补贴到产品的价格中去，采取低于市场价格销售，造成市场秩序混乱，或者在得到竞赛奖励以后再以各种各样的名义退货从而造成企业损失。这些都是必须防范的。

二、以旧换新活动策划

以旧换新是指企业通过有偿回收旧产品刺激消费者换购新产品的促销形式。以旧换新能够提高消费者旧产品的利用价值,能够刺激消费者适度提前购买新产品,是特别适用于成熟型市场针对终端消费者进行促销的活动方式。制造商和零售商都可以开展以旧换新促销活动。对于开展以旧换新促销的厂家或商家来说,回收来的旧产品通常没有多大经济价值,以旧换新的目的主要是为了消除旧产品形成的销售障碍,免得消费者因为舍不得丢弃尚可使用的旧产品而不购买新产品。在中国市场上,以旧换新的促销活动十分流行,家用电器、汽车等耐用消费品特别适合以旧换新,黄金珠宝首饰等也都可以开展以旧换新促销活动,家具也是家庭大件消费并有更新换代需求,因此理论上也可以开展以旧换新促销活动,在实践上也有探索,但方法和效果还有待优化和提升。

政府也常在经济增长乏力的形势下采用以旧换新政策措施来拉动经济和消费。为拉动内需应对国际金融危机,中国政府2009年5月份出台汽车、家电以旧换新政策,自当年6月至2011年底在全国城市市场全面开展以旧换新活动。2022年9月底,财政部和税务总局发布公告,为支持居民改善住房条件,促进住房健康消费,决定自2022年10月1日至2023年12月31日,对出售自有住房并在现住房出售后1年内在市场重新购买住房的纳税人,对其出售现住房已缴纳的个人所得税予以退税优惠。该措施虽然没有限定只适用于购买新房,但在实际换房行为中卖旧房买新房应该明显多于卖旧房买旧房,因此在很大程度上也可以看作是一种以旧换新的促销激励政策。

(一)以旧换新促销活动的方式类型

1. 同一品牌同类产品的以旧换新

消费者只能用同一品牌或同一厂家生产的旧产品折价换购该品牌或该厂家的新产品。这种促销方式的目的主要是为了回馈老用户。这种以旧换新活动的品牌建设意义更加明显。

2. 任一品牌同类产品的以旧换新

消费者可以用任何一种品牌的同类旧产品折价换购新产品。这种以旧换新活动的产品促销意义更加明显,因而在成熟型市场促销中较为普遍,它能吸引所有拥有同类旧产品的用户购买新产品,特别是能将竞争品牌的用户吸引到自己的品牌,因此促销效果最好。

3. 竞争品牌同类产品的以旧换新

消费者只能用竞争品牌的旧产品折价换购新产品。例如,日本资生堂化妆品公司曾在一次以旧换新促销活动中规定:消费者可用若干个某竞争品牌染发剂的包装袋来兑换资生堂化妆品。这种做法的目的在于争取该品牌竞争对手的消费者转而使用购买该品牌产品。但这种做法容易激怒竞争品牌的员工和忠诚用户,引发不公平竞争质疑,引发公众舆论批评和政府监管调查处罚,因此除非有特殊的竞争目的和营销动机外,一般较少采用这种做法。

4. 任何品牌大类产品的以旧换新

又叫交叉换购,换购新产品不需要同类旧产品,旧电视可以换购新电脑、新冰箱,旧冰箱也可以换购新电视、新电脑。2009年中国政府出台并要求家电企业在城市市场执行的家电以旧换新促销,就是这种不分品牌、不分品类的以旧换新形式,只要是旧电器就可以换购各种新电器,但是其他类别旧产品如服装则不可以换购新电器。

5. 先任意后限定品牌的以旧换新

消费者在一定的时间内,可以用任何品牌的同类旧产品折价购买新产品,超过这一时间界限,就只能用同一品牌的旧产品折价来换购新产品。此种做法能刺激所有品牌的消费者在活动的前一段时间内尽快以旧换新,同时又在一定程度上优待了老用户。

(二) 以旧换新促销策划与执行要点

1. 旧产品折价幅度是关键

旧产品折价幅度大,活动举办方成本就高、利润损失就大;旧产品折价幅度小,对消费者的吸引力就小,参加以旧换新活动的人就少。确定旧产品的折价幅度一般要考虑以下因素:

(1) 新产品定价高,销售利润高,旧产品的折价幅度也可高一些。

(2) 如果同类竞争性产品也在开展促销活动,以旧换新活动中的旧产品必须折价较高才能有效地吸引消费者。反之,如果同类竞争性产品没有开展促销活动,以旧换新促销的旧产品折价可以低一些。

(3) 名牌产品开展以旧换新旧产品折价幅度可以低一些,非名牌产品开展以旧换新旧产品折价幅度可以高一些。

2. 旧产品折价方式要合理

很多厂家或商家在开展以旧换新促销活动时,为了图方便省事,不管旧产品的具体情况如何,统一折价幅度。这使旧产品规格较大、成色较好、价值较高的消费者感觉吃了亏,不愿参加促销活动。所以,只要条件允许,应该尽可能对旧产品确定不同的折价标准,以体现规格尺寸不同、新旧程度不同的旧产品价值差异。

3. 消除公众旧货去向疑虑

在开展以旧换新促销活动时,通常会有不少消费者怀疑厂家或商家把回收的旧货拿去翻新换装之后当作新品再次卖给消费者。例如电商卖家销售翻新手机就被认为是一种普遍现象。为了解除这种误解,克服这一销售障碍,在必要的时候,厂家或商家应该向社会公布回收来的旧货的去向。同时这也是对关注环保的公众的一个交代,以免公众对品牌产生误解。

4. 选择以旧换新活动时机

从厂商的角度来看,以旧换新活动选择在产品销售淡季开展最为适宜,因为以旧换新活动过程比较复杂,需要投入较多的人力资源来执行活动,在销售旺季一般不开展这种手续繁杂的促销活动。从消费者的角度来说,在频繁使用和消费的时节到来之前开展比较好,像厨房电器、黄金首饰等产品,在元旦、春节期间开展以旧换新活动,效果通常比平时好得多。

每一个场次的以旧换新活动时间不能太长,时间太长消费者不珍惜,容易错过活动时间。时间太短,活动现场的传播效应难以发挥出来,消费者也可能没时间参加活动。一般来说3天的时间比较适宜,而且最好是在双休日和节假日不上班的时间开展。

5. 选择以旧换新活动地点

原来厂商开展以旧换新活动地点选择在零售卖场的比较多,消费者带旧产品来活动现场的打车费用给予报销。现在不少厂家或商家把新品拉到各个居民住宅区去开展以旧换新。这不但解除了消费者带旧产品到零售卖场的不便,还方便消费者在小区活动现场体验或试用新品,换购效果反而比在商场要好得多。另外,这种做法可以节省以旧换新活动的广告宣传费用。

6. 做好活动前期广告宣传

由于以旧换新活动不是常规销售形式,而是特定时间、特定地点的促销活动形式,因此活动开展之前必须充分利用各种有效的传播形式宣传活动开展的时间、地点、内容和方式,激起消费者参与活动的兴趣。

7. 处理好旧货以降低成本

如某压力锅生产厂家对回收来的旧压力锅进行回炉冶炼,利用其金属材料铸造新压力锅,可较大幅度地降低企业以旧换新活动成本。某家电销售企业将回收来的旧电视机和旧自行车卖给旧货市场,经挑选处理、修理恢复后再折价转卖到低端需求市场。这样做比把旧货当废品卖收益要大得多。还有的厂家或商家把相对较新、仍有使用价值的旧产品捐赠到贫困落后地区,这也有助于提高企业的声誉和形象。

（三）以旧换新促销活动方案模版

1. 活动主题
某品牌彩电惊爆折价以旧换新。

2. 活动时间
一般在淡季执行,每场活动2—3天为宜。

3. 活动地点
二、三线城市家电零售卖场,县镇级市场经销商卖场。

4. 活动目的
提升品牌区域整体影响力,单场活动销售最大化,直接提高销量,实现淡季旺做。

5. 活动内容
（1）活动期间,该品牌彩电惊爆折价以旧换新。
（2）活动期间,以旧换新顾客获赠精美礼品一份。
（3）活动期间,选择一两款该品牌彩电特价销售。

6. 折价幅度
（1）活动期间,所有21寸及以上尺寸彩电,不论品牌,凡能正常收看、外观基本完好的均可折价400元。
（2）活动期间,凡21寸以下电视,不论尺寸、黑白、破损、能否收看,均可最低折价200元;凡任何品牌冰箱、洗衣机,不论新旧均可折价200元。

7. 换机价格
根据价格体系、毛利空间、折价幅度、旧机处理收益、活动执行费用和主要竞争品牌的价格与促销活动力度等因素,制定参与以旧换新机型的价格。
原则是把握好价格对消费者的吸引力、对竞争产品的竞争力和对量本利平衡的杠杆力。

8. 活动目标
活动实现彩电销售×××台。

9. 活动组织及分工
（1）活动总负责人:经营部经理,职责是总体负责。
（2）活动执行组长:经营部市场推广人员,职责是制定方案、制作物料、负责传播、布置现场。
（3）活动成员:
① 业务员,职能是协调落实活动参与经销商及其活动场地与进货资金。

② 计划员，职能是调配货源，提供分析数据和换机价格方案，确定产品销售结构。
③ 宣传员，职能是派发单页。
④ 促销员，职能是利用中、高端产品销售引导，现场售卖。
⑤ 售后人员，职能是回收旧电器验机定价。

10. 活动执行节奏

(1) 活动开始日前10天，确定活动区域地点，对经销商库存结构进行分析，调配货源，进行价格分析，制定换机价格，确定活动方案。

(2) 活动开始日前一周，完成宣传单页的设计印刷、电视和网络广告设计。

(3) 活动开始日前一周取消当地所有商场活动特价机，保证活动的换机顾客大量聚集，最大限度引爆市场，保证换机活动的正常价格，保证活动销售机型平均利润。

(4) 活动开始日前2—6天，对重点区域进行活动预热宣传，形式为派发活动单页、播出电视图文或字幕广告、发布网络广告。

(5) 活动开始日前2—6天，根据活动预计销量，督促经销商打款提货，备足货源。

(6) 活动开始日前2—6天，联系落实旧货商，确定旧货收购价格、人员、地点和方式。

(7) 活动开始日前2天，检查活动所需物料，对活动主办卖场和经销商进行确认性沟通，确保产品、场地、人员的准备到位。

(8) 活动开始日前1天，活动执行人员到达现场，进行活动动员、培训和演练，内容包括：人员分工、换机流程、换机引导、活动宣传口径、意外事件处理等。

(9) 活动开始日前1天晚上，完成活动现场布置。

(10) 活动期间做好活动执行，促进销售，维护品牌。

(11) 活动结束后做好活动总结。

三、集点换物活动策划

集点换物是一种先消费后获赠的促销活动方式。其基本形式是，消费者需收集产品的购买凭证，达到活动规定的数量即可换取不同的奖励。奖励可以是本企业的同类产品，也可以是其他赠品礼品，或者是下一次购买的折扣优惠券等。"集点换物"的最大目的在于鼓励消费者重复购买，培养忠实稳定的消费群体。

集点换物活动适用于品牌知名度高的成熟产品，且是消费频繁、消耗量大的产品。快速消费品如统一、可口可乐等知名品牌经常采取这种活动方式。而一些品牌知名度较低或非高频购买、高频消费使用的产品不太适合,因为品牌知名度低往往很多时候消费者不太认同,这种方式就会对消费者没有太多的吸引力,而非高频购买的产品由于消费者购买不频繁也难以产生吸引力。

(一)集点换物活动的主要类型

1. 无时间限制集点换物

无时间限制的集点换物指的是无论什么时候,消费者购物后都可得到积分兑换券,积分券只要积累到一定数量,就可兑换规定的礼品,兑换礼品的时间没有限制。其最大的好处是让消费者打消顾虑,放心参加。因为不少消费者会因短时间内无法积累到足够多的点数而无法参加活动。不利之处在于,活动一经宣布,公司就不得不预留该笔预算,即使绩效不佳或公司经营发生变化,都不能轻易中止,以免令企业信誉蒙受损失。

2. 有限定时间集点换物

大多数的"集点换物"活动都会规定一个时间期限,即消费者须在规定的促销期内购物才能得到积分券,并且只有在规定的促销期内,消费者把规定数量的积分券交给厂商,才能兑换礼品。如果超过了规定的促销期限,消费者不但购物得不到积分券,即使把过去积累到一定数量的积分券交给厂商,也得不到礼品。

有时间限制的"集点换物"促销活动,是期望消费者在短期内增加购买次数或购买金额,而且,对企业来说较易于控制活动的预算开支,与前一种方法相比,厂商更乐于采用该方法。不足的是,如果活动的宣传效果有限,或消费者反应缓慢,限定时间内参加活动的人不多,就难以达到厂商的促销本意。所以,限定时间的"集点换物",要注意事先有效地宣传,并且参加活动的难度不能太大,毕竟消费者为此准备的时间有限。

(二)集点换物活动的策划要点

1. 活动产品策划

要确定哪些产品线或产品项目参加该活动,可以全线参加也可以部分参加,根据企业的需要来确定。

2. 换物内容策划

确定集点兑换的是本企业的产品还是其他的赠品。通常选择兑换本企业产品的比较多,但也可以选择兑换其他赠品,这时赠品的选择就和买赠促销的赠品选择一样,需要考虑目标消费者的喜好等多种因素,有喜欢的赠品消费者才会被集点换物活动吸引,消费者才会积极参与。赠品需要提前采购,需要合理估计赠品采购数量。一般来说,兑换的产品或赠品品种数量应尽可能多一些,这样消费者就有一定的选择空间。

3. 兑换标准策划

可以根据换购的产品或赠品的价值确定不同的集点。集点分布要尽可能多一点，使得更多的消费者参与。集点设计要合理，不能太高也不能太低，这需要测算自己产品价格、成本和利润，需要研究消费者的购买频次和有效刺激区域值。

4. 活动时间策划

确定集点换物的时间周期，时间的确定可以根据产品消费的购买周期或消费周期以及结合集点的数目综合确定一个较为合理和消费者能够接受的时间周期。

5. 活动方式策划

集点换物活动通常是在产品包装上印制活动标志，如在包装袋上、瓶盖里或者产品标签上印制活动标志，也可以印制专门的活动卡片，消费者收集这些活动标志和卡片到指定地点兑换产品和赠品，为了方便消费者，也为了增强活动的效果，兑换地点一定要尽量方便消费者，并尽可能与产品销售地点一致，以便增加回头客，带来持续消费。在电商渠道开展集点换物促销活动则因系统自动生成和保留购买记录而更易于操作，集点的计算更简便，换物也可以方便地快递到家。

6. 活动传播策划

集点换物活动需要向消费者进行传播，宣传方式可以采用媒体广告宣传，也可以不采用媒体广告宣传而采用售点广告宣传，但通常都在产品包装或网络店铺等自媒体上做活动宣传，这时的问题是需要协调好产品销售周期与活动时间周期，最好能做到两者一致。

四、会员促销活动策划

会员制经营与会员制促销是两个不同的概念。会员制经营是指某些高端商务会所或某些零售商的经营模式，即只对数量有限的付费会员服务，不对非会员服务。会员制促销则是一种常见的促销活动方式，即在顾客中无限量发展会员，通过价格优惠等方式吸引会员消费进而促进销售。这里讨论的是后者。

发展会员的方式一般是告知顾客，一次储值金额达到一定金额的，首次购买产品金额达到一定数量标准的，甚至没有首次购物金额数量要求，只要填写登记一些简单的身份信息就可以成为会员，会员身份证明以前通常是会员卡，凭卡可以享受很多购物优惠，后来只需要在会员信息系统里登记会员手机号码等简单信息即可，无需发会员卡，更无需凭卡才能享受会员优惠，大大便利了会员顾客。会员信息系统登记的会员性别和联系方式，还为定向精准传播产品促销信息提供了便利。

针对会员促销的奖励刺激基本上有以下几类：

1. 会员积分奖励

以会员购买产品或服务消费为依据为会员积分，然后根据会员积分数量的多少设计不同类型、不同档次的会员奖励标准。具体的积分方法有几种选择，可以根据销售金额计算积分，可以根据产品毛利计算积分，也可以根据不同产品类别的毛利率计算不同类别产品的积分，还可以根据不同产品的特性定义进行差别积分，比如平价产品正常积分，高端产品提高积分，特价产品不参与积分，等等。

积分奖励方式包括：会员积分达到规定点数后，可以以超低价购买正常销售的产品。例如，凡积分在限定时间内满100点的可以以20元购买5升装食用油一桶。可以以一定数目的积分点数，加一定现金购买正常销售的商品。例如，100点的积分数加10元可以购一瓶200毫升飘柔洗发水，当购买商品后会员卡的积分就相应减少100点数。

2. 会员折扣奖励

通过预收会费，或要求会员预先储值，或针对一部分特殊身份的免费客户会员，制定不同的折扣标准，在后续购物消费过程中可以享有特殊折扣比率。优惠折扣比率与会费和预先储值金额多少有关，与特定免费顾客的身份有关。例如，金卡会员享受8折优惠，银卡会员享受88折优惠，普通会员卡享受95折优惠，等等。由于产品利润水平不同，还可采取不同类别产品折扣幅度不同的做法，不过这种方法比较复杂。最为简单的是不区分会员等级制定统一的折扣价，通常称之为会员价。为长久吸引会员长期促进产品销售，可以对一定时间或消费一定金额以上的会员进行升级，使其获得更大的优惠。

3. 会员返利奖励

根据会员消费金额等级给予相应的现金返还、购物优惠券奖励，还可参加抽奖活动或者其他促销活动。具体返利标准及时间限制，需要根据财务情况和促销需要设置。这种奖励方式对于具有集团购买能力的会员来说比较有效。

4. 会员优惠联盟

会员不仅可以享受本企业的消费奖励，还可以在合作联盟单位享受会员奖励，比如可以到联盟单位享受特殊折扣，或者针对会员与联盟单位推出联合促销活动。这种会员奖励特别要注意的是，合作联盟的商家一定是享有商业美誉的优秀商家，联盟优惠一定要落实，不能是虚假的，否则联盟单位的行为会给企业带来负面影响。

会员制促销可以带来稳定的持续客户，有利于建立忠诚消费，并且可以利用大数据分析方法，通过对会员消费数据记录的系统分析，更好地开展系统性的营销工作，从而建立营销系统性竞争优势。

五、积分促销活动策划

积分促销主要是零售商采用的回馈忠诚顾客的一种促销方式,顾客每次惠顾购物都按照其购物金额进行积分,一定时间后可按积分数值和相应的标准享受奖励。随着收银系统的电子化,积分促销活动开展非常便利,因此开展积分促销的商家非常普遍。

与其他促销活动相比,积分促销的最大目的在于鼓励顾客重复消费,培养忠实稳定的消费群体,培养电商私域流量,刺激顾客的多次购买行为。顾客需多次购买或多量购买产品或接受服务,才能累积到一定的积分并享受积分奖励,在这个重复过程中,通过行为对意识的影响,就会养成持续消费习惯。

开展积分促销活动的成本较低,不需要另外增加赠品等成本费用,活动也只需要在零售现场做一些提示性宣传,以及通过营业人员、电商客服和收银人员进行口头宣传宣传即可,无需另外花费宣传费用。

积分促销的策划和执行比较简单。一般是针对首次购物的顾客进行口头推荐,介绍积分的奖励政策,说服顾客办理积分卡,提醒顾客每次购物时带好积分卡,以后每次购物结账时,都为顾客刷卡积分。而随着信息及数据技术的发展,手机号码电子积分账户应用越来越广泛,可以省去办卡和持卡麻烦,从而更加便利,实物积分卡也就基本上从市面上消失了。

积分规则和奖励标准要清晰,简单明了,实实在在,让客户每次配合刷卡积分感觉到日积月累有所回报,而不是好处不多、麻烦不少,比如可以每消费100元积1分,每累积100分可以开始享受一定标准的奖励,1000分、2000分、5000分、10000分等奖励标准要逐级提高。

积分促销的不足是活动期限比较长,活动对销售的促进作用不迅速、不直接,是一种日积月累的作用,积分促销比较适合零售商针对全部产品长期促销,对于制造商及其经销商销售的促进作用帮助不大,尤其是耐用消费品非持续重复性消费产品意义不大,但是对于日常消费产品的制造商和持续消费产品的运营商来说,对于产品消费特征明显需要保持用户黏性的本地生活服务,对实体企业和虚拟电商来说,还是具有一定促销意义的。例如,银行信用卡和理财积分,汽车保养维修和加油积分促销,移动通信积分促销,对于稳定客户还是比较有作用的。

六、赠券促销活动策划

赠券促销是按照设定的购物金额标准赠送一定面额的购物券的促销方式。赠券可以代替现金使用,在购买产品时抵扣相应的面值金额。赠券可以针对没有本品牌产品购买行为的消费者免费推送,首单购买即可享受赠券优惠抵扣,这种赠券称作首单赠券。赠券也可以针对有本品牌产品购买行为的消费者发放,即按照消费金额赠送一定面额的赠券,赠券可以在下次购物时抵扣相应金额,从而激励消费者持续消费,这种赠券称作返券。赠券的形式,过去普遍是印制好的纸质实物凭证,商业计算机信息系统普及和消费者移动互联网普及之后,赠券的形式更多是以电子券、电子红包等虚拟形式,发放和存储在消费者的购物卡包、手机电子钱包、银行卡或第三方小额移动支付工具的卡包里。赠券发放的途径,可以在零售卖场向消费者发放,也可以在电商平台、网络店铺、带货直播间向网民发放,还可以通过手机银行、支付宝和微信等移动支付工具向目标消费者推送。

赠券促销表面上看起来像打折促销,和打折的效果差不多,但实际上与打折存在很大差别。比如"购物金额满100元赠券100元",好像与打5折是一样的,但是实际上并不一样。因为100元产品打5折的销售金额为50元,而"购物金额满100元赠券100元"的销售金额是100元,即使顾客不用赠券购物销售金额已经就是100元,这时等于没有打折。所以通常顾客都会使用赠券再购物,这样就再次拉动了产品的销售,销售金额虽然还是100元,但是由于赠券购买的产品没有打折,因此合计实际折扣并没有5折。再加上不满100元不赠券,实际折扣更小。如果顾客为了获得赠券,就必须再去购买一些产品凑足100元,这样又促进了产品销售。正因为如此,赠券在零售卖场、电商平台比简单打折使用率更高。

理性的消费者或者不太在意不够赠券额度的消费,一般不会为了获得赠券凑足购物金额而计划外购物,这种情况下零售卖场、电商平台和网络店铺的让利损失就减少了,"折扣"又缩水了。但这种利益空间也会被促销"黄牛"盯上,因此,不少商场里出现了"倒券者",他们向顾客索要或收购不满赠券金额的购物小票,或者不打算再购物的消费者的赠券。因为有些顾客对商场的赠券并不感兴趣,有些却因所持赠券金额不足而无法购买中意的产品,因此"黄牛"买卖赠券赚取差额。这种现象对于开展赠券促销的卖场来说,是比较难处理的事情。但是使用看不见的电子券,对于减少倒券现象有很大的帮助。

策划赠券促销活动时,设定赠券的购物金额标准和赠券金额标准是一大关键。这主要取决于卖场和品牌的综合毛利水平、竞争对手的赠券促销力度和对消费者的吸引力度。竞争不太激烈的情况下,"满200赠80"不算少,竞争比较激烈的时候满"200赠150"不算多,竞争最激烈的时候"满200赠300"也不稀奇。此外,还与卖场性质以及主销产品单价有关,在超市满100元起即可赠券,在百货商场没有必要从满100起赠,至少可以从满200元起赠,但在家电和珠宝商场至少应满500元起赠,甚至可以满1000元起赠。

策划赠券促销活动时,参与赠券促销的品牌和可以使用赠券的品牌是最难协调的事情。一般来说强势品牌都不愿意参与赠券促销活动,也不愿意接受赠券购物,因而降低了赠券促销的吸引力。在这种情况下,卖场不得不告知消费者某些品牌不参加赠券促销活动,不得不限定赠券使用的范围,而这最容易引起消费者的反感,并认为这是卖场故意设置的陷阱,而媒体也经常报道甚至曝光这样的"陷阱",对于卖场形象和促销活动的开展形成不利舆论。因此,赠券促销活动应尽可能地让全部品牌都参加,让赠券能够全场通用,在电商平台上可以跨店铺使用。

本章小结

成熟型市场是促销竞争最为激烈的市场,各种促销手段轮番上演令人眼花缭乱。成熟型市场的促销活动,必须依据成熟型市场的特性和促销目标任务来开展。成熟型市场可以针对通路促销,可以针对内部促销,更可以针对终端促销。

成熟型市场的通路促销和内部促销要围绕销量最大化等目标来开展,要促使经销商和销售业务人员不断地为稳定销售规模而努力,开展销售排名竞赛是通路促销和内部促销的主要方式。成熟型市场的终端促销手段最多,但应紧紧围绕巩固品牌忠诚和市场份额来展开,最常用的促销方式包括以旧换新、会员促销、积分促销、集点换物促销和赠券促销等。

课后练习

● 理论知识练习 ▶▶▶

1. 简述成熟型市场的基本特性。
2. 如何策划和执行销售排名竞赛活动?
3. 如何策划和执行以旧换新活动?
4. 如何策划和执行积分促销活动?

● 策划实战练习 ▶▶▶

家具以旧换新如何看?如何干?

家电、汽车以旧换新已经被实践证明切实可行,同样是价值不菲的家具,以旧换新活动理论上很有意义,但在实践中还在不断探索之中。请根据以下两篇资料进行扩展阅读,并讨论和回答"家具以旧换新如何看?如何干?"的问题。

(一) 居然之家2011年家具"以旧换新"活动回顾

2011年2月,北京商务工作会议提出年内在北京试点实行家具"以旧换新"政策。2011年3月,红星美凯龙、居然之家等全国连锁家居卖场率先在北京试点家具"以旧换新"活动。

2011年11月,居然之家再次在北京开展"家具以旧换新"服务,消费者在居然之家北京五店购买家具时可申请将旧家具交给居然之家回收,卖场按消费者购买新家具金额的5%给予补贴。回收来的品相完好又不影响使用的家具,捐给有需要的敬老院、孤儿院或是贫困县乡,对于过于老旧,无法正常使用的家具则进行报废处理。

对于这次家具以旧换新活动的成效,居然之家总裁汪林朋指出,活动推出4个月以来共计签单10279笔,参与活动的家具品牌数量为229个,回收5658笔旧家具,实现新家具销售1.17亿元,占卖场同期家具整体销售额的10%。

这次家具以旧换新活动暴露出来的问题是:居然之家原设想如果旧家具回收量大,可以开一个二手家具交易市场,让旧家具发挥余热。然而回收的家具大多残破不堪,根本无法再次销售。眼见仓库迅速被填满,相关负责人只能自己托关系,请人帮忙免费将这些"垃圾"清走。

(二) 居然之家2022年推出家具在线"以旧换新"

在国家"十四五"规划纲要明确提出2030年前实现"碳达峰"、2060年前实现"碳中和"目标的大背景下,2022年5月24日,居然之家举办了以"践行绿色消费,共创低碳环保"为主题的家具"以旧换新"发布会,积极响应国家当前的绿色经济发展政策,为家居低碳和循环经济发展做出有益探索。

消费者在线"以旧换新" 老旧家具迎来二次新生

居然之家此次"以旧换新"活动,由居然之家发起,各大建材、家居厂商联合开展,活动以北京、天津地区为样板,进而覆盖全国。

参与活动的消费者,可以下载"洞窝"APP,点击进入"以旧换新活动专区",填写旧家具产品信息和客户信息,其中包括产品照片、产品分类、材质、尺寸、已使用年限、拟处理价格、是否具有二次利用价值、家庭地址等。系统将自动生成"新家具送货"及"旧家具回收"流程,并基于对旧家具的价值评估,向消费者发放优惠券。消费者选择的新目标商户,会将旧家具拉回至北京和天津地区各店旧家具中转仓库。智慧物联公司将旧家具回收至天津宝坻物流园后,将旧家具分成有二次利用价值和无二次利用价值两大类,分类进行存放保管。对于无利用价值的旧家具,智慧物联公司可直接进行拆解处理。对有二次利用价值的旧家具,由智慧物联公司进行维修和翻新后在洞窝APP"二手家具"交易平台进行展示销售。

绿色生活从"家"开始　创新服务助力循环经济

在用户红利、流量红利消失的今天,"以旧换新"也是居然之家从私域流量中挖掘市场价值的有益尝试。进入存量时代,二手房翻新、局部升级以及老旧小区改造等带来市场发展新机遇,大量潜在的家具换新需求有待被挖掘释放,但在家居家装订单不集中、流量分散的情况下获客难度也同步增加。

随着我国设计研发和柔性化生产等整体能力的提升,家具产品在材质、颜色、功能、外观等方面得以加快迭代,人们希望通过"焕新"家具提升生活品质成为可能;以"以旧换新"为切入点,居然之家旨在唤醒人们主动参与的自觉性,并打造消费服务体验的闭环,或将有望激活家居产业的存量市场。

在"洞窝"平台上,消费者只需在"以旧换新活动专区"进行信息提交,"洞窝"系统会自动生成家具以旧换新专属二维码,顾客在北京和天津地区任何一家分店购买家具,须使用"洞窝"APP开单,结算系统自动将"以旧换新"优惠券的优惠金额在货款中进行抵扣。

"新家具送货"及"旧家具回收"流程,辅以门店及自营业态联动完成,打通了旧家具回收、处理和换新的全链条。而以"以旧换新"为流量入口,居然之家帮助商户挖掘和抢占存量市场,从而拉动生产、促进消费。

我国经济已由高速增长阶段转向高质量发展阶段,需要贯彻"创新、协调、绿色、开放、共享"新发展理念,绿色低碳发展不仅是衡量高质量发展成效的重要标尺,也是促进高质量发展的有效手段。对于家居行业来说,居然之家此次的行动,不仅创新,还贯彻了绿色、开放、共享,促动了全行业上下游一同践行减碳目标。

居然之家释放平台整合力　补足二手家具市场短板

把回收旧家具视为一项服务产业推广,居然之家希望借助自身平台的强大优势,让废旧家具流通起来,形成回收处理和再利用的一个完整产业链条,不再让旧家具成为无处安放却又弃之可惜的"鸡肋"。

然而,家居家装行业重体验和交付,涉及环节多而复杂,以家具以旧换新为例,除了对家具的回收须有一套标准外,物流、库存、处置等问题也横亘眼前。从消费者端看,对旧家具处理有拆卸、搬运、处理三大困难;从商户端看,旧家具回收人工成本高昂、缺乏权威服务背书、旧物处理能力较弱。为此,居然之家从解决消费者和商家痛点出发,利用强大的数字化系统的支撑,借助居然智慧物联统一处理废旧家具,品牌商户均可通过以旧换新所提供的高额补贴赋能消费者。

居然之家集团副总裁李选选表示:"居然之家将从三个层面全力为此次活动保驾护航:全链路数字化管理能力、智慧物联的专业处理能力以及全域营销整合推广。"

具体表现在,居然之家用数字化打通线上和线下进行全域营销,并通过"洞窝"平台深度运营卖场、工厂、商户和顾客等生态角色,连接和沉淀用户大数据资产,从而帮助家居建材经销商提高物流运营效率、改善消费者服务体验。

同时,居然之家可为参与"以旧换新"活动的家具提供仓储、加工、配送、安装等一体化专业服务,智慧物联的第一个项目天津宝坻智慧物流园已于2021年底正式投入运营,实现家居最后一公里的交付。

通过"以旧换新"活动,居然之家集团的数字化平台与线性服务能力将得以联动,为线上和线下、供需链上下游的打通和链接进行了一次全方位的锤炼和升级。

在旧物利用上,借助居然之家家居零售产业服务平台"洞窝",随着二手家具交易平台在洞窝的上线,系统可进行全程监控回收,人们可在线下单购买,旧家具的再次利用真正成为可能。

居然之家"双碳"在行动　引领家居产业塑造可持续未来

近年人们对绿色消费理念的认同和贯彻执行在加快进行,光盘行动、绿色出行、旧物回收利用等早已成为全民共识,绿色低碳已逐渐融入人们的日常生活。居然之家借家具以旧换新活动,向消费者传递绿色消费理念,倡导健康低碳的家居生活方式。

2021年年底,"绿色家居 碳塑未来"居然之家绿色低碳发展战略发布,家装家居产业"双碳"倡议同步启动。倡议指出,居然之家将从创建绿色家居商场、打造"零排放"绿色装修样板、建立绿色家具、绿色建材产品标准体系、引领绿色生活方式、开展绿色公益活动五方面着手,对全行业的绿色低碳发展之路进行指引和规范,此次"以旧换新"便是对"双碳"倡议的切实践行。

我国家居家装产业的市场规模接近5万亿,其承载着实现国家"双碳"目标的重任。作为以家居为主业的中国商业流通领域的头部品牌,居然之家在商业模式的创新和社会责任的履行上始终走在行业前列,此次以"以旧换新"活动为契机,联通上下游进行全产业链绿色转型升级。

(资料来源:乐居财经)

第十章

退出型市场促销活动策划

退出型市场促销策略分析

退出型市场典型促销活动策划

开篇案例 ▶▶▶

Kindle中国电子书店停止运营

2023年6月30日,亚马逊公司旗下Kindle中国电子书店停止运营,此后中国用户无法再购买新的电子书,宣告进入中国市场10年的Kindle正式谢幕。

此前一个月,亚马逊Kindle服务号发布了"告别手册",解答了和停止运营有关的问题,提醒用户在2024年6月30日前,务必下载已购电子书到本地设备或者Kindle图书馆;对购买了Kindle Unlimited会员权益的用户,Kindle将退还尚未到期部分的会员费用,退款申请入口将于2023年7月1日开放,并通过短信及邮件通知申请退款的具体方式;Kindle客户服务将支持至2024年6月30日;用户可以继续使用Kindle电子书阅读器阅读已下载的电子书,存储在设备上的电子书及个人文档不会受到影响;用Kindle App阅读已经下载的电子书也不受影响,但自2024年6月30日以后,用户将无法继续从应用商店下载Kindle App。

Kindle电子阅读器诞生于2007年,被认为是亚马逊最成功的硬件产品之一。由于采用电子纸屏幕,Kindle被认为护眼且阅读方便,兼顾了纸质书籍的体验和电子阅读器的便捷。Kindle电子阅读器诞生后的几年里,全球掀起电子书阅读热潮。

Kindle2013年正式进入中国,并一度成为电子书的代名词,被众多文艺青年所青睐。2018年,Kindle阅读器在中国发展进入巅峰,年销量突破百万。如今,Kindle在中国画上句号,也令不少读者恋恋不舍。

"阅读神器"Kindle退出市场,一方面是自身硬件和软件创新上的缓慢让国产品牌后起直追,汉王、翰林、掌阅、当当、京东、科大讯飞等厂商均推出了自己的电子阅读器,市场竞争百花齐放;另一方面也源于手机阅读APP和短视频抢夺用户时长,根据阅文集团财报公布的数字,早在2019年底,微信读书的注册用户数量超过了2亿。Kindle停止运营当日,北京日报记者对购买使用过Kindle的用户进行了一个随机小调查。80%的用户表示,自己出于新鲜感或冲动购买Kindle一段时间后,使用频率变得极低,平时阅读更是以手机为主,选择App看书或听书。还有少部分用户表示,自己仍青睐电子墨水屏,但早已不再使用Kindle,它的屏幕相对较小,功能也很单一,无法实现语音转写或会议记录等办公功能。

(资料来源:北京日报　袁璐)

> **学习目标** ▶▶▶
>
> 1. 理解退出型市场的市场特征与促销任务。
> 2. 了解退出型市场促销活动策划的原则与要求。
> 3. 掌握退出型市场典型促销活动策划的基本策划思路和方法。

第一节 退出型市场促销策略分析

一、退出型市场的特征

退出型市场是指企业主动有组织、有计划地撤出的产品市场。它是企业的一种战略转移，也是企业资源再分配的战略行动，包括市场退出、产品退出、产业退出和企业整体退出。

市场退出是企业从某些特定的市场区域退出，比如主动从竞争激烈的、久攻不下的、销售无法达到理想状态的、盈利下降甚至亏损的等市场区域退出，比如美国电商头部企业 ebay 不敌中国本土电商企业退出了中国市场。产品退出是指根据企业发展战略、产品规划、产品生命周期、产品销售和盈利情况，有计划地停止生产和销售的产品退出，实现产品的更新换代，是企业产品结构调整的一部分，比如智能手机制造商决定停止功能手机的生产和销售。产业退出指企业根据自身的发展战略、国家产业政策和自身的资源情况做出的逐步从某些行业退出的决策，它表现为企业对现有产业结构的调整、非主业的剥离和集中资源发展主业的战略决策，比如 IBM 退出计算机制造产业，腾讯和阿里巴巴退出了长期不能赢利的非核心业务、非主流产业等。整体退出指企业因整体经营不善、资不抵债，无法继续运营，通过破产清算、整体出售、关闭停业等形式退出。

市场退出和产品退出最为常见，决策过程较短且可流程化。产业退出因有退出壁垒因而周期较长，决策慎重且不易流程化，但产业退出是为了转型升级、更好地实现企业发展。整体退出最为无奈，退出是因为企业挽救无望而注销企业终止运营。

退出型市场一般呈现出以下主要特征：

（一）产品技术竞争残酷

退出型市场的产品大都属于技术竞争激烈难以对原有技术进行创新改进的产品。日新月异的科技进步、飞速的经济与社会发展、消费升级、消费者的价值观和生活方式的转变、产品生命周期的缩短等，导致产品技术竞争异常残酷。很多运用早期技术、不成熟技术或过渡性技术生产出来的产品，还没来得及实现技术升级就被新技术所淘汰，被迫退出市场。

（二）产品价格下降很快

退出型市场的产品，特别是一些技术含量高、产品更新换代快的产品，如电子、数码产品等，新技术对产品的性能、质量和市场价格影响极大，性能先进、价格更低的新产品出现后，老产品价格迅速下降。例如，移动手机出现后，固定电话机需求急剧减少，价格下降迅速；智能手机出现后，早期的功能手机的需求和价格又急剧下降。

（三）产品生命周期将尽

由于科技的发展和消费的升级，导致一些产品出现老化，不能适应市场需求，被性能更好的新产品所取代，从而被迫进入了淘汰阶段，产品的生命周期也就将随之结束。

（四）产品促销节奏加快

退出型市场的产品由于需求的下降，销售变得更加困难，为此，众多企业通常加快采取各种销售促进措施，加速销售产品，以免处于价格下降通道的库存产品越来越掉价，损失越来越大。

退出型市场的促销，可以根据退出市场的时间进度和轻重缓急程度，分别或同时针对分销商、销售人员和消费者展开。针对分销商的促销方式有老品排空清库津贴、买断销售和折扣销售；针对销售人员的促销方式有老品销售竞赛；针对消费者的促销方式有折扣销售、降价销售、特价销售、怀旧销售等。

二、退出型市场促销活动的目标与任务

无论是何种原因何种形式的退出，均需要快速处理产品库存，集中生产能力、销售能力和财力资源转战新的业务。因此，退出型市场促销活动的总体目标是快

速清理库存,加快回收库存产品资金,同时注意做好品牌维护。具体目标任务可从以下三个方面进行分解落实:

(一) 快速清理制造商库存

制造商库存是退出型市场促销最先进入制造厂家营销管理者和促销策划者眼中的主要问题,是必须优先解决的问题。必须快速清理现有库存,才能实现产品的退出,才能盘活资金用于生产畅销产品。库存问题处理不好,就会对企业运营会产生很大的影响。因而,制造商必须通过开展促销活动,清理库存,回收库存产品占压的资金。

(二) 快速清理分销商库存

分销商的产品库存虽然已经进入了分销商的仓库,但无论是否已经实现了产品所有权的转移和资金的回笼,本质上还是属于制造商的产品,是带有制造商品牌的产品,负责任的制造商还是需要对分销商的库存负责的。因此,在决定退出市场之时,制造商还是必须与分销商一起同舟共济想方设法解决分销商通路渠道当中的库存问题,否则很容易造成分销渠道之乱和市场之乱,到头来影响最大、受害最深的还是制造商品牌。

(三) 快速清理零售商库存

在制造商决定退出某些产品的市场时,终端零售商或许还存在这些产品的库存。负责任、讲信誉、谋求企业和品牌长期发展的制造商不能视而不见、置之不理,而应该联合终端零售商一起想办法去库存,以便在新产品层面展开更好的合作。

面对退出型市场,企业应该树立正确的应对处置理念。大多数退出只是某个产品、某个产业或某个市场的退出,并不是企业的整体退出,更不是企业的全面失败。为此企业应该明确如下理念:

(1) 企业的使命就是通过产品开发创造价值满足消费。因此,一个产品的退出并不意味着企业使命的终结,当然也不意味着企业与这个市场关系的终结,而是为市场提供更好的价值。

(2) 面对一个即将退出的市场,企业应该坚持"我还会再来"的信念。因此,要敢于向退出说"再见",同时需要与消费者建立一个良好的"责任关系",继续提供售后服务以维护原有的市场资源。

(3) 进入某个市场是企业形象的展示,而退出某个市场是对企业形象与企业理念的检验,产品退出不是企业逃跑和对责任的逃避。因此,企业需要正面回应社会有关方面的关切与质疑,维护企业形象。

三、退出型市场促销策略分析

面对退出型市场,企业促销活动的首要目标是快速清理库存。因此,在开展退出型市场促销活动策划时要坚持以下原则:

(一)退出决策理性果断,不要过于优柔寡断

在做出清理库存的决策时,一定要当断则断,不要优柔寡断。由于退出型市场的产品对消费者而言,大都属于淘汰、过时的产品,消费者缺乏迫切需求,并无购买意愿或者购买意愿不强。因此,如果错过了销售时机很可能就再也不能销售出去,形成库存永久积压,严重影响企业运营。为避免对生产经营造成重大影响,企业在退出市场清理库存时必须抓住时机,迅速、及时、果断地做出正确决策。

(二)重视清库战略意义,不要纠缠细节损失

清理库存退出市场对于企业来讲不仅可以及时销售商品、回笼资金、化解经营风险,而且也利于企业将更多的时间、精力和财力集中在更有市场前景的项目,从而促进企业健康发展。因此,除了决策必须迅速、及时外,企业还要注意不要过于计较目前的损失,在局部细节上患得患失,应有长远的战略眼光,考虑企业的整体性、可持续发展。

(三)不玩虚假促销套路,透明真实诚信促销

清理库存同样要讲究诚信经营,不要因为所清理的库存产品不是企业以后的主营产品就采取不正当的手段欺骗分销商和消费者,搞一锤子买卖,也不能把包袱甩给分销商。只有真正让利于分销商和消费者,才可能达到企业快速清库的目的。

(四)切实珍惜品牌信誉,避免品牌形象受损

在退出市场清理库存时必须采用合理的措施以避免品牌认知和品牌形象受到影响和损害,切实做到清理的是库存,留下的是品牌信誉。因为品牌认知和形象一旦受损,对企业会造成深远的不利影响。企业品牌的建立经过了很长时间的苦心经营,凝聚了很多人的努力和心血,必须精心维护。在退出市场促销活动策划与执行中,尤其要注意保护品牌,切忌处理库存心急、心乱,促销处理措施失策、失当,给品牌带来不必要的负面影响和伤害,给企业新市场拓展和品牌的长远发展埋下隐患。

第二节　退出型市场典型促销活动策划

一、买断销售策划

买断销售是指经销商和制造商就某产品在一定区域内达成协议,经销商以买断价格从制造商处采购一定数量的产品,然后自行定价自行销售,制造商不再干预制约。

买断销售是以大批量买断某种商品经销权为条件的,买断销售成交价非常优惠,甚至低于出厂价,并且由于买断销售排斥了竞争者,不用担心恶性竞争带来降价损失,盈利空间不容易被挤压,为经销商赢得了较大的盈利空间,因此受到经销商欢迎。在退出型市场促销中,企业可以采用买断销售形式快速实现市场退出的目的。这里所介绍的买断销售策划,包括但不限于退出型市场促销的范围。

(一) 买断销售产品策划

参与买断销售的产品范围,可以是企业的某一类或某一种产品,其中也可以有不同的型号与规格,买断销售产品范围根据企业一定时期的营销目标、营销策略以及产品所处生命周期阶段来做决定。一般来说,退出型市场买断销售的产品主要包括:

1. 企业计划退出市场的库存产品

该类产品在市场上已经老化,企业已决定退出,并已停止生产,但仍然有一定的产品库存,为更快清理库存,可采取买断销售形式。

2. 市场竞争激烈进入成熟期的产品

这类产品要求建立广泛的分销渠道,比如食品、白酒等产品可以采取区域经销商买断销售。

3. 整体市场规模已经萎缩但在区域局部市场还有一定销售的产品

这类产品可以在仍然有销售的地方物色经销商进行买断销售。

(二) 买断销售时机策划

买断销售是经销商在一段时间内持续型的销售行为。企业在退出型市场实行买断销售则可以以最快速度从退出型产品的销售中抽身出来,集中精力和财力开展更具市场前景的营销工作。因此,决定退出市场的时机就是物色经销商实行买断销售的时机。

除此以外,买断销售还可以用在以下情况下:① 当企业按照社会分工原理集中精力于生产制造时,可以采取买断销售形式;② 企业必须利用经销商的渠道能力提高产品销售量时,这种情况通常是指生产者没有较强的渠道能力,利用经销商的渠道能力鼓励其买断销售;③ 企业需要快速获取经营所需资金时,由于企业生产经营急需大量资金周转,为减轻企业资金压力,生产商通常鼓励经销商对于企业非紧俏商品实施买断销售。

(三) 买断销售对象策划

买断销售是经销商买断产品后再自行销售,必须有一定的资金投入和风险承担的能力。因此,选择一个合适的经销商是成功地实施买断销售的关键所在,必须选择忠诚度高,有很强推广能力的经销商。中高端产品必须重点选择能配合企业营销规划的、拥有良好形象的经销商;低端产品可以选择批发网络通畅和广泛,有较强铺货能力和冲击市场能力的经销商。

(四) 买断销售价格策划

买断销售价格策划的基本思路是在规定的期限内一次作价,即无论协议期内买断产品市场价格上涨下落与否,均以协议规定价格为准。还有一种思路是根据整体市场行情和买断产品销售情况,在规定的期限内分批作价。

(五) 买断销售数量策划

买断销售数量策划主要有两种考虑:① 已经停产的库存产品买断数量以实有库存数量为限,卖完之后不再继续;② 仍然在生产的产品买断销售数量以经销商的订单数量为限,企业不再另行安排生产计划,以防止库存积压,延误退出时机,牵制主导产品和主导市场营销资源。

二、老品销售竞赛活动策划

老产品,简称老品,是指已经上市销售多年,生命周期处在成熟后期或衰退期的产品。老品的存在是一种正常的市场现象,但老品由于在市场流通久了,价格也相对透明,利润空间很小,还占用企业与经销商的资金和库存,削弱了企业与渠道的市场竞争力。因此,必须快速消化老品,让老品有计划地退出市场。开展老品销售竞赛就是其中的重要促销方式之一。

（一）老品销售竞赛的时机

老品销售竞赛活动不是一种时间持续型的销售行为，因而时间机会的选择非常重要，活动时机选择得好，销售效果就很明显。老品销售竞赛的时机主要根据企业营销规划和实际需要集中处理老品的时间来确定，也可以根据销售季节、销售关键时点、节假日和企业新产品上市时间，整合企业的主要销售任务同步开展，比如在销售旺季产品旺销时开展，在新产品上市有强大宣传攻势时开展，结合黄金周假期旺销时间开展，在冲刺全年、半年、季度或月度销售任务时同步开展，等等。

（二）老品销售竞赛的对象

老品销售的参赛对象有两个方面：一是针对企业内部销售人员组织老品销售竞赛，二是组织经销商开展老品销售竞赛。这两种对象的老品销售竞赛活动可以单独分别进行，也可以同时进行，这取决于老品销售竞赛活动的力度以及老品处理的任务目标和时间进度要求。

（三）老品销售竞赛的目标

老品销售竞赛的目标主要依据老品库存数量、老品退出时间进度要求和企业整体营销规划来确定，目标需要具体到老品销售数量、时间进度等指标上。

（四）老品销售竞赛的激励

老品销售竞赛的激励可以灵活采取多种形式。最简单的激励形式是根据老品销售的数量、金额和速度单独进行高于常规产品销售的返利奖励和奖金激励。也可以结合企业的畅销产品和新产品销售计划进行捆绑激励。例如，根据老品销售的数量和进度，给予一定比例的畅销产品和新产品销售计划奖励，多销老品多得畅销产品和新产品。由于畅销产品和新产品货源一般比较紧张，利润空间比较大，因此这种奖励方式对经销商和销售人员的吸引力比较大，对老品销售的作用以及企业整体产品销售均具有积极意义。

（五）老品销售竞赛的策略

如果老品销售竞赛活动设计不合理，或者仅仅单独使用经销商销售竞赛而不与终端促销相结合，有可能只是将老品从制造商仓库转移到了经销商仓库，虽然制造商眼前看不到老品库存了，但其实老品库存仍然存在，问题并没有得到真正解决。因此，策划老品销售竞赛活动应注意：① 正确计算老品库存量，根据投入产出比,合理设计促销活动力度;② 关注老品的最终销售,以免过多占用经销商库存和资金;③ 适时在销售终端开展老品促销,尤其是利用节假日销售旺季加大老品终端促销氛围营造,做好导购员的老品销售激励工作,促进老品最终销售。

三、怀旧促销活动策划

通过买断销售和老品销售竞赛等促销活动,企业一般能够快速清理自己的库存,回笼资金,在一定程度上退出了市场,但还不是完全意义上的退出市场,因为分销商和销售终端可能还存在本企业产品的库存。因此,真正完全意义的退出,还需要解决渠道和终端库存问题。而这个层面的促销,主要是针对终端消费者的,方式方法主要有特价促销、降价促销和怀旧促销等。特价和降价促销能够快速处理库存,但文化和品牌层面的意义欠缺。怀旧促销虽然处理库存速度比较慢,但是文化和品牌层面的意义比较好,尤其是对于一些老字号品牌和历史悠久、文化韵味浓厚的品牌来说,还是塑造和强化品牌形象的重要方式。

怀旧促销是指企业在营销活动中给予消费者一定的怀旧元素刺激,进而激活消费者的怀旧情感,从而勾起消费者内心深处的共同记忆符号,进而促成消费者的购买行为。怀旧促销可以运用到企业退出型市场运作中,这时的促销产品对象就是计划退出市场的产品,促销的启动时机就是退出计划推出的时机。在企业的退出型市场产品中挖掘怀旧因素或创造怀旧因素是怀旧促销的关键,不是单纯地给产品添加一个怀旧因素,而是利用这个因素把企业、产品与消费者有机结合起来。怀旧促销是和消费者打感情牌,必须贴近生活,从他们的生活经历和情感记忆出发,才能引起他们的回忆与共鸣、回想与共情。怀旧与创新是相辅相成的关系,创新的怀旧会给怀旧增添一份别样的风采。但总体来说,退出型市场的怀旧促销是一种战术性手段,持续时间不是太长,促销任务结束就会退场。

怀旧元素除可作为短期促销活动以外,还可以作为一项长期营销项目来运作。很多企业从"怀旧风"中捕捉到商机,将人们的怀旧心理融入产品研发和市场营销之中,或让成熟品牌旧日时光的经典魅力在新时代展现出难以忘怀的风采,或让传统品牌经典复活,实现品牌形象焕新,重启品牌市场销售,再续品牌生命活力,再创企业效益增长,比如老字号品牌百雀羚网络时代的品牌复活、老品牌回力的经典产品解放鞋变身板鞋的时尚复活等。前者可能是针对同一代人的怀旧营销,后者甚至超越同一代人、实现了隔代人的怀旧营销,成为一种国潮消费浪潮。而在国家实力增强、国际地位提升、爱国热情高涨的新时代,体现中华文明和文化自信的民族品牌,已经借由民族自信和经典怀旧形成了大量国民超喜爱的国潮品牌。

旺旺仙贝的怀旧营销

旺旺仙贝发布的标题为"背上仙贝,永远做妈妈的宝贝"笔记,不仅将仙贝作为怀旧符号载体,唤醒了用户对仙贝的美好记忆,还紧跟节日热点捎上母亲节的节日祝福,赢得了用户的好感;而创新推出的款式新颖有趣的仙贝包,则将旺旺从零食品牌嫁接到时尚搭配,又让用户眼前一亮,从而引发粉丝热评和跟风。

老品牌本身具备时间沉淀,大众对品牌有一定的认知,在怀旧营销中具备天然优势。老品牌可以利用自身的经典爆品,以情怀为本,放大怀旧符号,唤醒用户关于品牌美好部分的记忆,并结合时下消费者热点,进行年轻化表达,对怀旧元素进行二次创新,拓宽怀旧情怀的广度和宽度,让老品牌焕发新生。同时配合特定营销节日宣推,怀旧效果翻倍,既满足用户的情感需求,又实现品牌深度种草。但怀旧营销已经超出了怀旧促销的范畴,在本章中无法展开论述,下面就聚焦怀旧促销策划展开较为系统的介绍。

(一)怀旧促销产品策划

就产品本身而言,感性产品比理性产品更适合运用怀旧元素进行创意促销。因为怀旧促销更易于调动感性商品的情感力量,更易于感动消费者。而消费者购买理性产品时更多的是考虑性能、价格、质量、售后保障等理性问题,其购买的出发点是实际问题的解决方案,感性因素只占很小的成分。因此,怀旧促销产品一般适用于感性产品领域,如服装装饰、食品饮料和生活用品等,而在理性商品中的作用就相对弱得多。

就产品与消费者生活与工作关系而言,任何与消费者生活与工作有过长时期密切关系的产品,都能够运用怀旧元素开展带有感情色彩的促销。这时,怀旧促销的产品,与产品的购买属性关系不大,而与产品的时代特性关系更大,每一代人均有伴随着这一代人儿时游戏、少年学习与青年入职工作的物品。不同年代不同年龄的人,这样的物品会有不同,但都是同时代同年龄人所共有的所熟悉的,都可以引起同一代人的强烈共鸣,都可以用来开展怀旧促销。

(二)怀旧促销创意策划

怀旧促销针对的目标消费群体是拥有共同符号记忆的同龄群体。在这一代同龄人群体中,共同的记忆可以带来大量的认同,从而形成集体回忆。集体回忆是在一个群体中,大家对曾经一起共享、构建以及传承的事物的共同回忆。在经历了一段时间后,在特定环境与行为的指引下,这段记忆被唤醒,当事人则会产生强烈的共鸣、认同与超乎想象的热情。把这种热情应用到促销活动中,能够产生一种力量强大的、范围广泛的号召力。在怀旧促销中,寻找目标群体共同的记忆符号是引爆怀旧消费风潮的关键。目标群体共同的记忆符号是怀旧促销成功启动的关键怀旧元素。

在怀旧促销中，无论共同记忆的情绪特征是愉快的还是痛苦的并无关系，只要是一代人共同的记忆，无论是愉快的还是痛苦的，均可引发群体的共同情感，形成怀旧风潮。霍布鲁克和辛德勒认为：消费者怀旧是消费者一种伤感或幸福或苦乐参半的感受，也是一种对事物的喜爱，而这些事物通常是在人们年轻时盛行的。在怀旧元素刺激消费者的过程中，怎么选取怀旧元素和如何运用怀旧元素是极其关键的。怀旧促销策划的核心内容就是要挖掘出一代人的集体记忆符号并通过一定的载体和方式把怀旧内容展现出来，勾起人们的怀旧情绪，引发群体怀旧行为和消费风潮。在怀旧促销策划中，通常引爆怀旧的记忆符号有：

1. 特定人物

如一起生活的家人、一起玩耍的发小、一起上学的同学等。奶奶和妈妈教唱的儿歌让人想起家庭的温馨，一首往日的歌曲让人想起童年的欢乐和友谊。三九感冒药的广告就利用朋友在身边般的贴心关怀，以周华健的《朋友》这首歌为背景，引起了消费者的共鸣，塑造了三九感冒冲剂的贴心感觉。

2. 特定物品

如用品、工具、玩具、文具和图书。现在的图书非常注重包装和印刷，而20世纪六七十年代的书大多是被黄黄的牛皮纸一包，再简单地用黑色油墨印上书名，给人以一种朴实庄重的感觉。文具店里黄色牛皮纸包装的笔记本，一副历经沧桑的感觉，却得到了广泛的关注，销量也取得了令人惊讶的成绩。这表明消费者的怀旧情绪在影响着他们的购买倾向。

3. 特定事件

如婚礼、节日、学校生活。当人们生活不如意时，多会怀念以前的生活；当人们身在异乡或者无亲人在身旁的时候，多会在特定的时间勾起特殊的记忆，也有"每逢佳节倍思亲"的意味。聪明的营销者已经发现了这个规律，利用节日和特定事件来做营销，就能取得比平日更好的效果。这方面屈臣氏就做得很好，他们经常会选取一些特定的时间基于欢乐等主题来做促销，在给予消费者优惠的同时，也把自己品牌的欢乐理念传递给了大家。

寻找共同记忆符号是怀旧促销策划的重要创意切入点。找到一群同时代的消费群体，将其拥有的共同回忆作为情感沟通切入点和共鸣点，是怀旧促销活动成功的关键，也是怀旧促销活动策划的创意灵魂。主动挖掘自己的产品、品牌中潜在的怀旧元素，或者将自己的产品、品牌与具有时代意义的场景、人物联系在一起进行点化、唤醒、激发消费者的怀旧心理，并在此基础上进行销售和宣传，往往可以取得非常好的效果。其中，年龄，某一群体特定的生活经历、生活环境、生活习惯，都是厂家可以利用的元素。一些事物一些物品在流行一段时间之后，时隔一年有人再提起就会被认为是老土，但是十年后再提起，那就又是一种流行，一种充满感情色彩的流行、充满回忆的流行。2022年娱乐圈的考古潮创造了经典怀旧的时代魅力，5月份周杰伦线上演唱会1亿人观看、孙燕姿的唱聊会约2.4亿人观看，而9月初61岁的刘德华抖音演唱会观看人次更是达到了3.5亿，这波经典文艺考古潮真是愈演愈烈。挖掘营销对象群体10年前、20年前，甚至更长时间前的集体记忆，即可以找到并唤起这一群体共同的回忆并产生共鸣的效果。但是，这种流行的引爆是需要找到切入点的，有效的切入点必须拥有以下几个特点：① 这一群体数量要有一定的规模；② 这一群体必须拥有共同的美好回忆；③ 回忆点要有宽阔的拓展空间；④ 与社会主流价值观一致，或者虽然可能有所不同但是肯定并不相悖。

在北京市崇文区大方百货商店，时间的钟摆仿佛停了下来：传统的玻璃柜台、老式货架、珠算盘，布局中规中矩，在开放式的大卖场成为主流的今天，仍然坚守着"一对一"的服务模式，顾客要看一件商品，售货员就从货架上取下来。在这家百货商店，可以很容易地找到诸如百雀羚、雅霜、蛤蜊油、郁美净鲜奶霜、片仔癀珍珠膏、凡士林护手霜等流行于20世纪七八十年代，甚至更早时间的护肤品，在国外护肤品品牌横扫化妆品界的时代，这些在一般的商场、超市难觅踪迹的护肤品在大方百货商店却成了主打产品，甚至因为能够帮助消费者怀念那个永远逝去的时代而受到热烈的追捧。

（三）怀旧促销价格策划

过往年代的产品价格通常是低于现在的，也是与当时的消费水平相适应的。能够引起感情共鸣产生集体怀旧消费风潮的产品，基本上都是价廉物美的产品。在怀旧促销策划中，既要保留原来的产品形态、包装形态等记忆符号，也要保留价廉物美的记忆符号，具有明显的价格亲民特性。因此怀旧促销活动的产品价格，仍然需要保留那些熟悉的亲民风格。

在怀旧风潮中再度流行的老字号化妆品，大多保持了原有的包装和风格，也有一些做了轻微的变动。在价格上，老字号化妆品更是保持了物美价廉的传统。据了解，与动辄上百元的国外化妆品相比，老字号化妆品相当廉价：一瓶友谊雪花膏6元，一瓶宝贝嫩肤霜1.5元，一瓶友谊护肤脂1.9元，一瓶宫灯杏仁蜜5元，一瓶友谊香脂2元，一盒紫罗兰沉香粉2.5元，一瓶咏梅奶液4.5元……这些老字号化妆品的价格大多在10元以下，相当具有诱惑力，虽然随着时代变迁、物价上涨，怀旧促销产品的价格也会上涨，但保持实惠实在的亲民价格定位一定不会变。

(四)怀旧促销传播策划

怀旧是一代人的集体情绪,主要通过一代人之间的圈层传播得以蔓延流行。怀旧风潮的传播方式类似于病毒式传播,具有群体内部高度关注并自动自发主动传播的能力。因此,怀旧促销活动的传播就需要遵循怀旧传播的基本范式,通过圈层内部的口头传播和行为传播带动怀旧消费的流行。聚会交流、电话交流等传统沟通是怀旧传播的初始方式,手机视频、即时通信等移动互联网的传播是推动怀旧风潮的快速裂变的传播方式。当怀旧消费风潮迅速扩散蔓延起来之际,通常会引起电视、报纸、广播等传统大众媒体的关注,成为大众媒体报道和渲染的话题,从而进一步助长怀旧风潮。因此,可以说怀旧促销传播的主流方式是公关传播而不是广告传播。怀旧促销的策划者需要非常熟悉并善于运用圈层传播、口碑传播、社交传播、自媒体传播和病毒式传播等几乎不花费用的公关传播方式。

四、降价活动策划

降价促销是降低产品价格、促进产品销售的方式,因此从严格意义上来讲是一种价格策略而不是一种促销策略,但是由于降价通常会带来销售增长,因此也可以看成是一种促销策略。降价与特价虽然动用的都是价格手段,但是还是有所不同,特价是特定时间段的特殊价格,特定时间段的特价活动结束以后,将恢复原价,不再执行特价。降价则是不恢复原价的行为,是没有特定时间限制的价格行为。

在产品供过于求的时代,降价的压力时常存在,但是降价措施却要慎重使用,因为降价容易涨价难,降价虽然有可能刺激需求、扩大销售,但也有可能降低盈利水平,并影响品牌形象。因此不应该频繁使用降价手段促销。降价促销一定要符合企业的营销策略和竞争策略。

降价活动可以运用到退出型市场促销中来,并且是退出型市场促销的重要手段之一,因为退出型市场的降价既能快速促进销售实现市场退出,又不会有太多的市场遗留问题。此外,降价还可以运用到成长型市场促进销售增长上来,以及运用到竞争型市场争夺市场份额上来。下面结合这三种情况,对降价活动策划进行具体的介绍。

(一)降价背景分析

市场上产品价格的调整是频繁而迅速的,降价对市场销售的影响也是直接而快速的。但这并不意味着企业可以随心所欲地降价。降价总是出于一定的目的和动机,有其特定的市场背景,时机条件不成熟时不宜轻举妄动。

在下列情况下可以考虑降价但并不一定要实施降价：① 企业产能过剩；② 企业希望扩大销量和市场份额；③ 市场不景气，行业整体下滑；④ 企业的市场份额下降；⑤ 产品成本、品质或形象下降；⑥ 企业需要回笼资金减轻财务压力；⑥ 企业需要处理产品库存；⑧ 企业计划退出这一产品市场。

降价有时是被动的，有时是主动的。被动的降价大多是因为整体行业问题、自身经营不善或者因为应对竞争，无奈的成分比较多，主动思考和策划的成分比较少。主动降价，主要是出于三种动机：① 主动降价退出某些市场，集中资源经营更优质的市场，这种降价我们称之为退出型市场降价促销；② 主动放弃高价，降价以降低消费门槛促进产品的市场成长，这种降价我们称之为成长型市场降价促销；③ 主动降价挑战竞争对手，夺取竞争对手的市场地盘或抢占竞争对手的市场份额，这种降价我们称之为竞争型降价促销。在降价促销活动中，我们主要研究的是这三类主动性的降价促销。

（二）降价反响分析

降价会影响消费者、竞争者、经销商和供应商的利益，也会引起公众和新闻媒体的注意，因此，企业必须事先对降价进行预估分析，预计各方面的反应，以便采取相关措施，达到降价的预期目的。

1. 预估消费者对降价的反应

消费者对于降价未必能像企业所希望的那样正确理解。对于降价，消费者的看法可能是：这种产品将要被淘汰；这种产品功能有缺陷或者质量有问题，因而销售不畅；这个企业存在资金困难，现金流出现了问题；这个价格还会进一步下降，应该继续观望。这是对降价的消极反应，是发动降价的企业最不希望出现的。降价要达到效果，必须调动消费者的积极反应，要形成"产品降价了现在正是购买的大好时机""产品价格降了但品质没有下降""购买没有后顾之忧""价格已经降到位了，现在购买不会吃亏"等舆论气氛。当然这涉及降价的理由、降价的公开方式、时机、地点等，这些后面将有具体介绍。

2. 预估竞争者对降价的反应

打算进行降价的企业还必须考虑到竞争者的反应。产品越同质化，竞争者的反应速度越快；竞争者越多，竞争者的反应越复杂。由于竞争者在生产规模、市场地位、营销目标、竞争策略、销售模式和销售政策方面存在关键性的差异，所以他们所做出的反应也大不相同。企业可以通过以下三种途径判断竞争者们可能做出的反应。

（1）通过分析竞争者的竞争目标、经营状况与竞争实力来判断。如竞争者最近的销售状况及其与经营目标的差距，资金周转与经营利润的财务状况，生产能力的利用与闲置状况等。因为竞争对手的经营目标与经营状况不同,应对降价的措施反应也会不同。如果竞争者经营目标的重点是提升市场份额,那么它很可能要跟进降价。如果它的经营目标是竭力达成既定的利润指标,它很可能不采取价格反应。

(2) 通过分析把握竞争者对企业降价动机和意图的认知来判断。 例如,对于一个企业降价的动机,竞争者可能做出不同的解释,并导致不同的反应。如果竞争者推测降价企业的目的是抢占市场份额并试图悄悄地夺取它的市场,那么它很可能迅速采取降价措施予以反击;如果认为企业降价是因为经营情况不佳而退出市场,它可能不会做出降价反应,而会在媒体上宣称其市场销售和经营效益良好,承诺其不会降价,并预测整个市场价格将会保持稳定。

(3) 通过分析降价产品的技术特性与消费者购买行为特性来判断。 竞争者的反应还与降价产品的技术特性及消费者购买行为特性有关。产品越同质化,越需要价格差异化和品牌差异化。这样才有利于消费者选择,有利于产品销售。因此当一个企业提高同质化产品价格时,竞争者一般可能不跟进,以突显其价格优势维持或巩固其市场份额。但降低同质化产品价格时,竞争者很可能迅速跟进。在非同质的产品市场上,竞争者对价格变更所作的反应有更多的自由选择。如果用户选择产品主要考虑的是质量和服务等因素,而对价格差异的敏感度较小,竞争者一般不会跟进降价,但如果价格成为顾客购买决策的重要影响因素时,竞争者则会跟进降价。

消费者和竞争者对降价的反应是影响到企业降价能否成功的关键,当消费者和竞争者出现企业预期的反应时,企业无疑应该发动降价;当消费者和竞争者不会出现企业所希望的反应时,降价可能达不到预期的效果,反应就可能很平淡。

3. 预估社会各界对降价的反应

在分析降价的反应时,我们还应该分析分销商、供应商的反应,要做好宣传引导工作,取得分销商和供应商对降价的支持和配合。

在分析降价的反应时,还需要密切关注新闻媒体的反应,要尽可能争取和引导媒体的正面宣传和报道,避免负面报道和恶性炒作。通过媒体以新闻的形式公布降价信息,比通过媒体广告公布降价信息要好,可以提高降价的权威性与正面效应,同时减少广告费用投入。

(三) 降价范围和幅度策划

在经过上述认真分析研究之后,确认需要发动降价时,还须认真进行产品价格弹性分析,测算降价带来的销量变化、市场变化和收益变化,从而决定降价的范围和幅度。降价的范围和幅度事关企业经营业绩的高低成败,有关职能部门应做好相关数据的测算、相关方案的比较,最终决策还是需要能够承担经营责任的企业负责人做出。在降价范围方面,退出型市场和成长型市场的降价促销应以退出市场的产品和正在处于成长期的产品为限,原则上不应涉及企业的其他产品,除非企业假借这两种产品降价名义开展全线全面产品或大部分产品降价。意在挑战竞争对手争抢市场份额的降价则需要有意识地扩大产品降价范围。在降价幅度方面,有些研究资料可供参考:① 降价幅度在10%以下时几乎收不到什么促销效果;降价幅度至少要在15%以上,才会产生明显的促销效果。但降价幅度超过50%时,必须说明大幅度降价的充分理由,否则顾客会怀疑这是假冒伪劣商品,反而不敢购买。但这些经验数据值会因为产品不同而存在差异,因而不能简单套用。② 少数几种产品大幅度降价比很多种产品小幅度降价促销效果好。知名度高、市场占有率高的商品降价促销效果好,知名度低、市场占有率低的商品降价促销效果差。

(四) 降价时间与地点策划

在降价范围和幅度确定之后,还需要研究推出降价的时间、地点等技术性问题。选择合适的时点和地点推出降价措施将有利于降价的顺利实施。由于互联网和现代信息通信技术十分发达,给降价信息的快速发布和快速执行带来了很大便利,也给监测和反馈降价的市场反应带来了方便。因此,降价信息发布的时间应尽可能及时准确。从市场反应效果上来说,退出型市场、成长型市场和竞争型市场的降价促销宜早不宜迟,率先降价比跟随降价市场反应要好。在降价地点方面,退出型市场降价促销仅限于产品涉及的退出型市场区域为宜,一般没有必要将降价信息发布到非退出市场区域。成长型市场降价和竞争型市场降价则有必要扩展到更广泛的市场区域,以利用降价机会促进产品销售区域的拓展和市场销售的增长。

(五) 降价理由与方式策划

将降价的理由实话实说还是适度包装,这是需要认真研究的。无论采取何种理由公开,其目的都是为了达到预期的市场反应,同时避免伤害品牌。如果降价的理由合情合理,社会、用户和竞争者等方方面面都可以接受,不妨实话实说。但如果各方面都难以接受,那就需要适度包装。但适度包装也必须合规合情合理,能够自圆其说,不至于损害品牌价值和品牌形象。否则,牵强附会反而令人生疑并影响品牌形象。

降价的公开方式对于降价的成功与否也有一定的影响。因此,也需要认真研究,细心策划。视情况不同,可以由经销商在流通领域公开,可以借新闻媒体的宣传报道公开,在自媒体时代,还可以通过线上直播、企业官微、或者企业高管官微公开。当然必要时也可以召开新闻发布会或以企业新闻通稿的形式公开。也不排除用发布广告的形式公开。但如果不是行业重组市场、重新洗牌式的价格大调整,没有必要采取既花钱又影响品牌形象的广告形式公开。

电商价格战

京东商城CEO刘强东2012年8月14日在微博上公布降价挑战苏宁易购。仅两天时间,宣布"所有大家电都比苏宁线下便宜"的微博创下20多万条的转发记录。与电商价格大战相关的新浪微博数量已5520万条,并引起全国新闻媒体的跟踪报道,8月15日当天刘强东接受了30多家媒体采访,当晚,央视财经频道《经济信息联播》和《财经评论》给予深度报道和分析。无论京东发动这场价格战正确与否,其微博发布方式的影响力是明显的。

在终端市场上,把降价标签直接挂在产品上最能吸引消费者立刻购买。因为顾客不但一眼能看到降价金额、幅度,同时能看到降价产品,能够更快地做出购买决定。

(六) 降价促销的策略整合

1. 退出型市场降价促销的策略整合

退出型市场降价促销的目标是实现品牌、产品和市场的退出,但企业的经营是持续的,因此在部分品牌、产品和市场降价促销成功退出的同时,企业必须推出新品牌、新产品和新市场,实现品牌、产品和市场的新老交替和前赴后继,否则就有可能断送企业的整体生命。

2. 成长型市场降价促销的策略整合

在成长型降价促销实战中,不乏产品降价了,卖火了,生产供应又跟不上,断货脱销,产品质量也跟着下降,从而殃及品牌失去用户信赖。这都是要尽力避免的。为配合降价,企业要做好配套工作实现策略的整合:① 生产设备、原材料应做好相应的调整,迎接销售成长带来的生产需要;② 生产能力、物流配送能力、服务能力应大力提升以满足销售成长的需要;③ 产品质量应该得到保证,不能因为降价而降低产品品牌质量,也不能因为降价促销带来的生产增长而放松产品生产标准和质量监管要求;④ 处理好降价给经销商带来的损失,及时做好经销商降价补差工作,保护经销商积极性。

3. 竞争型市场降价促销的策略整合

竞争型市场降价促销成功夺取市场提高份额虽是重要的胜利,但毕竟不是终胜,在夺取市场之后还需要采取一系列措施巩固市场。因此,还需要推出新品牌、新产品,修复因降价带来的品牌损伤,培育顾客忠诚,实现持续稳定销售,等等。

五、特价活动策划

企业在退出型市场促销中可以利用特价活动帮助企业快速清理库存。特价促销活动一般是在终端卖场针对终端消费者展开的,因此,零售商使用这种促销方式比较多。制造商在零售商的配合支持下,也可以在终端卖场针对终端消费者开展特价促销。由于特价活动是在特定时间对特定产品开展的,优惠幅度一般也比较大,因此,对消费者有一定的吸引力,对销售的促进比较明显。但总体来说,特价促销是一种短期的销售促进措施,持续时间短,活动结束以后,特价将恢复为原价。而退出型市场的产品利用特价促销是希望一次性清理完库存,一般不会继续销售,也就不存在恢复原价的问题,因而退出型市场的特价促销更多的是概念而不是实质。

作为退出型市场产品的特价促销策划,为实现快速清理库存,加快回收库存产品资金的目的,应该把握好特价产品、特价时机、特价方式、特价理由、特价幅度等五个策划要素。

(一)特价产品策划

原则上退出型市场的特价促销应以计划退出市场的产品为限,没有必要扩大特价产品范围,但由于退出型市场产品大都处于产品生命周期末端,在市场上受消费者欢迎的程度大大降低,因此,可以考虑扩大一些特价产品范围,但其产品特价幅度不宜超过退出市场产品,以免影响真正需要借特价促销活动退出市场产品的清库销售,避免退出型市场特价促销目标受阻或落空。

(二)特价时机策划

特价不是一种时间持续型的销售行为,因而时间机会的选择非常重要,是影响特价促销活动效果和宣传费用投入的重要因素。时机选择得好,活动的宣传告知就很便捷,费用就很经济,销售促进效果就很明显。相反,则活动传播费用高,消费者接受信息少,促销效果差。

退出型市场产品由于其本身的特殊性,特价促销时机的选择非常重要,尤其在一些零售终端,不合时机的特价很可能会降低企业形象,但如果处理得好,特价产品又可以起到招徕消费者的作用,不仅销售了商品,还可以增加企业其他产品的销售。通常企业开展特价活动,有这样一些时间选择方式:

1. 节日和假日

节假日是消费者集中上街购物的时间,也是消费者期待商品优惠销售的时间。

在节假日开展退出型市场产品的特价促销活动,一方面顾客一般不会认为是企业在处理商品,而认为是节日促销,可以取得消费者对活动的信任和认可。因此,节假日的特价促销价值非常大。

2. 企业成立及周年庆典日、商场店庆日、企业发展取得重大突破的时间

选择这样的时间开展退出型市场产品的特价促销,有利于使消费者对促销活动的理由产生正当感,从而有利于调动消费者参与特价活动的意愿,达成良好的促销效果,可以避免损坏企业的形象。

3. 产品销售换季或推广规划调整的时间

在销售换季的时间开展特价促销是厂商的普遍做法,也是消费者普遍认为比较合理且可以接受的促销行为,退出型市场的产品选择换季特价促销有利于市场接受。

4. 与产品保质期、保鲜期相关的时间

很多产品都有规定的保质期和保鲜期,通常需要提前对即期产品进行特价销售。如果退出市场的产品也有保质期或保鲜期,亦可选择这样的时间段开展特价促销。

退出型市场产品特价活动持续时间一般以企业清理库存所需要的时间为限,但一般来说,时间不宜过长。特价活动的有效时限与特价开展时机以及特价理由存在一定的关系。店庆日和庆典日的特价活动期限,一天最有价值感。节假日特价的活动期限也以节假日的放假天数为宜。其他特价活动时间期限,原则上根据特价活动的目的和要解决问题的时间进度来设计,或3—5天,或为期一周,但一般不要超过半个月。如果超过以上时间段(点)时企业仍然没有达到清仓的目的,应及时调整营销方式,避免影响企业及产品形象。

(三) 特价方式策划

特价和降价虽然都是在价格方面做促销文章,但是特价和降价还是有明显的区别:降价是不限时、不限量的持续性价格行为,具有长期性和稳定型,其目的就是持续性扩大产品销售。特价则是短暂性的特殊价格行动,不具有长期性和持续性,退出型市场产品特价期限以后可能不再有产品销售。因此,退出型市场产品特价方式一般采用限时、限量特价。即在规定的时间内推出数量有限(以库存为限)的特价产品,先到先得售完为止,有利于激起消费者的购买意识,促使消费者迅速行动。

(四) 特价理由策划

虽然是退出型市场的特价策划,但是如果我们给消费者以合适的特价理由,不

直接告诉消费者这些是即将淘汰的产品,促销效果会更理想。因此,为达到退出型市场特价促销活动的目的,需要在诚实守法经营的前提下,合理策划特价活动的理由,合理提炼特价促销活动的主题口号。这样,更有利于取得消费者对活动的信赖,赢取消费者对活动的支持和参与。消费者认可和相信的特价理由其实不多,有些可能还很老套,但是消费者会放心接受,因而是有效的。一般来说,消费者认为可以相信的正当特价理由包括:① 节日酬宾、假日酬宾;② 企业庆典感恩回报;③ 企业发展让利酬宾;④ 门店搬迁、装修改造;⑤ 换季清仓、歇业改行等。为增强特价活动的感染力,需要在消费者认可的特价理由基础之上,再精彩提炼出特价活动的主题口号,并通过主题口号的传播渲染,达到打动消费者、促使其放心购买的目的。

(五) 特价幅度策划

特价幅度的大小是影响特价促销效果的重要因素,需要认真测算,细致考虑。特价幅度多大就能发挥其市场影响力,这与产品品类特性有关,与消费者的心理预期和需求水平有关,与特价活动的品牌影响力及其市场地位有关。一般来说,特价幅度的策划应该综合考虑产品对消费者的吸引力以及特价对企业自身的承受能力。一般来说,在退出型市场特价促销中,企业需要尽快进行产品、市场转移,盘活资金。综合来看,特价幅度的大小,须保证特价活动对于企业来说可以控制在一定的合理承受范围之内,不会造成过重的财务负担,甚至可以通过不同产品特价幅度的控制和产品销售数量的有效组合,取得良好的促销效果。

本章小结

退出型市场是指企业主动有组织、有计划地撤出的产品市场,具有产品技术竞争残酷、产品价格下降很快、产品通常处于产品生命周期的尾期以及产品销售节奏较快的特征。因此,退出型市场促销活动的总体目标任务是快速清理库存,具体目标任务是快速清理制造商、分销商库存以及终端库存。

在进行退出型市场促销活动策划时应该坚持当断则断,不要优柔寡断,重视清库战略意义,不要过于在意细节损失,真正让利于经销商和消费者,避免品牌认知和品牌形象受损,根据市场份额大小合理选择退出策略等原则,确定退出的业务领域和范围,选择好退出的时机和方式。

退出型市场典型促销活动策划包括:买断销售策划、老品销售竞赛活动策划、怀旧促销活动策划、特价活动策划、降价活动策划。

课后练习

●理论知识练习 ▶▶▶

1. 退出型市场的特征主要有哪些?
2. 退出型市场促销活动的总体和具体目标与任务是什么?
3. 请阐述退出型市场促销活动策划的原则与要求。
4. 什么是买断销售促销、老品销售竞赛促销、怀旧促销、降价促销、特价促销?阐述以上各项促销活动策划的要点。

●策划实战练习 ▶▶▶

1. 根据本章内容中各种促销活动的典型案例,有针对性地选择某一实体公司的具体情境,模拟策划一次特价促销活动,并写出策划方案。
2. 假设你是一家生产家用电器的企业的营销经理,公司技术部门开发了一款功能更先进的换代产品,公司管理部门要求你制定一项老产品清库方案,你将如何开展工作?

第十一章

季节性促销活动策划

淡季促销活动策划

旺季促销活动策划

节假日促销活动策划

开篇案例 ▶▶▶

重庆一楼盘淡季促销:40度高温天帮农民客户收稻打谷子

为了卖房,有些房企出奇招,也有房企下"苦功"。2022年8月17日,金辉控股在重庆的楼盘"湖山云著"打出海报,宣布推出"买房送打谷子"服务。

"窗前湖景我承包,你的谷子我来打。"大红色的海报上,这句口号格外显眼。除了送打谷子服务,该楼盘还有一口价特价房、周末到访礼等营销方式。

8月19日,金辉控股相关人士对第一财经确认该活动属实:"现在重庆有40多度,我们的活动还在持续,一旦有客户约,就上门打谷子。"

金辉湖山云著项目位于重庆梁平双桂湖智创生态城,总筑面积有50万平方米,因为离重庆主城区非常远,能吸引来的七成买房客都是周边乡镇居民。

今年夏天,重庆格外热,据中国天气网资料,截至8月18日,重庆沙坪坝、北碚等15地的最高气温已经刷新了当地纪录,其中北碚气温达到了45℃,梁平的气温也达到了历史极值。为什么该楼盘在酷暑天想到了帮农民打谷子?

金辉方面称,原本7—8月在当地就属于传统的市场淡季,现在因为天热,客户更不愿出门了。8月,售楼处电话回访了一个前期来看过房的潜在客户,了解到他没法再到访售楼处的原因是家里有一亩稻子熟了,要抢收,再借助高温晒干谷子里的水分。于是,金辉湖山云著立刻出动了6名工作人员帮客户打谷子,他们平均年龄28岁,其中5人都有3年以上务农经验,在没从事地产行业之前他们都务过农,"这是一支处于当打之年的专业收稻、卖房团队"。

对于舆论关切,金辉方面回应称:"这个事情不是刻意炒作,只是拒绝躺平,劳动人民最光荣。"

近期,由于三四线楼市去化不易,已经出现了小麦换房、大蒜换房、西瓜换房等一系列农产品换房营销事件,而售楼处专门推出帮客户干农活服务还是首次。

金辉湖山云著称,此前他们也帮业主晒豇豆、收豇豆,还帮业主布置过结婚场地,因为"现在上门看房子的人少,要拿出最大的诚意"。

"今年夏天川渝、长三角都出现了罕见的高温天气,但是为了项目去化,我们的销售都必须下沉到村里去拓客,跟农民伯伯沟通交流,很多农民也确实有改善居住条件的需求,总之,现在卖房真的很不容易。"一家全国性千亿房企的营销人士告诉记者。

(资料来源:第一财经微信公众号 马一凡)

学习目标

1. 了解旺季市场的特征、促销策略和主要促销方式的策划。
2. 了解淡季市场的特性、促销策略和主要促销方式的策划。
3. 了解节假日市场的特性、促销策略和策划要点。

第一节 淡季促销活动策划

产品由于受到季节变化、消费周期等因素的影响,常常会集中在某一时段出现销售的明显下降或基本处于停滞状态,企业一般将这个时间段称为产品销售淡季。几乎每个行业、每种产品都有一定时间的销售淡季。对于企业而言,销售淡季无疑是销售的困难时期,开展淡季促销,提振淡季销售,是大多数企业淡季市场营销的重要举措之一。因此,是否能够通过淡季促销活动取得较好的销售业绩已经成为检验企业营销策划能力的重要标准之一。

一、淡季市场特性

(一)消费群体购买欲望下降

受季节变化、消费周期、购买行为习惯和有效消费规律的影响,消费需求在时间上往往表现出一定的阶段性波动。在经过一段时间消费欲望的集中释放之后,消费者的主动消费欲望往往进入一个低谷时期,进入全年相对较低的水平。此时消费者往往缺少消费的主动性,购买欲望大幅度减退,市场需求停滞不前甚至出现萎缩。例如,春节期间家家户户都会为欢度春节而集中备置年货和礼品,但是春节过后,消费者的热情减退,对年货和礼品的主动消费欲望开始减淡,年货和礼品的销售量就会回归到日常的水平。

(二)产品广告投放力度下降

在销售旺季,厂家为了取得良好的销售业绩,往往不惜斥巨资宣传产品,加大广告的投放力度,不断地刺激消费者的消费欲望。而在销售淡季,产品宣传明显呈现出广告投放力度减弱的现象。无论是采用何种营销模式,在销售淡季,较少有厂家或者商家愿意在广告上投入大量的资金,从而导致市场和产品的拉力下降,整个消费市场显得比较冷淡。例如,炎热的夏季是空调销售的旺季,各个空调厂商和厂家都会耗费大量的资金用于宣传自己的空调产品,导致市场上关于空调产品的宣传活动和广告随处可见;但当炎热的夏季过去,秋季来临,天气逐渐转凉,空调产品进入销售淡季,厂商不会再像旺季那样为空调产品的宣传花费巨资,空调产品的大规模广告宣传也就停止了。

(三)产品销售数量明显下滑

在销售淡季,产品销售明显下降,这一点对于时令产品表现得尤为突出,以月饼为例,在中秋节来临之际,市场上月饼的成交量达到全年的顶峰,但是中秋节过后,消费者对月饼的消费热情急剧减退,市场上月饼的销量也大幅度下滑。造成这一现象的主要原因就是消费者对于时令性产品的需求往往集中在某一个时间段,这一段时间自然是该产品销售的旺季,但是旺季过后,这些时令产品立刻进入销售淡季,甚至完全退出当年的市场。

二、淡季促销任务

在销售淡季,许多企业的营销部门会依据行业经验固执地认为在某个季节或时段,销售量必然是下降的。在这个阶段进行投入或者开展工作会得不偿失,并以此理由暂缓或停止营销活动,被动地等待市场旺季的到来。但是,淡季期间的停顿和松懈会使企业失去对市场的感觉和方向,一旦出现"旺季不旺"现象之时,对销售团队和企业整体的打击和影响就非常大,因此,淡季促销非常必要。

市场虽然确实存在淡季现象,然而营销人员却不能固守淡季思维,必须拒绝"躺平"和"摆烂",激发营销斗志,转换营销思维,开展淡季促销。打破淡季困局,开创淡季营销新局,才是营销人应有的积极思维与主动作为。可口可乐为了解决冬季可乐销售下降的问题,曾经将圣诞老人形象与可口可乐联系在一起,创意设计出圣诞老人手持可口可乐的广告画面,从而创造出一种冬季可乐消费文化。当然淡季营销也不是不顾市场规律的盲目投入和一味蛮干。淡季促销的应有与可行目标主要表现为以下五个方面:

(一)提升产品销量

销售淡季会给企业的运营带来很大的压力。淡季期间需要压缩各项费用,但是正常的固定成本仍然需要支出难以压缩,而销售淡季的收益又不足以维持这些支出,现金流和库存周转都会出现问题。所以淡季营销尤为重要,必须采取有效措施,提高淡季销量。

提高销量是淡季促销最直接、最现实的目标。"旺季做销量,淡季做市场",这句话在企业营销界广为流传,虽然有一定的道理,但也反映了淡季市场营销存在一定程度的松懈思想,旺季的辛苦拼搏和淡季的休养生息,已然成为不少企业不成文的营销行为规则。因此,必须强调"淡季旺做",努力提升淡季销量。但是,淡季销量的增长显然主要不会来源于市场的增量,而是来源于对手的减量,即需要从竞争对手那里抢得市场份额。

2022年全国房地产市场销售集体下滑,万科惠州公司销售情况不好的时候,销售团队跑到深圳城中村去挖掘客户促成销售,惠州教育底子不错,漂在深圳的年轻父母手里钱不多,买不起深圳的房子,但可以给孩子在惠州留个希望,就像在上海的外地人喜欢到无锡去买房子一样效果不错。在一些被认为没有希望的市场,万科通过自己的努力,取得了意想不到的促销效果,比如在乌鲁木齐,他们竟然卖出了大量商业地产,例如在万科华府里的配套商业街区里,万科引入一些网红餐饮品牌,搞了一个美食街,先做成当地的网红地标,再卖物业。再比如在哈尔滨,他们在交付现场开了网上直播间,一边交付一边卖楼,比卖期房的效果好很多。2022年上半年万科2152亿元的销售额,就是通过这些努力实现的。

(二) 拓展淡季渠道

进入产品销售淡季,通常的旺季主力渠道都会大幅度萎缩,但另外一些销售渠道则开始展现其价值,这就是淡季渠道。例如,瓶装饮用水在秋冬淡季时,超市、批发市场、零售店、摊点等正常渠道萎缩很大,然而洗浴中心、桑拿中心却进入了顾客盈门的季节,消费者在洗浴、桑拿后会感到口渴,对瓶装饮用水的消费量很大。

淡季促销的渠道策略无非有两方面:一方面,在淡季强化销售波动较小的渠道;另一方面,针对产品特点,开发新的渠道,适应产品的淡季销售。例如,有的企业在旺季时注重开发城市区域市场,强化批发渠道,淡季时则侧重于农村市场和机构大客户,成功实现了销售无淡季。

(三) 清理产品库存

在市场旺季,各商家都会充分备货来应对市场需求,但是由于难以精确地预测消费者的需求,所以旺季过后进入淡季市场时商家难免会有库存产生。这些库存积压占用了商家有限的资金,同时也增加了库存成本,给商家的经营带来了较大的负担。一般通过在淡季适度地开展促销活动,借机清理旺季时留下的库存。有些产品比如服饰,每年的款式更新都很频繁,旧的款式还没有彻底清理完毕,新的款式就已经推出上架,这必然导致老款的库存销售难度加大,所以旺季过后许多服装企业都开展各式各样的促销活动,借机清理库存。

(四) 反季推出新品

销售淡季多数厂家减少了广告投放力度,降低了产品推广频次,实际上使得产品推广和广告宣传竞争处于相对平静状态,反而有利于逆向营销,反季推出一些新产品,竞争广告和推广干扰较少,容易建立消费者认知,通过一段时间较少干扰与阻击的推广,新产品更容易取得上市销售的启动和销量的增长,从而有效切割对手的市场份额。尤其是对于处在完全竞争状态的产品,在淡季阶段进行产品的创新和新产品的导入是取得销量突破的重要手段,通过各种促销活动有助于快速推广新产品,为旺季销售打下基础。

(五) 备战旺季市场

"旺季取利,淡季取势""旺季抢增量,淡季抢存量"。旺季取"增量"要比从竞争品牌手中抢夺市场份额容易。销售淡季一般不是和对手决战的重要时机。重视淡季促销的目的,除了上面谈到的适当提升销量和追求长期利益外,主要还是备战旺季市场,为旺季市场奠定基础。因为旺季增量的实现,旺季旺销局面的形成,需要从淡季营销开始,经历一个推广周期的努力才能达到。

三、淡季典型促销活动策划

(一) 淡季折价促销

折价促销是销售淡季最适用、最有效的促销方式之一。很多厂商在销售淡季都会采用淡季销售折扣策略,执行淡季销售价格向经销商供货,向终端消费者销售。很多零售商在销售淡季也会更多地采用折扣促销方式,或者加大淡季折扣,以刺激消费者购买。旅行社和旅游景点在旅游淡季也会采用这样的策略。

针对消费者的淡季折扣促销最简单、最通用的方法,就是直接打折,如"产品淡季八折特价促销"等,消费者可以清楚地知道该商品究竟便宜了多少。直接打折的方式能够较明显地引起消费者的注意,并刺激消费者做出购买决策,使消费者增加购买数量,或者改变购买时间,或者增加购买频率。通常情况下,折扣率至少应达到10%—30%才能对消费者产生显著影响。对于品牌知名度高的产品,以及购买频率高、消费者关注度高的日用消费品,直接打折的促销效果尤为突出,但是对于那些品牌知名度不高的产品,即使采取较高的折扣,也较难达到名牌产品同样的促销效果,这就是品牌力量的一种市场表现。

针对消费者的淡季折扣促销还可以与附加赠送等方式结合起来使用。当消费者购买的数量或者金额达到一定的标准后,除享受价格折扣以外,还会得到一定数量的附加赠送产品。

针对经销商的淡季折扣促销通常会采取数量折扣方式。进货数量越多,价格折扣越大。但为了加快淡季资金回笼,制造商在采用这种措施时,一般会要求经销商打款提货,以实收货款作为计算折扣数量的依据。

淡季折扣促销形式简单,易于操作,经销商和消费者也易于接受,促销效果明显直接,对于应对销售淡季、降低淡季库存、加速资金回笼、防止销售淡季销售人员意志松懈、提振销售人员士气有很大的帮助,促销成本和风险也容易控制。折价促销虽然短期内能增加产品销量,但不能解决厂商销售的根本问题,有时反而还会误导厂商,影响对市场的正确认识,会使销售管理者沉迷眼前销量的假象,不去深度思考解决问题的根本方法,这是需要特别注意的。

(二) 商品特卖活动

商品特卖是销售淡季常见的一种促销活动,它是指制造商或零售商将特定的商品,在特定的时期、特定的卖场,以比较低廉的价格出售给消费者的促销活动。在特卖活动中,卖场和特卖的商品必须是特定的,但时间和数量未必特定。特卖促销活动的策划要点主要包括以下7个方面:

1. 特卖活动名称策划

特卖活动的名称应当与特卖的目的、特卖的原因、特价商品的种类、顾客对象有关联作用,给予消费者正面的心理引导和暗示,让消费者认同此次特卖活动是厂家对消费者的回馈,是对消费者真正的让利活动,这不仅有助于提高消费者的购买热情,对维护企业和品牌形象、传达经营理念和品牌理念也有很大帮助的时候。

2. 特卖活动时机策划

特卖时机的选择正确与否是影响特卖效果的重要因素,一般而言在市场不景气的时候包括市场淡季开展特卖活动对短期内刺激销售增长有很大帮助的时候;如果在市场需求量较大,行业比较景气时开展特卖活动反而会影响产品的口碑。

3. 特卖活动地点策划

厂家开展特卖时一般选择交通较为便利、客流量大、知名度高的零售卖场开展,特定品牌有时也选择在知名高端商务酒店举行专场特卖活动。零售商家自己开展特卖活动也需要将特卖产品集中到交通便利、客流量大的卖场,才更容易取得良好的特卖效果。也可以在专门做特卖的唯品会等电商网站、产品类目做得比较好的短视频直播带货平台和账号等电商渠道开展。

4. 特卖活动对象策划

决定特卖活动是否能够取得成功的一个重要因素就是厂商是否明确特卖商品的种类和所针对的对象,特卖商品往往具有特定的消费群体,他们往往对品牌和产品品质有一定的要求,但对产品价格比较敏感,通常会主动关注产品特卖活动,因此,厂商在开展特卖活动时要对这些消费群体格外关注,并开展具有针对性的特卖活动宣传告知。

5. 特卖产品价格策划

特卖产品价格是吸引顾客实现产品销售的关键。如果特卖价格没有给消费者带来足够的实惠,特卖活动就无法达到预计的销售量;但是如果特卖价格过低,企业利润空间必然会缩小,甚至亏本。因此,在开展特卖活动时,应当依据预期的销售量和利润额来确定特卖商品的特卖价格,在销售量和销售利润之间选择一个最优平衡点。

6. 特卖活动传播策划

特卖活动的传播有两种方式:一种方式是提前在媒体上投放特卖活动广告,由于处在产品销售淡季,同类广告投放少、干扰少,因此比较容易引起顾客的关注,这种方式比较适合有一定影响力的品牌和产品,其中选择在知名商务酒店开展专场特卖活动的,必须提前投放专场特卖广告。另一种是不做特卖活动大众媒体广告,只在特卖现场做POP告示,这种方式比较适合弱势品牌和产品的特卖,以及商家整合众多品牌同类产品的集中特卖。在电商平台和直播平台开展特卖活动,需要依据目标用户画像和标签精准购买活动流量。

7. 特卖产品陈列设计

应将特卖产品集中起来,形成较大的陈列排面或堆头产品陈列数量和陈列方式,具有充分和自由的挑选余地,才能引起顾客的注意和兴趣。特卖商品的陈列位置,应在卖场出入口、电梯上下通道附近等客流必经位置。在商务酒店开展专场特卖的,需要选择顾客容易找到并方便出入的场所,产品陈列必须丰富并有一定档次。在电商平台和直播平台开展特卖活动,需要在电脑开机和手机开屏时刻、在产品类目展示的醒目位置,做出突出的宣传陈列,营造特卖畅销的火爆视听冲击。

第二节 旺季促销活动策划

销售旺季是企业全年销售的黄金时节,在旺季消费者的需求大量释放必然会带来更多的销售机会,对于企业来说这是非常有利的,是企业实现产品销售、提升市场份额、取得经营效益的重要时间阶段,是实现全年销售和利润目标的关键所在。因为是旺季,销售有自然增长,因此,很多经销商和销售人员认为旺季不需要促销了。但是,在现代竞争激烈的市场背景下,销售旺季往往同时也是"竞争集中季""促销集中季",如果麻痹大意,没有在旺季竞争和旺季促销中夺取胜利,就很有可能造成全年失利。

一、旺季市场特性

(一)市场购买需求上升

在销售旺季,消费需求开始大量释放,消费者主动消费意识达到全年的最高峰,造成市场需求量上升,尤其是季节性产品表现得非常明显。例如,雪糕、冰淇淋等防暑降温消费品在天气寒冷的冬季几乎没有需求,但是到了酷暑这类消费品的需求量则会激增至全年最高水平。

(二)厂商宣传力度加大

旺季是各个厂家和经销商实现全年销售目标的重要阶段,为了实现预期的销售目标,所有厂家和经销商们都会使出浑身解数通过各种渠道吸引消费者购买自己的产品,争取在激烈的行业竞争中占据优势,最直接的竞争方法之一就是加大对产品的宣传,扩大产品的知名度。在旺季到来之前,厂家和经销商就开始加大产品宣传,利用各种类型的公关、广告和促销活动将自己的产品推送给消费者。

(三)出货平均速度加快

由于受到旺季消费者需求激增和自主消费集中释放的双重利好影响,即便没有较大的宣传和推广,商家在旺季的销售量也会高于淡季,这也就造成了终端、经销商和厂家的出货平均速度加快。一个家电卖场在淡季往往需要几天才可能销售出一台空调,而在旺季可能一天能销售几台甚至十几台空调,如果开展旺季促销活动,一天销售可达数百台。

二、旺季促销任务

(一)冲刺全年销售目标

销售旺季是完成销售目标的重要时期,对于淡旺季比较明显的产品而言,旺季的销售业绩高低直接决定了全年销售业绩的高低。因此,销售旺季各企业之间的竞争往往也是最激烈的,为了在激烈的竞争中占据主动,为实现全年的销售目标打下良好的基础,适当的旺季促销是必不可少的。由此可见,冲刺全年的销售目标是旺季促销的根本目标,也是首要目标。

(二) 提升产品市场份额

企业所拥有的市场份额,表现出企业在整个行业的地位和竞争力。在旺季市场,各个厂家都摩拳擦掌,希望能够通过各种途径力争提高自身的市场份额,而促销是厂家提升市场份额的重要手段,在旺季合理地开展促销活动,让更多的顾客选择自己的产品,有助于厂家提高产品的市场份额。

(三) 检验产品销售渠道

销售渠道是实现产品与货币交换的关键因素之一,同时也是连接生产者和消费者的重要纽带。在淡季,厂家往往会在强化原有渠道的同时开发新的渠道,那么旺季就是厂家检验渠道的最佳时机。旺季市场竞争激烈,促销活动很常见,而许多针对终端消费者的促销活动也需要分销渠道配合支持,渠道的能力成为影响促销活动成败的重要因素。因此旺季促销已经成为厂家检验渠道能力和合理性的重要手段,成为不合理的渠道在销售旺季之后必须进行调整的重要依据之一。

(四) 加强市场建设基础

在市场旺季,商家与渠道、消费者之间接触和沟通的机会增多,是提高品牌忠诚度的大好时机。通过公益活动、公关推广、现场促销、免费试用等形式可以达到提高产品及厂家知名度、美誉度的目的,将品牌理念和产品利益植入消费者的心智,从而提高品牌忠诚度。

三、旺季促销应注意的问题

(一) 优化促销方案,防止促而不销

虽然促销方式五花八门,但真正有针对性、效果好的促销方式必须精心选择,很多司空见惯的促销方式已经让消费者产生厌烦,对促进销售起到的作用甚微甚至还会产生负面作用。那么如何从众多的促销活动中脱颖而出,这就要求对促销方式进行有效创新,开展促销活动时一定要尽可能地提高消费者的参与度,要让消费者成为促销活动的主角而不是看客,这样才能收到更好的促销效果。

（二）加强促销培训，防范意识偏差

很多业务人员因惯性思维常常存在认识上的偏差，导致行为上的误差，他们认为"淡季做市场，旺季等销量"，只要淡季把市场做稳了，旺季根本不需要做促销，或者简单地认为旺季促销就是降价或者打折，或者盲目跟风，看到别的商家开展促销，自己也立刻开始促销，或者认为促销是提高产品销量的万金油，不管什么样的促销活动都可以拿来就用，等等，这些意识偏差往往导致促销效果不佳。因此，企业有必要加强促销培训，帮助他们正确认识旺季促销活动，引导他们积极投身有效的促销活动。

（三）加强费用管理，防止经销商截留

经销商的短视行为决定了促销费用的被截留是经常发生的现象。特别是快速消费品的经销商，他们通常认为促销是厂家的事，由厂家负责，与经销商无关；促销就是给经销商让利，而不是促进产品的销售，他们直接截留促销资源，结果使厂家在渠道上失去了竞争力，造成促销的效果大打折扣。在促销费用的管理上，可由市场部强化督导审核流程，加强控制管理，比如加强促销费用的审批管理，加强促销品发放的监管力度，加强促销费用使用情况的跟踪调查，加强促销活动的过程控制，等等。

（四）加强促销考核，提高活动执行力

执行力差是厂商促销不到位的最重要原因之一，再有创意的促销方案，如果执行力差，促销预期的目的就无法达到。提高促销活动执行力对旺季的促销效果起着重要作用，应着重从两个方面加强：一方面加强对促销人员的绩效考核，另一方面加强促销管理制度的修订完善与严格执行。这是提升执行力的关键，也是保证促销到位的有效措施。

四、旺季典型促销活动策划

（一）爆款引流促销

1. 爆款引流促销的作用机制

爆款也称爆品、大单品，是指一款或一个产品系列的几款广受消费者欢迎、能够在较短时间内快速实现销售增长、爆发出强大销售力量的热销产品。专业性生产制造企业成长时期，通过打造爆品往往能够实现销售快速增长，多元化生产制造

企业能够通过一、二款爆款产品带动全线整体产品的销售增长。实体零售企业和综合性电商平台产品线都非常丰富,但并不是所有产品都具有爆款的潜质,能够快速广泛吸引大众消费者的关注,因此精选爆款产品开展爆款引流促销具有重要意义。

爆款促销甚至是爆款营销,是创业公司实现起步和快速成长的重要法则,如果没有能够击中市场的爆款产品,创业公司就不可能顺利地成功起步,即使能够起步也不能快速起飞而往往会限于原地踏步。爆款产品早就存在,比如北京同仁堂的安宫牛黄丸、马应龙的痔疮膏、云南白药的白药粉等,这些爆款产品都有历史沉淀,有的持续热销了几百年。在互联网创业时代,运用互联网思维打造爆品、借助互联网传播优势开展爆品营销的成功企业,明显多于传统媒体时代。小米手机、元气森林、花西子等就是这方面的典型。

爆款对于已经实现快速增长进入多元化发展的综合性企业来说,作用已经没有决定企业生死那么至关重要了,毕竟多元化发展的综合性企业不能将规模体量巨大的企业押宝在一两个爆款产品上。通过爆款实现成功发展的小米也早已走上了多元化发展的道路,进入了电视、电脑、电工等多个行业,不再依赖智能手机的爆款了。但是,爆款产品在吸引市场关注、制造市场热点方面,远超非爆款产品,仍然具有重要的市场价值。因此,通过爆款引流促销,带动多元产品销售,对于多元化综合性市场制造企业来说,是一个非常重要的促销策略,更是旺季促销的重要方式。

对于实体零售企业和电商平台来说,支持销量的产品主要有畅销品和常销品两大类。畅销品一般都有时段变化,受季节等因素影响较大,如冬季热卖的护手霜等。常销品一年四季的销量都差不多,消费者的购买动机主要是日常备用,比如84消毒液等。畅销品可以集中在销售旺季做增量,选择爆款做引流促销;常销品比的是耐力,属于长期选手,一般不适宜当作爆品促销。

爆款引流促销的作用机制是通过选定一款或几款具有市场销售增长潜力的单品,制定非常有吸引力的价格、运用聚焦饱和式宣传推广和特殊突出陈列方式,打造成高人气、高销量、能引流的爆款产品,以此吸引顾客进入生产制造厂家的整体产品范围,或进入零售卖场,或登录电商平台,购买更多非爆款产品,从而提升整体销量。

2. 爆款引流促销的产品选择

爆款选择是旺季爆款引流促销的关键,具有一选定乾坤的效应。一般而言,爆款产品具有以下特征:

(1) 市场适应性广,需求广泛,用户定位比较宽,符合大众消费需要和大众审美观念,而非小众需求、个性化需求、独特性审美,能够通过市场推广快速获得大众消费者认可与购买，形成购买消费风潮。

（2）产品已经在市场上形成了一定规模的销售，已经形成一定数量的用户群体，取得了较好的用户体验，拥有较好的用户口碑，较少出现用户差评、负面事件和负面舆论。

（3）产品品质和生产制造技术有较好的保证，产品外观有辨识度、有颜值，具有较好的传播性，能够获得消费达人推荐和消费大众接受。

（4）产品品类已经成熟，属于已经经受住了市场的检验、并被广泛接受并能持续销售的大类目范畴，不会出现产品类目的夭折。

（5）产品生命周期处于成长期或成熟期的前一阶段，前有基础后有未来，具有较好的市场增长潜力和后劲。

（6）产品供应链成熟，产能有保证并能快速扩张，产品技术能够实行专利保护，能够建立防止竞争对手进入的技术壁垒。

（7）产品生产制造成本可控，能够满足低价销售的低毛利管理与低成本控制要求。

3. 爆款引流促销的策划执行

做好爆款引流促销，必须把握好以下几个重要环节：

（1）合理制定和执行爆款产品的引流定价。 通常需要对爆款产品制定出一个非常有吸引力的价格，让消费者关注和动心。这里的有吸引力的价格含有实惠低价的意思，但也不是完全的超低价格，过分的超低价格容易让人产生低价没好货的感觉，让购买者不敢大大方方地公开购买，担心自己身价低没有面子。爆款产品的有吸引力的价格是比竞争对手同类产品更有竞争力的价格，是厂商向消费者让渡了利润的低毛利产品价格，是超出消费者价值预期的心动价格，是让消费者感觉到产品好而不贵的满意价格。在做好爆款引流产品定价的同时，要做好主销产品的价格制定。主销产品的价格当然不能像爆款产品引流价格那样低，一定是盈利水平比较高的价格，但也要高得合理，不能高得离谱，使消费者明显感觉到满是"套路"，要能够将爆款引流的好而不贵的价格认知转移到主销产品价格上来，提高整体产品定价的消费者满意度，从而为整体产品促销上量奠定良好的基础。

（2）做好主销产品与爆款引流产品之间的促销关联设计。 爆款引流产品是吸引消费者关注的促销明线，主销产品是促销活动的主线、是促销活动取得销售规模和销售效益的生命线。因此，将爆款引流产品吸引来的客流更多地转化为主销产品的购买者是整体促销活动成功的关键。为此，可以采取"爆款产品"附赠"主销产品优惠券"、"爆款产品＋主销产品"全购金额满减、"爆款产品"优惠升级转购"主销产品"等促销方式，引导消费者更多购买主销产品，防止消费者只买爆款产品不买主销产品现象的大量出现。

（3）**做好主销产品的销售推荐与购买引导工作**。在爆款引流促销活动实际执行中，需要针对到访顾客做好主销产品的销售推荐，引导顾客关注和购买主销产品，防止顾客买过爆款产品转身就走，造成流量和销售机会浪费。为此，一方面要提高终端导购员和客服的主销产品推荐引导意识，另一方面也需要做好导购员和客服主销产品销售提成的设计，适当提高主销产品的提成比例，发挥利益驱动机制引导他们积极主动地有效推荐主销产品，当然也要防止他们向顾客强行硬性销售产品，引起顾客反感，导致顾客满意度下降。

（二）限量促销

1. 限量促销的心理机制

限量促销是一种针对顾客心理反其道而行之的促销策略。限量促销通过限定特定商品的供给量和购买量，从而对消费者产生"物以稀为贵"的暗示，形成饥饿效应，刺激顾客的购买欲望。限量促销能够满足顾客好炫耀的心理，能够拥有别人没有或很少拥有的商品，会使其产生一种优越感，使顾客以拥有该商品为荣。限量促销还能满足顾客追求个性化的心理需求。现代顾客的需求已从"拥有大家都有的东西"转变为"拥有别人都没有的东西"，即强调个性的倾向愈来愈明显。随着消费水平的提高，人们有条件、有能力来追求个性。所以，个性化商品的限量销售，能够使自己与众不同，从而满足消费者的个性化追求。

2. 限量促销的产品选择

限量促销的产品选择是限量促销成功策划的关键。一般性商品不宜采用限量促销，比如一些随处可见的日常用品。限量促销比较适用于独具特色的产品或者知名的奢侈品，如名表、名车、工艺品等。顾客购买这种商品的目的更多的是为了显示自己审美眼光的独特出众或经济实力的卓尔不凡，这种商品如果大量销售，会给顾客一种很普通的感觉，反而刺激不起顾客的购买欲望。

3. 限量促销的实施执行

限量促销的执行是限量促销活动成功实施的核心。即便是在非常畅销的情况下，也不应该增加限量产品的数量，否则会造成产品稀缺性价值降低，从而失去对顾客的吸引力，同时已经购买产品的顾客也会产生被商家欺骗的感觉。然而，在不少企业中，很多销售管理人员和销售人员虽然看到了限量促销的效果，但是不能坚持限量销售的原则，经受不住诱惑，开始放量销售，更严重的是仅仅将限量销售作为一个噱头，挂羊头卖狗肉，当时可能没有出现销售问题，但会给企业诚信带来损失。

维顿公司是法国经销皮箱的名牌大公司，可他们仅在巴黎和尼斯各设一家商店，在国外的分店也控制在27家，并严格控制销售量，人为地制造供不应求的紧张状态,碰到购货量再大的客户也不为之动心。这个公司,通过这种匮乏促销策略,获得了销售上的巨大成功。

(三) 联合促销

联合促销是指两个以上的企业或品牌合作开展促销活动。这种做法的最大好处是可以使联合成员以较少费用获得更大的促销效果,让联合促销的双方都能更大限度地呈现在目标消费者的眼前,更大限度发挥促销的功能,达到单独促销无法达到的目的。

1. 联合促销的形式

(1) 厂商联合促销。较为常见的是企业和供应商、企业与经销商进行联合促销。制造商与经销商之间的联合促销最大的优点是联合企业目标市场一致,同一产品销量的增加对联合各方都有利,因而较易找到合作伙伴。厂商联合促销是旺季促销最常见的形式。

例如,中国农业出版社和当当网联合举办以"农业社专业书致富路"为主题的为期两个月的促销活动。通过当当首页滚动的宣传画,吸引消费者注意,并且通过较大幅度的优惠力度(参加促销的图书有近1000种,所有图书品种均有优惠,不同图书有不同幅度的优惠)进而吸引消费者购买。

(2) 跨界联合促销。为了提高旺季销售,企业利用本行业以外的资源和渠道优势,进行跨行业的联合促销,以整合各方在各自行业中的优势,达到共同促销并提高品牌知名度的目的。由于参与联合促销的多个企业分别属于不同的行业,企业之间不仅没有直接的竞争关系,而且还可以优势互补。因此,不同行业企业的联合促销是跨界联合促销的主流形式。

2022年8月20日,由广西壮族自治区商务厅、南宁市人民政府主办的"2022广西品质家电消费季跨界联合促销活动"在南宁市三街两巷历史文化街区正式启动。活动突破行业界限和商品类别,通过"互认、互促、叠加"的模式,以绿色智能家电消费为引领,实施"1+5"跨界联合促销,即"家电+汽车""家电+油品""家电+日用百货""家电+家具家居""家电+住房装修"等,满足人民群众对品质生活的需求。活动启动仪式上,海尔、南百家电、京东等企业代表介绍了他们针对此次消费季推出的促销活动,其中海尔发放家电消费券,以单品价格最高比例8%、单品最高金额500元进行补贴,凭消费券可以无门槛地到跨界联合门店进行二次甚至多次消费。跨界促销活动现场展区整合了汽车、家居、超市、美食、啤酒等企业资源,通过政企协同,唱响家电消费"大合唱"。

(3) 同行联合促销。企业之间虽然存在直接的竞争关系,但联合促销仍可以实现各企业双赢或多赢。同行联合促销在竞争激烈的市场上,在实力差距比较大的企业之间难以实现,实力差距不大的第一阵容的企业之间也不太容易实现,但是在竞争格局中处于第二阵容的企业之间比较容易达成,通过抱团联合作战,能够壮大第二集团的整体市场,向第一集团逼近。

例如,对于汽车行业来说,车展是行业内最重要的促销活动之一。如果是单一企业举办车展活动,不仅费用高,而且在宣传方面的压力大。行业内的车企进行合作,不但可以分摊活动费用,降低活动成本,而且可以扩大车展的知名度和影响力,进而在展会上共同宣传旗下的新车型,吸引用户购买。因此,对于车企来说,联合举办车展是一种双赢的选择。

(4) **内部联合促销**。同一企业不同品牌的产品、不同品项的产品在旺季开展联合促销,也能达到单一品牌促销无法达到的效果。

2. 联合促销的优势

(1) **降低促销成本**。联合促销活动涉及的广告费、派送费、赠品等各项成本均可由联合各方按比例分摊,大大降低了各自的促销费用。

(2) **快速接近市场**。选择目标消费者已接受的产品或品牌作为联合活动的合作伙伴,可以帮助本产品快速接触到目标消费者。这无论对新产品上市还是对老产品重生都颇为有效。因为知名品牌的"推介"可使消费者对新产品的接受度更高,从而带动新产品的销售。

(3) **壮大促销声势**。由于参加"联合促销"的企业多、品牌多,促销宣传整体力度加强,促销产品丰富,因而有利于提升促销活动的声势感和价值感,与单一企业开展促销相比,能吸引品位和喜好程度更广泛的消费群,从而使得促销活动影响范围得以扩大。

3. 联合促销的劣势

(1) 有效联合难度较大,要举办一次联合促销活动并非易事,由于各厂商有自己的营销、推广计划,因此要统一促销时间、促销地点、促销主题、促销内容和方式客观上存在一定的困难。

(2) 由于联合促销的广告宣传需顾及合作各方的利益,品牌之间的形象难免会互相影响,且无法特别突出自身产品的优点。

(3) 联合促销成员间的差异性不可能使"联合促销"方案对所有成员企业利益均等,回报均佳。要商定"联合促销"各成员所承担的费用份额也很困难,无论是按产品项目、成交数额,还是按企业规模、企业利益分配,要体现公平合理并不容易。

(4) 由于竞争规律的客观存在,在联合开展促销活动期间,各合作企业也有可能各自成为竞争对手,为把顾客吸引到自己周围或扩大自己的销售,甚至会互相排斥,这种摩擦结果,往往使各参与企业偏离联合促销的计划和目标。

4. 联合促销的组织

(1) 寻找联合促销品牌。开展联合促销，首先需要找到既有合作意愿又有合作效果的品牌。在现实的操作中，并非所有的品牌都适合开展联合促销，合作品牌之间必须具有市场相互关联、营销观念接近、高层关系密切、品牌地位相称等特点。寻找合作品牌的主要方法有：① 消费习惯法。即从自身品牌产品的功能、用途出发，按照消费者的消费习惯，来寻找合作品牌。② 创新法。即突破传统的思维和模式，将不同产品或服务进行嫁接，来寻找联合促销品牌。③ 连锁法。即根据产品本身的上游或下游供应链来寻找联合促销品牌。

(2) 寻找联合促销创意。在找到合适匹配的联合促销品牌之后，接下来就要共同开展联合促销策略与创意互动探讨，找到联合促销品牌之间的契合点，并以此为依据开展联合促销主题、方式的创意策划，联合促销品牌之间的契合点越多，共同目标越接近，联合促销的效果将会越好。

(3) 制定联合促销方案。任何促销活动的成功实施，都离不开一套有效、可行的方案的指导。联合促销最大的目的是要实现合作品牌双方的共赢，这也是联合促销能否取得成功的关键。因此要达到这一目的，就必须在联合促销品牌之间达成的策略与创意的基础上制定一套高效、务实的双赢方案。值得注意的是，在方案的制定上，任何一方都必须以大局为重、均衡利益，绝不能只顾一方利益而忽视另一方的利益。至于联合的双方如何提供各自的资源投入，可以根据双方所要达到的目标来衡量分配。比较理想的方法是：由联合的双方各自列出自己在促销中所要达到的目标，并提出各自与对方合作的方式和意向，然后，再进行具体的联合促销方案的策划。这样一来，双方都会对方案比较满意。通过这种方式制定出来的联合促销方案较容易获得合作双方的认可，并很快可以得到执行。

(4) 推动联合促销执行。对于联合促销来说，制定了一个高效、可以实现双赢的方案，只是成功的开始，成功的最终实现还需要联合促销品牌的密切配合执行。作为促销活动的类型之一，联合促销在具体执行时，也必须遵循事前测试、事中监督、事后评估的三个流程。但与一般的促销活动不同的是，联合促销进行的不是单一品牌的促销，两个不同背景和文化的品牌进行促销，难免会有磕磕碰碰的事情发生。因此，为了保证联合促销顺利进行，必须组成由各方负责市场与销售工作的公司高管以及部门经理等相关人员组成的联合促销指挥中心，统一负责整个促销活动人力、物力、财力的配合和协调，推动联合促销执行到位。

(5) 总结联合促销成果。在整个联合促销结束之后，参与活动的品牌各方必须共同对整个促销活动进行总结和归纳，盘点联合促销业绩战果，分析成功经验，找出工作不足并提出改进措施，还必须及时对联合促销的后续问题进行跟进，例如，该给予售后服务就给予售后服务，该兑现的促销奖品就给以兑现，各负其责，共同做好各项售后服务。

第三节　节假日促销活动策划

节假日是开展促销活动的重要时间,从"五一"劳动节、国庆节到清明节、端午节、中秋节和春节等中华民族传统节日,再到改革开放后流行起来的情人节、圣诞节等西方外来节日,还有商家自行打造的促销节日,如"618""818""双十一"等,都已经成为众多厂商促销的大好时机,各种促销手段层出不穷,节假日促销已经成为最常用的一种营销手段,节假日促销已经成为假日经济的重要构成元素。

一、节假日市场特性

（一）集中购买,市场爆发

集中购买是节假日消费的一个重要特点,人们利用节假日集中购物、集中消费,带动了市场消费,因此,厂家尤其是零售商在节假日的销量往往会超过平日数倍。

（二）即时消费,冲动购买

冲动购物又称为非计划购买,它是指顾客在购买产品时、购买之前并没有预定或者意识到的产品,其购买决策是在进入购物场所之后才形成的。冲动购买是因为消费者的潜意识中为节日消费预留了比平时大得多的消费预算,但多出来的预算事先并没有一个明确的目标,所以在购物过程中的冲动性购买就成了这些额外预算的主要支出项目。相关统计显示,在超市中有四分之三的消费者的购物决定是在短短15分钟内形成的。部分消费者在直播带货中下单购买的时间会更短。这从许多的应节产品开发中可以看得出来,这些专为节日准备的产品就是为了满足消费者的节日购物需求而推出的。

（三）大件消费,耐心选购

大宗商品如电视、电脑、手机、家具、汽车等,此类商品的购买在大多数家庭里面是一件大事,需要全家人合计、参考,当然得等到节假日家人都有空的时候才去选购。何况现在的消费者也在不断揣摩商家的心思,总认为商家在节假日的促销力度比平时要大,许多家庭就是等也要等到节假日才全家"倾巢而出"去购买大件物品。

（四）消费多元，市场分流

随着假日经济的发展，假日的增多和假期的延长，使假日消费方式有了更多的选择，不再局限于购物消费和餐饮消费，其中假日旅游消费的分流影响最为明显。现代社会竞争激烈，人们的生活压力和工作压力大，越来越多的人选择在节假日期间通过旅游来放松身心、缓解压力，这就刺激了节假日期间的旅游消费。

（五）竞争激烈，花样翻新

所有厂商都知道节假日市场是一块大蛋糕，纷纷发力于节假日市场，采用各种手段争抢节假日市场份额。而在竞争异常激烈的节假日市场上，如何吸引消费者的注意，如何提升销量和品牌影响力，是具有挑战性的任务和问题，因而节假日市场呈现出促销活动创意千方百计、促销手段千变万化的局面。

二、节假日促销策略分析

（一）合理规划全年节假日促销活动主题内容类型

类型众多的节假日为厂商开展促销活动提供了众多的"理由"。但需要注意的是，并不是所有节日都适合各类企业开展促销活动，例如在情人节，花店对玫瑰花进行促销就比较合适，因为玫瑰花象征着爱情，符合情人节的节日氛围和节日主题；而在中秋节对粽子进行促销就显得有些让人费解，可能适得其反。因此，企业在开展促销活动的时候必须全面考虑品牌理念、产品特性与相应的节假日的文化含义之间的关系。此外，企业在执行节假日促销活动之前，要对促销的力度和范围进行合理的规划，准确把握促销的产品种类、对象群体、方式力度，因为节假日促销的时间期限通常要比非节假日促销更短，方式更有限定性和适应性，很容易造成产品库存积压且不好消化。

全年主要节假日及推荐促销产品：

一月促销节日：元旦、春节（有些年份可能在二月）；推荐商品：烟酒类、保健品、糖果类食品、年货等。

二月促销节日：情人节；推荐商品：玫瑰花、巧克力、情侣表等。

三月促销节日：妇女节；推荐商品：化妆品、春季服装、手袋女包等。

四月促销节日：清明节、世界卫生日；推荐商品：祭祀用品、家庭清洁用品等。

五月促销节日："五一"劳动节、母亲节、世界电信日；推荐商品：针对工薪阶层的休闲类产品、中老年女性服饰、健康美容产品、智能手机等。

六月促销节日：儿童节、端午节、父亲节；推荐商品：儿童服饰和玩具、粽子、雄黄酒、中老年男性服装服饰与用品等。

七月促销节日：七月节日相对较少，且这些节日的主题比较严肃，不适宜针对节日主题开展促销活动，但是7月份意味着炎炎夏日，可以以此作为主题开展促销活动；推荐商品：空调、电扇等。

八月促销节日：七夕节（中国情人节）；推荐商品：结婚周年庆典礼品等。

九月促销节日：中秋节、教师节；推荐商品：中秋月饼、文化用品等。

十月促销节日：国庆节、重阳节；推荐商品：敬老产品、节日礼品等。

十一月促销节日："光棍节"（"光棍节"并不是法定或者传统节日）；推荐商品：化妆品、服装、电子产品等。

十二月促销节日：圣诞节；推荐产品：圣诞礼品、冬季用品等。

（二）合理衔接经销商节假日促销和终端消费促销

通常节假日促销主要是针对终端消费者开展的。但一般来说，为做好终端消费者的节假日促销，需要提前开展经销商节假日促销，不过这两种节假日促销的手段方式差异很大。针对终端消费者，厂家和商家可能更多采用特价、买赠等促销方式，还可以结合节假日开展品牌理念与文化营销。而针对经销商，厂家多采用销售会议和价格折扣促销。在消费者节假日促销活动期间，经销商必须积极参与活动执行，保障货源配送和供应。

（三）综合考虑节假日促销的销售目标和品牌目标

终端促销是节假日促销的主战场。终端节假日促销，既要考虑促销活动的销售目标还要考虑品牌目标。很多节假日包含自己特有的主题和文化背景，指向特定的人群，例如母亲节、父亲节的文化主题指向感恩父母的辛勤抚育，倡导孝顺父母的伦理观念，弘扬中华民族的传统美德。节假日促销品牌目标设计，需要充分挖掘和利用节日的文化内涵，并与自身经营理念和企业文化结合起来，这样不仅可以吸引众多的消费者，在给消费者文化艺术享受的同时，也能带来良好的市场效益，树立良好的企业形象。比如情人节，在卖场开展的"情侣过三关"和"汤圆代表我的心"等智力闯关活动，就很好地实现了洋为中用，不仅增加了我国汤圆的文化外延，还通过活动传达出情人节的浪漫与温馨，丰富了节日内涵。其他如灯谜擂台赛、地方民俗文化展示等已成为商家吸引消费者"眼球"屡试不爽的妙招。

三、节假日促销的策划要点

节假日终端促销策划是节假日促销策划的重点和难点,最需要讲究策划创意和策略方法。总体来说,节假日终端促销策划需要注意以下要点,争取做到"五好":

(一)准确选择好促销手段

节假日促销的主要策略是价格优惠战。但做好价格优惠的文章,其实并不容易,许多企业简单地认为节假日促销就是直白的降价促销,这样就落进了促销的误区。诸如"全场特价""买几送几"的广告已司空见惯、千篇一律,对消费者的影响效果不大。因此,如果真要进行特价促销也要处理得当,讲究点创意和艺术。

某些超市在农历的冬至节气策划的指定产品阶梯价格就比较别出心裁。具体做法是在距冬至日18天之前的时间段里按全价销售,第15天到第10天降价25%,第10天到第7天降价35%,第7天到第3天降价50%,第2天和冬至日当天降价60%,如指定产品仍未售完,就赠送给老人或儿童福利院。这样做的原因就是消费者都存在这样的心理:"我今天不买,明天就会被他人买走,还是先下手为强。"事实上,许多产品往往在第二时段或第三时段就被顾客买走了。因此阶梯价格既激活了超市人气,又延长了促销效应。

(二)精心设计好促销主题

优秀的促销主题可以在第一时间向顾客传达促销信息。如何让节假日活动主题既能吸引消费者眼球,又能充分传播活动信息,还要有自身的特色,这是促销策划的关键。

(三)准确选择好促销时机

节假日促销的时间虽然主体是在节日和假日期间,但是由于节假日消费特性和促销竞争等原因,节假日促销的时间还需要一些特别的考虑,形成特别的时间策划:

1. 节前造势,节日结束

情人节、圣诞节、中秋节等节日促销,需要提前造势,提前发动促销宣传攻势,在节前或节日当天结束以前形成销售高峰,节日当天即将过完的时候需要果断降价清理库存。例如,中秋节的月饼必须在中秋节的中午以前才能卖出好价钱,中秋当天的下午就已经既卖不上价也卖不上量了,而中秋夜之后月饼更将无人问津。

2. 节前截流,节中分流

"五一"、国庆、元旦等几种假日放假时间比较长,其促销价值已经被各个厂商所认识,因此,促销活动非常集中,要想在假期取得良好的促销成绩,除要充分利用假期这几天之外,还需要提前开展节前促销活动,利用节前的某个双休日开展特价活动,用节假日一样的优惠价格截流节前消费人员,让既想享受节假日优惠价格但又担心节假日期间购物拥挤不便的消费者,或者节假日需要外出旅游的消费者提前实现购买行为。

通过节前和节中两个促销时间段的合理安排与组合,实现节前消费的截流独享,在其他竞争对手还没有开展促销之前,抢抓市场销量,并在与其他竞争对手一起开展的节中促销中再分一杯羹。电商平台的"618"大促和"双十一"大促,原本只是在当日24小时之内开展,后来也随着竞争激烈程度的加剧,提前到6月1日和11月1日(甚至前一个月的月底)就开展。

3. 节日当天促销

有些节日本身没有太广泛的时间和市场价值,因此仅在节日当天开展一些纪念性的促销活动即可,在节前和节后没有太多的促销必要。

(四)全面落实好促销地点

节假日促销一般都在零售终端开展,因此,对于零售商本身来说,节假日的促销地点不是问题。但是对于制造商来说,要在零售终端开展节假日促销,促销地点就是一个很重要的问题了。

广泛性的全面性的促销活动,需要越多越好的零售商场参加,这就需要一一沟通、协调落实,争取到尽可能多的商场支持参与促销活动。在电商平台开展的节假日促销,不存在活动地点问题,但问题有可能出现在网络网速、物流配送等方面,因此需要提前做好准备。

(五)周密制定好执行方案

节假日促销的时间大多数是在假期里,因此需要提前做好周密的人员计划安排,发挥团队作战优势,团结一致、齐心协力方能做好工作。活动总负责人要清楚活动的每个环节,提前预判节假日促销可能出现的问题,并制定好问题防范与处置的预案。

四、节假日促销实战案例

"818洽洽葵花节" 造节营销打造品牌

随着2.6亿"Z世代"成为消费主力军,几乎所有的国货品牌都在寻找突破点,陪伴了一代人的洽洽也不例外。在此趋势下,20岁的洽洽品牌该如何更新自身年轻化营销策略,以什么玩法吸引并引爆"Z世代"注意力?2022年8月,洽洽在818洽洽葵花节发布了"认领一株葵"创意活动,用线上"云养葵"的轻巧创意,打出了一套年轻化的营销组合拳。

(一)以"线上云养"代替"直接购买" 打造趣味沉浸式消费体验

洽洽以"线上云养葵"的创意,让用户即使足不出户,也能感受洽洽瓜子从育种到成品的全产业链格局及产地优势,与用户实现情感沟通。

从切入点看,洽洽深谙互联网时代"互动"才是衡量一个品牌的受欢迎程度,越有活力的品牌,越会与年轻人进行互动。在本次活动中,洽洽抓住了"Z世代"年轻人好奇心强、乐于分享表达的特点,以"云养葵"创新玩法代替"直接购买",为用户打造一种线上全新沉浸式消费体验。

从互动玩法看,采用"低门槛、重体验、高社交的"互动设置,是前期引流的关键抓手。用户只需"1元"即可认领一株生长在洽洽黄金原料产地的葵花,成为"葵园主"。

同时,用户可以通过该小程序,实时在线观看葵园直播以及说明生长情况,并和其他参与活动的用户一起发弹幕为葵花打call,增加"云养葵"的互动和趣味性。

活动还将线上娱乐化场景延伸到线下。在葵花"硕果满满"之时,用户可以收获"鲜葵工坊礼盒"一份,不仅可以自己DIY制作各种不同风味的瓜子,还可以在家种植葵花。既有效拓展了葵花籽的消费新场景、拓展消费新空间,同时也承接来自"认领一株葵"活动庞大流量,有效实现用户沉淀,完成整体营销闭环。

"云养模式"其实也不是什么新鲜事,如何玩出新意?"云养葵"除了为用户提供在线观看葵园直播、在线为葵花打call等新奇体验感,更重要的是通过提供独特性的DIY体验,赋予用户一种品牌"参与感",让他们从单纯的"消费者""享受者"变成"生产者"。这种身份的转变,会为彼此建立更坚固的情感链接,构建独一无二的品牌壁垒。

"云养葵"的过程,其实也是自我治愈和享受陪伴的过程,通过"种子—开花—

结果"陪伴全过程,传递一种向日葵的阳光精神,为用户带来正能量和快乐:再小的种子,也能成长结果。其中,也引出另一条品牌暗线:如今全球领先的坚果休闲食品企业——洽洽集团,20年前也是从一颗小小的葵花籽开始发家,建立了坚果全产业链。

从推广角度看,以线上社交平台为主阵地,可以全渠道容纳和触达更多用户,进一步扩大活动影响力。

(二)社交媒体+分众广告"热议话题"切入 线上线下引爆营销势能

如何巧妙引起用户对"认领一株葵"活动的关注?首先,以话题讨论来为活动增加舆论关注度是关键。

洽洽以#1块钱带来的快乐#话题作为切入,通过不同年代"1块钱"的购买力,撬动全民童年回忆,在购买力大大下降的时代,也许1块钱无法让你实现物价自由、约会自由、理发自由、小卖部自由,但是可以带来"快乐自由"。

通过全民"1元"回忆杀,再顺势推出"认领一株葵"活动,具备一定的节奏感。这种软性沟通更容易被用户所接受,甚至是让用户成为自主传播者,扩大活动影响力。

其次,洽洽通过葵园TVC,从"云养葵"一路追溯到原产地,展示了洽洽原料的产地优势,增加用户对活动的信任度。同时,带出洽洽长期坚持的乡村振兴事业:2004年以来,洽洽在新疆、内蒙古、东北、甘肃等地搭建近百万亩葵花种植基地,为发展当地的农业经济、振兴乡村做出了贡献,树立了一个有责任有担当的民族企业形象。

最后,洽洽还在线下北京、上海、广州、深圳、杭州等全国19个重点城市投放分众电梯广告,锁定更多目标用户,参与"认领一株葵"活动。进一步有效扩大活动在全国影响力。

"线上引爆话题+线下精准客流"双管齐下,在短时间内引爆"认领一株葵"活动讨论热度,#818洽洽葵花节认领一株葵#话题热度2.5亿,活动参与人数2.2万,引发10万次以上讨论。

"818洽洽葵花节"从2016年至今已经是第7年了。从一粒葵花籽出发,每年洽洽都会通过跨界不同行业创新玩法,持续制造并输出优质内容,不断加强用户对"洽洽品质"的认知,构筑品牌的消费黏性。

2016年携手携程,开辟了一条"葵花节旅游专线",通过VR技术让用户亲身体验洽洽万亩葵园的壮观景象,直观体验了解洽洽食品品质。

2021年以年轻人喜爱的国风为切入,与华彩少年刘丰共同原创新国风MV《花开时节"洽"逢君》,将葵花和瓜子融入古代生活场景,将休闲食品玩出国潮新高度。

2022年葵园产地云直播,万人线上"认领一株葵"活动,掀起全民"云养葵"热潮。

以定时定向且高频次的"节日沟通",不断丰富深化"洽洽葵花节"IP内涵的同时,也与年轻用户建立起新的对话场域,让更多年轻人了解并喜欢洽洽。除此之外,洽洽还有两个更深层次的考虑。

一方面,通过对"洽洽葵花节"IP的深耕,更容易打造品牌的专属印记,能快速建立起洽洽企业的品牌识别与联想,有利于品牌快速传播,强化洽洽瓜子在国民心目中"国民零食"的认知。

另一方面,"洽洽葵花节"IP具有强延展性和可持续性。基于洽洽优质原料产地为创意原点,不断更新葵花节的故事,其实也是与用户不断形成情感链接的过程。以IP故事化打动用户,也更容易让品牌实现产品的差异化。

(三) 活动小结与评价

整体来看,在年轻化玩法层出不穷的时代,洽洽始终保持"稳步推进"的年轻化策略,产品品质与用户体验两手抓,其中,有许多值得借鉴学习之处。

1. 宣传年轻化,不如让年轻人参与年轻化

这届年轻人,可能比你想得更懂自己要什么,不想流于表面的"年轻化",品牌得先学会回应年轻一代的需求。不管是国潮风,还是DIY"云养葵",本质上都是品牌将选择权交到用户手中,让更多的人能够参与并能自发传播,建立一个可触碰、可拥有、和用户共同成长的品牌,由内而外进行年轻化升级。

2. 内容是加分项,产品才是基础

产品是企业的核心竞争力,营销是为了更好地卖出产品。尽管"818洽洽葵花节"每年的玩法更新迭代,但本质上都是围绕"品质"和"品牌"展开的。也正是洽洽全产业链质造差异化优势,才能以"818洽洽葵花节"IP构建独一无二的品牌壁垒。

3. 融入时代精神,塑造国货新价值

比起"乱花渐欲迷人眼"新国货,以洽洽为例的民族国货品牌,更像是一个将品牌意识、民族品格融入国货生产与创新的时代匠人。以"818洽洽葵花节"为沟通点,讲述精耕坚果20年、坚持振兴乡村事业的品牌故事,向世界展示中国制造的实力与中国品牌的担当。

(资料来源:4A广告门微信公众号)

课后练习

● 理论知识练习 ▶▶▶

1. 简述旺季市场的特征、促销策略和主要促销方式的策划。
2. 简述淡季市场的特性、促销策略和主要促销方式的策划。
3. 简述节假日市场的特性、促销策略和策划要点。
4. 折价促销方式具有哪些优缺点?
5. 特卖促销活动在策划时要注意哪些问题?
6. 什么是联合促销?联合促销有几种形式?

● 策划实战练习 ▶▶▶

请你为某儿童服装品牌在"六一"儿童节策划一次促销活动,并提交一份策划活动方案。

第十二章

促销活动执行与效果评估

开篇案例 ▸▸▸

"小家务,大成长"维达中国行第十季探索新时代亲子关系

2022年3月,教育部正式印发《义务教育课程方案》,将劳动从原来的综合实践活动课程中完全独立出来。从手捧孩子,到让孩子主动承担家务,今天的中国家庭正发生巨大变化,同时新生代育儿观念中趋于平等的家庭关系,也为生活必需品行业提供了新的发展方向。

为倡导健康陪伴、共同成长的家庭理念,生活用纸品牌维达以"韧在维达,全家乐享"为核心,提出"小家务,大成长"的议题,在"维达中国行"第十季中,与亿万中国家庭共同展开一场关于未来家庭生活的深入探索。

"小家务,大成长"阐述新时代下的家务成长理念

2022年6月,维达品牌发布"成长的礼物"全新视频广告(TVC),探讨新时代下的家务与成长。同时携手知名育儿博主,多角度讲述新生代的育儿观念,这与义务教育课程方案背后的倡导不谋而合。TVC中记录了孩子参与家务的亲子时光,通过小小的家务互动升温亲子关系,引导孩子认知责任与爱,正面输出了助力孩子全面成长的家务成长理念。

这则视频作为维达中国行第十季"小家务,大成长"的发声之一,背后展示着维达对家庭健康生活的深刻思考——教育不应仅仅停留在学校里、书本中,父母关注且赞许孩子的每一次微小进步,都将鼓励孩子实现大成长。维达呼吁让家庭成为孩子成长第二课堂,推动亲子关系成长,这一观念获得了新生代家庭的高度认可,于社交平台上获得超100万人次曝光。通过对新时代亲子关系升级的洞察,维达成功与消费者建立同频共振的心理认同,激活新时代家庭的健康生活需求。

重磅新品技术引领,赋能家务成长

维达一直坚持以革新理念推动产品创新,以技术为本,打造引领行业的创新产品,为一代又一代的消费者带来高品质生活体验。在消费者需求洞察下,维达抓住新时代共同成长的家庭关系,推出维达全球首发的可水洗厨房纸,推动国民家庭清洁进入3.0时代。

作为厨房清洁的跨时代新品,维达可水洗厨房纸由全球领先的研发团队,历时5年匠心研发、反复打磨。产品采用全球先进设备和生产工艺,拥有创新

POWER-X魔速吸科技、3倍吸油吸水、厚韧不易破、7大油污一抹净等"黑科技",为国民家庭打造出前所未有的厨房用纸新体验,助力深化家务场景下的亲子沟通。

多维触达,与亿万家庭韧性成长

面对加速的渠道变化趋势,品牌在营销方式上的突破与创新固然重要,但要真正赢得目标人群的青睐,必须抓住深入人心的品牌符号并持续渗透到多元化渠道中。

CTR凯度消费者指数显示:维达品牌成为2021年获得消费者数量增速幅度最大的品牌,并首次进入覆盖超1亿中国城市家庭的快消品企业榜单。通过打造"维达中国行"这一品牌符号,维达在多元渠道中得以实现高效精准获客和品牌形象建设。"维达中国行"是维达诠释品牌形象、与国民家庭沟通亲子关系的重要桥梁,今年,维达中国行第十季落地上百个城市,融合线上渠道具活力和线下推广高触达的特点,聚焦新型渠道发展,强势开拓增量市场。

维达中国行第十季线上线下组合拳的发力点之一,便是发挥门店品牌月的创意潜力,开展门店特陈比赛,以多品类场景特陈输出品牌形象,强化视觉记忆点,为引流助销注入活力。其次,维达将直播探店模式推广至全国重点系统,沉浸式"种草"特色门店,缩短销售链路,以内容营销推动全域销售转化。

走过十年历程,凭借维达品牌独有的亲子关系洞察、持续迭代的消费者沟通、创新优质的产品,维达中国行已成长为卫生用品行业中闪耀的品牌符号,未来为消费者带来从品牌形象到产品品质的完整体验闭环的同时,也将持续支持和陪伴亿万家庭,共同"韧性"成长。

(资料来源:http://life.china.com.cn/gg/zixun/detail2_2022_06_29/3480126.html)

学习目标 ▶▶▶

1. 了解执行力的基本概念,懂得提高执行力的意义。
2. 了解培养和提升组织执行力的基本内容。
3. 掌握培养和提升个人执行力的主要途径。
4. 了解促销活动执行前的准备工作。
5. 了解促销活动执行中的主要工作。
6. 了解促销活动执行后的总结内容。

第一节 执 行 力

战略决策是"做正确的事",战略执行是"正确地做事"。正确的营销战略和营销策略是营销制胜的基础,高效率、高精度的营销执行力则是营销制胜的利剑。就营销活动而言,大量的营销实践经验表明,营销活动效果的取得"三分靠策划,七分靠执行"。而与企业内部市场及销售人员结合更为密切的促销活动则更需要有更高效、更到位的执行力。优秀的促销活动执行力能够弥补活动策划的不足,而糟糕的促销活动执行力也会葬送非常完美的活动策划。执行力是影响促销活动成败的关键,因此,本书特将促销活动执行及其效果评估作为收官内容。

一、执行力的概念与意义

"执行力"的概念源自美国管理学家保罗·托马斯和大卫·伯恩两人合著的《执行力》一书。简单地说,执行力是指贯彻组织战略意图,完成预定目标的操作能力。

优秀企业具有执行力的典型特征主要是:① 执行有力度。高效贯彻战略和策略,且措施果断、力度大,不会阳奉阴违、敷衍塞责。② 执行有速度。执行动作速度快、效率高,不会拖泥带水、推诿拖延。③ 执行有精度。执行动作到位,关注细节、追求完美,不会满足于"大致上""差不多"。④ 执行有协作。执行过程中有团队协作精神,不搞独立主义、不搞个人英雄主义,主动补缺补位,帮助支持暂时落后部门和人员,谋求团队制胜、集体最优。⑤ 执行有结果。执行动作以目标为导向,以有效结果为善终,不会半途而废也不会无功而返。⑥ 执行有反馈。执行结束以后主动、客观、尽责地汇报执行结果,不邀功、不诿过,不隐瞒问题,不寻找借口。

优秀企业的管理者和管理制度一般都秉持这样的理念:① 执行之前有标准。执行之前管理者一定会制定清晰明确的执行标准并明确告知执行团队。② 执行之中有跟踪。不会因为信任团队而放弃对执行过程的检查和监督。③ 执行之后有考核。对照执行标准和执行结果,考核执行团队,奖优罚劣、赏罚分明。

执行力是现代企业创建竞争力的关键因素。全世界的著名企业和强势品牌一般都是执行力强的组织,都具有强有力的执行力文化。执行力是企业竞争力的核心,是把组织战略、规划转化成为效益、成果的关键。《财富》杂志有资料显示:"只有不到10%的战略得到了有效的执行""有70%的企业失败的原因不是因为他们缺乏好的战略,而是缺乏有效的执行"。执行力差是企业的最大内耗,不仅会消耗企业的大量人力、财力,还会错过市场机会,影响企业的战略规划和发展机遇。

一项营销活动,策划部门制定了优秀的营销活动方案,经过论证没有问题,决策层决定实施执行,各相关部门也制定了实施计划和行动方案,整体环境也较为有利,资金、资源均已到位,但如果遗憾的是执行环节存在真空地带或者薄弱环节。那么,这项优秀的营销活动方案的执行过程很可能是不尽如人意的,其结果很可能是差强人意的,几乎没有可能取得理想的结果。

二、执行力的检核与分析

世界著名企业和强势品牌一般都是具有高效执行力的企业。国际著名企业执行力强的原因主要是:已经构建了比较完善的组织制度,即具备了相对成熟的治理结构、组织结构及管控流程等基础的管理平台,这为组织执行、任务提供了基本的制度保障。虽然国际企业中这些基本的管理架构也可能随着企业及其生存环境的变化而出现老化的现象,也会出现官僚主义等"大公司病",但优秀的企业一般能根据发展需要而做出适时的调整,不断完善、优化企业组织的管理制度,提升运作的效率。国际著名企业的人力资源在管理技能、职业素养上具备了较强的组织化生存能力及职业道德,为国际著名企业的执行力提供了较为可靠的人力资源保障。

中国部分著名企业经过二三十年的市场历练,已经具备了一定的执行力和竞争力,但与国际著名企业相比还有很大差距。在中国为数更多的成长中的企业里,执行力还是一块短板,工业时代高效严谨的执行制度与执行文化没有确实建立起来,而农耕时代沿袭至家族企业的散漫文化和悠闲文化却根深蒂固,这是制约其快速发展的重要因素之一。

21世纪以来,中国企业也掀起了一股强化执行力的浪潮,强化执行力的意识有所增强,随着互联网技术的应用执行效率也明显提升,但实际执行力的强化还任重道远,企业领导层虽然已经意识到企业的执行力比较差,甚至为此抱怨不断或大发雷霆,但在提升执行力的过程中,主要将执行力差的原因归结于下属和员工观念旧、素质差、能力弱,因而措施也主要是提升下属和员工的执行力,并没有在自身的领导力和执行力上找原因、想对策,也没有在企业文化和管理制度上找原因、想对策,结果深层次原因被忽视,提升执行力的措施也变成扭曲错位的、治标不治本的肤浅操作。

分析中国企业执行力不高的深层次原因,可以发现问题根源主要在于以下几个方面:

（一）管理制度不合理且朝令夕改

中国企业制度建设借鉴西方企业和其他成功企业的不少，但是真正适合本企业实际情况、符合本企业发展目标需要的并不多，而随着外部环境的动荡、不确定性的增加、网络传播话题变化越来越快，管理理论和学说也复杂多变，企业的管理理念和管理制度也越来越多变，有些无所适从，因此大都没有很好地贯彻执行。有些制度之间还相互冲突、相互矛盾，因此难以执行而被弃之不用。

（二）企业文化中缺乏执行力文化

中国的企业文化因为有太多传统文化的成分，企业对于推动制度化的执行力存在一定的心理障碍。例如，中国儒家思想过于注重形式从而导致执行力的缺失，中庸文化、模糊文化、面子文化导致精细执行难以贯彻实施，等等。

（三）执行方法过于复杂很难推行

执行力确实是系统性的，但是执行力的建设必须是阶段性推进且循序渐进的。但是，中国企业在执行力建设过程中，总是急于求成，总希望同时全面系统推进并取得立竿见影的效果，结果事与愿违，起始阶段就困难重重，难以推行。

（四）执行过程没有坚持常抓不懈

执行力的建立和强化是一个需要持续努力的过程，不是一朝一夕就能完成的。但是，或许是因为中国市场变化快、中国市场竞争激烈，或许是因为中国企业过于热衷于追逐流行管理理论和管理方法，过于见异思迁，因此对于执行力建设也没有持之以恒，结果刚有所改变就因追逐网红概念改弦易辙而被打回了原形。

三、执行力的培养与提升

一个企业是一个组织、一个团队、一个完整的系统，企业的执行力也应该是一个系统、一个组织和一个团队的执行力。要提高企业的执行力，不仅要提高企业从上到下的每一个人的执行力，而且要提高每一个单位、每一个部门的整体执行力，只有这样，才会形成企业的系统执行力，从而形成企业的系统竞争力，形成企业竞争优势。针对中国企业执行力缺失的深层次与系统化原因，目前国内企业构建执行力，需要在领导执行力、组织执行力和员工个人执行力等三个方面共同着力。

（一）领导执行力的培养和提升

领导执行力是企业执行力提升的发动机，在企业执行力提升中的作用首屈一指。领导执行力的培养和提升应该从以下四个方面展开：

1. 培养和提升战略决断力

战略决断力是领导执行力的基石。战略正确是高效执行的前提。制定正确的战略是领导的核心职能。不能制定正确战略的领导，是无能的领导，更是没有执行力的领导。培养和提升领导执行力必须从培养和提升战略决断力开始。

2. 培养和提升战略沟通力

如何让团队接受领导制定的战略并义无反顾地坚决执行战略有赖于领导自身的战略沟通能力。在战略制定的过程中，需要具备超前的眼光、宽阔的视野、勇于担当的魄力和超然的战斗动员能力，而这一般是团队其他成员所缺乏的。因此具有战略决断力的领导所做出的战略，能否被团队接受认可，需要领导具有战略沟通力，而不能仅靠职位权力去压制。

3. 培养和提升人性洞察力

如何发动全体员工万众一心地、自觉自愿地、自发自动地执行企业战略，还需要领导具备深刻准确的人性洞察力，善于应用心理激励、文化牵引、物质奖励等多种方式，建立复合式与高效率的执行力激励机制，统一企业员工的思想认识、价值观念和行为导向。

4. 培养和提升制度建设力

领导者本人的身体力行、亲力亲为虽然是具有个人魅力的领导执行力，非常有必要倡导，但这毕竟还是局限在人治的范畴里。领导执行力的培养和提升，一定还要善于运用制度的力量，通过制度系统推进企业战略的执行。因此，具有高效执行力的领导，一定还要善于制定管理制度和管理流程，用制度的力量全面激励和规范企业组织的系统执行力和全体员工的个人执行力。制度的力量也使得领导可以从繁琐的执行事务中解脱出来，集中精力于企业发展战略的研究与决策。

（二）组织执行力的培养和提升

1. 全面把握组织执行力培养和提升的系统要素

组织执行力的培养和提升是一项系统工程，涉及的要素非常多，要素之间还存在相互关联、相互制约，因此需要系统分析，全面展开，有序推进。

（1）战略正确是前提。组织执行力必须建立在正确的战略基础之上。若战略不正确，组织执行力越强，组织前进的方向越偏，将导致组织在错误的方向上越走越远。

(2) 制度合理是保障。组织执行力的培养和提升必须是一项有合理制度保驾护航的行为,仅靠个别榜样带动集体激情是难以持续的。在组织执行力培养和提升的过程中,需要制定有利于推动执行力的制度,需要调整和修改已有但已过时的、制约组织执行力提升的相关制度。

(3) 资源支持是依靠。推动组织执行力的提升需要一定的物质资源作为支撑,否则什么事情、什么工作也推动不了。虽然应该反对动不动就要资源、讲条件,但是作为企业管理者,在培养执行力及推动执行力提升的过程中,必须主动投入一定的资源,积极提供一定保障,否则,会让努力前行的组织队伍感到伤心、灰心,感到孤立无援,从而慢下了脚步。

(4) 领导自身是表率。在推动组织执行力培养和提升的起步阶段,领导自身执行力的表率作用是非常重要的,领导的率先垂范是组织执行力提升的发动机。如果领导仅仅将组织执行力的提升看成是下属的事,是员工的事,与自己无关,自己只需要发号施令,只需要检查考核就可以了,那么对于推动组织执行力的培养和提高是不会有什么实际成效的。

(5) 团队素质是基础。组织执行力是企业所有部门和所有员工集体执行力的合力,这个合力的大小,与组织全体成员的基本素质是密切相关的。因此,组织执行力的培养和提升一定要把这个基础打好,要在保持团队基本稳定、适当流动的基础上,构建一支素质良好的特别有战斗力的企业人力资源队伍。

(6) 流程顺畅能提速。在战略正确的前提下,在合理制度的保障下,在适当资源的支持下,经过领导的榜样带领,企业组织执行力会发力启动,但是前进的速度有多快,这就取决于企业流程的顺畅程度,企业流程顺畅,员工工作心情就会舒畅,工作流程中等待和花费的时间就越少,组织执行效率就会越高。

(7) 执行考核能强化。组织执行过程的顺利流畅和执行结果的成果丰硕对于组织情绪和员工行为有较好的正激励作用,但是这还不足以持续支持组织执行力的系统推进。为此,需要对执行结果进行制度化的考核检查,并对照战略和目标,对组织部门和成员进行正负激励,这样做对于强化和固化组织执行力具有良好的作用。

2. 循序推进组织执行力培养和提升的系统流程

组织执行力的培养和提升是一个循序渐进的过程,欲速则不达,急于求成难成正果。因此,需要按照组织进步的基本规律,优化组织执行力培养和提升的系统流程,有计划、有顺序、有节奏地推进各项工作。

(1) 认同文化。这是培养和提升组织执行力的第一步,推动组织所有成员认同企业的文化,并掌握企业历经传承沉淀下来的有效工作方法、做事原则、信仰追求,概括来说就是认同企业在发展过程中所积累的精神财富。

（2）**统一观念**。一个团队的价值观不统一，就无从谈凝聚力。统一价值观是企业培养和提升组织执行力的第二步。让员工与企业具有相同的价值观，让他们成为企业工作流程中的关键角色，这样的员工就会以企业为荣，并充满自信和快乐地将执行力贯彻到底。

（3）**明确目标**。目标是团队和执行者得以发展的动力所在，没有目标的企业会在市场的大潮中被淘汰出局。明确的目标是执行力的方向，同时也是执行力前进的牵引力。明确目标就是明确我们将去哪里。这个目标是符合SMART原则的，即目标是具体的、可衡量的、具有挑战性的、切合实际的和有时间限制的。

（4）**细化方案**。细化方案是解决通过什么方法达到目标的问题。按照SMART原则制定出的目标基本上是可行的，但要具体执行还需要制定与之相匹配的实施方案。体现在我们的促销活动策划中，提案讨论时一定还只是策划方案，但一旦通过确定后就必须以此为依据制定执行细化方案。

（5）**强化执行**。思想正确了，价值观统一了，又明确了目标，还有系统的方案可以去操作，但是如果不付诸实施，不贯彻执行，仍然一切为零。所谓强化执行，就是要追求贯彻实施的速度和程度。对既定方案执行了多少，是否按标准执行到位，这些将决定既定的目标能否实现。

（6）**严格考核**。员工通常不会全力以赴地去做领导希望做的事情，只会努力去做领导要检查的事情。所以我们要建立考核检查体系，通过目标体系链、工作计划达成表、月度绩效考核表以及过程质量控制表等工具，加强执行考核，行使监督管理职能。

3. 着力塑造和强化组织系统坚定的执行力文化

"执行力文化"是指组织内部依据自己个性和环境建立起来的能使所有成员共享的价值观念、信念和行为规范的总和。执行力文化就是把执行作为所有行为最高准则和终极目标的文化。它体现在经营管理的每个环节、每个角落乃至全部过程。执行力文化不仅体现在领导者管理战略、管理方式、管理风格及目标追求之中，也体现在员工风貌、团队精神等方方面面之中。

要做到组织整体具有持续的执行力，肯定需要几个"带头大哥"、几个"群众模范"和几个"拼命三郎"，但仅靠这些还是远远不够的。要塑造有竞争力的组织执行力，必须在组织内建立起一种执行力文化。

塑造执行力文化的具体内涵包括以下方面：

（1）**塑造务实文化**。塑造务实文化就是塑造企业组织实事求是、求真务实的文化氛围和行为规范，一切凭事实说话、凭实绩说话、凭数据说话，不虚伪、不浮夸、不遮掩、不忽悠、不欺上瞒下。

（2）**塑造法治文化**。执行是严格的，执行是动真格的，执行是严酷的，执行是不讲情面的,但是中国传统文化中的面子文化、人情文化,不利于组织执行力的推行。为此,需要重塑中国传统文化,包括人治文化和人情文化,企业管理可以人性化,但是不能无原则地人情化,要将中国人处理事情的"情、理、法"的传统优先顺序,调整为"法、理、情"顺序,从而使得执行和考核具有制度保障,不会出现因人而异的现象。

(3) 塑造责任文化。在培养和提升组织执行力的过程中,需要提倡勇于担当精神,塑造责任文化。工作中出现问题,不上下推卸责任,不左右推卸责任,各自勇于承担自己的责任,才能有利于问题的切实解决。执行中出现不如意的结果,也不找借口,不以宏观环境、竞争对手、市场需求等外在因素为理由,积极寻找解决问题的方法。

(4) 塑造协同文化。执行的过程不是自以为是的过程,不是以自己为中心的过程,执行的过程是协作的过程,是相互支持的过程,因此需要塑造协同文化,提倡服务和协同,以组织整体效益为执行的关注点,而不是以个人利益为关注点。

(5) 塑造细节文化。执行是具体的,执行是需要注重细节的。细节决定执行的成败。在组织执行力的培养和提升过程中,一定要塑造细节文化,在不影响效率、不影响效益的基础上,追求工作细节、追求产品细节、追求完美细节。

(6) 塑造快乐文化。工作中如果只有痛苦而没有快乐,人们就会逃避工作。执行如果只有负累而没有快乐,人们也会逃避执行。快乐是人们工作的动力,快乐是不需要花费金钱的有效激励。在培养和提升组织执行力的长期过程之中,一定要将快乐元素、快乐文化融入务实文化、法治文化、责任文化、协同文化和细节文化之中,让快乐推动组织执行力不断提升。

(三) 个人执行力的培养和提升

个人执行力是指员工个人能够严格要求自己,遵守职业操守,按时、按质、按量完成工作任务的能力。个人执行力强的员工,通常具有一些优秀的品质特征驱动其更快更好地执行。个人优秀执行力的品质特征主要有:① 爱岗敬业,专心专业;② 心态积极,行动高效;③ 注重细节,追求完美;④ 善于学习,追求创新;⑤ 不畏艰难,执著进取;⑥ 团队协作,乐于助人。

在实际工作中,员工个人执行力差是中国企业领导的共同看法,并且是企业执行力差的主要表现,客观地说这不一定正确。实际上,员工个人执行力差,有员工自身方面的原因,也有企业和领导方面的原因,实际上在解决了企业领导执行力和组织执行力所存在的问题之后,提升员工个人执行力是相对比较容易的。因为企业领导执行力的率先垂范作用、组织执行力的氛围气场作用,会促使员工个人努力改变自身状态,跟上领导和团队的步伐,迅速提升自身执行力,否则就会落伍,就会被企业正式组织和非正式组织双双淘汰。

员工个人执行力差的原因主要存在于认识、素质和能力等方面。员工个人认识原因主要表现在：① 不认可企业。认为企业没有发展前途、管理制度与运营模式有问题、福利待遇和晋升激励不公平，从而内心有抵触。② 不认可领导。认为领导没有人格魅力和领导能力，无德无能或缺德缺能，不值得为这样的领导卖命。③ 不认可战略。认为企业战略出了问题，执行力再强也无济于事甚至背道而驰。④ 不认可方案。认为工作方案或策划方案不完善，不可执行，勉强推行这样的方案除了浪费人力、物力、财力以外毫无意义。⑤ 不认可执行方法流程。对方案本身没有太大怀疑，但是对方案的执行方法和执行流程持否定态度，认为自己的执行方法与执行流程更合理，但是没有被组织和领导采纳，因此有抵触情绪。

对于由于认识原因造成个人执行力差的员工，企业要在解决战略问题、制度问题、方案问题、方法问题和流程问题的基础上，在强化领导执行力和组织执行力的基础上，通过沟通交流统一认识、统一思想，转变这类员工的认知和态度。这类员工只要认识和态度转变了，与企业一致了，其执行力的提升是很快的，因为他们的素质和能力一般是很好的。但如果认识和态度不转变，这类员工会对其他员工执行力的提升带来负面作用，这样的员工不能再留在企业，应该按照一定的流程请出团队。

素质和能力原因主要表现在：员工受教育程度不高，思维能力、分析能力、判断能力和工作执行处置能力不强，综合素质有待提高。很有意思的是，由于素质和能力原因造成执行力差的员工，一般来说品行都没有什么问题，大都属于有德少才类型，对于这类员工，很多领导对他们大有恨铁不成钢之感觉。而由于认识原因造成执行力差的员工则素质和能力一般都比较强，对企业、对管理、对营销、对方案，都有自己的认识、判断和态度，但往往由于与领导观点不一致，被领导打入另类而怀才不遇，因此在执行上消极怠工，甚至与领导对着干。

对于主要由于素质和能力原因造成个人执行力差的员工，企业一般应该加强培训和指导，并通过实际锻炼，逐步培养这类员工的个人执行力。

四、营销执行力

营销执行力是正确贯彻执行营销战略与策略，保证营销活动取得良好绩效的重要力量。在营销实践中，营销执行力不强、营销执行常常出现偏差甚至是南辕北辙的情况时有发生，提升营销执行力成为贯彻营销战略、取得预期营销目标的重要任务与重要途径。根据中国企业营销执行力较为常见的五类问题，必须有针对性地采取下列措施以有效提升营销执行力。

(一)针对营销理解导致的执行力问题,要加强营销方案沟通

营销人员由于不能领会营销战略决策的意图、营销方案的目标,致使执行走样,营销执行力出现方向性错误。在这种情况下,营销管理者应该及时发现问题症结,并加强与营销人员的沟通,从源头上纠正这种错误。

某美容化妆品企业为了抢占细分市场,开发了一项技术,计划在全国推广,并为此制定了相应的促销政策。由于美容企业长期以来的价格战导致企业要为渠道付出相当大的促销成本,因而对促销政策好坏的评价往往是看与促销政策相配套的支持力度大小。但对这项技术而言,支持力度并不是它的强项,而它的技术前瞻性与权威性,以及因为技术的推广有政府背景而带有规范行业行为的特征,才是该技术在推广中的最大优势。但由于营销人员未能很好领会该技术推广的决策意图,在帮助经销商拟订相应的方案时不断向企业抱怨,并因此造成经销商与厂家之间的误会和冲突。此时,营销管理者迅速组织营销人员回到企业培训,反复强调该技术推广的优势所在,并对事先规划好的方案进行详细的演练。由此扭转营销人员长期以来因为价格战导致的僵化思维,并双管齐下,做好经销商的思想工作,从而有效解决了问题。

营销执行力的不到位在很大程度上是因为营销管理者与营销执行者之间沟通不及时造成的。所以,营销管理者应该及时将企业的营销策略与目标系统地、正确地传达给营销人员,从而在理解的基础上提高营销执行力。

(二)针对营销激励导致的执行力问题,要优化营销激励机制

因为激励机制不科学,营销人员在执行过程中出现消极怠工或徇私舞弊现象,导致营销执行乏力。在这种情况下,营销管理者要确保营销执行力的提升,就应该从原因入手,制定合理的激励机制,激发营销执行力。

一般来说,销售人员的收入主要由基本工资、岗位津贴和提成奖励等构成。某企业为了防止销售人员月度冲量获得超额提成奖励而牺牲后续月份的销量,出台了这样的超额提成政策:如某个月销售人员超额完成营销任务,其当月获得超额提成的附加要求是接下来的两个月都要完成同样的超额任务,如不能完成,那么接下来两个月完成任务的基本提成也将被扣除。而实际上,销售人员要在三个月当中都完成相应的超额任务几乎是不可能的。于是销售人员为了避免基本提成的丧失,宁愿放弃超额提成奖励也不愿意努力提升销量。结果是企业无论出台何种促销活动,其整体销量都无法得到有效提升。在这种情况下,营销执行力的提升必须要求营销管理者重新制定提成奖励政策,一方面要合理激励销售人员的工作积极性,另一方面也要避免销售人员为了超额提成而出现冲量行为,并且在营销政策的

执行过程当中,严格监督销售人员的业务行为,防止出现种种影响营销执行力的行为。

(三)针对营销人员个人的执行力问题,要加强营销技能训练

营销人员个人能力不够,执行能力不足,在执行的过程中难免走样、不到位,营销管理者在过程管理中要加强对销售人员的培训与教育。

这种情况在经销商比较强势、企业销售人员能力不足的情况下更容易出现,很多强势经销商对企业的营销方案不能够有效执行,往往会出现政策截流、执行错误的情况。而这种情况的出现,又因为销售人员个人能力不到位,无法进行有效的疏导和解决,从而影响了营销执行力。

某化妆品企业出台了一个促销活动方案,其中有一个环节就是将一个套装免费送给消费者,从而帮助销售终端有效吸纳客源。但为了控制营销成本,企业要求经销商承担20元/套的促销费用。企业在设计促销活动方案的时候,也曾经担心经销商将此促销费用转嫁到消费者头上,因而在推出方案的时候要求销售人员加强与经销商的沟通,督促经销商将此套装免费送到消费者手中。但是在实际执行的过程当中,有个区域的销售人员由于个人能力欠缺,无法掌控区域内经销商的行为,结果区域经销商为了贪图小利,将此套装以200元/套的价格卖给消费者。该销售人员又没敢及时将情况汇报至厂家,最后导致该区域经销商促销活动执行失败,积压了400余套产品套装。而在其他区域,由于营销管理者的有效督促,销售人员和经销商的积极配合,营销终端的执行到位,该促销活动方案都获得了很大的成功。

所以,营销管理者应该认真分析和把握销售人员的个人能力,给予相应的培训与教育,如对沟通能力弱的加强沟通培训,对销售能力弱的加强销售培训。每一次销售政策的出台和执行,营销管理者都需要对症下药,根据销售人员的个人特点及区域情况做出相应的指导,帮助销售人员实现完美执行。

(四)针对营销管理人员的执行力问题,要加强管理能力修炼

因为营销管理者个人权威和魅力的原因,营销人员不愿信服,这也是造成营销执行力差的一大原因。企业快速成长而营销管理者没有快速成长起来,也不具备营销管理者的魅力,无法从内心里"征服"下面的营销人员,导致营销人员在执行的过程中"阳奉阴违",或者企业任人唯亲,在营销管理者的职位上安插自己的亲信,致使很多有思想有能力的营销人员没有发挥平台和发展空间,这些都会极大地影响营销执行力。

有些企业在追求高速发展时,由于内部营销管理人才缺乏而引进"空降兵"。

一般来说,营销"空降兵"会在专业能力上比元老们更有优势,但因为对行业、对企业的情况不了解,又急于求成,在营销人员没有接受和认可之前,常常会做出种种损害营销人员积极性的事情,常会以高压态势要求营销人员无条件执行其过去惯用的营销模式和营销措施,结果营销人员自然产生对抗心理,造成了营销执行力的下降。

营销管理者无论是随企业成长起来的还是外部空降的,要强化执行力,必须事先建立个人自身的营销权威与职业魅力,并因此调动营销人员的工作积极性,确保营销工作执行到位。

(五)针对执行手段导致的执行力问题,要整合执行手段并强化执行力度

营销政策缺乏有效的执行手段,无法建立通畅的执行程序,造成了营销人员的迷茫和无所适从。这是有些企业营销执行力差的又一常见原因。企业的营销执行并非是由营销部门单个完成的,它需要生产、物流、财务、服务等各个部门的大力配合。营销管理者应该处理好各个部门的关系,争取各部门的合作支持才能提高营销系统执行力。

某美容企业为了有效抢占营销网络,决定出台区域广告支持政策,鼓励代理商进行区域广告投放,并在完成任务的情况下由企业作相应支持。但是,当很多代理商拿着广告样刊与发票找到企业要求得到相应的支持时,该企业却以他们的广告投放与申报程序不符为由拒绝。因为企业要求代理商在投放广告的前一个月要向企业的策划部备案,然后由客服部通知代理商投放广告,由财务进行月度任务审核之后,客服部向公司提交符合条件的广告投放代理商名单,最后由财务部门兑现对应的支持。而销售部门竟然不知道这种程序,营销人员在市场上配合代理商做广告也一直是懵懵懂懂,不知道还要这样审批。其结果是代理商群起"造反",企业在百般推辞之下又不得不兑现了广告支持。

第二节 促销活动的执行

打造强有力的执行文化和优秀的营销执行团队是保证促销活动高效执行的基础和前提。在第一节对执行力介绍的基础上,本节具体结合促销活动自身介绍促销活动的执行。

就促销活动本身来说,高效执行的前提是促销活动方案必须具有市场适应性、

操作执行性,这是促销活动策划环节必须解决的问题。而在促销活动执行方面,需要强化促销活动执行前准备、执行中督导、执行后总结三大环节。在终端促销、通路促销和内部促销三种类型的促销活动中,执行最为复杂的是终端促销活动。现以线下实体终端促销活动来具体介绍促销活动的执行。

一、执行前准备

(一)促销场地准备

不同类型的促销活动对于促销场地准备的要求不尽相同。电商是虚拟经济,电商促销不需要准备促销场地。制造商针对内部销售人员的促销一般不需要特别准备促销场地,针对经销商的通路促销大部分也不需要特殊的场地,但以经销商会议方式进行通路促销的,则需要根据会议规模和促销产品阵容预定会议场地,一般来说,通常会将场地选择在合适的商务酒店,如果公司自身有符合会议及餐饮住宿条件的场地也可以采用。

必须确定但又难以确定促销场地的促销活动类型是制造商在零售卖场开展的针对终端消费者的促销活动。是否参加制造商统一开展的终端促销活动,需要销售业务人员逐个与零售卖场进行沟通,参加活动的零售卖场能够以什么样的费用标准向厂家提供促销活动场地以及促销宣传物料陈列场地,也需要沟通,这种沟通有时还需要反复多次才能确定下来,为了防止出现变化,可能还需要签订场地协议,预付场地费用。在制造商促销竞争激烈、零售商资源相对稀缺、零售商比较强势的情况下,促销活动场地的预定是一件比较难的工作,销售业务人员一定要提前做工作,有时企业销售负责人员可能还需要出面与零售商的高层管理人员沟通。当制造商品牌比较强势、零售商之间的竞争比较激烈时,促销场地的确定相对要容易得多,而制造商与某个零售商合作开展专场主题促销活动时,零售商通常会给予积极支持,甚至不会收取场地费用。在商业配套零售卖场规划建设合理布局而不再稀缺的城市,零售卖场商圈范围缩小,为吸引顾客,零售卖场转而以免场地费等措施寻求生产制造商合作开展终端促销活动。

(二)促销传播准备

针对内部销售人员和经销商的促销通常可以用企业自媒体方式进行沟通传播,一般不需要采用线上传播方式,因此促销传播沟通准备的工作量不是太大,也不是很复杂。但在开展经销商会议促销、通过经销商针对下一级分销商或零售商开展通路促销时,需要对经销商会议现场、对通路促销的批发经营场地进行必要的活动信息传播和活动气氛营造，因此需要设计、制作和布置促销活动海报、展示架等宣传物料。

针对终端消费者的促销活动传播准备工作量最多最复杂。以促销力度较大、参加活动的零售卖场较多的终端促销为例，促销传播准备包括：

1. 媒介广告设计与媒介预订

（1）网络媒体广告设计和媒介预订。网络媒体以移动互联网为主，可以投放图文、音频和视频三种类型的广告，媒体选择可以是全国性社交平台、本地性生活服务网络媒体、传统媒体的PC网络站点和智能手机客户端App，可以投放智能手机开屏和应用程序App开屏广告、弹窗广告和内容信息中的位置广告等。

（2）电台广告录制与电台广告时间预订。

（3）电视广告创意制作与媒介预订。一般动用电视媒体尤其是强势电视媒体的促销活动广告较为少见，但是投放公交和地铁移动电视、楼宇电视和零售卖场电视促销活动广告的则很常见。

（4）报纸原来是城市终端促销活动常用主要媒体，现在已经很少用，但在有些城市还有一些经营得不错的报纸媒体，可以作为促销活动广告发布的补充辅助媒体。

（5）除硬性广告设计、制作和投放准备以外，还可以投放促销活动软性新闻，这需要提前准备稿件，并与硬性广告做好版面、时段和网页的互动配合。

2. 促销活动宣传单页的设计印刷

为保证促销活动信息传播的力度，中国市场上的终端促销活动曾经广泛采用自行设计、印刷促销活动宣传单页的形式。促销活动宣传单页又称单张，俗称传单，由于传播主题就是单次促销活动，因此内容并不多，一张纸正反面印刷就够了，因此采用单页而不是多页或者小册子的形式。随着移动互联网的发展，智能手机成为点对点、一对一的信息沟通主流方式，促销活动宣传单页使用大为减少，但仍然有企业使用，因为宣传单页具有直接即视、一眼可见、简单方便、费用低廉等特点，而且与邀请促销活动目标对象扫码关注、下载App等方式相比，派发单页的操作难度更小一些。促销活动宣传单页的设计印刷因促销区域、对象、产品以及成本考虑，分为彩色、套红双色和单色几种。促销活动宣传单页的派发方式有生活小区派发、公共场所派发和促销活动现场周边派发等形式。在报纸媒体是促销活动广告主流媒体时期，夹报投递也是一种常用的形式，具体是将活动单页交给报社发行部门夹在报纸当中投递给订阅用户，这种活动单页就像西方国家的直邮广告DM。为精准夹报单页投放，需要选择合适的报纸和合适的投递区域，因为不同的报纸读者层面和类型不同，不同规模的促销活动覆盖的商圈区域不同。由于夹报投递采用的较多，一度很多报社发行部门已经将其作为一项重要业务和盈利项目为客户提供分城区路段和生活小区的精准投递。随着报纸媒体影响力的下降,夹报投递现在已经很少使用了。但为保证促销活动传播力度,很多企业仍然保留着活动单页的派发形式,而在报纸发行覆盖不到或者稀少的农村乡镇市场开展促销活动,夹报投递无法采用,派发甚至成为唯一的形式。

3. 终端宣传物料准备

需要根据参加活动的零售卖场促销活动场地以及促销宣传场地位置、面积尺寸、空间高度等信息,设计制作促销活动终端宣传物料,具体项目包括:促销活动展示现场的产品陈列与舞台设计、户外升空气球和彩虹门等展示物料设计,促销活动销售现场的产品堆头设计、促销海报及展架等POP的设计等。

(三)促销物料准备

内部促销和通路促销的促销物料准备较为简单,终端促销的有些促销活动形式则需要准备相应的促销物料。例如,游戏类的促销需要设计和制作游戏工具,抽奖类的促销需要设计和制作抽奖工具道具,买赠类的促销需要设计和制作赠品,样品派送类的促销需要设计和制作样品,等等。这些需要按照促销活动方案确定的时间和数量要求,提前做好准备。

(四)产品货源准备

在促销活动开展之前,销售计划部门要同促销活动策划部门和人员,就促销活动的预期销售目标达成一致认识,并结合现有产品库存制定产品货源计划,保证促销活动拉动的需求具有及时的、充分的货源供应,防止丧失产品销售机会,丢失市场份额,浪费促销活动资源。

(五)执行人员准备

通路促销和内部促销一般不需要动用太多的人员,但终端促销一般需要动用较多的执行人员,因此这里就以终端促销为例介绍促销活动执行人员准备的相关要求。

规模较大的终端促销活动通常需要动用大量人员参与活动执行。一部分执行人员来自企业内部,在活动过程中基本上是按照原来各自的岗位职责参与相关的工作,这些工作一般需要通晓企业内部业务流程,并承担较大的责任,无法采用外部临时雇佣人员。在促销活动准备阶段,促销活动策划部门要召集促销活动内部沟通会议,向活动参与人员讲解活动整体方案、各部门参与人员的职责任务、活动流程、时间节点和具体标准,取得全体执行人员对促销活动方案的接受与认可,从总体上增强执行认识和执行意愿,从细节上掌握执行流程和执行标准。

为了让参与执行的人员更好地掌握促销活动的流程和方法,有些企业总部在策划各地执行的促销活动时还编写促销活动执行手册发给相关人员,甚至发到不同层级、不同类型执行人员手中的执行手册还有所区别,针对性、相关性更强,掌握起来更方便。

规模较大的促销活动还需要临时招聘一批人员参与执行,越是城市社区型的或者农村乡镇型的促销活动,越是无法用大众媒体传播促销活动信息,越是需要临时招聘数量较多的人员(简称临促)派发活动宣传物料(俗称发传单)告知消费者促销活动信息,在促销活动正式执行期间内,这些临促的任务则转变为现场促销氛围营造、来店顾客初次接待和促销活动服务等工作。在有些行业竞争激烈的年代,由于促销活动频繁,临促人员需求较大,而临促对促销活动执行效果的影响又比较大,有些企业甚至长期聘用有工作激情和方法的临促人员,打造专事促销活动的市场小分队,招聘渠道主要是到大学招聘三、四年级学生,并将临促工作与企业营销人员队伍储备联系起来,临促工作中表现突出的大学生毕业后可以录用为公司正式员工。

促销活动执行过程中的人员准备工作量最大的就是临促人员的招聘和培训。临促发单工作看起来很简单,但实际上并不简单,临促之间的工作表现及其对促销活动的影响差异都很大。在促销活动执行过程中,需要重视这项工作,并将派发传单的成功做法移植到智能手机扫码关注和App下载方面来。童庆德2012年所写的《发宣传单既是体力活更是脑力活》一文仍然具有参考价值。

在促销活动的实际表现中,派发传单的临促人员,根据派发行为特点和效果,可以分为三类:

(1) 三流发单员。也称"机器人"发单员,最显著的特点是"三无",即发单过程中"无笑容、无眼神、无言语",只是站在路边机械地把宣传单递到路人面前,因为缺乏语言和表情沟通,经常被直接拒绝或婉拒,有效派发成功率不高。这类人员虽然发得不好,但还算负责任,不负责任的发单员,会趁公司督导人员不在,直接把宣传单扔进垃圾桶或卖给收废站,第二天照旧上班或领工资,造成促销资源的浪费和促销传播力度的不足。

(2) 二流发单员。这是最常见的发单员,其特点是"三有",即发单过程中"有笑容、有眼神、有言语",他们会用微笑、用眼光与路人沟通,并用简单的语言讲出促销活动信息,这类发单员发单成功率比较高。

(3) 一流发单员。这是企业最想要的发单人员,他们有经验,有能力,对整个活动的领悟能力较强。除了具有二流发单员的"三有"特点外,更重要的是他们能基本准确地做到看人说话,即根据不同人的外表特点,有针对性地发单,并运用不同的语言引起潜在顾客的关注,发单成功率更高。不仅自己能做好发单工作,还能指导其他发单员或安排整个发单活动。

现在市场上,我们看到的发单员基本上属于三流和二流发单员。企业需要的是一流发单员,哪怕多付出点工资报酬都是值得的。一流的发单员不仅能有效提高派发成功率、宣传到达率、避免宣传物料浪费,同时还能为企业塑造良好的企业形象、品牌形象,因为发单员即使是临时发单员,代表的也是企业,他们的行为表现影响着消费者对企业的认识。

发单工作看似简单,但是发单人员的招聘可不简单。太油滑的、太腼腆的、太娇气的、太轻视发单工作的,都不能要。太油滑的人心思不会用在工作上,且难以监管;太腼腆的人面对陌生人不敢开口说话,语言、表情不自然,影响发单工作;太娇气的人吃不了苦,时间过早过晚、天气太冷或太热都会让其无法坚持工作,不适合做发单员;太轻视发单工作的人本就没什么经验,工作还不用心,不可能做好发单工作。

为了招聘到、培养出一流的发单员,需要兼顾以下方面的素质要求:

(1) 体能良好。没有好的身体素质,就无法应付发单工作的强度。发单员有时需要一天8小时都在外站着,或许还要走一些路,身上背着或手上提着一定数量的宣传资料。天气因素也需要发单员具有良好的体魄,夏日的炎热、冬天的寒冷,弄不好就会中暑或感冒,身体不好无法坚持。

(2) 心态良好。心态决定了发单员的表现,发单会遇到各种性格素养的人,遭遇拒单更是家常便饭,如果经受不住拒单的挫折,影响发单情绪,拒单反而会越来越多,如此恶性循环,就无法坚持下去,更不可能做好发单工作。发单员需要正确认识和对待发单工作,不要从心里瞧不起发单工作,不要认为发单是没文化、没能力的人才做的事情,不要认为发单纯粹是体力活、不需要动脑筋的,只有正确认识、对待发单工作,才有可能做好发单工作。

(3) 有亲和力。发单员最好性格开朗、善于交流,如果性格内向、腼腆木讷,面对陌生人放不下脸面、张不开口,就势必会影响到发单时的语言与面部表情,进而影响到顾客的接单率。因此,要做好发单工作,就必须胆大心细,不怯场,自来熟,面对陌生人能像熟人一样亲切自然地打招呼,用亲和力感染潜在目标人群,接单率自然随之上升。胆大不是鲁莽和唐突,而是不心虚、不胆怯,胆大还需要配合心细,善于观察行人的穿着打扮和行为举止,并以此判断其有没有促销活动潜在需求,是不是促销活动针对的目标对象,从而有效提高发单率和宣传到达率。

(4) 有责任心。责任心是发单员做好发单工作的基本要求。如果只为了赚取微薄的工钱而应付性地发单,甚至把宣传资料扔掉、卖掉,这是非常不负责任的做法,也是损害企业利益的行为。做一天发单员,就要用一天心,有一份责任,企业相信你,你就得尽责,最起码要说得出地址、产品功能,能回答受众简单的问题,做到发单时基本的"三有"。

(5) **有学习力**。总结是对工作的回顾,也是工作进步的阶梯。只有善于总结的发单员,才能真正做好发单工作,降低拒单率,成为一流的发单员。有学习力的发单员,会总结每天的发单经历、接单率、顾客反馈等,改进第二天的发单时间、地点、语言,提高宣传效果,会总结每天对顾客人群判断的得与失,形成一些判断需求的方法技巧,为后续宣传发单做准备。

发单人员招聘进来之后,必须进行培训以后才可以开始发单工作。一般来说,发单培训的内容主要包括:

(1) **促销活动在市场竞争中的意义**。对于临促人员职场历练和职业发展具有重要意义,能激起临促人员积极投身于促销活动的价值感和获得感。

(2) **派发区域界定与分工**。每个商业网点和制造品牌的覆盖面和影响力都是有区域范围的,大型著名零售商和制造商的影响覆盖面较大,非著名制造商品牌和社区型商场超市影响覆盖面较小,价值越大选择性越强的产品一般影响面大一些,价值低的便利品一般影响面小一些。一般而言,开展促销活动的门店周边半径3—5千米的范围内是可以辐射到的,但主要以店周边500米内有公交站点的公交线路为宣传路线比较合适,特别是针对中老年人的产品促销活动,以便于他们出行购买。在整体派发区域划定之后,需要将派发人员按照细分区域进行合理分工,避免出现重复和留有空白。

(3) **目标人群及派发场所分析**。依据产品和促销活动所面向的目标人群,分析其活动场所和活动规律,确定派发场所和派发时间,既可以有针对性地宣传又可以降低成本,还能够提升宣传效果。商业路段和娱乐休闲场所派发应选择在最显眼、人流量最大的位置,尽可能扩大覆盖面,从中挖掘需求。生活小区派发需要了解小区规模档次、入住情况、物业管理制度等,生活小区公共区域促销宣传聚众效果比较好,因此需要取得物业管理人员的同意。进入单元门的入户宣传,业主一般非常警惕不愿意配合,因此通常不能当面交流只能塞入宣传资料。按照楼层逐层派发时,一般从高层开始往低层比较快,有电梯的直接乘电梯到最高层然后走消防楼梯逐层下来。在不能入户投递时可投递到住户信箱里,但要观察信箱状况,信箱内积压大量报纸和传单的不要再发,信箱积满灰尘的也不宜投递,因为这家可能长期没人居住。菜场、超市、公园、活动中心、小学、幼儿园等是中老年人常出没的地方,在上午6:00—10:00、下午3:00—5:00接触到的概率高,针对性强。如果是针对职场商务人士,则在地铁出入口、商业街区和办公楼宇出入口、地下车库和停车场等派发比较好。

(4) **宣传内容提炼与讲解**。熟悉宣传资料的内容,提炼其中的核心部分,组织成自己的语言,结合目标人群的需求和可能的关注点,准备几套推荐语言,在实战中修正、完善,以达到最佳效果。一旦抓住了目标消费者的心理,消费者就会有兴趣并停下来,发单员就有机会交流发单。

(5) 在传单投递过程中尽量与活动海报陈列配合,扩大促销活动宣传力度。 活动海报等宣传物料的陈列、张贴等以营造气氛为主,因此可以重复批量陈列,能放2个X展架绝不只放1个,能贴3张绝不只贴1张,甚至可以把宣传资料放到其他产品的宣传架上,用其他品牌的人气带动产品销售。

(六) 配送服务准备

促销活动有效开展起来以后,通常会拉动产品销售增长,销售速度和销售数量会超过促销活动之前的水平,这就对配送服务就提出了要求,需要提前做好相应的准备。终端促销活动有可能是这样,通路促销活动也有可能是这样,只不过差异在于终端促销带来的配送是小件分散的,通路促销带来的配送是大件集中的。"双十一"电商大促在2012年呈现出比前三年更大的效果,带来的海量快递包裹对物流配送提出了挑战,形成了"爆仓"现象。内部促销会因业务员促销和导购员促销的不同出现商业客户集中性物流和终端消费者分散性物流两种情况,但一般来说,不与终端促销和通路促销同时使用的内部促销,不会爆发太大的产品销售增长及其配送服务需求。

二、执行中督导

通路促销和内部促销由于涉及的对象均有客户档案资料和人员管理制度可查,因此可控性较强,执行难度不大,执行中的问题不多且容易解决。需要加强执行督导的是终端促销。在终端促销中,电商促销因为在线上开展,消费者与促销人员通过线上交流平台沟通交流而是不见面沟通,因此促销执行的重点在于促销团队必须全天24小时在线、电子设备和网络必须时刻保证良好状态,不能出现瘫痪宕机事故。而在终端促销中的实体商业终端促销中,城市与农村市场终端促销执行的难度又各有不同,城市市场终端促销执行的难点在卖场管理,农村市场终端促销执行的难点在客户心理。在以下内容中,我们主要以城市和农村实体商业的终端促销活动执行督导为主线进行分析。

(一) 城市终端促销活动执行督导

一般来说,城市终端卖场数量较多,终端消费者数量众多,优秀的促销活动能够引发客流聚集和销售集中爆发,但需要协调的关系和环节也比较多,执行中也容易出现问题,因此需要动员企业内部大量人力资源和物力资源,促销活动执行前开展的内部动员和培训是非常必要的,但仅有事先动员培训还不足以保障促销的有效执行,还必须在促销活动执行过程中加强细节管理和督导。

1. 促销场地落实与布置

在城市市场,随着城市向外发展和商业规划的优化,商业卖场已经并不稀缺,但是优秀的终端促销卖场及其促销场地仍然是稀缺而有价值的资源,也是制造商开展终端促销活动必争的阵地。占领有利的卖场促销场地相当于在军事战斗中占据着有利地形,在夺取促销活动胜利中具有重要的意义。优秀卖场的促销场地的落实主要是销售业务人员的职责,拿下优势卖场促销场地的时间、速度和成本,主要取决于制造商品牌的地位、与客户之间的合作关系,以及销售人员的个人能力及客情关系。大型终端促销活动不仅要拿下优秀卖场面积最大、位置最优的户外展示宣传场地,还需要拿下优秀卖场室内的促销场地,包括促销广告陈列布置场地、促销产品堆码场地和销售场地。必要时还必须和客户签订排他性的独家租用场地协议,保证促销活动的绝对主场地位,至少是同类产品竞争品牌的排他性协议以防止竞争对手干扰自己的促销活动。

优秀卖场促销活动场地落实后市场部门应及时着手进行布置。促销场地布置的专业、标准、完美能够通过视觉冲击吸引人气,激发消费者的购买欲,对促销活动氛围的营造和促销成果的实现至关重要。促销现场的布置既要统一标准又要因地制宜,做到促销活动主题统一、产品价值利益统一、整体视觉形象生动;既要注意细节完美又要追求高效及时,因为卖场白天都处在营业或产品展示状态,只能在夜间非营业时间进场布置,还必须在第二天营业开始前完成布置,因此对于市场人员和合作的广告公司要求特别高,执行力必须特别强。

2. 促销产品陈列布置

促销活动期间的产品陈列与通常状态下的产品陈列有些不同。通常状态下的产品陈列,快消品主要是通过全品项的陈列展示达到货架占位率的最大化,耐用消费品和选择性商品主要是显示产品系列的丰富化。促销活动的产品陈列展示则是针对促销产品进行最大化陈列和集中性展示,从而突出促销主题,形成有冲击力的产品画面,强化消费者记忆。因此,开展促销活动需要调整原来的产品陈列布置,甚至在卖场内外醒目位置专门设置促销产品展示售卖专区,配备导购和促销人员进行讲解和销售。

3. 导购人员推荐引导

城市卖场的导购员在消费者眼中就是品牌形象代言人,在企业终端促销活动中是促进产品销售的直接卖手,因此对于产品销售的作用非常直接。优秀的导购人员应具有良好的形象和职业化的统一着装,熟练掌握产品知识、导购话术、促销技巧,具有良好的消费需求发现能力和人际沟通能力。导购人员虽然地位不高,但是优秀的导购人员也会受到企业之间的挖角争夺。

为引导导购人员做好促销产品推荐引导和销售工作,在促销活动的执行方案中,需要明确导购人员的利益,需要给导购人员提供统一的导购说辞和促销理由,同时注意吸收优秀导购人员在实践中总结出来的富有实效的导购推介说法。在促销活动期间,促销策划人员、销售业务人员和管理人员需要经常到达活动现场看望和慰问导购人员,由于导购人员主要靠口头频繁与消费者沟通,因此给导购人员送去饮料和润喉药品非常实用并能够鼓舞人心。由于促销活动期间,导购人员工作时间比较长,妥善安排好导购人员的饮食和交通对于维护甚至提高导购人员的积极性和热情具有一定意义。有些企业开展大型终端促销活动时,还会在其他城市调配一些优秀导购人员支持工作,因此还需要安排好住宿。在促销活动过程中,还要每天和导购人员一起统计产品销量、汇总促销战况,激励斗志、鼓舞士气,分析问题、解决问题,鼓励优点、纠正缺点,以利再战,促使促销活动执行越来越好。

4. 促销异议终端处理

城市终端促销难免会出现消费者对于促销活动条款的异议,其中买赠促销中对于赠品的异议可能是最为普遍的,赠品策划和选择再完美都难保不出现不喜欢赠品、希望不拿赠品而折价优惠购买促销产品等异议,还有可能出现送货不及时、消费者又回到促销现场咨询甚至质疑等类似问题。为此,促销活动策划人员应该在方案中明确相关问题的处理办法,让终端促销人员有一个合理的统一解释、消费者能够接受的处理办法。总之,要妥善处理异议,避免促销现场出现争执和争端,影响促销活动的顺利开展,影响企业品牌形象。

5. 竞争对手干扰处置

如火如荼的促销活动总是令竞争对手不安,因而引发竞争对手的干扰,在促销现场进行语言诋毁、爆发语言冲突甚至肢体冲突大打出手的现象都曾出现过,抢先或同步推出同类型的促销活动进行干扰、用干扰性促销海报覆盖主场促销品牌的海报更是经常的事。净化竞争环境、实现文明有序竞争需要政府监管、行业规范和企业自律等多方面的长期努力才会逐步实现,希望在短期内就能实现是不太现实的,为此,防止竞争对手干扰,将竞争干扰造成的影响降到最低,就是促销策划人员和销售管理人员需要考虑并及时应对的问题,以目前来看,通过客户协调,错开不同品牌主场促销时间,防止同一时间、同一场地出现直接的促销正面冲突,是比较可行的办法。在处置竞争干扰的时候,注意商业道德,遵守竞争法规,将自己置于舆论评价的有利位置,对于品牌形象的建立或许更有价值。而在网络社交媒体发达的舆论环境下,正确处理好促销竞争是赢得社会公众好评,防止发生次生负面舆情的必修功课。

(二) 农村终端促销活动执行督导

县城和乡镇是通常意义上的农村市场。但是在中国,由于县城和乡镇类别较多,差异较大,也不能一概而论。在广东等沿海发达省市,县级和镇级经济总量、城镇基础设施与内地省份的三、四线城市(地级城市)相差无几,省会城市郊区的县城与省城几乎已经连成了一体。因此,这些行政区划上的县城和乡镇,实际上在市场类型上可以归为城市市场。所以,这里的农村市场主要是指内地省份的非省会城市的县城和乡镇市场。

县城和乡镇农村市场的经销商,尤其是乡镇市场的经销商大多起点较低,经营观念比较保守,营销方法比较欠缺,学习力较弱,难以快速跟上制造厂家的营销思路,营销推进和执行力也比较差,对于厂家策划的终端促销活动,执行的疑虑比较多,执行的行动通常不到位,结果往往导致促销效果不佳。因此,县城和乡镇市场终端促销的执行督导非常重要。

在中国市场上,与经销商配合的终端促销通常是由负责区域销售的业务人员牵头执行的。作为制造厂家直接与经销商打交道的销售业务人员,对于推动县城和乡镇市场促销活动的执行承担着不可替代的重要作用。在销售区域管辖范围比较大,而促销活动又需要同时执行的情况下,怎么保证促销活动的彻底执行,更是销售业务人员需要努力协调并有效执行的工作。

1. 打消疑虑、营造氛围,提高经销商促销意愿

经销商不积极或不愿意参与厂家策划的终端促销活动是因为不知道执行之后效果会怎样,顾虑和担忧比较多,这样前怕狼后怕虎的心态肯定是做不好市场的。作为区域销售业务人员应该精心选择一两个愿意跟着公司步伐前进的经销商,树立促销活动执行样板,通过打造促销样板经销商的方法,以榜样的力量来引导其他经销商。

召开经销商促销动员大会是提升促销活动意愿的有效方法。动员大会的重头戏是促销样板经销商的现身说法以及市场部门促销活动策划人员对促销样板的解读分析。经销商自身的成功促销经验比厂家业务人员的动员更有说服力,更能增加经销商们的信心。市场策划人员对于促销样板成功方法的分析解读,可以帮助经销商了解促销活动成功的原因和方法,建立促销活动是有效的、促销成功是可以复制的理念,从而激起经销商参与促销活动的兴趣和热情。接下来还可以邀请几个思路敏捷和对市场比较乐观的经销商谈感想、说计划、表决心,进一步营造促销热情,扩大参与促销活动的经销商数量。

促销动员大会结束之后要趁热打铁举行一个气氛热烈的经销商酒会,并将促销活动计划和目标任务的落实放在酒会上进行。销售或市场管理人员先在酒会上

宣布促销支持措施和促销奖励方案。接着发动经销商申报促销活动计划和目标任务。经过动员大会上榜样的示范、酒会上的促销支持与促销奖励刺激,在事先沟通好的经销商的带头下,一般来说,经销商们的热情能够被调动起来,在公众场合下不愿意丢面子,因而会主动申报促销计划,并提出自己觉得可以实现的并且不落后于别人的促销目标任务。在这个关键时刻,举杯约定、干杯拍板,签字画押、一锤定音,照相留影、记录见证,能够将酒会推向高潮,调动经销商促销意愿,落实促销活动执行计划的工作将得以完成。

2. 结合实际、细化方案,提高农村促销适应性

要保证总体促销活动方案在每个经销商售点成功执行,要保证促销活动样板经销商成功经验在每个经销商售点的成功复制,还需要结合每个经销商的具体情况制定针对性强、有效性高的具体方案。因为农村市场差异很大,不同的经销商又各有优劣势,不结合具体情况的盲目复制与简单照搬套用很容易出问题。为此,销售业务人员要耐心细致地做工作,约请经销商和促销策划人员进行深入具体的沟通交流,摸清经销商和当地市场消费者等方面的情况,按照总体促销方案结合具体情况,为经销商量身定做合适有效的细化方案。

3. 强化培训、细化辅导,提高农村促销执行力

做不做促销活动主要是由经销商自己决定的,但能否将促销活动做出成效来主要是由经销商下面的人员决定的。在为经销商制定了量身定制的促销活动方案之后,需要对经销商的销售人员进行培训辅导,帮助经销商做好促销活动的执行。

执行的主要工作包括促销现场的布置、促销产品的陈列、促销导购的推介、促销异议的处理,基本上可以参考城市卖场终端促销的做法。但也可以有些不同,促销场地虽然不是问题,但一般场地比较小,因此布置陈列需要因地制宜、因陋就简。促销导购也需要运用当地本土化语言和本地化的说法,这样会更加有效。此外,促销活动信息传播的方式也与城市有很大的不同,这一点需要特别注意。农村没有楼宇广告,少有移动公交广告,原来农村市场促销信息传播主要靠雇车用喇叭和车身广告开展流动宣传、下乡上门发放促销活动单页,费时费力效率还低,现在随着农村信息化的普及,县级电视台促销活动广告也可以采用了。

三、执行后总结

本场促销活动的结束是下一场促销活动的开始,只有对本场促销活动进行全面系统总结,才能延续促销效果并更好地开展下一场促销活动。促销活动执行后的总结可以分为内部执行总结和外部宣传总结两个方面。

（一）内部执行总结

促销活动的内部执行总结是每一场促销活动应有的工作环节，必须认真做好，客观理性地评估。在有些企业，将促销活动的内部执行总结作为促销费用报销的审核环节，没有促销活动总结，促销费用不予报销，这虽然有些严格，但对于及时总结促销活动得失是一个很好的促进措施。还有些企业将促销活动总结作为一种内部交流材料，在内部网络交流平台和内部刊物上发布，以相互学习、相互借鉴。这都是一些很好的做法。内部执行总结的主要内容包括：

1. 促销投入盘点

促销活动结束后需要统计整理的促销投入包括：① 促销投入的人力成本，固定工资部分可以不单独统计，但固定人员的加班时间和加班工资、临时人员的劳务报酬需要统计出来以审核支付。② 促销投入的广告宣传成本，广告发布材料和证明要收集齐全，宣传物料小的要留存样本，大的要拍照冲印，费用发票要收集统计以便报销。③ 促销设施及用品费用，一次性耗费的要计算数量和成本费用，可重复使用的促销物料应进行整理回收、盘点数量、清洁修复、入库保管。无故丢失、损坏对企业来讲都是一种浪费。无法修复再用的要做报废处理，数量缺少而影响日后促销活动正常开展的，需要及时申报补充添置。

这项工作的具体细节主要是由基层促销执行人员来执行的，促销活动策划人员与管理人员则更要关注促销活动投入的总量和构成，关注促销活动总结中的绩效盘点、经验教训总结和后续建议要求等内容。

2. 促销绩效盘点

促销绩效盘点是促销活动总结最重要最必需的实际工作。促销绩效的盘点需要收集、整理和汇总相关数据，计算和分析相关指标。

促销绩效主要包括产品促销效果、产品传播效果和品牌影响效果。其中产品促销效果的核心内容是每次促销活动都可以根据企业内部系统的数据计算出来的，因此是每次促销活动都必须盘点的。而产品传播效果和品牌影响效果的系统盘点需要借助外部调研才能取得全面客观的数据，不是促销活动结束之时就能立刻通过市场调研方式科学全面地获得的，而且这两种效果更多是长期积累的效果，因此，一般并不要求每次促销活动过后都进行全面、客观的评价，但可以根据经销商、消费者和相关人员的即时感受反馈做一些非全面性、非系统性的量化小结。

促销绩效盘点的更多内容将在本章第三节"促销活动效果评估"中展开分析。每一场促销活动绩效盘点和考核的具体内容，还应结合促销活动方案设置的具体任务和指标进行，不同的促销活动，考核任务和考核指标会有所不同，相关内容见具体促销策划方案，这里不再分别叙述。

3. 促销执行总结

促销活动执行总结是在盘点促销活动投入和促销绩效的基础上,分析促销活动策划和执行的全过程,提炼促销活动策划和执行的精彩亮点,巩固和发挥促销活动的成功做法和经验,找出促销策划和执行的缺点,以便在日后的促销活动策划和执行中加以改进。

4. 后续活动建议

一场促销并不能一次性解决品牌建设、产品推广和销量提升等方面的所有问题,而仅仅只是一个开始,只是某一个环节、某一个方面的经验积累。为此,开展促销活动总结,应该在总结上述三个方面的基础上,提出下一步促销活动与营销工作的建议,将每一次促销活动都与整体营销工作联系起来,使每一次促销活动都能成为整体营销工作的一个有机构成部分,从而提升整合营销的综合效果。

(二)外部总结宣传

一般来说中小型促销活动做好内部执行总结就可以了,但是大型促销活动、具有竞争性意义和重要市场成果的促销活动,仅做内部执行总结是不够的,还需要在此基础上,提炼和整理出可供外部宣传报道的促销活动战绩材料,通过新闻媒体、商业平台的公关宣传方式和企业自媒体传播方式进行宣传报道,以传播和延续促销活动的市场影响,传播并强化品牌的市场地位。

(三)促销活动评估案例范本

某品牌坚果连云港市场促销活动评估报告

评估目的:通过对整个活动开展评估,找出活动开展过程中的不足,为今后类似活动的更好开展积累经验。

评估内容:① 活动准备工作评估;② 活动执行过程评估;③ 活动费用评估;④ 活动效果评估。

评估单位:市场中心。

(一)活动概述

为了进一步提升××品牌在连云港的知名度,由江苏分公司申请,于4月17日在连云港开展"凭1份媒体广告可兑换该品牌3种100克坚果各1袋"的活动,计划实现1000名消费者参与现场兑换产品活动的目标。

（二）活动准备工作评估

1. 准备工作

（1）活动参与人员：① 活动责任人：副总监、省区经理；② 活动执行人：连云港销售主任及8名临时促销人员；③ 活动监控：市场中心。

（2）活动准备事项：① 安排4个兑换点：家得福超市、保真超市、新一佳超市、江苏时代超市；② 条幅绶带各8条；③ 经销商提供送货车1辆；④ 3种100克坚果3000袋；⑤ 兑换登记表；⑥ 促销人员招聘培训；⑦ 活动广告设计。

（3）广告发布：促销活动广告于4月15日在连云港当地媒体发布，覆盖人口6万人。

2. 准备工作评估

整个活动的前期准备工作均依据方案于4月17日活动开展前到位。华东区副总监亲自前来督战指导，鼓舞了销售人员的士气，增强了客户的信心。

（三）活动执行过程评估

1. 活动执行

（1）人员安排：此次活动由8名临时促销人员负责兑换，每个兑换点2人。市场中心人员负责巡检，销售主任负责货物配送和补给。

（2）物品配送：物品的配送原计划是于4月16日活动前一天送到卖场，实际执行中，除江苏时代超市按要求到位之外，其他的3个点兑换产品由于和卖场没有协商好，均未及时配送到位，配送时间调整为4月17日8:30前。

（3）兑换流程：活动的兑换工作依据流程执行，1人负责登记，1人负责兑换。促销人员按要求填写表格。

（4）活动交接：依据活动的开展情况，为了按时完成兑换工作，销售主任负责活动结束后与促销人员核对兑换数量，整个活动结束时间为4月17日19:00。

（5）活动核准：4月18日，市场中心负责整个活动执行的核准工作，包括兑换数量上的核对、表格的审核、广告的回收。

2. 活动执行评估

活动的执行细节上出现了一些问题，给活动的顺利开展和活动的效果都带来了不利的影响。首先是三个兑换点的兑换产品及条幅、绶带、表格等活动物料没有及时配送到位，导致活动无法按广告宣传的时间准时开展，使卖场和前来兑换的消费者都产生了一定的不满，造成了一定的负面影响。其次是招聘的促销人员素质参差不齐，仪容不符合要求，没有经过严格的筛选。导致部分人员在工作期间工作散漫、擅自离岗、形态随意，在一定程度上影响了品牌形象，在消费者心中产生了不良影响。再次是促销交接工作较为混乱，没能做到清晰明了，影响了后期核准的效率。最后是兑换点的安排考虑得欠周全,导致中午天热时不得不改变兑换点,改变后的位置在一定程度上影响了宣传效果。

(四) 活动费用评估

1. 活动费用总预算

活动费用总预算:22710元,其中:

(1) 广告发布费用:5500元。

(2) 3种100克坚果兑换产品费用:3000袋×5.00元/袋(以成本价计算)=15000元。

(3) 登记表:250张×0.2元/张=50元。

(4) 宣传横幅:4条×100元/条=400元。

(5) 促销人员工资:8人×200元/(天·人)×1天=1600元。

(6) 绶带:8条×20元/条=160元。

2. 实际费用开支

本着节约的原则,为了节约活动费用,条幅和绶带是从济南带过来进行重复利用的,兑换的产品也做到不流失一袋,整个活动的费用预算与实际开支情况如表12.1所示。

表12.1 费用开支

费用项目	预算费用(元)	实际费用(元)
广告发布费	5500	5000
100克坚果	15000	9120
登记表	50	50
宣传横幅	400	0
人员工资	1600	1600
绶带	160	0
合计	22710	18050

(五) 活动效果评估

1. 取得的成绩

(1) 消费者人数影响:此次活动参与兑换的消费者为760名,合计兑换100克坚果2280袋,兑换活动计划完成率为76%。其中女性顾客532人,占70%,男性顾客228人,占30%。以参与活动的一个消费者影响3个家人计算,活动直接影响人数为2280人;活动广告覆盖人口约为6万人,活动现场影响人数约5000人,以一个直接参与的家庭可至少影响1个家庭计算,活动信息大约能触达7万多人。

（2）品牌知名度影响：此次活动的开展，对于××品牌在当地的品牌知名度提升具有一定效果，但具体量化数据需要进一步调研统计分析。

（3）销售促进影响：活动的开展将对销售增长起到较好的铺垫作用，同时也增强了经销商的信心。

2. 存在的不足

（1）江苏分公司的活动方案不够完善。没有安排具有品牌形象档次的产品兑换展台，导致只能用坚果箱堆成台子，在一定程度上影响了品牌形象。

（2）活动宣传不足。活动安排的广告宣传比较单一，参与兑换产品活动的卖场也没有活动宣传海报，在活动当天有很多消费者说他们不知道有这样的活动。

（3）执行力不强。活动执行过程中出现了配送延误等问题，临时聘用人员素质参差不齐、执行效率较低，使活动的效果打了折扣。

3. 问题的原因

（1）执行人员缺乏类似活动的工作经验，导致很多细节没有考虑到。

（2）经销商配合度不够，影响了活动的顺利开展。

（3）执行人力不足。整个活动的执行江苏分公司只安排销售主任一人直接参与活动，现场问题得不到及时处理。

（六）改进建议

（1）活动方案考虑安排要更周全，要在活动正式开展前半个月将活动方案提交给领导审核修改。

（2）活动宣传要加强，广告设计要优化，要有视觉冲击力，要增强活动传播范围和力度。

（3）加强执行力。为了使活动能够得到很好的执行，建议在以后的活动方案中引进奖惩制度。对于执行较好的给予奖励，反之给予一定的处罚。

（资料来源：智库文档，本书作者有所删改）

第三节 促销活动效果评估

在营销理论中，促销活动效果的评估内容，是随着促销活动理论研究和实践应用的深入而发展变化的。早先对促销活动效果评估的内容主要集中在产品促销效果方面。后来，随着促销活动对市场营销和品牌建设影响力的增加，随着品牌导向的创新型促销活动的实践应用，促销活动的产品传播效果和品牌影响效果也被列入到促销活动效果的评估内容之中。在营销实践中,企业对于促销活动的评估因企业管理观念和水平、企业文化和营销策略、企业规模和人力资源等状况的不同,表现出很大差异,有的仅简单考核产品促销效果,有的已经扩展到考核产品传播效果和品牌影响效果。但与理论上的考核相比,企业的考核更加注重实效,更加紧扣当期的营销问题和营销任务,也更加简洁明晰。

一、产品促销效果评估

促销活动促进产品销售的实际成效和结果是促销活动最重要的效果。最早期的促销活动甚至将产品促销效果作为唯一的预期效果,哪怕为促进产品销售而伤害品牌也在所不惜。现代创新型促销活动,从指导思想上已经摒弃了完全将促销活动与品牌建设对立起来的观点,从策划创意与执行手段上已经构建出促销活动促进品牌建设的机制,因此,产品促销效果已经不再是促销活动的唯一效果,但仍然是最重要的效果。

促销活动的产品促销效果,按照效果持续的时间分,有长期促销效果和短期促销效果两类。长期促销效果是指促销活动对于产品销售较长时间的影响,这种分析和把握无论在理论上还是在实践上均是很有意义的,但是由于影响产品销售的因素很多,观察促销活动一项因素的长期影响确实难以客观量化。因此,考核促销活动短期促销效果的更为常见,一般方法是将促销活动开展期间实现的产品销售量(或金额)与活动开展之前的产品销售量(或金额)进行对比分析。但这种方法忽视了促销活动之后产品销售的变化情况,而实际上促销活动结束之后通常都会出现比促销活动期间销售回落的现象。

为此,考虑促销活动执行期前、执行期中和执行期后产品销售的对比情况,更有现实意义,一方面将促销活动效果的分析延伸至促销活动执行以后,对于促销活动促销效果评价更具有时间的延续性和分析的全面性,另一方面也有利于将促销活动与企业持续动态的营销策略结合起来,促进产品销售长期持续向企业所期望的方向发展。从促销活动执行期前、执行期中和执行期后来分析其产品促销效果,主要有以下六种典型的形态:

1. 稳定上升型

促销活动开展期间产品销售比以前有较快的上升,促销活动期后产品销售能够延续上升趋势实现稳定提高。这是最理想的产品促销效果,当然这种最理想的产品促销效果并不多见。即使出现,原因一方面固然是促销活动策划和执行得非常好,另一方面更是优秀的品牌和优质的产品所奠定的市场基础非常好,营销策略还需要符合市场发展大趋势,而完全依赖单独一次性的促销活动策划和执行是很少能推动产品销售持续稳定上升的。

当然,这并不是说只有优秀品牌、强势企业才能开展这么优秀的促销活动,取得这么优异的促销效果。具有优秀潜质的品牌,大可不必等到条件完全成熟了才追求这样的促销效果。事实上,中国很多本土企业在高速成长过程中涌现出了很多这种类型的优秀促销活动经典案例,正是这些促销活动有力推动了企业的发展壮大和品牌的快速成长。从产品层面来看,产品处于导入期和成长期时开展的优秀促销活动是最有可能呈现出这种促销效果的,而产品到了成熟期和衰退期时一般不大可能形成这样的促销效果。因此,策划和实施这种优异效果的促销活动,需要把握好产品的寿命周期,抓住最优的产品促销时机,已经老化的产品是难以通过促销活动起死回生、稳定上升的。

2. 大起小落型

促销活动开展期间产品销售比以前有较快的上升,促销活动期后产品销售与促销期内相比有所回落,但比促销活动开展之前要好,回落的幅度比上升的幅度要小。这是比较理想的产品促销效果,也是最应该追求的、最有可能达到的促销效果。

3. 平起平落型

促销活动开展期间产品销售比以前有一定的上升,促销活动期后产品销售与促销期内相比几乎是同比回落,销售情况回到促销活动之前一样。这是不够理想的产品促销效果,但在促销活动实际中较为常见。这样的促销活动似乎没有什么意义,但是在促销竞争的时间点上能够实现产品销售的提升,还是应该肯定其积极意义的,因为如果在促销竞争的这个关节点上没有开展这场促销活动,则很有可能会出现促销竞争的失利和后期销售的下滑。

4. 小起小落型

促销活动开展期间产品销售比以前有小幅度的上升,促销活动期后产品销售比促销期内又有小幅的回落,促销活动的效果起色不大,市场促销竞争的意义也很小。这也是比较失败的产品促销效果,需要检讨原因以便改进。如果品牌和产品层面没有问题,只是促销活动策划和执行的问题,促销活动效果改进和优化的成功率应该是比较高的。

5. 小起大落型

促销活动开展期间产品销售比以前仅有小幅度的上升,促销活动期后产品销售比促销期内有更大幅度的回落,甚至下滑到促销活动开展之前的水平以下。这是比较失败的产品促销效果之一,也是最应该避免的促销后果。在这种情况下,最需要检讨的是促销活动策划和执行为了追求活动期间的短期效果,是不是使用了一些具有后遗症的方法手段,或者是不是在促销活动的执行过程中给消费者和品牌造成了伤害。

6. 几乎无效型

促销活动开展期间产品销售比以前几乎没有提升,促销活动期后产品销售仍不见起色。应该说,这是最糟糕的产品促销效果,也是最应该避免出现的促销效果。出现这样的情况,要么是促销活动策划出现了促销对象定位错误、促销方式失策等系统性问题,要么是企业的市场营销出现了促销活动解决不了的深层次问题,前者问题不大,通过改进促销活动策划和执行能够增强促销活动的产品销售效果,后者问题很严重,改进促销活动策划与执行根本无济于事,必须迅速着手解决影响产品销售的深层次与根本性问题。

作为促销活动最主要的考核内容与考核形式,产品促销效果的考核是各种类型的促销活动普遍适用的,终端促销需要、通路促销需要、内部促销也需要,开拓型市场和成长型市场促销需要、成熟型和退出型市场促销也需要。

二、产品传播效果评估

传统促销活动较多考虑产品促销效果,较少考虑产品传播效果。即使在促销活动的传播层面,也是较多传播促销活动信息,如促销活动的优惠幅度、促销时间地点和参与方式等,较少传播产品信息,如产品的价值利益、技术性能等。

创新型促销活动则注重促销活动对产品价值的传播。在整合营销传播理论的大背景之下,一批具有营销创新意识的企业和策划人,已经在促销活动实践中尝试运用产品自身的利益价值作为促销策划的主要创意思路。在经历长期营销实践探索的基础上,朱华锋在2003年1月出版的《营销策划一线体验》一书中就将"彰显产品利益,塑造品牌魅力"作为促销活动策划的第一思路,指出"直接利用产品的利益优势如质量、性能、款式等进行促销策划,是整合产品与促销、兼顾品牌与销量的首选促销策划思路。同时具有投入少、产出高、公众接受度好、信赖程度高等特征,既具有现实的市场销售意义,又具有长远的品牌建设意义。这种促销活动策划还可以与公关宣传策划结合起来进行,从而扩大公众对品牌的认知与好感。"

此外,产品自身及其包装的设计也可以从便利消费方面来考虑从而具备产品促销的作用和价值。国外有个啤酒品牌将啤酒瓶子底部设计成一个开瓶器,这样不仅方便开启酒瓶,同时也是一种促销手段:买啤酒的人一次至少都是买两瓶。由此得到的启示是:最有力的促销不是降低商品价格,而是赋予商品更多的价值。在产品设计和产品促销阶段,体现产品价值是促进产品销售的重要途径。

将促销活动作为传播产品价值和品牌理念的一种方式,是品牌导向的创新促销活动的重要原则。品牌导向的创新促销活动不仅要在活动创意策划环节将促销活动作为产品传播和产品推广的一种手段，还需要在活动效果评估环节考核和评估促销活动实际达到的产品传播效果。在促销活动实施以后检测和评估促销活动的产品传播效果，主要应该包括以下四个方面的评估项目指标：

1. 促销活动建立和提升的产品知名度

即通过促销活动中的大众媒体广告传播、POP广告传播、促销执行人员口头以及企业与员工用网络自媒体宣传传播，使得首次接受传播的受众建立起对产品名称的印象，一次促销活动的不同形式的组合传播、多次促销活动的反复传播，累积起来将会提升产品的知名度。产品知名度是产品市场价值的初始性与基础性资产，因此也是促销活动最需要考核的产品传播效果。

2. 促销活动建立和提升的产品理解度

在产品名称传播的基础上，还希望通过促销活动的媒介传播和促销活动与客户的互动沟通，建立和提升对产品品类、产品用途、产品品质、产品价值、产品性能和产品竞争优势的理解。产品理解度是产品市场价值的核心性资产，如果消费者对产品没有很好的认知和理解，在购买决策中就会忽略和放弃。要想使自己的产品进入消费者购买选择的产品范围，必须采取包括促销活动在内的多种途径传播产品的价值属性。

3. 促销活动建立和提升的产品好感度

免费试用类的促销活动以及各种促销活动所实现的产品销售，其产品消费体验需要得到消费者的正面评价才能对产品后期持续销售和市场成长形成支持作用，因此需要促销活动具有建立和提升产品好感度方面的效果。促销活动实施之后，虽然产品销售有启动或者有增长，但消费者的使用体验感觉很差，有上当受骗的感觉，这并不能算是促销活动的成功，相反在促销带来的产品销售数字背后埋下了消费者的警惕和对立等负面认知，产品不是离消费者越来越近了，而是越来越远了。

4. 促销活动建立和提升的产品影响力

通过促销活动建立和提升的产品知名度、产品理解度和产品好感度等市场价值资源，再加上促销活动实现的有质量的、有冲击力的产品销售业绩，通常会建立并不断提升产品的影响力。这里有质量的产品销售业绩，是指基于消费者认可产品价值，出于自觉自愿的理性购买决策的产品销售业绩。有冲击力的产品销售业绩，是指促销带来的产品销量增长对竞争对手来说是有打击力的，对经销商和销售人员是有鼓舞力的。促销活动建立和提升的产品影响力，会促进经销商和内部员工对企业的认可，增进经销商与企业合作的信心，强化客户关系，激励员工志气和斗志，会抑制竞争对手，增强竞争取胜机会，形成有利的市场竞争格局。这是促活动最有影响力的效果之一。

相对来说,促销活动的产品传播效果对于终端消费者来说更为重要,因此用在对于终端促销活动的考核多于用在对于通路促销和内部促销的考核。在开拓型市场促销、成长型市场促销、成熟型市场促销和退出型市场促销四种促销类型中,开拓型和成长型市场促销更需要在事前策划中考虑、事后考核中侧重产品传播效果。

相对于促销活动的产品促销效果的当期性和短期性而言,促销活动的产品传播效果具有当期性和延续性,不仅会对当期的产品销售有促进作用,还会对此后一段时间的产品销售具有一定的促进作用,因此更值得重视,更值得考量评估。

产品传播效果的评估可采用市场调研的方法来开展。通常的调研对象包括在促销活动期间购买了产品的消费者,也可以包括接触到促销活动广告宣传但是没有购买产品的人群。调研可采取电话访问、网络访问、拦截访问等简便的接触方式。还可以调研专业媒体机构、专业营销机构等方面人员的意见和评价,以获得更为专业的观点与看法。

三、品牌影响效果评估

整合营销传播理论的提出者舒尔茨教授在《促销管理的第一本书》中,将促销活动的作用提高到品牌战略的高度,促销活动必须与品牌建设战略、整体营销战略有机结合,并以顾客行为为导向。

《促销活动策划与执行》这本书2013年首次在大学教科书中提出"品牌导向的创新促销活动"的概念和观点,明确提出将促销活动当作品牌建设的一种有效手段,改变了促销活动必然伤害品牌的传统观念,改变了"要促销就不要品牌""要品牌就不要促销"的对立思维与非此即彼的机械做法。

本书在第一章"认识促销活动"第二节"促销活动与品牌建设"中,提出了按照品牌规划开展促销活动策划的主要思路:① 为打造品牌知名度与影响力而促销;② 为传播品牌理念和品牌价值而促销;③ 为深化客户关系、强化品牌忠诚而促销;④ 为应对竞争对手、巩固品牌地位而促销,等等。而在促销活动实施执行以后检测和评估促销活动的品牌影响效果,主要应该包括以下五个方面:

1. 促销活动建立和提升的品牌知名度

品牌知名度是品牌传播和品牌建设的第一层次,品牌导向的促销活动最先建立和提升的应是品牌知名度,所有品牌导向的促销活动也都必须对品牌知名度有所贡献。

2. 促销活动建立和提升的品牌理解度

品牌导向的促销活动,需要通过创新促销活动主题、内容和方式等,传达品牌理念和品牌价值,因此评估品牌导向的促销活动,需要考核促销活动执行之后,公众对品牌理解度的情况,如理解是否正确、有无重大偏差、理解正确程度有无提升,等等。

3. 促销活动建立和提升的品牌好感度

品牌导向的促销活动,需要通过促销活动来表现企业和品牌对消费者的诚信、对社会公益事业的支持和对企业社会责任的担当。而实践广泛证明,社会公众对于诚信经营、热心公益和担当社会责任的企业和品牌,有着更普遍、更持续、更鲜明的好感度与支持率。因此评估品牌导向的促销活动,需要考核促销活动执行之后,公众对品牌好感度的提升情况。

4. 促销活动建立和提升的品牌忠诚度

企业的可持续发展与品牌的长期发展离不开忠诚顾客的长期支持。品牌导向的促销活动,还包括感恩回报客户和消费者的主题促销活动,这类促销活动执行的效果如何,能否建立和提升客户与消费者的忠诚度,需要通过评估来进行检测。

5. 促销活动建立和提升的品牌影响力

通过促销活动对于建立和提升品牌知名度、理解度、好感度和忠诚度四个方面指标的检查评估,结合促销活动对产品销售促进、市场份额提升、竞争对手干扰的排除或者对竞争对手的打击,还可以评估出促销活动对于品牌影响效果的一个更加综合的指标:品牌影响力。

需要指出的是,促销活动的品牌影响效果应该是一个长期的持续的影响效果,而不是单次促销活动的短期即时性影响效果。而从评估技术和评估成本上来看,也应是一定周期的长效评估,而不是一次活动的短效评估,因为长效评估技术更成熟、成本更经济。

相对来说,促销活动的品牌影响效果对于终端消费者来说更为重要,因此用在对于终端促销活动的考核多于用在通路促销和内部促销的考核。在开拓型市场促销、成长型市场促销、成熟型市场促销和退出型市场促销四种促销类型中,成长型和成熟型市场促销比开拓型和退出型市场促销更需要在事前策划与事后考核中更加关注品牌影响效果。

品牌影响效果的评估需要取得一些较为系统的市场数据与销售数据,这些数据不仅包括本品牌自身的数据,还包括竞争品牌的数据,本品牌的数据主要可以通过企业内部系统提供,竞争品牌的数据则需要通过合作的商业机构获得,或者通过专业监测机构购买。品牌影响效果评估还需要开展市场调研来获得一些市场数据资讯。通常的调研对象需要包括三类人群:① 参与促销活动的终端消费者和经销商;② 接触到促销活动广告宣传但是没有购买产品的社会公众和商业机构人员；③ 市场监测机构、营销策划机构和专业媒体机构等单位的专业人士。调研可采取区分不同对象类型分别开展小组访谈的方式进行,在深度沟通交流中检测促销活动的品牌影响效果。在不具备小组访谈条件的情况下,可采取电话访问、网络访问、拦截访问等接触方式,对品牌影响效果做一些基础性的调研。

本章小结

促销活动既需要好的策划也需要好的执行。执行力是保证促销活动取得良好效果的重要条件。培养和提升执行力需要从领导执行力、组织执行力和个人执行力等方面着手,需要培育优秀的执行力文化。

促销活动的执行需要做好执行前的充分准备、执行过程的督导和执行后的总结评估。促销活动执行的相关工作因促销活动的对象不同、类型不同、方式不同,存在比较大的差异,终端促销活动的执行涉及面广,涉及因素多,因此执行工作最为复杂,需要精心准备、精心组织,才能取得良好的效果。

促销效果的评估主要包括产品促销效果评估、产品传播效果评估和品牌影响效果评估三大方面,传统促销效果评估注重产品促销效果,品牌导向的创新促销活动在此基础上更加关注产品传播效果和品牌影响效果。

课后练习

● 理论知识练习 ▶▶▶

1. 什么是执行力?为什么要提升执行力?
2. 培养和提升执行力的主要途径和方式有哪些?
3. 如何培养和提升自己的执行力?
4. 终端促销活动执行前的准备工作主要有哪些?
5. 终端促销活动执行中的主要工作有哪些?
6. 终端促销活动执行后的总结包括哪些内容?
7. 促销活动效果评估的内容包括哪些方面?

● 策划实战练习 ▶▶▶

1. 参加企业促销活动的线上和线下宣传工作,并根据自身的工作体会,总结促销活动宣传的操作要点。
2. 参加企业促销活动的执行和总结工作,并根据企业内部相关数据和自己在活动过程中的亲身体会,撰写一份促销活动总结报告。

参考文献

［1］朱华锋.促销活动策划与执行[M].合肥:中国科学技术大学出版社,2013.
［2］卢泰宏,朱翊敏,贺和平.促销基础:顾客导向的实效促销[M].5版.北京:清华大学出版社,2016.
［3］朱华锋.中国市场营销策划[M].2版.合肥:中国科学技术大学出版社,2013.
［4］朱华锋.营销策划理论与实践[M].4版.合肥:中国科学技术大学出版社,2017.
［5］朱华锋.营销原理观念与策略[M].合肥:中国科学技术大学出版社,2018.
［6］朱华锋.营销管理职能与实务[M].合肥:中国科学技术大学出版社,2017.
［7］朱华锋.销售业务岗位与技能[M].合肥:中国科学技术大学出版社,2017.
［8］阳翼.赢在低端市场[M].广州:暨南大学出版社,2012.
［9］徐德麟.卖到缺货的促销宝典[M].北京:中国法制出版社,2012.
［10］缪龙飞.最有效的零售促销方案[M].北京:中国物资出版社,2012.
［11］张义,孙明贵.基于怀旧情感的企业怀旧营销策略研究[J].上海管理科学,2011(6).
［12］王有全.关于怀旧营销的思考[J].经济研究导刊,2009(24).
［13］高彩凤.店铺库存管理及促销策略[M].北京:中国发展出版社,2009.
［14］陈高应.促销有术[M].上海:立信会计出版社,2009.
［15］祝文欣.淡季营销[M].北京:中国发展出版社,2008.
［16］陈浩.执行力[M].北京:中华工商联合出版社,2011.